21 世纪高职高专财经类规划教材

21SHIJI GAOZHIGAOZHUAN CAIJINGLEI GUIHUA JIAOCAI

现代实用社交礼仪

Xiandai shiyong shejiao liyi

张铭 ◎ 主编

人民邮电出版社

北京

图书在版编目（CIP）数据

现代实用社交礼仪 / 张铭 主编. — 北京：人民
邮电出版社，2017.3（2023.2重印）
21世纪高职高专财经类规划教材
ISBN 978-7-115-44662-6

Ⅰ. ①现… Ⅱ. ①张… Ⅲ. ①社交礼仪－高等职业教
育－教材 Ⅳ. ①C912.32

中国版本图书馆CIP数据核字(2017)第008321号

内 容 提 要

本书是反映职业教育教学改革最新理念的新型实用教材，其内容是根据企事业单位日常交际活动所涉及的各方面礼仪而设定的，分为认识社交礼仪、仪容礼仪、服饰礼仪、仪态礼仪、会面礼仪、沟通礼仪、职场礼仪、活动礼仪、涉外礼仪等九章，每章作为一个礼仪活动训练单元，由"学习目标""案例导入""应知应会""能力提升""课后练习""评价考核"构成，融理论教学和实践教学为一体，突出知识性、趣味性和可操作性，贴近时代、贴近社会、贴近实际，旨在帮助大学生"诚于中而形于外"，真正做到内在美与外在美的有机统一，成为合格的"职业人"和"社会人"。

本书提供PPT课件、习题答案等资料，教师可通过书末的"配套资料索取示意图"索取，也可通过编辑邮箱602983359@qq.com 或微信 15652315123 索取。

本书可作为应用型本科、高职高专院校各专业学生的礼仪教材，还可作为各界人士提高礼仪素养和交际能力的优秀读物及自我训练手册，也是各企事业单位进行礼仪岗位培训的创新型实用教材。

♦ 主　编　张　铭
　　责任编辑　万国清
　　责任印制　焦志炜

♦ 人民邮电出版社出版发行　　北京市丰台区成寿寺路 11 号
　　邮编　100164　　电子邮件　315@ptpress.com.cn
　　网址　http://www.ptpress.com.cn
　　北京天宇星印刷厂印刷

♦ 开本：787×1092　1/16
　　印张：16.75　　　　　　2017 年 3 月第 1 版
　　字数：416 千字　　　　2023 年 2 月北京第 5 次印刷

定价：45.00 元
读者服务热线：(010)81055256　印装质量热线：(010)81055316
反盗版热线：(010)81055315
广告经营许可证：京东市监广登字 20170147 号

前言

礼仪是现代社会文明进步的标志，也是整个人类文明、进步、发展、昌盛的标志。中国自古以来就是一个讲礼重仪的国家，素以"礼仪之邦"著称，礼仪是中国传统文化的核心。在社会交往活动越来越频繁的今天，礼仪已经成为人与人之间、组织之间、国家之间进行沟通、对话、交往、合作的金钥匙。作为当代大学生，应该更多地了解礼仪、学习礼仪、实践礼仪，规范言谈举止，学会待人接物，塑造良好形象，让自己成为有文化、懂礼仪、讲文明、会交际的优秀职业人才，从而通向成功之路，拥有美好人生。

基于此，我们顺应高职院校学生素质培养的要求，从全新的高职教育教学理念出发，以实践、实用、实效为原则，根据职业院校的教学特点编写了本书。本书以社交礼仪的基本规范和要求为主线，介绍相关社交礼仪知识和技能的，综合了现代社交礼仪涉及的各个方面，融理论教学和实践教学为一体，突出知识性、实用性、趣味性和可操作性，贴近实际、贴近社会、贴近时代，方便教师的教与学生的学。

本书作为新型实用教材，其内容是根据企事业单位日常社交活动所涉及的各方面礼仪而设定的，分为认识社交礼仪、仪容礼仪、服饰礼仪、仪态礼仪、会面礼仪、沟通礼仪、职场礼仪、活动礼仪、涉外礼仪等九章，每章就是一个礼仪活动训练单元，由"学习目标""案例导入""应知应会""能力提升""课后练习""评价考核"构成，旨在帮助大学生"诚于中而形于外"，真正做到内在美与外在美的有机统一，成为合格的"职业人"和"社会人"。

"学习目标"指明了学习本章之后学生应掌握何种现代社交礼仪技能，让学生在学习之初就做到学有重点、学有方向。

"案例导入"介绍的是与本章应掌握的核心技能相关的现代社交礼仪案例，每个案例都营造了一个典型的交际情境，引发学生思考，进一步明确本章学习目标和核心内容。

"应知应会"重点介绍现代社交礼仪知识和规范，内容翔实，信息量大，便于为"能力提升"的一系列操作训练提供必要的知识储备。在现代社交礼仪知识和规范的编写上，除了突出系统性、条理性、简明性之外，还设立了"礼仪小贴士""礼仪故事"等栏目，以增强其可读性、趣味性和指导性。

"能力提升"旨在将现代社交礼仪知识和规范不断内化为行为习惯，塑造出全新的自我。它由三个部分构成：一是"案例讨论"，精选典型、鲜活、实用的现代社交礼仪案例，供师生分析讨论；二是"实训项目"，这是教师课堂教学的主要内容，通过情境模拟、角色扮演等方式方法，让学生在做中学、学中做，学做结合，不断提高其现代社交礼仪规范的应用能力。三是"阅读思考"，精选了富有情趣的现代社交礼仪相关美文，并配以思考题若干，供学生课后自学，开阔视野，启迪心智，加深对现代社交礼仪的了解和把握。

"课后练习"包含精心设计和选编的练习题若干，每道练习题并非简单的选择题、问答题，而是需要学生消化课堂学习内容，亲身实践，动手动脑去完成的技能训练题，旨在复习巩固所学社交礼仪知识。

"评价考核"全面检验学生对本章要求的应知应会知识、专业能力、通用能力和工作态度等教学目标的实现情况。

本书是大连职业技术学院教材建设的最新成果之一，它克服了社交礼仪传统教材重理论轻实践、重知识普及轻能力提升的缺点，是工学结合、任务导向特色教材开发的一次有益尝试和创新。

本书由张铭主编，周晓红、谭晓虹、刘嫣茹任副主编，具体分工如下：张铭编写第五章、第六章和第八章；周晓红编写第四章和第七章；谭晓虹编写第二章和第九章；刘嫣茹编写第三章；张岩松编写第一章；穆秀英、高琳、李健、王允编写每章的课后练习。屈健、赵祖迪、张楠同学参与了礼仪图片的拍摄工作，刘晓燕进行了摄影和图片的后期制作工作。全书由张铭统稿。本书提供的教学资源均由张铭整理完成。

本书提供 PPT 课件、教案、视频案例、习题答案等资料，教师可通过书末的"资料索取示意图"索取，也可通过编辑邮箱 602983359@qq.com 或微信 15652315123 索取。

在本书的编写过程中，参考了大量报刊文献，吸收了国内学者最新的研究成果，在此向各位专家、学者表示衷心的感谢。本书是尝试之作，难免有疏漏之处，敬请读者批评指正。

"礼节乃是一封通行四方的推荐书"（【英】培根），愿本书受到大家的欢迎和认可，祝朋友们知书达礼，成就美丽人生，有"礼"纵横天下！

编　者

2017 年 1 月

目　　录

第一章 认识社交礼仪

不学礼，无以立。

——孔子

表面上礼仪有无数清规戒律，但其根本目的却在于使世界成为一个充满生活乐趣的地方，使人变得平易近人。

——【美】米莉·波斯特

学习目标

- 把握社交礼仪的内涵、内容和特性。
- 遵循社交礼仪的基本原则。
- 明确社交礼仪的功能。
- 加强社交礼仪修养。

案例导入

修养的作用

有一批应届毕业生22个人，实习时被导师带到北京的国家某部委实验室里参观。全体学生坐在会议室里等待部长的到来，这时有秘书给大家倒水，同学们表情木然地看着她忙活，其中一个还问了句："有绿茶吗？天太热了。"秘书回答说："抱歉，刚刚用完了。"林晖看着有点别扭，心里嘀咕："人家给你水还挑三拣四。"轮到他时，他轻声说："谢谢，大热天的，辛苦了。"秘书抬头看了他一眼，满含着惊奇。虽然这是很普通的客气话，却是她今天唯一听到的一句有礼貌的话。

门开了，部长走进来和大家打招呼，不知怎么回事，会议室里静悄悄的，没有一个人回应。林晖左右看了看，犹犹豫豫地鼓了几下掌，同学们这才稀稀落落地跟着拍手，由于不齐，越发显得凌乱起来。部长挥了挥手："欢迎同学们到这里来参观。平时这些事一般都是由办公室负责接待，因为我和你们的导师是老同学，非常要好，所以这次我亲自来给大家讲一些有关情况。我看同学们好像都没有带笔记本，这样吧，王秘书，请你去拿一些我们部里印的纪念手册，送给同学们作纪念。"接下来，更尴尬的事情发生了，大家都坐在那里，很随意地用一只手接过部长双手递过来的手册。部长脸色越来越难看，来到林晖面前时，已经快要没有耐心了。就在这时，林晖礼貌地站起来，身体微倾，双手接过手册，恭敬地说了一声："谢谢您！"部长闻听此言，不觉眼前一亮，伸手拍了拍林晖的肩膀："你叫什么名字？"林晖照实作答，部长微笑点头，回到自己的座位上。早已汗颜的导师看到此景，才微微松了一口气。

两个月后，毕业分配表上，林晖的去向栏里赫然写着国家某部委实验室，有几位颇感不满的同学找到导师："林晖的学习成绩最多算是中等，凭什么选他而没选我们？"导师看了看这几张尚属稚嫩的脸，笑道："是人家点名来要的。其实你们的机会是完全一样的，你们的成绩甚至比林晖还要好，但是除了学习之外，你们需要学的东西太多了，修养是第一课。"

1. 一个人的礼仪修养表现在哪些方面？
2. 礼仪在个人修养中处于怎样的地位？
3. 本案例对你有哪些启示？

礼仪是人们步入文明社会的"通行证"。今天，随着社会生产力的不断发展、物质生活条件的逐步改善，以及社会文明程度的日益提高，人们对礼仪倍加推崇。讲文明、懂礼貌，尊重他人、服务社会已成为人们的共识。无论是人际的、社会的以至国与国之间的交往，抑或是旅游业、商业、服务业等行业的接待服务工作都离不开对礼仪规范的遵守。现代人都开始注重文明修养，讲究礼仪，几乎每个人都成为礼仪的载体、文明的化身。

一个严于律己、宽以待人的人，往往也能在待人接物、仪表仪态、气质风度、谈吐教养等行为举止的各个方面表现出高雅的礼仪修养，这是其内心所具备的高尚道德和文化修养的反映。通过礼仪修养教育，可以提高一个人在待人接物方面的能力，养成自觉遵守公共秩序和劳动纪律的习惯，追求高尚的精神境界，进而促进一个人在思想、品德和处世能力上的全面提升。

第一节 应 知 应 会

"人无礼则不生，事无礼则不成，国无礼则不宁。"（荀子语）礼仪是人类文明和社会进步的重要标志，它既是社会交往活动的重要内容，又是社会道德文化的外在表现形式，而且更直接地反映着一个国家其国民普遍的素质。我国以"礼仪大国""礼仪之邦"的美誉著称于世，礼仪在我国传统文化中占有突出的地位。因此，学好礼仪、用好礼仪是人生的一门必修课，也是提升整个民族素质的重要组成部分。

一、社交与社交礼仪

美国的成人教育家卡耐基认为，一个人事业上的成功，只有15%是由于他的专业技术，另外的85%要靠人际关系、处世技巧。卡耐基对社交的重视程度基于他对人生的深刻理解和领悟。今天尽管我们无法测定卡耐基的量化数值的精确程度，但是，几乎没有人否定社交在人生、家庭、事业中的重要性。

1. 社交释义

社交是社会交际的简称，它是标志人类活动的特殊领域的概念。交际在英语中用communication一词来表达，其含义有通信、传达、交流、意见的交换等。交际在汉语中又称为交往。"交"有接合、通气、赋予的意思；"际"有接受、接纳、交合、会合、彼此之间等意思。朱熹对交际的注释是："交际谓人以礼仪币帛相交接也。"这里礼仪的相交接，即日常所说的礼尚往来，主要指人与人之间精神性的交换；而币帛的相交接，是指人与人之间物质性的交换。朱熹把人与人之间精神和物质的交换称为交际，这种诠注是很有见地的。

由此可见，社交是人在共同的社会活动中，通过人与人之间相互接触、互通信息、交流情感，或达到相互了解，彼此吸取对方的长处和积极因素，从而增进友情，和谐合作，促进事业成功；或彼此满足相互间的精神慰籍，实现自我价值，增加社会群体的聚合力。

社交是人得以生存、人类社会得以存在和发展的基础和保证。纷繁复杂的人类社会是人际关系耦合的网络系统，而交际是将个人与个人、个人与群体、群体与群体联结成社会网络必不可少的手段，是促进人际关系和谐、保持社会有机体稳定发展的强有力的纽带。交际根植于人类的合群性，发展升华于人的劳动过程。人要生存，就要生产，而生产必然有人与人之间的各种联系和交往，从而使交际成为社会生产的必要条件。马克思说，人的本质是一切社会关系的总和。人的一切社会关系正是在交际中得以暴露和展示的。每个人在交际中实现其自身，实现其人的社会属性，肯定其价值。总而言之，没有了社会交际，便没有了社会的人和人的社会。

社交是人类生活不可或缺的重要组成部分。在现代社会中，人们所从事的劳动和工作越来越复杂，社会化程度越来越高，既有严密科学的分工，又有严格的整体配合，需要越来越多的人合作才能成功。同样，随着物质生活水平的提高，各种信息纷至沓来，人们比以往更渴望理解，更渴望沟通，更渴望文化生活和精神交往，交际恰似劳动、语言和闲暇一样，是人类生活不可或缺的重要组成部分。

礼仪小贴士 1-1

心理实验

美国心理学家沙赫特曾做过这样的实验：他以每小时15美元的酬金先后聘请了5位自愿者进入一个与外界完全隔绝的小屋，屋里除提供必要的物质生活条件外，没有任何社会信息侵入，以观察人在与世隔绝时的反应。结果，其中1个人在小屋里只待了两小时就出来了，3个人待了两天，一个人待了8天。这位待了8天的人出来后说，"如果让我再在里面待1分钟，我就要疯了。"实验证明，没有一个人愿意与其他人隔绝，人们都害怕孤独。国外有的学者估计，人们在日常生活中，除8小时的睡眠时间以外，其余16小时中约70%（10小时左右）都在进行着交际。

2. 社交的要素

社交活动是非常复杂的，有着各种各样的形式和内容，但在人际关系的一般结构中，包括以下六种要素。

（1）具有两个或两个以上的人

两个人构成社交的最基本单位。单个人所进行的活动尽管可能涉及另外的人，但也不能称为交际；同时，社交中的个人都具有自己的个性心理特征，每个人的个性心理特征都会影响交际过程。

（2）具有特定的社交动机

人的任何社交活动都是由特定的动机推动的，是为了满足某种需要。动机所指向的目标可能是物质的，也可能是精神的。

（3）具有相互认知

社交中人与人之间存在相互的觉察、了解以及彼此基础上的相互理解。同时，伴随相互认识，每个人都会有感情的移入，产生或喜欢或厌恶的情感倾向。

（4）具有相互沟通

社交中的双方存在着信息的交换。沟通既包括认识上的沟通，也包括情感上的沟通。沟通可能以语言为媒介，也可能以非语言的体态表情为媒介。信息沟通是产生相互认知、达到交际目的、建立人际关系的基础。

（5）具有心理和行为上的互动

在社交中，一方发出的信息刺激会引起另一方心理和行为上的反应，这种反应又会作为新的信息刺激作用于前者，由此产生双方的相互作用与相互影响。

（6）具有一定的交往情景

人和人之间的任何交往都是在一定的社会背景和现实的社会环境中进行的，特别是交往时所处的现实微观环境会给交往带来直接的影响。

为了使交际双方能够愉快地相识相知、理解合作，社会交际双方都希望达到交际目的，实现各自需要。这种交际规则可以说就是社交礼仪。所谓社交礼仪是指人们在交往活动中约定俗成的各种行为规范及其实施程序。

社交礼仪无论从内容还是到形式都纷繁杂陈。从见面时的握手礼、鞠躬礼、拥抱礼、亲吻礼、合十礼、脱帽礼、作揖礼、介绍礼、称呼礼，到交谈告辞时的礼貌用语；从仪容仪表到举止谈吐；从成年仪式、结婚仪式到丧葬仪式；从家庭礼仪到社会礼仪；从官方规定的礼宾程序到形形色色的风俗礼仪，可以说，社交礼仪无处不在。社交礼仪的自觉运用，涉及人的性格特征、知识程度、价值观念、心理因素等诸多要素，它体现着一个人的文化修养和内在气质。同时，讲究礼仪既是尊重别人，也是尊重自己，有利于形成良好的社会道德观、伦理观和社会风气，对社会的物质文明建设和精神文明建设，尤其是对提高人的素养起着积极的作用。

礼仪故事 1-1

酒店老板与无赖

一个人走进饭店要了酒菜，吃罢摸摸口袋发现忘了带钱，便对店老板说："店家，今日忘了带钱，改日送来。"店老板连声说："不碍事，不碍事。"并恭敬地把他送出了门。

这个过程被一个无赖看到了，他也进饭店要了酒菜，吃完后摸了一下口袋，对店老板说："店家，今日忘了带钱，改日送来。"

谁知店老板脸色一变，揪住他，非剥他衣服不可。

无赖不服，说："为什么刚才那人可以赊账，我就不行？"

店家说："人家吃菜，筷子在桌子上找齐，喝酒一盅盅地筛，斯斯文文，吃罢掏出手绢揩嘴，是个有德行的人，岂能赖我几个钱。你呢？筷子往胸前找齐，狼吞虎咽，吃上瘾来，脚踏上条凳，端起酒壶直往嘴里灌，吃罢用袖子揩嘴，分明是个居无定室、食无定餐的无赖之徒，我岂能饶你！"

一席话说得无赖哑口无言，只得留下外衣，狼狈而去。

点评：本案例中的两位食客，从他们截然不同的礼仪表现可以看出一位是绅士，而另一位则显然是一个无赖，自然酒店老板对待他们的态度也就有了天壤之别。

3. 社交礼仪的内涵

社交礼仪是人们在社会交往过程中形成的并得到共同认可的各种行为规范，是人们以一定的程序、方式来表现的律己、敬人的完整行为。它体现了一个国家、一个民族、一个地区的道德风尚和人们的精神面貌。所以，礼仪是人类精神文明的产物。

礼仪是人际交往过程中外在表现的形式与规则的总和。它作为人类历史发展中逐渐形成并积淀下来的一种文化，始终以某种精神的约束力支配着每一个人的行为。礼仪是人类文明、进步的重要标志，是适应时代发展、促进个人进步和成功的重要途径。礼仪、法律与道德，被称为人生幸福的三位守护神。礼仪不像法律那样威严，不像道德那样肃然，它始终是一个会心的微笑、一种温和的声音、一种怡情悦心的需要。社交礼仪的内涵包括如下四个方面。

第一，社交礼仪是一种行为准则或规范。它是一种程序，有一定的套路，表现为一定的章法，只有遵守这些习俗和规范，才能适应社会发展。

第二，社交礼仪是一定社会关系中人们约定俗成、共同认可的行为规范。它表现为一些零散的规矩、习惯，然后才逐渐上升为大家认可的，可以用语言、文字、动作进行准确描述和规定的行为准则，并成为人们有章可循、可以自觉学习和遵守的行为规范。

第三，社交礼仪是一个情感互动的过程。在社交礼仪的实施过程中，既有施礼者的控制行为，也有受礼者的反馈行为，即社交礼仪是施礼者与受礼者之间尊重互换、情感互动的过程。

第四，社交礼仪的目的是实现社会交往各方的互相尊重，从而实现人与人之间关系的和谐。在现代社会，社交礼仪体现着一个人对他人和社会的认知水平、尊重程度，是一个人学识、修养和价值的外在表现。遵守社交礼仪是人获得自由的重要手段和途径之一。

礼仪小贴士 1-2

"礼"字的由来

从"礼"字的发展演化看，"礼"的最初含义与礼仪的起源——原始宗教祭祀活动有密切关系。"礼"字在甲骨文里写为"豊"，其下半部分的"豆"字是指古代一种器具，上半部分的"玨玨"表示一块块整齐地摆放的玉，然后将"玉"放在盒子里。这反映了古人祭祀活动的一个侧面。后来在其基础上又繁化为"禮"左边加的这个"示"字旁，为古代的神祇，整个字为敬神之意。随着人类对自然与社会各种关系的认识逐渐加深，礼的范围和内容就从各种神事扩大到人事。

4. 社交礼仪的内容

随着时代的变迁、社会的进步，人们的文明程度在不断提高。当代社交礼仪在对我国古代礼仪扬弃的基础上，不断推陈出新，内容更完善、更合理、更加丰富多彩。

（1）礼节

礼节是人们在交际过程中逐渐形成的约定俗成和惯用的各种行为规范之总和，是社会外在文明的组成部分，具有严格的礼仪性质。它反映着一定的道德原则的内容和对人、对己的尊重，是人们心灵美的外化。在阶级社会，由于不同阶级的人在利益上的根本冲突，礼节多流于形式。在现代社会中，由于人与人之间地位平等，其礼节从形式到内容都体现出了人与人之间的相互尊重和相互关心。现代礼节主要包括介绍的、握手的、打招呼的、鞠躬的、拥抱的、亲吻的、举手的、脱帽的、致意的、作揖的、使用名片的、使用电话的、约会的、聚会的、舞会的、宴会的礼节等。当今世界是个多元化的世界，不同国家、不同民族、不同地区的人们在各自的生存环境中形成了各自不同的价值观、世界观和风俗习惯，其礼节从形式到内容都不尽相同。

（2）礼貌

礼貌是指人们在社会交往过程中的良好言谈和行为。它主要包括口头语言的礼貌、书面语言的礼貌、态度和行为举止的礼貌。礼貌是人的道德品质修养最简单、最直接的体现，也是人类文明行为的最基本要求。在现代社会，使用礼貌用语，对他人态度和蔼，举止适度，彬彬有礼，尊重他人已成为日常的行为规范。

（3）仪表

仪表指人的外表，包括仪容、服饰、体态等。它属于美的外在因素，反映人的精神状态。

仪表美是一个人心灵美与外在美的和谐统一，美好纯正的仪表来自于高尚的道德品质，它和人的精神境界融为一体。端庄的仪表既是对他人的一种尊重，也是自尊、自重、自爱的一种表现。

（4）仪式

仪式指行礼的具体过程或程序，是一种比较正规、隆重的礼仪形式。人们在社会交往过程中或是组织在开展各项专题活动过程中，常常要举办各种仪式，以体现出对某人或对某事的重视，或是为了纪念等。常见的仪式包括成人仪式、结婚仪式、安葬仪式、凭吊仪式、告别仪式、开业或开幕仪式、闭幕仪式、欢迎仪式、升旗仪式、入场仪式、签字仪式、剪彩仪式、揭匾挂牌仪式、颁奖授勋仪式、宣誓就职仪式、交接仪式、奠基仪式、洗礼仪式、捐赠仪式等。仪式往往具有程序化的特点。这种程序有些是人为地约定俗成的。在现代礼仪中，仪式中有些程序是必要的，有些则可以简化。因此，仪式也大有越来越简化的趋势。但是，有些仪式的程序是不可省略的，否则就是非礼。

礼仪小贴士 1-3

参加升国旗仪式时的礼仪

严格地遵守升国旗的礼仪是维护国旗尊严，增强公民国家观念的体现，所有人都要按国旗法的要求以规范、统一的礼仪参加升国旗仪式。应做到：

1. 举行升旗仪式时，起身站立，目视前方，双手下垂，神态庄严，聚精会神，面向国旗，肃立致敬。

2. 每个人要仪表规范，仪态庄重，穿着整齐，脱帽肃立。

3. 在升国旗的过程中要保持安静，不许喧哗、走动、打闹、东张西望、心不在焉。

4. 当参加升旗仪式迟到时，恰逢升国旗奏国歌要立即停止走路，严肃立正，等待升旗仪式完毕后，方可继续行走。

5. 需要唱国歌的时候要有激情，曲调准确，声音洪亮。

6. 升旗仪式结束，主持人宣布解散时方可走动。

（5）礼俗

礼俗即民俗礼仪，指各种风俗习惯，是礼仪的一种特殊形式。礼俗是由历史形成的，普及于社会和群体之中并根植于人们心理之中，是在一定的环境重复出现的行为方式。不同国家、民族、地区在长期的社会实践中形成了各具特色的风俗习惯。"十里不同风，百里不同俗"，不但每一个民族、地区，甚至一个小小的村落都可能形成自己的风俗习惯。

礼仪小贴士 1-4

男左女右的由来

"男左女右"的习俗和古代人的哲学观关系非常密切。我国古代哲学家认为，宇宙中通贯事物和人事的两个对立面就是阴阳。自然界的事物有大小、长短、上下、左右等，古人将其归类分为大、长、上、左为阳，小、短、下、右为阴。阳者刚强，阴者柔弱。人的性格，男子性暴刚强属于阳于左，女子性温柔和属于阴于右。"男左女右"在中医应用上也有实际的科学意义，"男左女右"在医学上是表示男女生理上的差异，在社会风俗上是划分区别的一种秩序安排。这种习俗早在两千多年前的战国时期就被广为流传。

5. 社交礼仪的特性

社交礼仪是人们在漫长的社会实践中逐步形成、演变和发展的。现代社交礼仪是在一番脱胎换骨之后形成的，具有文明性、共通性、多样性、变化性、规范性和传承性等特性。

（1）文明性

礼仪是人类文明的结晶，是现代文明的重要组成部分。人类从降世那天起就开始了对文明的追求，亚当、夏娃用树叶遮身便是文明之举。人类从茹毛饮血到共享狩猎成果，从盲目迷信、敬畏鬼神到崇尚科学、论证无神，从战争到和平，无不体现了人类文明进步的历程。特别是文字的发明，人类更是学会了运用语言文字来表达文明、宣传文明。文明的体现宗旨是尊重，既是对他人的尊重，也是对自己的尊重，这种尊重总是同人们的生活方式有机、自然、和谐和毫不勉强地融合在一起，成为人们日常生活、工作中的行为规范。这种行为规范包含着个人的文明素养，比如待人接物热情周到、彬彬有礼；人们彼此间互帮互助、和睦相处，体现出人们日常生活中的文明、友好；注重个人卫生，穿着适时得体，见人总是微笑着问候致意，礼貌交谈，使用文明用语，这也体现出人们的品行修养。总之，礼仪是人们内心文明与外在文明的综合体现。

（2）共通性

无论是交际礼仪、商务礼仪还是公关礼仪，都是人们在社会交往过程中形成并得到共同认可的行为规范。我们今天生活的世界可谓千姿百态。人们尽管分散居住于五大洲、四大洋的不同角落，但是，许多礼仪都是世界通用的。例如，问候、礼貌用语、各种庆典仪式、签字仪式等，大体上是世界通用的。虽然各国家、各地区、各民族形成了许多特有的风俗习惯，但就礼仪本身的内涵和作用来说，仍具有共通性。正是由于礼仪拥有共通性，才形成了国际交往礼仪。

（3）多样性

世界是丰富多彩的，其中礼仪也是五花八门、绚烂多姿的。世界各地的民俗礼仪千奇百怪，几乎没有人能说清楚世界上到底有多少种礼仪形式。从语言的表达礼仪到文字的使用礼仪，从举止礼仪到规范化礼仪，从服饰礼仪到仪表礼仪，从风俗礼仪到宗教礼仪等，在不同的国家、不同的场合，其表达方式也有所不同。比如，在人们常见的国际交往中，仅见面礼节就有握手礼、点头礼、亲吻礼、鞠躬礼、合十礼、拱手礼、脱帽礼、问候礼等，可谓多种多样，纷繁复杂。

不仅如此，有些礼仪形式所表达的内容，在不同国家或地区有可能截然相反，甚至一个国家不同地区也可能有不同的含义（见表1-1）。

表1-1　　　　　　　　　　手势在不同国家所表达的含义

手势	中国	美国	英国	法国	日本	印度	其他国家
	棒、厉害	顺利	搭车	搭车	男人、父亲	搭车	在孟加拉国意味着侮辱和挑衅
	最小的或倒数第一	打赌			女人、女孩、恋人	想去厕所	在缅甸表示想去厕所；在尼日利亚等国家表示打赌
	数字0或3	征求对方意见或表示同意、赞扬、了不起		零、一钱不值	金钱	正确、不错	在韩国、缅甸表示金钱；在菲律宾表示想得到钱或没有钱；在印度尼西亚表示一无所有或一事无成；在突尼斯表示无用、傻瓜

（4）变化性

礼仪并不存在僵死不变的永恒模式，随着时间的推移，礼仪会发生巨大的变化。可以说，每一种礼仪都有其产生、形成、演变和发展的过程。礼仪在运用时也具有灵活性。一般来说，在非正式场合，有些礼仪可不必拘于约定俗成的规范，可增可减，随意性较大。在正式场合，讲究礼仪规范是十分必要的。但如果双方已非常熟悉，即使是较正式的场合，有时也不必过于讲究礼仪规范。

（5）规范性

礼仪，指的就是人们在交际场合待人接物时必须遵守的行为规范。这种规范不仅约束着人们在一切交际场合的言谈话语、行为举止，使之合乎礼仪，而且也是人们在交际场合必须采用的一种"通用语言"，是衡量他人、判断自己是否自律、敬人的一种尺度。礼仪是约定俗成的一种自尊、敬人的形式，任何人要想在交际场合表现得彬彬有礼，都必须对礼仪无条件地加以遵守。另起炉灶，自搞一套，或是只遵守个人适应的部分，而不遵守自己不适应的部分，都难以为交往对象所接受、所理解。

礼仪故事 1-2

修理抽水马桶的外国小男孩

一次在瑞士，龙永图与几个朋友去公园散步，上厕所时，听到隔壁的卫生间里"砰砰"地响，他有点纳闷。出来之后，一个女士着急地问他有没有看到她的孩子，她的小孩进厕所十多分钟了，还没有出来，她又不能进去找。龙永图想起了隔壁厕所间里的响声，便进去打开厕所门，看到一个七八岁的小孩正在修抽水马桶，怎么弄都抽不出水来，急得满头大汗。这个小孩觉得他上厕所不冲水是违背规范的。

点评： 从这位外国儿童身上我们看到了他对规则的遵守，规则意识已经在他幼小的心灵中扎下了根。我国当今的大学生，虽然已是成年人，但是未必有这位小男孩的规则意识。上厕所不冲的现象比较普遍就是一个例证。怎样才能树立国民的"规则"意识？这一问题值得我们深思。

（6）传承性

任何国家的礼仪都具有自己鲜明的民族特色，其当代礼仪都是在继承本国古代礼仪的基础上发展起来的。离开了对本国、本民族既往礼仪成果的传承，就不可能形成当代礼仪，这就是礼仪传承性的特定含义。作为一种文明积累，人们将交际应酬中的习惯做法即礼仪固定流传下来，并逐渐形成自己的民族特色，这不是一种短暂的社会现象，而且不会因为社会制度的更替而消失。对于既往的礼仪遗产，正确的态度不应当是食古不化、全盘沿用，而应当是有扬弃、有继承，更有发展。

二、社交礼仪的原则

人们的各种交际活动自始至终都有一些具有普遍性、共同性、指导性的规律可循，这就是礼仪的原则。探讨这些原则，有助于社交基本礼仪的规范化，增强人们对礼仪的认识，进而加强礼仪在社会活动中的指导作用。

1. 遵守原则

礼仪规范是为维护社会生活的稳定而形成和存在的，实际上是反映了人们的共同利益要求。社会上的每个成员不论身份高低、职位大小、财富多寡，都有自觉遵守、应用礼仪的义务，都要以礼仪去规范自己的一言一行、一举一动。如果违背了礼仪规范，会受到社会舆论的谴责，自然交际就难以成功。

失礼的代价

苏联领导人赫鲁晓夫在这方面就有前车之鉴，他在一次联合国会议上为了让人们安静下来，竟然脱下鞋子，并用鞋子敲打会议桌子。他的不雅举止显然违背了礼仪规范，更有损他本人及苏联的国际形象。在这次会议上，联合国做出决定：对苏联代表团罚款一万美元。可见违背社交礼仪的遵守原则是不行的。

2．敬人原则

斯坦福大学的由来

多年前，美国哈佛大学的校长因为一次错误判断，失去了一次难得的发展机遇，但却造就了斯坦福大学。

一天，一对老夫妇来到哈佛大学校长办公室，女的穿着一套褪色的条纹棉布衣服，而她的丈夫则穿着布制的便宜西装。

校长的秘书在顷刻间就断定这两个乡下老土根本不可能与哈佛有业务往来。老先生轻声地说："我们要见校长。"

秘书很礼貌地回答："他整天都很忙。"

女士回答说："没关系，我们可以等。"

过了几个小时，秘书一直忙自己的事，把他们冷落在一边，希望他们知难而退，知趣地离开。他们却固执地等在那里。

秘书终于决定通知校长："也许他们跟您讲几句话就会走开。"校长不耐烦地同意了。

他接待了这对夫妇。

女士告诉他："我们有一个儿子曾经在哈佛读过一年书，他喜欢哈佛，他在哈佛的生活很愉快。但是去年，他因车祸而身亡。我丈夫和我想在校园里为他留一纪念物。"

校长并没有被感动，反而觉得可笑，粗声地说："夫人，我们不能为每一位曾读过哈佛而后死亡的人建立遗像的。如果我们这样做，我们的校园看起来不和墓园一样了吗？"

女士说："不是，我们不是要树立一座遗像，我们是想捐一栋大楼给哈佛。"

校长再次审视了一下乡巴佬身上的条纹棉布衣服及粗布便宜西装，然后吐了口气说："你们知不知道建一栋大楼要花多少钱？我们学校的建筑物价值超过750万美元。"

这时，那位女士沉默了。校长终于如愿以偿，总算可以把他们打发走了。

这位女士转向她的丈夫说："只要750万美元就可以建座大楼，那我们为什么不建一座大学来纪念我们的儿子？"

就这样，斯坦福夫妇（Mr Standford and Mrs.）离开了哈佛，来到加州，成立了斯坦福大学（Standford Uniwersity）来纪念他们的儿子。

再后来，在斯坦福的旁边，又有了硅谷。

点评：案例中的这位哈佛大学校长不懂得尊敬人、尊重人，傲慢自大。孔子说，"礼者，敬人也。"敬人是社交礼仪的一个基本原则，它要求人们在社交活动中互尊互敬，友好相待，对交往对象要重视、恭敬。

尊敬是"礼"的本义，是礼仪的重点和核心。在对待他人的诸多做法中最重要的一条，就是要敬人之心长存，处处不可失敬于人，不可伤害他人的个人尊严，更不能侮辱对方的人格。可以说，掌握了敬人的原则就等于掌握了礼仪的灵魂。尊敬的作用是十分巨大的。

士光敏夫的做法

日本东芝电器公司董事长士光敏夫的做法就是很好的说明。日本东芝电器公司曾一度陷入困境，员工士气低落。当士光敏夫出任董事长时，他经常不带秘书，一个人深入各工厂与工人聊天，听工人的意见。更有意思的是，士光还经常提着一瓶酒去慰劳员工，和他们共饮。他终于赢得了公司上下的支持，员工的士气也高涨了起来。在三年内，士光敏夫终于重振了暮日穷途的东芝公司。士光敏夫的诀窍就是关心、重视、尊重每一个员工，"敬人者，人恒敬之"，他同时也赢得了员工的信服与支持。

3. 宽容原则

六尺巷

"我家两堵墙，前后百米长。德义中间走，礼让站两旁。"除夕夜，由安徽宿松籍著名诗人贺东久作词，桐城籍青年歌手张正扬作曲，安徽芜湖籍演员赵薇演唱的歌曲《六尺巷》亮相2016央视猴年春晚。歌曲《六尺巷》取材于桐城六尺巷的典故，融合了黄梅小调、京剧及现代流行音乐等元素，受到人们的普遍欢迎，六尺巷也受到人们的普遍关注，从2016年正月初一开始，六尺巷从原先的冷冷清清变得人潮涌动。

位于安徽桐城的六尺巷，其得名源于康熙朝宰辅张英对邻居"让出三尺"的故事。

据史料记载，清康熙年间，文华殿大学士、礼部尚书张英（1637—1708年）的桐城老家人，与邻居吴家在宅基问题上发生争执，两家各不相让，将官司打到县衙。因双方都是官位显赫的名门望族，县官不敢轻易了断。

图 1-1　六尺巷

于是，张家人千里传书给在京城的张英求援。收书后，这位当朝宰辅批诗一首寄回老家，便是这首流传至今的打油诗："一纸书来只为墙，让他三尺又何妨。长城万里今犹在，不见当年秦始皇。"

一见回信，张家人豁然开朗，将围墙退让了三尺。吴家见状深受感动，也让出三尺，形成了一个六尺宽的巷子，如图1-1所示。

从此以后，这条六尺宽的巷子就以"六尺巷"之名闻名乡里，成为民间佳话。

时至今日，虽然张吴两家的老宅都已在300多年的时光里走进了历史，但这条巷子却依然安静地伫立在那里，并引得人们慕名而来，领悟体会其宽容他人、互敬礼让、和谐包容、进退有度的文化内涵。

一般来说，交往双方的心理总存在一定的距离，存在不相容的心理状态，这种差异会在交往者之间产生思想隔膜，甚至会使关系僵化。要想缩小这种心理上的差异，求得人与人之间能多一份和谐、多一份信赖，就必须抱着宽容之心。宽容就是要求人们既要严于律己，又要宽以待人，要多容忍他人，多体谅他人，多理解他人，而不能求全责备，斤斤计较，过分苛求，咄咄逼人。孔子说："宽则得众。"唯有宽容才能排除人际交往中的各种障碍，不能宽容他人的人，往往会得理不饶人，使人际间关系恶化。共性是寓于个性之中的，人们应该维护和发展共性，以理解和宽容来增强人们之间的凝聚力。

小王悟出的道理

某企业的公关人员小王，说话办事都有板有眼，但就是有一个缺点，凡属他看不惯的人，他就不想与之多说，结果得罪了不少客户。公关部经理对他说："我们两人岁数相差二十好几，性格差异更大，你好动，我好静，但并不影响我们的合作，你想想这是为什么？"脑子灵活的小王一听，便知道经理是在批评自己。他悟出一个道理：脾气性情不同的人同样可以做朋友。从那以后，他开始接纳个性特别的客户，并能取其一点，友好往来，很快赢得了客户的好感。

点评：要做到宽容待人，就要将心比心，理解他人，体谅他人，不求全责备，不要求对方十全十美，而是取其一点，不及其余，和睦相处。社交中，考虑交往对象的个性，理解其思想，不强求其与自己高度一致（事实上这是不可能的），多站在对方的角度考虑问题，这是宽容原则的极好体现。小王就是悟出了这个道理，才得以和社交对象和谐相处的。正如美国汽车大王亨利·福特所说的"如果成功有什么秘诀的话，那就是站在对方的立场上考虑问题。"

4. 平等原则

礼仪故事 1-8

萧伯纳与俄罗斯小姑娘

英国著名戏剧家、诺贝尔文学奖获得者萧伯纳（George Bernard Shaw）对"平等"二字有很深的体验。一次他访问苏联，漫步在莫斯科街头，遇到一位聪明伶俐的苏联小姑娘，便与她玩了很长时间。分手时，萧伯纳对小姑娘说："回去告诉你妈妈，今天同你玩的是世界有名的萧伯纳。"小姑娘望了萧伯纳一眼，学着大人的口气说："回去告诉你妈妈，今天同你玩的是苏联小姑娘安妮娜。"这使萧伯纳大吃一惊，立刻意识到自己太傲慢了。后来，他常回忆起这件事，并感慨万分地说："一个人不论有多大成就，对任何人都应该平等相待。要永远谦虚，这就是苏联小姑娘给我的教训，我一辈子也忘不了她！"

在交际中坚持平等原则是非常重要的！平等是人与人之间建立情感的基础，是达到最佳交际效果的诀窍，是建立和保持良好人际关系的基础之一。心理学研究表明：人都有友爱和受人尊敬的需要，交友和受尊敬的希望都非常强烈。人们渴望自立，成为家庭和社会中真正的一员，平等地同他人进行沟通。可以说，凡是正常人，都希望得到别人的平等对待。与人交往只有以平等的姿态出现，不盛气凌人、不高人一等，给别人以充分的尊重，才能形成人与人之间的心理相容，产生愉悦、满足的心境，出现和谐的人际关系。

运用现代社交礼仪开展交际活动，做到平等交往应注意以下几点：第一，要明确平等的含义，平等是相对的，不是绝对的。平等受自然条件和社会条件的制约，必须注意根据交际对象的不同条件（政治、经济、文体和社会等方面的条件）分别对待。第二，要尊重交际对象的人格，这是平等的前提。任何人都有自尊心，要维护独立的人格不受侵犯。在现代社交中，只有尊重对方的人格才能得到对方的理解和尊重，营造出良好的人际关系氛围。那种以势压人、老大自居、盛气凌人、"看人下菜碟"，甚至污辱人的做法都是与平等原则严重相悖，为公众所不齿的。第三，要掌握平等交往的方法和技巧。例如：谈心法，向对方实实在在地说出心里话，用朋友般的商量口气交换意见、传递信息、讨论问题；求同法，通过各类活动，特别是富有兴趣的活动，寻求与对方的相互认识、相互理解，"投公众所好"，增强其认同感；交友法，像对待朋友那样平等地对待公众，关心、帮助、体谅、尊重对方，以诚相待，从而赢得交际对象的认同。

礼仪故事 1-9

"芬克斯"酒吧谢绝基辛格

在宗教圣地耶路撒冷，有一个名叫"芬克斯"的西餐酒吧，它曾连续3年被美国《每周新闻》杂志选入世界最佳酒吧的前15名。"芬克斯"酒吧是65年前由一个英国人创办的，至今，它的内部摆设，包括桌子和椅子都保持着原样。它的面积虽然只有30平方米左右，里面只有1个柜台和5张桌子，但由于经营有方，它成了在耶路撒冷的记者们喜欢停留的地方。1948年，一个名叫罗斯恰尔斯的德国犹太人买下了"芬克斯"酒吧。

20世纪70年代，为中东和平而四处穿梭的基辛格来到了耶路撒冷，听说这里的"芬克斯"酒吧名声不错，也想去造访造访。他亲自打电话到"芬克斯"预约，接电话的正好是店主罗斯恰尔斯先生。

基辛格做了自我介绍。那时，在约旦和巴勒斯坦地区，无人不知基辛格的大名，因为从某种意义上说，他掌握着约旦和巴勒斯坦的命运。然而，罗斯恰尔斯没有接受基辛格的预约，因为基辛格提出的额外要求深深刺痛了他那根职业道德的敏感神经。

基辛格这样说："我有10个随从，他们将和我一起前往贵店，到时希望贵店谢绝其他顾客。"基辛格认为这个要求肯定能被接受，因为自己是有名的政治家，光顾那家酒店，会提升它的形象。不料，罗斯恰尔斯给了他一个意想不到的回答。他非常客气地说："您能光顾本店，我感到莫大荣幸。但因此而谢绝其他客人，我实在做不到，他们都是我的老顾客，也是支撑我这个店的人，我无论如何也不会将他们拒之门外。"

听到这一回答，基辛格很不高兴地挂断了电话。

第二天傍晚，基辛格又一次打来电话。基辛格真不愧是外交家，他首先对自己头天的失礼表示道歉。接着，他告诉店主人，这一次他只带3个随从，只订一张桌子，店方也不必谢绝其他客人。这对基辛格来说算是最大的让步了，但结果还是让他失望。

"非常感谢您的诚意，基辛格先生，但我还是不能接受您明天的预约。"罗斯恰尔斯回答。

"为什么？"基辛格大惑不解。

"因为明天是星期六，本店的例休日。"

"但我后天就要离开此地，你不能为我破一次例吗？"

"那不行，作为犹太后裔的您也应该知道，对我们犹太人来说，星期六是一个神圣的日子，在星期六营业，是对神的亵渎。"

基辛格听后什么也没说，就挂断了电话。

这则轶闻被美国记者知道后，写成了《基辛格和芬克斯》的新闻，在美国报纸上大加炒作，这无意中提高了"芬克斯"的知名度。然而仔细想来，"芬克斯"酒吧的可贵之处，是真正把客人当"上帝"，讲究人人平等，一视同仁，宁可得罪一个要求过分的名人，也不得罪一群普通的人。这是"芬克斯"酒吧留给我们的启示之一。

5. 真诚原则

社交礼仪的运用基于交际主体对他人的态度，如果能抱着诚意与对方交往，那么交际主体的行为自然而然地便显示出对对方的关切与爱心。因为无论用何种语言表达，行为则是最好的证明。在通常情况下人们可以用假话来掩饰自己的企图，但却无法用行为来掩饰自己的空虚，因为体态语是无法掩饰虚假的。因此唯有真诚，才能使你的行为举止自然得体。与此相反，倘若仅把运用礼仪作为一种道具和伪装，在具体操作礼仪规范时口是心非，言行不一，弄虚作假，投机取巧，或是当面一个样，背后一个样，有求于人时一个样，被人所求时又一个样，将礼仪等同于"厚黑学"，是违背社交礼仪的基本原则的。

礼仪故事 1-10

日本人的诚信

日本雅虎网站上有一个拍卖网，是一个个人物品交易的虚拟空间。大家可以拿家里不用的东西到上面拍卖，以增互通有无之乐。成交后按规定是买方先付款，卖方再发货。但某女士是个急性子，往往买家的款还没到账就将东西发出去，有时甚至是人家还没划款东西就先寄到了。但是事实证明没有一家买主赖账，而且先行收到东西的人几乎都以最快的速度划款到账，以使卖者放心。这是因为日本人认为：一旦违约就会从根本上动摇一个人的信用基础，这甚至关系到个体生命的尊严。

6. 适度原则

俗话说："礼多人不怪。"人们讲究礼仪是基于对对方的尊重，这是无可厚非的，但是，凡事过犹不及，人际交往要因人而异，要考虑时间、地点、环境等条件，做到化妆适度、服饰适度、语言适度、举止适度、态度适度、距离适度等。在社交中，施礼过度或不足都是失礼的表现。如语言适度就要求在与他人进行语言交流时，语言表达适当，不说过头话，不用过激的语言；语言沟通适当，既不抢对方的话头，又不少言寡语；语速适当，既不太快、太急、含糊不清，又不太缓慢、拿腔拿调。又如举止适度要求举手投足都要显得分寸得当，恰到好处。比如，像见面时握手时间过长，或是见谁都主动伸手，不讲究主次、长幼、性别；告别时一次次地握手，或是不住地感谢，让人觉得厌烦，这反而会让对方不自在、不舒服。礼仪的施行只是内心情感的表露，只要内心情感表达出来，就完成了礼仪的使命。如果反复重复，似乎有别人不理解、不领情之嫌，画蛇添足，实无必要。

礼仪小贴士 1-5

现代社交"十不要"

1. 不要过分打扮。衣着要与身份相符，整洁大方，当然，也要考虑对方的生活习惯。

2. 言谈举止不要浮泛。语言要文明，举止要礼貌；说话有条理，言简意赅；别人谈话时，要虚心倾听，不打断对方谈话，不做心烦意乱的动作，更不要随便翻阅别人的东西。

3. 不要显示自己有恩于人。不要多谈自己的好处，应该常提受人恩德的事，使对方心中也感到舒服。

4. 不要论人之非，发泄牢骚。交谈不要议论第三者，不要攻击他人短处，不要对自己不满的人和事发泄不满情绪。

5. 不要花言巧语，虚伪客套。态度要诚恳，实事求是，讲心里话，不用虚伪的客套话骗人。

6. 不要分等级待人。对来客一视同仁，不卑不亢，既不巴结讨好，也不傲慢自居。

7. 不要"万事通"，不懂装懂。对不知道的事不说，别人不了解的也不牵强附会。

8. 不要不讲信用，不守时间。在交往中，说能办的事情一定要办到，约定见面，一定要准时赴约。同时，初访时交谈不可过久。办完事情，尽快告辞，不要耽误别人的时间。

9. 不要打听自己不应知道的事情。不要贸然打听别人的秘密或难以启齿的事情，也忌有意无意揭穿他人的秘密。

10. 不要随便误解对方。对别人谈论的事，要正确理解。

三、社交礼仪的功能

礼仪是人类社会文明发展的产物，是人们社会交际活动的共同准则。加强礼仪教育，对于提高自身的修养和素质，促进社会主义精神文明建设，塑造良好形象，扩大社会交往，促进事业成功都具有十分重要的作用。社交礼仪具有多方面的功能，主要表现在如下几个方面。

1. 弘扬礼仪传统

文明古老的中华民族，以其聪颖的才智和勤奋的力量创造了人类历史上最灿烂的文化。中华民族，素以礼仪之邦著称于世。几千年来，各族人民都创造了一整套独具特色的礼节、仪式、风尚、习俗、节令、规章和典制等，并为广大人民所喜爱、所沿袭。这些礼仪习俗，反映了我国民族的传统美德与优良品质，勾画了我国民族的历史风貌。

我国古代思想家、教育家们十分重视"礼"的教育。"礼"的内容比较全面地规定为处理调整当时社会各种关系的准则和规范。春秋末期的孔子就曾指出："不学礼，无以立。"孔子小时常做练习礼的游戏。"入太庙，每事问"，后来还专程赴周向老子请教礼。他对于"礼"的研究下过不少功夫，认为周礼吸收夏、商两代的经验，并有所发展，是比较完备的，所以他说"吾从周"。孔子选取了士必须学习的礼制十七篇，编辑成《礼》，也就是流传至今的《仪礼》。孔子非常重视学生日常行为方面的教育，他要求学生衣冠整齐，走有走的样子，坐有坐的姿势，为人处世要彬彬有礼，温文尔雅。《史记·孔子世家》中就说："孔子以诗、书、礼、乐教弟子，盖三千焉，身通六艺者，七十有二人。"其中"六艺"指的是以礼为首的礼、乐、射、御、书、数。

《仪礼》《周礼》《礼记》合称为"三礼"。"三礼"是我国最早最重要的礼仪论著。《礼记·曲礼》第一句便是"毋不教"。文中还记载着对父母"出告反面"，意思是出门告诉父母一声，回家要和父母打个照面问候一下。对老师应该是"遭先生于道，趋而进"，"从于先生不越路"。书中有关礼仪的内容是十分广泛具体的。

《三字经》是我国流传时间最长、范围最广、影响最大的一本启蒙教材，相传为南宋学者王应麟所著，它被人们誉为"古今奇书"和"袖里通鉴纲目"。《三字经》已经被翻译成英、法、俄等多种文字在国外流传，还被联合国教科文组织选作儿童道德教育丛书。书中写道："为人子，方少时，亲师友，习礼仪。"意思是，做儿女的，正当年少时，就要拜师访友，学习礼仪。清代李毓秀撰辑了一本《弟子规》，书中详细规定了学生在言谈举止方面的礼仪规范，其中有尊敬长者方面的要求："或饮食，或走坐，长者先，幼者后。"有仪表方面的要求："冠必正，钮必结，袜与履，俱紧切。"有仪态方面的要求："步从容，立端正，揖深圆，拜恭敬。"有禁酒的要求："年方少，勿饮酒，饮酒醉，最为丑。"有语言方面的要求："刻薄语，秽污词，市井气，切戒之。"此书礼仪教育方面的内容是十分丰富具体的。

〰〰 礼仪小贴士 1-6 〰〰〰〰〰〰〰〰〰〰〰〰〰〰〰〰〰〰〰〰〰〰〰

古代生活礼仪

（1）诞生礼：从妇女未孕时的求子到婴儿周岁，一切礼仪都围绕着长命的主题。高禖之祭即是乞子礼仪，设坛于南郊，后妃九嫔都参加。诞生礼还包括"三朝"（婴儿降生三日时接受各方面的贺礼）、"满月"（婴儿满一个月时剃胎发）、"百日"（行认舅礼、命名礼）、"周岁"（行抓周礼，以预测小儿一生命运、事业吉凶等）。

（2）成年礼：也叫冠礼，是跨入成年人行列的男子加冠礼仪。冠礼由氏族社会盛行的男女青年发育成熟时参加的成丁礼演变而来。汉代沿袭周代冠礼制度。魏晋时开始用音乐伴奏。清代废止。

（3）飨燕饮食礼仪：飨在太庙举行，烹太牢以饮宾客，重点在礼仪往来而不在饮食；燕即宴，燕礼在寝宫举行，主宾可以开怀畅饮。燕礼对中国饮食文化形成有深远的影响。节日设宴在中国民间食俗上形成节日饮食礼仪。正月十五吃元宵，清明节吃冷饭寒食，五月端阳的粽子和雄黄酒，中秋月饼，腊八粥，辞岁饺子等都是节日仪礼的饮食。在特定的节日吃特定的食物，这也是一种饮食礼仪。宴席上的座次，上菜的顺序，劝酒、敬酒的礼节，也都有社会往来习俗中男女、尊卑、长幼关系和祈福避讳上的要求。

（4）宾礼：主要是对客人的接待之礼。与客人往来的馈赠礼仪有等级差别。士相见，宾见主人要以雉为赞；下大夫相见，以雁为赞；上大夫相见，以羔为赞。

（5）五祀：指祭门、户、井、灶、中（中室）。周代是春祀户，夏祀灶，六月祀中，秋祀门，冬祭井。汉魏时按季节行五祀，孟冬三月"腊五祀"，总祭一次。清康熙之后，只在十二月二十三日祭灶，与民间传说的灶王爷腊月二十四朝天言事的故事相合，国家祀典采用了民间形式。

在我国历史上还流传着许多讲究礼仪的佳话，比如"廉蔺交欢"（讲究礼让）、"张良纳履"（尊老敬贤）、"程门立雪"（尊敬老师）、"管鲍之交"（交友之道）、"三顾茅庐"（待人以诚），这些故事脍炙人口，妇孺皆知，对今人仍有很大的教育意义。讲究礼仪，按照礼仪要求规范我们的行为，对继承我国礼仪传统，弘扬我国优良的礼仪风范，具有十分重要的作用。

礼仪故事 1-11

周恩来——礼仪楷模

周恩来总理是世界公认的最有风度的领导人和外交家，他的一举一动都给人留下深刻难忘的印象，人们用"富有魅力""无与伦比"等优美的词语来赞美他的翩翩风度。在外事活动中，周总理十分注重礼节。在他病重时，脚因为过度肿胀而穿不上原来的鞋了，只有穿拖鞋走路。工作人员心疼周总理，让他穿着拖鞋参加外事活动，并认为外宾是能够理解的。但总理不同意，他说："这不行，要讲个礼貌嘛！"于是，他请工作人员为他特制了一双鞋，留着接见外宾时穿。周总理在外事活动中注重礼节，受到外宾的盛赞，表现出传统美德，是我们学习的榜样。

点评： 我国近现代历史上有许多伟大人物在礼仪修养上堪称楷模，修养十分深厚，他们的作风、态度、处事、举手投足都值得我们永远学习。周恩来总理无疑是继承礼仪传统，弘扬优良礼仪的典范。

2. 塑造良好形象

首先，讲究社交礼仪，有助于提高自身修养，塑造良好的个人形象。

礼仪故事 1-12

电车上的故事

美国第25任总统威廉·B.麦金利的好朋友查尔斯·道斯曾经讲述过这样一件事："多日来，总统一直为任命一个重要的外交职务而犯难——他要在两个同样有才干的候选人中选出一个，然而始终举棋不定，难以拍板。突然他回忆起一件事，此事竟如此清晰地浮现在眼前。一个风雨交加的夜晚，总统搭乘一辆市内有轨电车，坐在后排的最后一个位子上。电车停在下一站，上来一位洗衣老妇人，挽着一个沉重的篮子，孤零零地站在车厢的过道上。老妇人面对着的是一位具有绅士风度的男子，该男子举着报纸将脸挡住，故意装着没看见。总统从后排站起来，沿着过道走去，提起那一篮子沉甸甸的衣物，把老妇人引到自己的座位上坐下。该男子仍然举着报纸低着头，对车厢里发生的一切似乎什么也没有看见。总统顺便朝那男子瞅了一眼，那张脸庞深深地印入了脑海。这男人不正是总统要任命的两位候选人之一吗？总统果断地做出决定：取消该人的任命资格，而另一位则理所当然地成为了外交官。"查尔斯·道斯说："这位候选人永远不会知道，就是这一点点的自利行为，或者说缺少那么一点点的仁慈之心，因此而失去了他一生雄心勃勃得以想实现的东西。"

社交礼仪对个人的成功是至关重要的，因为它关系到个人的形象。个人形象，是一个人仪容、表情、举止、服饰、谈吐、教养的集合，而礼仪在上述诸方面都有自己详尽的规范，因此学习礼仪，运用礼仪，无疑将有益于人们更好地、更规范地设计个人形象、维护个人形象，更好地、更充分地展示个人的良好教养与优雅的风度。

其次，讲究社交礼仪，有助于塑造组织形象。良好的组织形象是任何组织所刻意追求的目标，组织形象的塑造处处都需要礼仪。比如：你想和某一单位联系业务，当你拨打对方办公室电话竟无人接或铃响五六声之后才有人接时，你会对该单位产生一种印象——工作效率不高，制度不健全，员工素质差等。反之，当你一拨通电话，听到对方和蔼可亲的问候，得体的称谓，礼貌的语言，简捷干练的回答，热情的接待，你立即会有一种亲切之感。

组织形象常常是在不经意间体现并塑造出来的。整洁优雅的环境，宽敞明亮、井然有序的办公室，独具个性、富有哲理的价值观，色彩柔和的服饰，彬彬有礼的员工，富于特色的广告等，都会给公众留下深刻的印象。礼仪则是通过组织员工的仪容仪表、言谈举止、礼貌礼节、仪式及活动过程表现出来，它是塑造组织形象的基础工程。任何不讲究礼仪的组织，都不可能获得良好的社会形象。组织通过各种规范化的礼仪，还可以激发员工对组织的自豪感，增强组织的凝聚力、向心力。如松下公司创作了自己的"松下之歌""松下社训"，每天早晨八点，遍布各地的松下企业员工一起高唱松下歌曲，使每一名员工都以自己是松下的员工而感到光荣。目前，我国的许多企业通过统一企业标识，统一企业服装，统一色彩等，塑造组织统一的社会形象，也使组织的员工自觉地维护组织的形象，组织通过开业庆典、周年纪念、表彰大会等仪式，激发员工对本组织的了解、爱戴，加深感情，增强组织的凝聚力和向心力。可见，礼仪在塑造组织形象中的作用是十分巨大的。

3. 建设精神文明

世界各国和各民族都十分重视交往时的礼节礼貌，把它视为一个国家和民族文明程度的重要标志，正如古人所说"礼义廉耻，国之四维"，礼仪是立国的精神要素之本。在社会主义精神文明建设中，讲究礼节礼仪，注重礼貌是最基本的要求，它对建设精神文明的大厦起着基础作用，只有基础打得扎实，大厦才能坚固。

随着我国改革开放的深入和社会主义市场经济体制的确立，我国经济发展要和国际接轨，这些都对我国精神文明建设提出了更高的要求。只有提高中华民族整体的文明礼貌素质，才能造就一个和谐的社会环境和人际关系，吸引更多的外资和促进国际间的贸易往来，从而推动我国经济社会的发展。提倡讲究礼仪礼节，做到文明礼貌，必将有利地促进社会主义精神文明建设。

礼仪小贴士 1-7

郴州市的文明礼仪之风

湖南郴州市2009年4月28日提出创建"全国文明城市、国家卫生城市、国家园林城市"的目标。他们认为在很大程度上人们对一座城市的印象，就是对这座城市市民的印象。文明的城市首先要有文明的市民。市民的出行、购物、观赏、就餐、行车等行为，是城市文明的"风向标"，市民的一言一行是城市文明的元素。因此，要实现郴州市这一宏伟目标，就要从培养市民懂礼仪、讲文明做起，他们为此在全市开展了文明礼仪宣传教育活动，制定并颁布了《郴州市民文明公约》，编写了《文明从我做起——郴州市民文明手册》并发到市民手中，将每周五定为"全民卫生活动日"，开展城市各单位、各社区、各庭院的清洁美化活动，还开展了"和美家庭、和美社区、和美村庄"创建活动，营造和谐的城市氛围，等等。讲文明、兴礼仪之风正吹遍郴州市的每一个角落。

4. 提高道德水平

道德是一个社会中调节人与人之间，以及人与社会之间关系的行为规范的总和。道德可分为社会公德、职业道德、伦理道德三个方面。道德以善与恶、正义与非正义、公正与偏私、诚实与伪善等概念来规范着人们的各种行为，调整人们之间的关系。道德通过各种形式的教育、说服、诱导，以及社会舆论的力量，使人们逐渐形成一定的信念、习惯、传统而发生作用。社交礼仪与道德有着密切的联系，礼仪是人类社会为了维系社会的正常生活而共同遵守的最起码的道德行为规范。明确社交礼仪与道德的关系，不断提高道德水平是十分重要的。

（1）讲究社会公德

社会公德，是指一个社会中全体成员都必须遵守的借以维护社会正常生活秩序的各种行为规范的总和，它是人们最起码的公共生活准则，是人类生活、人际关系中的一个基本问题。社会公德也是社会文明程度的重要标志。它是人类世代代调整公共生活中人与社会关系的经验的结晶，是人们通过长期社会实践形成的，为了共同利益而代代相传和不断完善的优良传统。它最突出的特点是，在许多不同的国家、地区里，社会公德是相同的。它反映了人类追求文明与进步的共同要求。社会公德的内容十分丰富，它涉及人类社会生活的每一个方面。总结起来，主要包括以下三个方面：①反映人们共同利益的道德规范，如我国的"五爱"公德，即爱祖国、爱人民、爱劳动、爱科学、爱社会主义。②人道主义精神，诸如尊重国家主权、领土完整，尊重人权，保护妇女、儿童、老人、伤残人的合法权益，维护世界和平，支持人类进步事业，实行人道主义救援等。③人类共同行为准则，比如：相互尊重，礼貌待人；诚实守信、言行一致；遵守公共秩序和公共安全规则，举止文明；爱护公物、保护环境、维护公共卫生，遵纪守法，见义勇为等。

社会公德就像一个道德天平，时时刻刻都在衡量着社会中的真、善、美，假、恶、丑。美国著名社会学家英格尔斯认为：一个国家，只有当它的人民是现代人，它的国民心理和行为上都转变为现代的人格，它的现代政治、经济和文化管理中的工作人员都获得了某种与现代化发展适应的现代性，方可真正称为现代化的国家。

在我国，在公共场所，吸烟现象屡禁不止，挤公共汽车、出口伤人、随地吐痰、乱扔杂物等现象也时有发生。礼仪不仅是社会生活的要求，也是每个人甚至一个民族文明程度的体现。在这里人们的这些非礼仪之举所反映出来的是人们的公民意识和公德水平的缺失。为此应请每个人把自己的道德水平与民族的利益联系起来，这样就会产生一种使命感，就会充分认识到培养提高自身公民意识的意义，主动追求道德水平的提升，提高和强化自己的公民意识，从身边的小事做起，时时处处讲究礼仪。

礼仪小贴士 1-8

国外"一米线"面面观

美国人讲究个人隐私，所以，他们也尊重"一米线"。无论那"一米线"划着还是没划着，后一个人永远离前一个人一米开外，仿佛那条线早就刻在了他们脑子里。买东西交款，你尽可以放心拿出你的钱包，不会有双好奇的眼睛在离你20厘米的地方虎视眈眈地看着你。就连上洗手间，人们排队也是在大门口，而不是在"小单间"门口。

保持适当距离是澳大利亚人社交场合、日常交谈和茶余饭后闲聊时非常注意的细节。在银行、飞机售票处和海关出入口等处排队时一定要站在"一米线"以外，否则会被他人认为缺少文明修养。一般来说，两个人站着谈话，相互之间要保持适当距离，否则双方都会感到不舒服。

丹麦的人口很少，除非在闹市区、大街上和公园里，几乎没有机会看到成群的人。在银行、邮局、面包店等地方，如果人多，彬彬有礼的丹麦人都自觉地排队，没有插队的人，排在第二位的站在一米线外等候，充分尊重别人的隐私权。

在英国，买票排队、参观排队、上公共汽车排队，即使排队的人比较多，英国人的脾气也很温和，耐性非常好。尤其是在旅游观光的时候，不管游人多少，大家都主动排队。看室内展览比较花时间，前面参观的人步履缓慢，后面的人也会耐心地等前面的人让出位置后，再跟进去参观。

（2）遵守职业道德

每一种职业都有其特殊性，都有该职业从业者所必须了解、掌握并身体力行的各种行为规范。所谓职业道德就是指各类职员在从事职业活动中所必须遵守的各种行为规范的总和。职业道德与社会公德息息相关，从某种意义上说，职业道德属于社会公德的有机组成部分，二者在内容上有着许多相同之处。在各种职业道德中都包含着社会公德的因素。如热情周到、以礼相待、诚实待人等，既是职业道德的要求，也是社会公德的内容。职业道德是人们在长期的职业活动中逐渐地总结积累起来的，它对于协调社会组织与职员之间的关系，约束和规范职业工作者的思想观念和行为，乃至调整职业之间的关系，都起着重要作用。它也是提高社会文明程度的一个重要因素。由于社会的不断发展，职业范围的不断扩大，使得当今社会各行各业的职业工作者出现了许多背离职业标准的不文明行为。尤其是发展社会主义市场经济，市场竞争日趋激烈，人们的价值观念发生了很大变化，在名誉、金钱和物欲面前，许多人的道德天平出现了倾斜，这样一方面亵渎了职业的尊严和荣誉，另一方面又丧失了自身的人格，而且还污染了社会风气。比如，医务工作者收受患者的红包；国家公务人员收受贿赂，以权谋私；教师体罚学生；运动员服用兴奋剂；商人弄虚作假、以次充好等都是违反职业道德的行为。

职业道德的内容因职业不同而有所差异，但其内容是相似的，无论从事何种职业，都必须忠于职守，爱岗敬业，热情服务，诚实待人，讲求信誉，尊重人权，无私奉献，不谋私利，作风端正，态度和蔼，廉洁奉公，遵纪守法，文明礼貌，互敬互助，谦虚谨慎，仪容整洁等。目前我国各行各业都指定了相应的职业道德规范，比如，教师职业道德规范、全国职工守则、医生职业道德规范、公务员职业道德规范、科技工作者职业道德规范、商业工作者职业道德规范、新闻工作者职业道德规范、服务行业职业道德规范、外事工作者职业道德规范、大学生守则、中学生守则、小学生守则、城市市民守则等。其中我们不难看出，讲究礼仪是职业道德的基本要求。只有掌握一定的礼仪规范，才能提高职业道德修养。

礼仪故事 1-13

职业道德的典范——张秉贵

张秉贵1955年11月到百货大楼站柜台，三十多年的时间接待顾客400万人，没有跟顾客红过一次脸，吵过一次嘴，没有怠慢过任何一个人。他把为人民服务的信念与本职工作密切联系起来，他认为："站柜台不单是经济工作，也是政治工作；不但是买与卖的关系，还是相互服务的关系。""一个营业员服务态度不好，外地人会说你那个城市服务态度不好，港澳同胞会感到祖国不温暖，外国人会说中华人民共和国不文明。我们真是工作平凡，岗位光荣，责任重大！"

从为国家争光、为人民服务的政治信念出发，他练就了"一抓准"和"一口清"的过硬本领，通过眼神、语言、动作、表情、步伐、姿态等调动各个器官的功能，几乎成了那个时代商业领域的服务规范，商业服务业的简单操作，被他升华为艺术境界。

在北京，传统的"燕京八景"名扬天下，而张秉贵售货艺术被人们誉为"第九景"。张秉贵不仅技术过硬，而且注重仪表，天天服装整洁，容光焕发。他认为："站柜台就得有个干净利落的精神劲，顾客见了才会高兴地买我们的东西。特别是我们卖食品的，如果不干不净，顾客就先倒了胃口，谁还会再买我们的东西啊！"他坚持每周理发，每天刮胡子、换衬衣、擦皮鞋。

张秉贵一进柜台，就像战士进入阵地。普通售货员一般早晨精神饱满，服务态度较好；下午人疲倦了，不太爱说话了，也懒得动弹，对顾客就容易冷漠。张秉贵却不然，从清晨开门接待每一个顾客，到晚上送走最后一个顾客，自始至终都能春风满面、笑容可掬。他到了退休年龄，体力明显不济，一上柜台还是表现得生龙活虎，到了下班后，他却往往步履蹒跚，同志们说他是"上班三步并作一步走，下班一步变为三步迈"。

看张秉贵工作，也成了许多人的享受。有一位拄着拐杖的老人，经常来欣赏他卖货。这位老人对他说："我是因病休息的人，每天来看看您站柜台的精神劲儿，我的病也仿佛好了许多。"一位音乐家看他售货后说："你的动作优美，富有节奏感，如果配上音乐，是非常动人的旋律。"

（3）恪守伦理道德

人们在长期的社会交往中，约定俗成地遵守一套大家所公认的行为准则与规范，这些行为准则和规范就是我国礼仪制度和礼仪内容。在漫长的社会发展进程中，有的是统治者以礼制的形式固定下来，有的则是人民群众从自身的生存和发展需要出发而逐步形成的道德观念、道德规范。尽管如此，传统礼制与农业民族的文化心理、文化性格、政治信仰、宗教信仰等，仍存在着千丝万缕的联系，人们的伦理道德规范和道德标准无不打上阶级和时代的烙印。

中国传统礼制中的伦理道德主要体现在三个方面：一是提倡尊长爱幼；二是忠君孝亲、尊卑贵贱的等级制度；三是维护人伦关系。中国传统的伦理道德有其消极的因素，同时也有其积极进步的因素。至今，这些伦理道德观念仍然对中国产生了深远的影响。例如，战国时期，孟子提出这样一种道德："老吾老，以及人之老；幼吾幼，以及人之幼。"他要求人们既要尊敬自己的长辈和爱抚自己的后人，同时，还要像尊敬自己的长辈和爱抚自己的后人那样去尊敬别人的长辈、爱抚别人的后人。人们之间应相互尊重、相敬如宾、和睦相处。直到现在传统伦理道德仍然在我们的生活中根深蒂固，比如，人们仍然以各种礼仪方式祭奠亡灵，人们对婚外恋情和乱伦深恶痛绝，等级观念仍然不绝于世。

我们在日常生活中，应汲取传统伦理道德中的合理成分，提倡人人平等、尊老爱幼、宏扬家庭美德等。家庭美德的核心就是尊老爱幼，礼仪就是表达一个人家庭美德的窗口。

礼仪故事 1-14

"你在家里对你的父母说过谢吗"

李娟大学毕业后到一个日本独资企业应聘，面试经理问："你在家里对你的父母说过谢吗？"

李娟回答："没有。"

面试经理说："你今天回去跟你的父母说声'谢谢'，明天你就可以来上班了。否则，你就别再来了。"

李娟回到了家，父亲正在厨房做饭，她悄悄走进自己的房间，面对着镜子反复练习："爸爸，您辛苦了，谢谢您!"

其实，李娟早就想对父亲说这句话了，因为她看到了父亲是多么的不容易：自己两岁时母亲去世，父亲为了不使她受委屈，没有再娶妻子，小心翼翼地呵护自己长大成人。心里一直想说"谢谢"，但就是张不开嘴。李娟暗下决心：今天是个机会，必须说出来!就在此时，父亲喊到："娟子，吃饭啦!"

李娟坐在饭桌前低着头，脸憋得通红，半天才轻声地说出："爸爸，您辛苦了，谢谢您。"

李娟说完之后，爸爸没有反应，屋内一片寂静。李娟纳闷，偷偷抬眼一看，她的父亲泪流满面!这是欣喜之泪，这是慰藉之泪，这是企盼了20年的话所带给他的感动之泪。此时，李娟才意识到：自己这句话说得太迟了。

第二天，李娟高高兴兴上班去了。经理看到李娟轻松的神情，知道她已经得到该体会的东西，没有问就把李娟引到了工作岗位上。

四、社交礼仪的修养

社交礼仪修养是指一个人在交际实践活动中，根据一定的交际礼仪原则和规范自觉地进行学习和训练，以使自己养成一种时时事事按礼仪要求待人接物的行为习惯的过程。社交礼仪的修养要从以下几方面着手。

1. 明确修养的内容

交际礼仪的修养包括多方面的内容：一是道德品质修养，社交礼仪处处渗透和体现着一定的道德精神，一个人要想在社交礼仪方面达到较高的造诣，离开了道德品质的修养是不可能实现的。二是文化知识修养，一个人应具有广博的文化知识，如民俗学、美学、心理学、公共关系学等方面的知识都是不可或缺的，只要这样才能深刻地理解交际礼仪的原则和规范。三是心理素质的修养，一个人是否具有良好的心理素质是能否顺利参加交际活动、完美地运用交际礼仪形式的重要因素，因此，心理素质的修养也应成为礼仪修养中的一个重要内容。四是行为习惯的修养，交际礼仪的修养，说到底就是一个人自觉的行为习惯的过程。检验一个人礼仪修养如何，很重要的一条标准也是看他是否已经把社交礼仪规范化成了自身个性中的一种稳定成分，是否能在各种交际场合自然而然地遵循社交礼仪规范。如果一个人只会矫揉造作地做几个礼仪动作，而在日常的社交活动中我行我素，违背礼仪规范，那只能说明此人的个人礼仪修养是十分失败的。

礼仪故事 1-15

小节的象征

一位先生要雇一个没带任何介绍信的小伙子到他的办公室做事，先生的朋友感到奇怪。先生说："其实，他带来了不止一封介绍信。你看，他在进门前先蹭掉脚上的泥土，进门后又先脱帽，随手关上了门，这说明他很懂礼貌，做事很仔细；当看到那位残疾老人时，他立即起身让座，这表明他心地善良，知道体贴别人；那本书是我故意放在地上的，所有的应试者都不屑一顾，只有他俯身捡起，放在桌上；当我和他交谈时，我发现他衣着整洁，头发梳得整整齐齐，指甲修得干干净净，谈吐温文尔雅，思维十分敏捷。怎么，难道你不认为这些小节是极好的介绍信吗？"

点评：拥有良好的修养是文明礼仪的基础，同时，一个人的礼仪规范也能体现一个人的道德修养，案例中的小伙子面试时的一系列细节无不投射出他良好的修养。因此，现代人应该明白，礼仪正是一种生活态度和修养。

2. 树立学习的意识

在明确礼仪重要性的基础上，最要紧的就是必须树立长久的"习礼意识"，处处留心，时时经意。礼仪是一个社会文化沉淀的外显方式，经历了传承、变异的过程，它的习得首先便是个体的"社会化""文化化"过程。也就是说，大量的是靠传统，靠有意无意的模仿，靠周围环境的影响，靠在交际实践中不断地学习、摸索，逐渐地总结经验教训而习得的。又因为礼仪具有变异性的特点，在完成了社会化以后，人们还有一个继续"社会化"的问题，所以，习礼可谓是一个萦绕终生的过程。除此之外，对于一些跨文化交往所涉及的不同民族、不同文化的礼仪，其习得则是靠着入境问俗的诚心和细心去了解和熟悉，并以此调控自己的言行。

同时，就社会方面而言，为适应现代市场经济发展的需要，开办一些礼仪的学校或短期培训，也可通过电视、广播等传播媒介开办专题系列讲座，发挥大众传媒的示范作用，甚至可以搞得活泼些，这些都是人们学习礼仪仪式的良好方法。这样做无疑也是有助于整个社会文明程度和组织道德水平的提高。

新加坡重视礼仪教育

新加坡的国民素质极高，这是世界人民公认的。凡是到新加坡的人，都会对这个美丽的花园岛国留下深刻的印象。而这种良好的国民素质，源自于每一位国家的公民都必须接受的礼仪教育，遵守礼仪规范是新加坡政府在国民中长期开展的礼仪教育。20世纪70年代后期，时任新加坡总理的李光耀先生就提出了要把新加坡建设成一个"富而有礼"的国家。在大力发展国民经济的同时，新加坡将以"礼仪"教育为中心的国民素质教育提高到一个非常重要的位置，并且，为规定国民的行为，使其养成良好的礼仪习惯，新加坡政府甚至运用了法律手段来强化新加坡人的礼仪意识。

3. 陶冶尊重他人的情感

在礼仪教育过程中，情感是由知到行的一个桥梁。陶冶情感就是要使受教育者产生一种尊重他人的真挚的感情，能够时时处处替他人着想，对人始终抱有一种热情友好的态度。我们大约都有这样的体验，在交际活动中如果遇到一个对人热情诚恳的人，那么就能与其建立起一种良好的关系；相反，如果碰到的是一个冷漠无情或虚情假意的人，则难以产生一种融洽交流的气氛。一个人可以很快就了解一些礼仪方面的知识，但若缺少对人的情感，那么他就无法使这些礼仪形式完满地表现出来，这些形式也就成了没有灵魂的僵死的躯壳。因此也可看出，情感比认识具有更大的保守性，改变情感比改变认识要困难得多，陶冶情感是礼仪教育中更为艰巨的一项任务。

"我不愿意在礼貌上不如任何人"

《林肯传》中有这样一件事，一天，林肯总统与一位南方绅士乘坐马车外出，途遇一老年黑人深深地向他鞠躬，林肯点头微笑并也摘帽还礼。同行的绅士问道："为什么你要向他摘帽？"林肯回答说："因为我不愿意在礼貌上不如任何人。"可见，林肯深受美国人民的爱戴是有其原因的。1982年美国进行民意测验，要求人们在美国历届的40位总统中挑选一位"最佳总统"，名列前茅的就是林肯。

4. 锻炼履行礼仪的意志

要使礼仪规范变成自觉的行为，没有坚韧不拔的意志是办不到的。意志坚强的人，能有效地控制自己的言行，特别是在不顺利的情况下，也能不畏困难，始终不渝地按照自己的信念待人处世。

所习之礼要培养成习，就要有意识地摒弃不合礼仪的旧习惯，养成遵从礼仪的新习性。习性是一个人行为方式的自动化，是不需要多加思考和意志努力的行为方式，它受人的性格核心层和中介层的支配与制约。一个人的行为习惯是其观念、态度的下意识表现。习性一旦形成，就具有一定的稳固性，但通过意志努力可以使之改变。因此，不该以"习惯成自然"为由，姑息迁就那些不合礼仪的坏习惯，而应从思想观念上重视、加强"礼仪意识"，牢记坚强的意志是保证实现礼仪规范的精神力量。

华盛顿的小本子

两百多年前，当美国第一任总统乔治·华盛顿只有15岁时，他有一个小本子，上面有一些针对他自己用的社交礼仪，他的建议很简单，却很实用，具有普遍意义。

比如说他告诉自己：不要批评别人；父母或老师有责任教育孩子；如果你看到一个长辈或比你重要的人从你身边走过，你应该表示尊重；如果你看到一个遭受不幸的人，即使他是你的敌人，你也要表示你的仁慈和善良；在公众场合不能大笑，过于张扬；在写信的时候或介绍自己的时候，要适当注意自己的姓名和抬头；要注意自己的名誉；宁可自己"孤家寡人"，也不要做一个不受欢迎的参与者；做一个十分有趣的、健谈的人……

后来在弗吉尼亚洲，一个很有钱的英国庄园主、爵士就很看重乔治·华盛顿，他邀请乔治·华盛顿来参加家里所有的重要活动，因为华盛顿有很完美的礼貌和社交的技巧。这种道德基础对他后来成为军队的统帅及美国总统很有帮助。他自己定的这些规矩也造就了日后良好的礼貌、道德规范以及人生价值观等。

5. 养成遵从礼仪的行为

礼仪教育的综合结果就在于使人们养成良好的礼仪行为，也就是使人们在交际活动中对于礼仪原则和规范的遵从变成为一种习惯的行为。衡量礼仪教育的效果如何，主要不是看受教育者了解了多少有关礼仪的书本知识，而是看他在交际活动中的行为是否符合礼仪规范的要求，是否能够促进交际活动顺利地进行。因此，在礼仪教育中，要认真组织和指导受教育者的行为演练，通过严格的训练掌握调节行为的能力，养成良好的行为习惯。从一件件具体、琐碎的小事做起，点滴养成；大处着眼，小处着手；寓礼仪于细微之中，逐渐成习。

礼仪故事 1-18

令人尴尬的女经理

某省会城市一家三星级饭店的女总经理，衣着得体大方，语言热情适宜，正在宴请北京来的专家。席间，秘书突然过来说有急事，请她暂时离席去送外宾，可惜这位女经理迟迟未起身。原来双脚不堪忍受高跟鞋束缚，出来"解放"了一会儿，突然有了情况，一时找不到"归宿"，令女经理好不难堪。造成这种情况的原因恐怕不是不懂礼仪知识，主要还是没有养成良好的习惯，对礼仪规则遵守得不够造成的。所以，养成遵从礼仪的行为是十分必要的。

在礼仪教育过程中，知、情、意、行是相互联系、相互渗透、相互促进、缺一不可的。没有知，情便失去了理性指导，意和行就会是盲目的；没有情，就难以形成意，知就无法转化为行；没有意，行即缺乏巨大的力量，知和情也就无法落到实处；没有行，知、情、意都没有具体的表现，也就都变成了空谈。因此，在礼仪教育过程中，要坚持晓之以理、动之以情、炼之以意、守之以行。

礼仪小贴士 1-10

有教养者的十大特征

1. 守时。无论是开会、赴约，有教养的人从不迟到。他们懂得，即使是无意迟到，对其他准时到场的人来说，也是不尊重的表现。

2. 谈吐有节。注意从不随便打断别人的谈话，总是先听完对方的发言，然后再去反驳或者补充对方的看法和意见。

3. 态度和蔼。在同别人谈话的时候，总是望着对方的眼睛，保持注意力集中；而不是翻东西、看书报，心不在焉，显出一副无所谓的样子。

4. 语气中肯。避免高声喧哗，在待人接物上心平气和，以理服人，往往能取得满意的效果。扯开嗓子说话，不但不能达到预期目的，反而会影响周围的人，甚至使人讨厌。

5. 注意交谈技巧。尊重他人的观点和看法，即使自己不能接受或明确同意，也不当着他人的面指责对方是"瞎说""废话""胡说八道"等，而是陈述己见，分析事物，讲清道理。

6. 不自傲。在与人交往相处时，从不强调个人特殊的一面，也不有意表现自己的优越感。

7. 信守诺言。即使遇到某种困难也不食言。自己说出来的话，要竭尽全力去完成，身体力行是最好的诺言。

8. 关怀他人。不论何时何地，对妇女、儿童及上了年纪的老人，总是表示出关心并给予最大的照顾和方便。

9. 大度。与人相处胸襟开阔，不会为一点小事情而和朋友、同事闹意见，甚至断绝来往。

10. 富有同情心。在他人遇到某种不幸时，尽量给予同情和支持。

第二节 能力提升

一、案例讨论

案例1-1

小处不可随便

据说民国年间，著名书法家于右任，一次看到院内到处有便溺痕迹，就顺手拿来一张宣纸，写下"不可随处小便"几个字，叫人张贴出去。张贴者为了得到于右任的手迹，另写一张贴上，并将于的这张告示一字字裁开，巧妙地排成了"小处不可随便"的条幅，悬之于壁，用以律己。这便是"小处不可随便"的典故。其实，"小处不可随便"是中国人自古以来的一条处世原则。古语道："战战栗栗，日谨一日。人不蹶于山，或蹶于垤。"告诫人们时时提防被小土绊倒，这或许是"小处不可随便"的最古老的典故。

不止是中国，外国人也有类似的观念。针眼大的窟窿斗大的风，小处随便的人往往不受欢迎，在某些特殊的场合甚至会造成致命的后果。这方面最典型的例子大概是18世纪的法国公爵奥古斯丁。1786年，法国国王路易十六的王后玛丽·安东尼到巴黎戏剧院看戏，全场起立鼓掌。放荡不羁的奥古斯丁为了引起王后的注意，面向王后吹了两声很响的口哨。当时吹口哨被视为严重的调戏行为，国王大怒，把奥古斯丁投入监狱。而奥古斯丁入狱后似乎就被遗忘了，既不审讯，也不判刑，就日复一日地关着。后因时局变化，也曾有过再次出狱的机会，但阴差阳错，终究还是无人问津。直到1863年老态龙钟的奥古斯丁才被释放，当时已经72岁。两声口哨换来50年的牢狱之灾，实在是天大的代价。

与此相反，一滴水可以折射太阳的光辉，小处端正的人往往能取得人们的信任。法国有个银行大王，名字叫恰科。但他年轻时并不顺利，52次应聘均遭拒绝。第53次他又来到了那家最好的银行，礼貌地说完再见，转过身，低头往外走去。忽然，他看见地上有一枚大头针，横在离门口不远的地方。他知道大头针虽小，弄不好也能对人造成伤害，就弯腰把它捡了起来。第二天，他出乎意料地接到了这家银行的录用通知书。原来，他捡大头针的举动被董事长看见了。从这个不经意的小动作中，董事长发现了他品格中闪光的东西。这样精细的人是很适合做银行职员的。于是，董事长改变主意决定聘用他。恰科也因此得到了施展才华的机会，走向了成功之路。

【思考与讨论】

（1）你是怎样理解"小处不可随便"的？

（2）本案例对你有哪些启示？

日本木村事务所

日本有一家叫木村事务所的企业想扩建厂房，他们看中了一块近郊土地意欲购买，同时也有其他几家企业想购买这块地。为购得这块土地，木村事务所的董事长多次登门，费尽口舌，但土地的所有者——一位倔强的老太太，说什么也不卖。

一个下雪天，老太太进城购物顺便来到木村事务所，她本意想告诉木村先生死了这份心。

老太太推门刚要进去，突然犹豫起来，原来屋内整清干净，而自己脚下的木屐沾满雪水，肮脏不堪。正当老人欲进又退之时，一位年轻的女职员出现在老人面前："欢迎光临！"女职员看到老太太的窘态，马上回屋想为她找一双拖鞋，不巧的是拖鞋正好没有了。女职员便毫不犹豫地把自己的拖鞋脱下来，整齐地放在老人脚前，笑着说："很抱歉，请穿这个好吗？"老太太犹豫了：她不在乎脚冷？"别客气，请穿吧！我没有什么关系。"等老人换好鞋，女职员才问道："女士，请问我能为您做些什么？""哦，我要找木村先生。"老太太说。"他在楼上，我带您去。"女职员就像女儿扶母亲那样，小心翼翼地把老太太扶上楼，老人在踏进木村办公室的一瞬间改变了主意，决定把地卖给木村事务所。那位老人后来告诉木村先生说："在我漫长的一生里，遇到的大多数人是冷漠的。我也去过其他几家想买我地的公司，他们的接待人员没有一个像你这里的职员对我这么好，你的女职员年纪这么轻，就对人这么善良、体贴，真令我感动。真的，我不缺钱花，我不是为了钱才卖地的。"就这样，一个大企业家倾其全力交涉半年也徒劳无功的事情，竟然因为一个女职员有礼而亲切的举动无意促成了，真是奇妙之极。

【思考与讨论】

（1）上述案例体现了女职员怎样的修养？

（2）本案例对你有何启示？

花3分钟感谢

一家大公司的公关部招聘一位职员，许多人参与了角逐。公司的面试和笔试十分烦琐，一轮轮淘汰下来，最后只剩下五个人。这五个人都很优秀，都有较好的外表条件和学识，都毕业于名牌大学。公司通知五个人，聘用谁得由经理层会议讨论通过才能决定。于是五个人安心地回家，等待公司最后的决定。

几天后，其中一个人的电子信箱里收到一封信，信是公司人事部发来的，内容："经过公司研究决定，你落聘了，但是我们欣赏你的学识、气质，因为名额所限，实是割爱之举。公司以后若有招聘名额，必会优先通知你。你所提交的材料录入计算机存档后，不日将邮寄返还于你。另外，为感谢你对本公司的信任，还随信寄来本公司产品的优惠券一份。祝你开心！"

她在收到电子邮件的一刻知道自己落聘了，十分伤心，但又为外资公司的诚意所感动。两天后，她收到了寄给她的材料和一份优惠券，另加一个电子信件中没有提及的带有公司标志的小饰物。她十分感动顺手花了3分钟时间用电子邮件给那家公司发了一封简短的感谢信。

但两个星期后，她接到了那家大公司的电话，说经过经理层会议讨论，她已被正式录用为该公司职员。后来，她才明白这是公司的最后一道考题。公司给其他四个人也发了同样的电子信件，也送了优惠券和小饰物。但是回信感谢的人只有她一个。她能胜出，只不过因为多花了3分钟时间去感谢。

【思考与讨论】

（1）案例中的"她"为什么能够被大公司录取？

（2）本案例对你有何启示？

案例 1-4

互相尊重是最基本的礼仪

一位外国教授正在给一群留学生上礼仪课，由于学生来自不同的国家，所以大家听得都很认真。

"礼仪就是从细小的地方开始做起，比如说我刚才走进教室的时候，轻轻地敲了门。"教授说道。

教授告诉他的学生"敲门是有讲究的：敲一声，代表试探；敲二声，代表等待对方应答；敲三声，代表询问。而在现实生活中，有八成以上的人却不知道如何敲门。"

接着，教授在课堂上做了一次互动，一个学生扮演餐厅的服务员，送外卖到教授家。"服务员"咚咚咚敲了三下门，进门后把外卖轻轻地放在桌子上。教授当场指出了"服务员"的问题：敲门声太重，没有表明自己的身份；也没自带一次性鞋套套住鞋子，弄脏了主人家的地板。于是，那名学生按照教授的指点又表演了一次。

可完成后，那名学生仍站在讲台上看着教授，教授提醒他可以下台了。这时，他认真地对教授说："老师，如果有人给我送外卖，我不会让他换鞋，我宁可自己再拖一次地板，因为那样会伤害那个人的自尊心。还有，对方离开的时候，我会真诚地对他说一声谢谢。"

教授愣了一会儿，继而真诚地说了一句："你说得对，谢谢你。"

这时讲台下响起了热烈的掌声。

【思考与讨论】

（1）为什么说："互相尊重是最基本的礼仪"？

（2）本案例对你有何启示？

案例 1-5

克雷文的精彩一瞬

2008年北京残奥会闭幕式上，嘉宾即将致闭幕辞，北京残奥会组委会主席刘淇和国际残奥会主席菲利普·克雷文缓缓走向讲台。现场四处飘落的通红的象征着收获的枫叶，渲染着浓重热烈的气氛。在万人瞩目之中，克雷文突然停了下来，他满怀深情地从地上捡起两片枫叶，一片插进自己的西装上兜，另一片交给刘淇。刘淇立刻与他紧紧握手，并把枫叶也插进了衣兜。在全场热烈的掌声里，他们继续前行。

这一幕并非导演事先安排，而是克雷文即兴所为。他用这一看似随意的动作，表达了对这次残奥会的盛赞、眷恋和感谢。正如他在闭幕辞中所说的："这是有史以来最伟大的一届残奥会，这一切源自于精神的力量。"发言的最后，克雷文用中文向世界宣布："谢谢香港，谢谢青岛，谢谢北京，谢谢中国。"

这一幕，让每一个人都对这位残疾的老人心生敬意。

【思考与讨论】

（1）克雷文从地上捡起枫叶是为了表达他什么样的情怀？

（2）请从礼仪的角度分析克雷文这一举止的作用。

二、实训项目

项目1：礼仪自我完善训练

要有效地改变自己，应该把积极的"自我暗示"与积极的想象和积极的行动结合起来，这里将吴正平《现代饭店人际关系学》中"用于改变自己的公式",提供给大家进行礼仪自我完善训练。公式里的"X"可以根据各人的具体情况,换成适当的词,例如"彬彬有礼""落落大方""言行得体""举止文雅""沉得住气"等,公式是这样的:

举例来说,如果你想让自己从一个沉不住气的人,变成一个能够沉得住气的人,你就应该用"沉得住气"去取代公式中的"X"。

改变自己的公式:只要我相信自己是一个X的人,并能像一个X的人那样去行动,且在行动中自我感觉良好,我就是一个X的人。只要我相信自己是一个沉得住气的人,并能像一个沉得住气的人那样去行动,且在行动中自我感觉良好,我就是一个沉得住气的人。

按照"改变自己的公式",第一步,你要进入身心放松的状态,在这种放松的状态中,完全不加怀疑、不加抵制地,反复地对自己说:"无论遇到什么样的人、什么样的事,我都能沉得住气。

第二步,仔细地考虑,一个沉得住气的人,遇事是怎样行动的。例如,遇到一个自以为是的、盛气凌人的人,他是怎样行动的;遇到一个蛮不讲理的、胡搅蛮缠的人,他是怎样行动的。

第三步,进行逼真的想象演习,例如,想象你遇到一个自以为是的、盛气凌人的人。因为你是一个无论遇到什么样的人、什么样的事,都能沉得住气的人,你知道,一个沉得住气的人遇到这种情况会怎样做,所以,你就很平静地复述他的意思,然后……在交往的全过程中,你自我感觉良好。

训练手记:通过训练,我的收获是＿＿＿＿＿＿＿＿＿＿＿＿＿＿＿＿＿。

项目 2:日常礼仪行为养成

实训目标:了解礼仪的基本知识和规范,遵循礼仪的基本原则,并在日常生活、学习、工作中培养良好的礼仪习惯。

实训课时:从开学第一周到第十五周的课外时间,第十六周全班总结,2 课时。

实训地点:教室、寝室、食堂、图书馆、社交生活等公共场所。

实训内容:学习礼仪修养基本知识;学习礼仪修养基本规范;从第一节课后起,每天在教室、寝室、食堂、图书馆、社交生活等公共场所,把课堂所学礼仪知识在实践中运用,进行待人接物,培养礼仪习惯。

实训要求:把礼仪修养知识与规范融入日常生活、学习、工作及社交实践中;记录你每实践其中一条原则和规范的心得体会,每人不得少于 10 条;第 16 周每位同学上讲台向老师和同学们介绍一下你已掌握了哪些人际交往的礼貌修养基本原则和规范,哪些是你认为较难做到的? 有何感想? 今后打算怎样应用这些礼貌基本原则和规范? 最后教师总结。

训练手记:通过训练,我的收获是＿＿＿＿＿＿＿＿＿＿＿＿＿＿＿＿＿。

三、阅读思考

教养的证据

毕淑敏

教养是个高频词。时下,如果说某人没教养,就是大批评大贬义了。如果说一个女人没教养,简直就如同说她是三陪小姐了。

什么叫教养呢? 辞典上说是"文化和品德的修养",但我更愿意理解为"因教育而养成的优良品质和习惯"。

一个人可以受过教育，但他依然是没有教养的。就像一个人可以不停地吃东西，但他的肠胃不吸收，竹篮打水一场空，还是肯瘦如柴。不过这话似乎不能反过来说——一个人没有受过系统的教育，他却能够很有教养。

教养不是天生的。一个小孩子如果没有人教给他良好的习惯和有关的知识，他必定是愚昧和粗浅的。当然，这个"教"是广义的，除了指入学经师，也包括家长的言传身教和环境的耳濡目染。

教养和财富一样，是需要证据的。你说你有钱不成，得拿出一个资产证明。教养的证据不是你读过多少书，家庭背景如何显赫，也不是你通晓多少礼节规范，能够熟练使用刀叉会穿晚礼服……这些仅仅是一些表面的气泡，最关键的证据可能有如下若干。

热爱大自然。把它列为有教养的证据之首，是因为一个不懂得敬畏大自然，不知道人类渺小的人，必是井底之蛙，与教养谬之千里。这也许怪不得他，因为如果不经教育，一个人是很难自发地懂得宇宙之大和人类的微薄的。没有相应的自然科学知识，人除了显得蒙昧和狭隘以外，注定也是盲目傲慢的。之所以从小就教育孩子要爱护花草，正是这种伟大感悟的最基本的训练。若是看到一个成人野蛮地攀折林木，通常人们就会毫不迟疑地评判道：这个人太没有教养了。可见教养和绿色是紧密地联系在一起。懂得与自然协调地相处，懂得爱护无言的植物的人，推而广之，他多半也可能会爱惜更多的动物，爱护自己的同类。

一个有教养的人，应该能够自如地运用公共的语言，表达自己的内心和同他人交流，并能妥帖地付诸文字。我所说的公共语言，是指大家——从普通民众到知识分子都能理解的清洁和明亮的语言，而不是某种狭窄的土语俚语或者某特定情境下的专业语言。这个要求并非画蛇添足，在这个千帆竞发的时代，太多的人，只会说他那个行业的内部语言，只会说机器仪器能听懂的语言，却不懂得和人亲密地交流。这不是一个批评，而是一个事实。和人的交流的掌握，特别是和陌生人的沟通，通常不是自发产生的，是要通过学习和练习来获得的。一个没有受过教育的人，他所掌握的词汇是有限和贫乏的，除了描绘自己的生理感受，比如饿了、渴了、睡觉以及生殖的欲望之外，他们对于自己的内心感知甚为模糊，因为那些描述内心感受的词汇通常是抽象和长于比兴的。不通过学习，难以明确恰当地将它表达出来。那些虽然拥有一技之长，但无法精彩地运用公共语言这种神圣的媒介来沟通和解读自我心灵的人，难以算是一个有教养的人。技术是用来谋生的，而仅仅具有谋生的本领是不够的，就像豺狼也会自发地猎取食物一样，那是近乎无需教育也可掌握的本能。而人，毫无疑问地应比豺狼更高一筹。

一个有教养的人，对历史有恰如其分的了解，知道身而为人，我们走过了怎样曲折的道路。当然，教养并不能使每个人都像历史学家那样博古通今，但是教养却能使一个有思考爱好的人知晓我们是从哪里来，要到哪里去。教养通过历史，使我们不单活在此时此刻，也活在从前和以后，如同生活在一条奔腾的大河里，知道泉眼和海洋的方向。

一个有教养的人，除了眼前的事物和得失以外，他还会不由自主地想到他远大的目标。教养把人的注意力拓展了，变得宏大和光明。当一个个体沉没在黑暗峡谷的时候，当你跋涉和攀援时，虽然伤痕累累，因为你具有的教养，确知时间是流动的，明了暂时与永久。相信在遥远的地方，定有峡谷的出口，那里有瀑布在轰鸣。

一个有教养的人，特别是女人，对自己的身体，有着亲切的了解和珍惜之情。知道它们各自独有的清晰的名称，明了它们是精致和洁净的，身体的每一部分都有着不可替代的功能，并无高低贵贱的区别。他知道自己的快乐和满足，有很大一部分是建筑在这些功能灵敏的感知上和健全的完整上的。他也毫无疑义地知道，他的大脑是他的身体的主宰。他不会任由他的器官牵制他的所作所为，他是清醒和有驾驭力的。他在尊重自己身体的同时，也尊重他人的身体，在尊重自我权利的同时，也尊重他人的权利，在驰骋自我意志的骏马时，也精心维护着他人的茵茵草地。

　　一个有教养的人，对人类种种优秀的品质，比如忠诚、勇敢、信任、勤勉、互助、舍己救人、临危不惧、吃苦耐劳、坚贞不屈……充满敬重敬畏敬仰之心。不一定每一个人都能够身体力行，但他们懂得爱戴和歌颂。人不是不可以怯懦和懒惰，但他不能把这些陋习伪装成高风亮节，不能由于自己做不到高尚，就诋毁所有做到了这些的人是伪善。你可以跪在泥里，但你不可以把污泥抹上整个世界的胸膛，并因此煞有介事地说到处都是污垢。

　　有教养的人知道害怕，知道害怕是件有意义有价值的事情。它表示明了自己的限制，知道世上有一些不可逾越的界限。知道世界上有阳光，阳光下有正义的惩罚。由于害怕正义的惩罚，因而约束自我，是意志力坚强的一种体现。

　　有教养的人知道仰视高山和宇宙，知道仰视那些伟大的发现和人格，知道对于自己无法企及的高度表达尊重，而不是糊涂地闭上眼睛或是居心叵测地嘲讽。

　　教养是不可一蹴而就的。教养是细水长流的。教养是可以遗失也可以捡拾起来的。教养也具有某种坚定的流传和既定的轨道性。教养是一些习惯的总和，在某种程度上，教养不是活在我们的皮肤上，是繁衍在我们的骨髓里。教养和遗传几乎是不相关的，是后天和社会的产物。教养必须要有酵母，在潜移默化和条件反射的共同烘烤下，假以足够的时日，才能自然而然地散发出香气。教养是衡量一个民族整体素质的一张 X 片子。脸面上可以依靠化妆繁花似锦，但只有内在的健硕，才经得起冲刷和考验，才是力量的象征。

思考题

1. 教养和礼仪具有怎样的关系？
2. 读了著名作家毕淑敏的这篇散文，你有何感想？

课后练习

1. 什么是社交和社交礼仪？

2. 社交礼仪有哪些功能？

3. 结合实际谈谈如何坚持社交礼仪的原则。

4. 搜集 1～2 则中国古代有关文明礼貌的佳话，并向周围的人宣讲。

5. 向大家介绍一段你周围的人继承中华民族礼节礼仪传统美德的故事。

6. 你准备怎样提高自己的交际礼仪修养？

7. 举出近一个月来发现的不符合礼仪礼节的 5 个例子，并分析其问题所在及其改进办法。

8. 讨论并分析现代社交礼仪与职业道德有怎样的关系。

9. 讨论并分析大学生尤其是职业技术学院的学生掌握社交礼仪的重要意义何在。

10. 让学生分成不同类别的小组，走上街头观察并收集礼仪在生活中应用的小案例。

11. 以小组为单位，走访一两位商界人士，了解他们对礼仪的看法及切身经历与体会。

12. 观看电影《公主日记》《窈窕绅士》，总结主人公从麻雀变凤凰过程中的诸多礼仪元素以及其礼仪修养方法。

13. 请指出以下人员礼仪上存在的问题。

（1）小王邋里邋遢地站在总经理办公室门前，头发乱蓬蓬的，西装皱巴巴，刚一进门就被秘书小姐赶出了办公室。

（2）小李坐在接待室等待顾客，不耐烦地走过来走过去，还不时地翻看接待室的物品。顾客一来他就迫不及待地开始推销产品，顾客没机会插上一句话。

（3）拥挤的公共汽车上，小张因一点小事和一个乘客争吵起来。他气呼呼地赶到顾客那儿，发现顾客是刚才在车上和自己争吵过的那个人。

（4）小刘是饭店前厅的接待小姐，客人登记住店时，看了房价后无意中说了一句："这么高的房价？你们的房价为什么这么高呢？"小刘回答："本来还要高，看你不是经商的，这不已经给你打了折了。"客人听后极为不悦，大步离开了店堂。

（5）居民区苏小姐正在忙家务，门铃响了，她打开门，迎面而立的是一位戴墨镜的年轻男士。苏小姐问："您是……"男士没有摘下墨镜，而是从口袋里摸出一张名片，"我是保险公司的。"苏小姐接过名片看了看，不错，他确是保险公司的，但这位男士的形象让她反感，便说："对不起，我们不打算买保险。"说着就要关门，而这位男士动作非常敏捷，已将一只脚迈进门内，挤了进来，一副极不礼貌的样子，在屋内打量，"你们家的房子装修得这么漂亮，真令人羡慕。可天有不测风云，万一发生个火灾什么的，损失就大了，不如现在你就买份保险……"苏小姐越听越生气，光天化日之下，竟然有人闯进门来诅咒她的房子，于是，她把年轻男子轰了出去。

📖 **课后评价考核**

评价考核表

内容		评价	
学习目标	评价内容	小组评价（5、4、3、2、1）	教师评价（5、4、3、2、1）
知识（应知应会）	社交礼仪的内涵		
	社交礼仪的内容		
	社交礼仪的特性		
专业能力	运用社交礼仪的原则		
	发挥社交礼仪的功能		
	加强社交礼仪的修养		
通用能力	自我管理能力		
	人际交往能力		
	自控能力		
态度	一丝不苟的精神 遵守社交礼仪规范 敬业精神		
努力方向：		建议：	

第二章 仪容礼仪

人以美的规律去创造世界、创造美，就是对他自己，他自己的自然形态，他也不是听其自然，而是有意识地加以改变。

——【德】黑格尔

世界上没有难看的人，只有不懂得如何让自己打扮得体的人。

——靳羽西

学习目标

- 结合自身特点修饰、美化自己的仪容。
- 熟练地进行得体的化妆。
- 结合自身特点选择适合的发型。

案例导入

肯尼迪因何当选总统

1960年9月，尼克松和肯尼迪在全美的电视观众面前举行他们竞选总统的第一次辩论。当时，这两个人的名望和才能大体相当，可以说是棋逢对手。但大多数评论员预料，尼克松素以经验丰富的"电视演员"著称，可以击败比他缺乏电视演讲经验的肯尼迪。但事实并非如此，为什么呢？肯尼迪事先进行了练习和彩排，还专门跑到海滩晒太阳来养精蓄锐，结果，他在屏幕上出现时精神焕发、满面红光、挥洒自如。而尼克松没听从电视导演的规劝，加之那一阵十分劳累，更失策的是面部化妆用了深色的粉，因而在屏幕上显得精神疲惫、表情痛苦、声嘶力竭。正如一位历史学家所形容："让全世界看来，他好像是一个不爱刮胡子和出汗过多的人，在带着忧郁感等待着电视广告告诉他怎么不要失礼。"

问题

1. 肯尼迪因何战胜尼克松而当选总统？

2. 仪容在社交中有何作用？

仪容是指讲究容貌上的美化和修饰，包括美容与美发。对于社交中的女性来说，化妆则是一项主要的内容。也许有人认为化妆是一种人工美，不够自然，或者认为在上班时不用化妆。其实就如同有客人来家中拜访时你一定会把家里打扫干净一样，在与人交往时或工作时间，你也应以和悦的面容来接待客人。美好的仪容，既反映了个人爱美的意识，又体现了对他人的一种礼貌；既振奋了自己的精神，又表现了个人的敬业。因此，社交中不可忽视仪容。

从"案例导入"中可以看出，正是仪容仪表上有差异和对比，才帮助肯尼迪取胜，竞选的结果当然也就出人意料之外了。所以，在交际中仪容对每个人的形象塑造是非常重要的。那么，怎样进行自身的容貌修饰呢？应掌握哪些容貌修饰的基本技能？怎样化妆？应设计怎样的发型？等等，对于这些基本而又重要的问题我们是不能含糊的。

第一节　应 知 应 会

一、仪容的基本要求

> **礼仪故事 2-1**
>
> ### 林肯对长相的要求
>
> 一次林肯总统面试一位新员工，后来他没录取那位应征者。幕僚问他原因，他说："我不喜欢他的长相！"幕僚不理解，又问："难道一个人天生长得不好看，也是他的错吗？"林肯回答："一个人40岁以前的脸是父母决定的，但40岁以后的脸应是自己决定的。一个人要为自己40岁以后的长相负责。"
>
> **点评：**仪容礼仪在个人形象中有着非常重要的作用，应遵循美观、自然、协调等原则，掌握仪容修饰的技巧，使仪容礼仪在自己的仪表形象中真正起到美化形象、促进社交的作用。

1. 美观

漂亮、美丽、端庄的外观仪容是形成优美良好的社交形象的基本要素之一。人们都希望自己在社交场合中变得更美丽，这是无疑的，但事实上，有些人认为把发胶、摩丝喷在头上，把各种色彩涂抹在脸的相应部位就美了。因此，我们经常可以看到"横眉冷对""血盆大口""油头粉面"。这不是美，而是丑了。美观是指从效果来说的。要使仪容达到美观的效果，首先必须了解自己的脸型及脸的各部位特点，孰优孰劣要心中有数；其次要清楚怎样化妆、美发和矫正才能使自己扬长避短，变拙陋为俏丽，使容貌更迷人。这些，是要在把握脸部个性特征和正确的审美观的指导下进行的。

> **礼仪故事 2-2**
>
> ### 李霞，你过得好吗
>
> 今天是李霞的大学同学毕业20周年聚会的日子。李霞在毕业后就没有见过任何一位同学。对于今天的同学聚会，李霞非常激动。平时不怎么化妆的她觉得应该把自己好好地打扮打扮。于是她涂上厚厚的白粉，抹上深紫色的口红和深蓝色的眼影，兴高采烈地来到聚会地点。当她出现在同学面前时，同学们都大吃一惊，有的同学还走过来关切地问她是否过得不如意，说她看起来脸色不好，充满了沧桑感。她的心情一下就降到了冰点，她纳闷同学们莫名的惊讶与关心，她觉得自己过得很好。

2. 自然

自然是美化仪容的最高境界，它使人看起来真实而生动，而不是似乎戴着一张呆板、生硬的面具。失去自然的效果，那就是假，假的东西就无生命力和美了。有位化妆师说过："最高明的化妆术，是经过非常考究的化妆，让人家看起来好像没有化过妆一样，并且这化出来的妆与主人的身份匹配，能自然表现那个人的个性与气质。次级的化妆是把人突显出来，让她醒目，引起众人的注意。拙劣的化妆是一站出来别人就发现她化了很浓的妆，而这层妆是为了掩盖自己的缺点或年龄的。最坏的一种化妆，是化妆后扭曲了自己的个性，又失去了五官的协调，例如小眼睛的人竟化了浓眉，大脸蛋的人竟化了白脸，阔嘴的人竟化了红唇……"可见化妆的最高境界是无妆、自然；因此美好仪容要依赖正确的技巧，合适的化妆品；要一丝不苟、井井有条；要讲究过度、体现层次；要点面到位、浓淡相宜。这样才能使人感到自然、真实的美。

礼仪小贴士 2-1

生命的化妆

作家林清玄在《生命的化妆》这篇文章里引用一位专业化妆师的评述："最高明的化妆术，是经过非常考究的化妆，让人家看起来好像没有化过妆一样，并且这化出来的妆与主人的身份匹配，能自然表现那个人的个性与气质。次级的化妆是把人突显出来，让她醒目，引起众人的注意。拙劣的化妆是一站出来别人就发现她化了很浓的妆，而这层妆是为了掩盖自己的缺点或年龄的。最坏的一种化妆，是化过妆以后扭曲了自己的个性，又失去了五官的协调，例如小眼睛的人竟化了浓眉，大脸蛋的人竟化了白脸，阔嘴的人竟化了红唇……"

点评：自然的修饰使人的面目真实生动，更显精神；反之，不当的妆容则会使人显得虚假而呆板，从而缺少生命力，让人生厌。

3. 协调

美化仪容的协调包括：第一，妆面协调。指化妆部位色彩搭配、浓淡协调，所化的妆针对脸部个性特点，整体设计协调。第二，全身协调。指脸部化妆、发型与服饰协调，力求取得完美的整体效果。第三，角色协调。指针对自己在社交中扮演的不同角色，采用不同的化妆手法和化妆品。如作为职业人员，应注意化妆后体现端庄稳重的气质；如作为专门从事公关、礼仪、接待、服务等的人员，出头露面的机会多，要表现出一定的人际吸引魅力，就应浓淡相宜，青春妩媚，适合人们共同的爱美之心。第四，场合协调。指化妆、发型要与所去的场合气氛要求一致。日常办公应略施淡妆；出入舞会、宴会，可化浓妆；参加追悼会应素衣淡妆。不同场合的不同化妆、发型，不仅会使化妆者内心保持平衡，也会使周围的人心理融洽。

礼仪小贴士 2-2

仪容的美

仪容美应体现出以下三个方面的美。

一是仪容的自然美，即先天的容貌潜质。拥有漂亮的外貌，无疑使人赏心悦目，感觉愉快。但是，即使没有较好的外貌，我们也不要气馁，相信通过自我训练，也能获得令人喜爱的美的外表。有人统计，90%以上的人曾有过体相烦恼。有了体相烦恼，正确面对很关键。看看成功人士如何面对自己的长相吧——很多人印象中的凌峰，是一顶被阳光浸透的旧草帽，一张被岁月镌刻得千沟万壑的古铜色的脸。凌峰自嘲地说："我长得很中国，中国五千年的苦难和沧桑都写在我的脸上。"光头葛优曾被评为"影帝"，有人说葛优不好看，葛优却说："热闹的马路不长草，聪明的脑袋不长毛。"其实，上帝把每个人都设计得很奇特，当你发现了自己与众不同的地方，你应该觉得自己很美丽，因为这个世界上没有一个人像你，你是独一无二的！

二是仪容的修饰美。它是指依照规范与个人条件，对仪容实行必要的修饰，扬其长，避其短，设计、塑造出美好的个人形象，在人际交往中尽量令自己显得有备而来，自尊自爱。职业人士对这方面千万马虎不得，要时时保持良好仪容，别让一时的疏忽给初次见面的他人造成不可逆转的坏印象。

三是仪容的内在美。仪容的内在美是指通过努力学习，不断提高个人的文化素养、艺术修养和思想道德水准，培养自己高雅的气质与美好的心灵，让自己有内涵、有底蕴、有品位、更时尚，使自己秀外慧中，表里如一，好似酿造的葡萄美酒，时间越长酒味越醇厚、香味越浓郁，色泽和外观越美好。

仪容的内在美还教你学会如何欣赏、鉴别，了解哪些美是适合我们的，哪些是不适合的。人们的审美观各有不同，你不一定要长相完美，但你温和的个性、体贴人的特质，甚至你的一颦一笑，都可能吸引别人。所以，与其花精力烦恼长相，不如多做正面"投资"，如知识、艺术修养、待人处世的诚恳等，做个有魅力的人！

真正意义上的仪容美，应当是上述三个方面的高度统一，忽略其中任何一个方面，都会使仪容美失之偏颇。在这三者之间，仪容的内在美是最高的境界，仪容的自然美是人们的心愿，而仪容的修饰美则是仪容礼仪关注的重点。

二、化妆

1. 妆前准备

（1）束发

用宽发带、毛巾等将头发束起或包起，最好再在肩上披块围巾，防止化妆时弄脏头发和衣服，也可避免散发妨碍化妆。这样会使脸部轮廓更加清晰明净，以便有针对性地化妆。

（2）洁肤

用清洁霜、洗面奶或洗面皂清洁面部的污垢及油脂，有条件的还可用洁肤水清除枯死细胞形成的皮屑，然后结合按摩涂上有营养的化妆水。

（3）护肤

选择膏霜类，如日霜、晚霜、润肤霜、乳液等涂在脸上，令肌肤柔滑，并可防止化妆品与皮肤直接接触，起到保护皮肤的作用。

（4）修眉。用眉钳、小剪修整眉形并拔除多余的眉毛，使之更加清秀。

2. 施妆过程

化妆时要认真掌握化妆的方法。化妆大体上应分为打粉底、画眼线、施眼影、描眉形、上腮红、涂唇彩、喷香水等步骤。每个步骤均有一定之法，必须认真遵守，讲求化妆的技巧。化妆的操作程序与要求见表2-1。

礼仪小贴士 2-3

化妆水介绍

化妆水是爽肤水、紧肤水、调理水、柔肤水和洁肤水的统称。

（1）爽肤水。涂抹的感觉比较清爽，能补充肌肤的水分。

（2）紧肤水，也称收敛水。其最大的功效在于细致毛孔，有效平衡油脂分泌。特别针对需要收敛毛孔的油性皮肤或缓和性肌肤的T字部位设计，其他肌肤并不适合使用，因为它通常含有酒精成分。

（3）调理水。其作用是调整肌肤的酸碱值，肌肤在正常状态下呈弱酸性，洗完脸后，用调理爽肤水将肌肤恢复到弱酸性。

（4）柔肤水。比较起来，它比较滋润，给予肌肤细致的呵护，可以软化角质层，增强肌肤吸收滋润护肤品的能力。

（5）洁肤水。除了洗脸可以清洁肌肤之外，有一些"水"还能再次清洁脸部的残余污垢，等于是洁肤的保障。

购买化妆水的时候可以这样区分：油性皮肤使用紧肤水，健康皮肤使用爽肤水，干性皮肤使用柔肤水。对于混合皮肤来说，T字部位使用紧肤水，其他部位使用柔肤水和爽肤水皆可。敏感皮肤则可以选用敏感水或修复水，而要想美白的话就可以选用美白化妆水。

表 2-1 化妆的操作程序与要求

步骤	目的	操作要点	注意事项
1. 打粉底	调整面部肤色，使之柔和美丽	① 选择粉底霜； ② 用海棉取适量粉底，涂抹细致均匀	① 粉底霜与肤色反差不宜过大； ② 切忌在脖颈部打粉底，以免面部与颈部"泾渭分明"
2. 画眼线	使眼神生动有神，并且更富有光泽	① 笔法先粗后细，由浓而淡； ② 上眼线从内眼角向外眼角画； ③ 下眼线从外眼角向内眼角画	① 一气呵成，生动而不呆板； ② 上下眼线不可在外眼角处交会
3. 施眼影	强化面部立体感，使双眼明亮传神	① 选择与个人肤色适合的眼影； ② 由浅而深，施出眼影的层次感	① 眼影色彩不宜过分鲜艳； ② 工作妆应选用浅咖啡色眼影
4. 描眉形	突出或改善个人眉形以烘托容貌	① 修眉，拔除杂乱无序的眉毛； ② 逐根眉毛描眉形	① 使眉形具有立体感； ② 注意两头淡、中间浓、上边浅、下边深
5. 上腮红	使面颊更加红润，轮廓更加优美，显示健康活力	① 选择适宜的腮红； ② 延展晕染腮红； ③ 扑粉定妆	① 注意腮红与唇膏或眼影属于同一色系； ② 注意腮红与面部肤色过渡自然
6. 涂唇彩	改变不理想的唇形，使双唇更加娇媚	① 用唇线笔描好唇线； ② 涂好唇膏； ③ 用纸巾吸去多余的唇膏	① 先描上唇，后描下唇，从左右两侧沿唇部轮廓向中间画； ② 描完后检查一下牙齿上有无唇膏的痕迹
7. 喷香水	掩盖不雅体味，使之清香怡人	① 选择适宜的香水类型； ② 喷涂于腕部、耳后、颔下、膝后等适当之处	① 香水切勿使用过量； ② 香水气味应淡雅清新

礼仪故事 2-3

百变公主

小李是一名刚刚走上工作岗位的大学毕业生，对新的职场生活充满了憧憬与期待。为了尽快地融入职场，她在家人的支持下添置了不少行头，有职业装、化妆品、配饰等，可以说是应有尽有。可是每天早上上班前的化妆是她最痛苦的事情，一是花费时间多，二是她根本不知道自己适合化什么样的妆，每次都弄得很花，有时自己感觉很尴尬。有一次她还被一名男同事笑话是百变公主。还有一次她使用了咖啡色的眼影，吓坏了同事们。她自己也很苦恼，本来想用深色眼影让自己的脸看起来立体感强一些，为什么却适得其反了呢？

3. 妆后检查

（1）检查左右是否对称

眼、眉、腮、唇、鼻侧等的两边形状、长短、大小、弧度是否对称，色彩浓淡是否一致。

（2）检查过渡是否自然

脸与脖子，鼻梁与鼻侧，腮红与脸色，眼影、阴影层次等过渡是否自然。

（3）检查整体与局部是否协调

各局部是否缺漏、碰坏，要符合整体要求，该浓该淡是否达到应有效果。整个妆面是否协调统一。

（4）检查整体是否完美

化妆要忌"手镜效果"，即把镜子贴近脸部检查。虽然这样会看清细小的部分，但一般人只是在 1 米之外的距离与你面谈或招呼，所以要在镜前 50 厘米处审视自己，对脸部整体的平衡做出正确的判断。

补妆与化妆

一家公司新近来了一个秘书小王，她在工作方面没有什么问题，人也非常勤快，可就是给人不太得体的感觉。一天，快到中午时，小王气喘吁吁地从外面办事回到公司，满头大汗。她像个假小子一样只拿手擦了擦汗就开始给客户打电话，同事见她还有些头发粘在眼角边，便对她说："小王，看你出了那么多的汗，去补补妆吧。"小王说"没什么"，继续埋头干活。过了不久，小王又以一副新面孔出现在同事们的面前——她脸上的粉擦得那么厚，整个如戏台上的媒婆，差点吓同事一跳。说句不中听的话，这样的装扮给人的感觉是像从歌厅里出来的小姐似的。

4. 化妆的禁忌

（1）切忌在公共场合化妆

在众目睽睽之下化妆是非常失礼的，这样做有碍于别人，也不尊重自己。

（2）女士不能当着男士化妆

如何让自己更加妩媚，应是每个女性的私人问题，即便是丈夫或男朋友，这点距离也是要有的，从某种意义上来说"距离"就是美。

（3）不能非议他人的化妆

由于个人文化修养、皮肤及种族的差异，每个人对化妆的要求及审美观是不一样的，不要总认为只有自己的化妆才是最好的。在和他人交往的过程中，即便是好朋友，也不要主动去为别人化妆、改妆及修饰，这样做就是强人所难和热情过度。

（4）不要借用别人的化妆品

如确实忘了带化妆盒而又需要化妆，在这种情况下除非别人主动给你提供方便，否则千万不要用人家的化妆品，因为这是极不卫生的，也是很不礼貌的。

（5）男士使用化妆品不宜过多

目前，男士化妆品也越来越多，但男女有别。男士不能使用过多的化妆品，否则会给人带来不良的印象，不要让人感到你化妆后有"男扮女装"的感觉。

如何卸妆

（1）卸除睫毛膏。首先将假睫毛取下，如果你戴了假睫毛或隐形眼镜，一定要先将其取下。将化妆棉用眼部专用卸妆液沾湿后对折，闭上双眼，两手各用两根手指将化妆棉上下压住眼睫毛，夹紧包住，注意，睫毛根处也不要忽略。等待3~5秒后，让化妆棉上的眼部专用卸妆液将睫毛上的睫毛膏完全溶解，然后轻轻将化妆棉往前拉出，以便顺势将溶解的睫毛膏拭去。通常睫毛膏无法一次完全去除，你可以更新化妆棉将上面的步骤再重复一次，直至完全清除为止。

（2）卸除眼影及眼线。取一片化妆棉，同样用眼部专用卸妆液将其蘸湿。闭上眼，将化妆棉用食指、中指与无名指夹紧，覆盖于眼皮上2~3秒。然后将化妆棉轻轻地往眼尾拉走，以顺势拭去眼皮上的眼影。如果因为使用了防水眼线而没有去除干净，可再重复一次。

（3）卸除不沾杯唇膏。用面纸按压嘴唇，吸掉唇膏里的油分。将两片蘸满卸妆液的棉片叠在一起轻敷嘴唇，微笑使唇纹舒展。由外围向唇部中心垂直卸除，不要来回搓。打开嘴角，将棉片对折，清理容易遗落的残妆。

（4）卸除面部妆容。将卸妆产品适量涂抹于脸上，用指腹轻轻按摩脸部，让卸妆产品将脸上的彩妆充分溶解。注意细小的地方，如鼻梁两侧、嘴角、发际等处也要彻底卸除。用面纸将脸上所有的东西拭去，如果一次不干净，同样的步骤可再来一次。

5. 正确使用香水

（1）香水的使用技巧

香水浓度越低，涂抹的范围越广。一般来说，浓香水应以点擦式或小范围喷洒式用于脉搏跳动处，如耳后、手腕内侧、膝后。香水、香露、古龙水、淡香水因为香精浓度不是很高，不会破坏衣服纤维，所以可以自由地喷洒及使用。例如，脉搏跳动处、衣服内里、头发上或空气中。香水的类别，如表 2-2 所示。

表 2-2　　　　　　　　　　　　　　　香水的类别

类别	香精浓度	酒精含量	保持时间
浓香水（Parfum）	15%～30%	30%	5～7小时
香水（Eau de Parfum）	10%～15%	20%～30%	5小时
香露（Eau de Toilette）	5%～10%	10%～20%	3小时
古龙水（Eau de Cologne）	2%～5%	10%以下	1～2小时
淡香水（Eau Fraiche）	2%以下	无酒精	1小时

在体温高的部位涂抹香水的效果比较好。要注意身体内侧比外侧的体温高。另外，香气向上升，涂抹在下半身比涂抹在上半身更能获得理想的效果。

不要在阳光照射到的地方涂抹香水，因为酒精在阳光的暴晒下会在肌肤上留下斑点。此外，紫外线也会使香水中的有机成分发生化学反应，引起皮肤过敏。

香水可以喷洒在干净或刚洗完的头发上。若头发上有尘垢或者油脂，则会令香水变质。不应将喷洒在干枯和脆弱的头发上，以免对发质造成伤害。

香料为有机成分，易与金、银、珍珠反应使之褪色、受损，因此香水不能直接喷洒于首饰上，可先喷洒香水后戴首饰。

切忌不要将香水喷洒在皮毛上，这样不但损害皮毛，也会使皮毛的颜色发生改变。香水喷洒在羊毛、尼龙的衣料上不容易留下斑点，不过香味留在纯毛衣料上会较难消散。

（2）香水的用法

① 涂抹。将香水涂抹在手腕、颈部、耳后、臂弯里等有脉搏跳动的部位，这样香味可随着脉搏跳动、肢体转动而飘溢散发；也可将香水涂抹于腰部、髋关节，这是为了让余香更持久；脚踝处也可涂抹香水，这样可使香味飘散得更自然。

② 喷洒。香水还可以喷洒在衣服上，一般多是喷洒于内衣、外衣内侧、裙下摆以及衣领后面；还可以把香水向空中轻轻喷洒几下，在头顶形成一片香雾，随后立于香雾中，让香气轻轻洒落在身上，散发出怡人的气息。

礼仪小贴士 2-5

香水使用"七点法"

首先将香水分别喷于左右手腕静脉处，双手中指及无名指轻触对应手腕静脉处，随后轻触双耳后侧、后颈部；轻拢头发，并于发尾处停留稍久；双手手腕轻触相对应的手肘内侧；使用喷雾器将香水喷于腰部左右两侧；左右手指分别轻触腰部喷香水处，然后用沾有香水的手指轻触左右腿膝盖内侧、脚踝内侧，"七点法"到此结束。注意过程中所有轻触动作都不应有摩擦，否则香料中的有机成分可能发生化学反应，破坏香水的原味。

6. 不同脸型的化妆

脸部化妆一方面要突出面部五官最美的部分，使其更加美丽；另一方面要掩盖或矫正缺陷或不足的部分。经过化妆品修饰的美有两种：一种是趋于自然的美，另一种是艳丽的美。前者是通过恰当的淡妆来实现的，它给人以大方、悦目、清新的感觉，最适合在家或平时上班时使用。后者是通过浓妆来实现的，它给人以庄重、高贵的印象，可用在晚宴、演出等特殊的社交场合。无论是淡妆还是浓妆，都要利用各种技术恰当使用化妆品，通过一定的艺术处理，才能达到美化形象的目的[①]。

（1）椭圆形脸化妆

椭圆形脸可谓公认的理想脸型，化妆时宜注意保持其自然形状，突出其可爱之处，不必通过化妆去改变脸型。

涂胭脂时，应涂在颊部颧骨的最高处，再向上向外揉化开去。

涂唇膏时，除嘴唇唇形有缺陷外，尽量按自然唇形涂抹。

修眉毛时，可顺着眼睛的轮廓修成弧形，眉头应与内眼角齐，眉尾可稍长于外眼角。

正因为椭圆形脸勿需太多修饰，所以化妆时一定要找出脸部最动人、最美丽的部位予以突出，以免给人平平淡淡、毫无特点的印象。

（2）长形脸化妆

长形脸的人在化妆时力求达到的效果应是增加面部的宽度。

涂胭脂时，应注意离鼻子稍远些，在视觉上拉宽面部。涂抹时，可沿颧骨的最高处与太阳穴下方所构成的曲线部位，向外、向上抹开去。

涂唇膏时，依自己的唇样涂成最自然的样子，修改不宜过大。

施粉底时，若双颊下陷或者额部窄小，应在双颊和额部涂以浅色调的粉底，造成光影，使之变得丰满一些。

修眉毛时，应令其成弧形，切不可有棱有角的。眉毛的位置不宜太高，眉毛尾部切忌高翘。

（3）圆形脸化妆

圆形脸给人可爱、玲珑之感，若要修正为椭形圆并不十分困难。

涂胭脂时，可从颧骨起始涂至下颌部，注意不能简单地在颧骨突出部位涂成圆形。

涂唇膏时，可在上嘴唇涂成浅浅的弓形，不能涂成圆形的小嘴状，以免有圆上加圆之感。

施粉底时，可用来在两颊造阴影，使圆形脸瘦一点。选用暗色调粉底，沿额头靠近发际处起向下窄窄地涂抹，至颧骨部位可加宽涂抹的面积，造成脸部亮度自颧骨以下逐步集中于鼻子、嘴唇、下巴附近部位。

修眉毛，可修成自然的弧形，可作少许弯曲，不可太平直或有棱角，也不可过于弯曲。

（4）方形脸化妆

方形脸的人以双颊骨突出为特点，因而在化妆时要设法加以掩蔽，增加柔和感。

涂胭脂时，宜涂抹得与眼部平行，切忌涂在颧骨最突出处。可抹在颧骨稍下处并往外

[①] 引自：http://www.huazhuang8.com/caizhuang/qitacaizhuang/1378.html

揉开。

涂唇膏时，可涂丰满一些，强调柔和感。

施粉底时，可用暗色调在颧骨最宽处造成阴影，令其方正感减弱。下颚部宜用大面积的暗色调粉底造阴影，以改变面部轮廓。

修眉毛时，应修得稍宽一些，眉形可稍带弯曲，不宜有角。

（5）三角形脸化妆

三角形脸的特点是额部较窄而两腮较阔，整个脸部呈上小下宽状。化妆时应将下部宽角"削"去，把脸型变为椭圆状。

涂胭脂时，可由外眼角处起始，向下抹涂，令脸部上半部分拉宽一些。

涂唇膏时，注意使唇角稍向上翘，唇形可适当外阔。

施粉底时，可用较深色调的粉底在两腮部位涂抹、掩饰。

修眉毛时，宜保持自然状态，不可太平直或太弯曲。

（6）倒三角形脸化妆

倒三角形脸的特点是额部较宽大而两腮较窄小，呈上阔下窄状。人们常说的"瓜子脸""心形脸"即指这种脸型。化妆时，掌握的诀窍与三角形脸相似，需要修饰部分则正好相反。

涂胭脂时，应涂在颧骨最突出处，而后向上、向外揉开。

涂唇膏时，宜用稍亮些的唇膏以加强柔和感，唇形宜稍宽厚些。

施粉底时，可用较深色调的粉底涂在过宽的额头两侧，而用较浅的粉底涂抹在两腮及下巴处，造成掩饰上部、突出下部的效果。

修眉毛时，应顺着眼部轮廓修成自然的眉形，眉尾不可上翘，描时从眉心到眉尾宜由深渐浅。

礼仪故事 2-5

换妆

吴菲，某高校文秘专业高材生，毕业后就职于一家公司做文员。为适应工作需要，上班时，她毅然放弃了"清纯少女妆"，化起了整洁、漂亮、端庄的"白领丽人妆"：不脱色粉底液，修饰自然、稍带棱角的眉毛，与服装色系搭配的灰度高偏浅色的眼影，紧贴上睫毛根部描画的灰棕色眼线，黑色自然形睫毛，再加上自然的唇形和略显浓艳的唇色。虽化了妆，却好似没有化妆，整个妆容清爽自然，尽显自信、成熟、干练的气质。但在公休日，她又给自己来了一个大变脸，化起了久违的"清纯少女妆"：粉蓝或粉绿、粉红、粉黄、粉白等颜色的眼影，彩色系列的睫毛膏和眼线，粉红或粉橘的腮红，自然系的唇彩或唇油，看上去娇嫩欲滴，鲜亮淡雅，整个身心都倍感轻松。

心情好，工作效率自然就高。一年来，吴菲以自己得体的外在形象、勤奋的工作态度和骄人的业绩，赢利了公司同仁的好评。

点评：有人说"化妆不只是技术，还是一门艺术、一种生活"这句话一点不错，吴菲的两种妆容正是其集中的体现，得体的妆容给她带来美丽、带来风采、带来自信。

三、饰发

美的发型，使人在社交中增强自我的自信心，陶冶人们的情操，领略对生活的热爱。不同的发型，能带给人整洁、庄重、洒脱、文雅、活泼的不同感觉，因而不同的气质、爱好、脸型、发质、年龄的人要针对自身情况，扬长避短，选择和修饰适合自己的发型。如图 2-1

所示（选自 http：//www. chdia. net. cn）是影星赫本的经典发型。饰发主要应注意如下几方面。

图 2-1 影星赫本的经典发型

1. 保持头发的清洁和健康

中国人一般认为头发健康的标准就是具有光泽、发色乌黑、清洁滋润、无头皮屑。当然这离不开平日均衡的营养、适当的运动、充分的休息与头发的护理，另外也离不开定期清洁与修剪。至于洗头的次数可以因人而异，如发质较油腻的人，或是运动量多且易流汗的人，天天洗较理想，而活动量少或头皮较干燥的人可两三天洗一次头。清洁是保持美丽头发最重要的一项。其次要勤梳理修剪，如头发像堆稻草，毫不修整，就会给人邋遢之感。

礼仪小贴士 2-6

发型简介

1. 女士发型

（1）"马尾辫"。马尾辫是一种将头发一把扎在脑后而不编结成辫的发型。由于其简单易行，所以用途极广。这种发型会使女孩显得活泼可爱，但是，它会使背部不直的人看上去负荷过重。

（2）独辫子。独辫子是一种将长发在脑后编成一根辫子的发型，它给人以怀旧的情结。

（3）娃娃头。娃娃头又称童话头，它以齐眉的刘海儿和齐耳的短发塑造女孩乖巧可人的形象，可使女孩看上去更年轻。

（4）直发。直发是一种将齐肩或披肩的长发拉直的发型，可使女孩变得青春靓丽。

（5）大波浪。"大波浪"是一种流行的卷发发式，由于其发型纹理就像大海的波浪一样，故而得名。大波浪发型柔软又不失淑女，既有轻盈飘逸的发型轮廓，又有妩媚迷人的视觉冲击，是深受时尚女孩追捧的发型。

此外，女士发型还有高发髻、男士头等。

2. 男士发型

（1）西式发型。西式发型亦称西装头，泛指现代人三七分或四六分的一种露出后颈部的短发型，是正式场合最常采用的一种发型，给人以端庄和严谨的感觉。

（2）对分发型。对分发型是一种五五对开、额前头发比较长的发型。这种发型只适合前额宽大、脸型呈"国"字形的人，反之是橄榄头型人的大忌。

（3）卷曲发型。给人以异国情调或自由浪漫的感觉。

（4）板寸头。板寸头俗称平头。脑袋四周基本无发，只是头顶留有12厘米的短发，而且顶部呈水平面。这种发型给人以刚毅和果敢的形象。

此外，男士发型还有刺猬发型、爆炸发型和光头等。但是对于男职员来说，此类发型不适宜。

2. 注意发型与脸型的配合

饰发的目的也是为了仪容的美观，因而要与脸型相配合才能产生整体美。

（1）三角形脸

其特点是前额宽而颧骨高，两颚修削至尖小的下颚。适合的发型是：配上长至肩位松散的发型，使前额看起来较修长。

（2）长方形脸

其特点是前额宽如颧骨和腮边一般。适合的发型是斜角的刘海或两旁较浓密的发型，都可产生阔度上的错觉。

（3）正方形脸

其特点是具有方形的前额，同颧骨和腮边一样宽，而方形脸有腮骨是显著的特征。适合的发型是一排横过眼眉的小束形刘海，这样会弱化脸部的方角感，头发的卷曲和波纹会转移别人对角形边关注的视线。

（4）圆形脸

其特点是脸面的长与宽几乎均等，而两颧之间是最宽的部分。适合的发型：将头发向后直梳只会强调出你想遮藏的圆度。若是短发，就在头顶上配上浓密的发型；若是长发，则使颈部的头发浓密起来，以转移别人注意圆度的视线。

（5）椭圆形脸

其特点是前额宽于下颚，颧骨是最受关注的重点，而脸庞则从颧位开始适度地修削至微尖的卵形下颌。适合的发型：许多发型都能衬托这样的脸型，关键就在于简单，而不应选蓬松的发型以破坏完美的脸型。

礼仪故事 2-6

松下与理发师

日本著名跨国公司"松下电器"的创始人、被称为"经营之神"的松下幸之助，从前不修边幅，企业也不注重形象，因此企业发展缓慢。一次他到银座的一家理发室去理发，理发师看到他的形象后，毫不客气地对他说："你对自己的容貌修饰毫不重视，就如同将你的产品弄脏似的。作为公司的代表，如果你不注意形象，产品能打开销路吗？"一句话将松下幸之助问得哑口无言。他将理发师的劝告牢记在心，从此后对自己的外在形象十分重视，生意也随之兴旺起来。现在，松下电器的产品享誉天下，这与松下幸之助长期率先垂范，要求员工懂礼貌、讲礼节是分不开的。

3. 兼顾发型的美观与方便

美丽的发型千姿百态，而且随着时代的发展，发型的流行趋势也在千变万化，昨天还流行飘逸的长发，今天又流行翻翘式的短发。在选择发型时既要追求美观与时尚，又要兼顾方便易梳。例如在美容院可以梳理出许多漂亮的发型，但若是自己无法整理出此发型，那么最好还是放弃，因为很少有人能天天去美容院。尤其是职业女性，每天既要工作又要照顾家庭，最好选择洗发后不必太费时整理的发型。发型的整理既然每天都必须做，所以以力求简单方便而易于整理的发型为佳，这样可避免增加不必要的额外负担。如果想使头发长久保持发型，简单易行的方法就是早上吹头发时预先喷些胶水或啫喱水，然后用热风吹干，这样发型就可长久不变，保持一天的美丽与清爽。

礼仪故事 2-7

毁了生意的"鸡窝头"

一个周五的晚上，几个好朋友为了给曹蒙庆祝生日，特意拉着他到理发店烫了个时髦的"鸡窝头"，然后又拉着他去一家知名的摇滚酒吧吃喝玩乐，直到凌晨四点，这帮朋友才各自回家睡觉。

早上八点的时候，电话响了，一接，是单位经理的电话，因为经理临时有事，让曹蒙代他去和一个重要客户签合同，时间安排在上午九点。从曹蒙家到客户那里至少要40分钟的路程，要是堵车的话就可能迟到。曹蒙不敢怠慢，赶紧起床，拿起一套西装穿上就出了门。

果然，曹蒙在去的路上遇上了堵车，还好他在最后几分钟顺利赶到了客户那里。一见到曹蒙，客户的眼里闪过耐人寻味的神色，先让曹蒙坐下，客户就去了隔壁房间。过了一会儿，客户对曹蒙说："我看今天这个合同就暂时别签了，咱们以后再约时间，好吧！这样，麻烦你跑一趟，还请你先回去吧！"

曹蒙觉得莫名其妙，却又不便深问，只得快快地回去了。随后，曹蒙接到了经理的电话，问他搞什么鬼，顶着一个鸡窝头就去了，客户还以为他是个小混混呢，把客户吓了一跳，合同的事情也就暂缓了。

四、护手

社交中要经常与人握手，要做各种手势，所以健康美观的双手和手上的指甲都是不可忽视的一部分。

1. 护理指甲

和保持身体其他部分的健康一样，指甲也必须从护理和营养着手，才可保持其健康。指甲是身体最先表露紧张、疾病或不良饮食习惯的部分。如果它们的健康被忽视，便会出现干燥、起薄片和脆裂的现象，因此必须注意日常的营养和定期护理。应定期修剪指甲，将其修剪成椭圆形不仅使之变得美观，而且可保持它们的健康。对手指进行简单地按摩，可促进指尖血液循环，有利于营养和氧气输至指甲。另外，女性可根据不同情况的需要，涂上不同颜色的指甲油来美化指甲。涂指甲油的步骤如下。

（1）先用蘸满洗甲水的棉花彻底抹去原来所有的指甲油。

（2）将指尖浸在肥皂水中几分钟，会有舒缓作用。

（3）抹开双手，在每只指甲根部涂点表层去除剂，两分钟后，用指甲签轻轻将指甲根部的表皮向后推，直至显现指甲根部的半弯月位。

（4）涂上底层护甲油，以使指甲油更加持久，而且防止深色指甲油渗到指甲的缝隙中。

（5）搽指甲油时，每只指甲只需涂三下便足够，先是指甲中央，接着是两旁；在第一层指甲油干透后，可再涂第二层。

（6）涂上表层护甲油，可在甲尖底部也涂护甲油，有助于防止折断、崩裂。

2. 滋润双手

拥有一双美丽的纤纤玉手对女性来说是非常重要的。在招待客人并给对方端茶时，在签字仪式上众目注视时，如果自己的手非常漂亮，不但可表现出自己的魅力，同时也会让他人觉得非常舒服。因此，平时就要多注意手部的保养。

手部肌肤的油脂腺较少，较身体其他部分更易变得干燥，但又经常需要暴露于空气中，因此应细心呵护双手。要注意以下几点。

（1）每晚用滋润的润手霜按摩双手。

（2）经常除去手上的死皮。

（3）做家务或粗活时戴上手套。

（4）经常运动，使之保持柔软。

（5）偶尔可敷上一些现成或自制的护手膜。

五种手部的健美运动

1. 对手指按摩

最好利用看电视的时间来从事这种简单的指部运动（当然也可以专门做）。先从指尖开始按摩到手指底部，动作要坚定而柔和，就像戴手套差不多。在按摩时，有条件的可以先涂上润手霜或蜜，以增加柔润。

2. 模仿弹钢琴动作

这项运动就是把双手平放在台面上，柔和地向下压，然后每次举起一个手指，尽量举高。这项运动也可以说，您不妨是假装在练习弹钢琴一样，它的功能是伸展手掌和手指，这样能使你的手轻快敏捷。

3. 举手

这种简单的动作可以使你的手恢复白嫩，并减少青筋显露。只要展开五指，高举双手过头，每次数分钟就可以。

4. 握拳伸展

这是解除紧张的良好动作，并可以使手部柔软。先紧握拳头，然后展开，尽量伸展五指，每天用力做3～5分钟。

5. 放松手部

这是避免紧张，使手部无僵硬感的好方法。先把双手放在与肘弯持平的高度，然后放松手腕，让手有气力地垂下来。反复进行这种放松手部的动作。

第二节　能力提升

一、案例讨论

案例 2-1

美中不足

一天，黄先生与两位好友小聚，来到某知名酒店。接待他们的是一位五官清秀的服务员，接待服务工作做得很好，可是她面无血色，显得无精打采。黄先生一看到她就觉得心情欠佳，仔细留意才发现，这位服务员没有化工作淡妆，在餐厅昏黄的灯光下显得病态十足。上菜时，黄先生又突然看到传菜员涂的指甲油缺了一块，他的第一个反应就是"不知是不是掉我的菜里了"。但为了不惊扰其他客人用餐，黄先生没有将他的怀疑说出来。用餐结束后，黄先生唤柜台内服务员结账，而服务员却一直对着反光玻璃墙面修饰自己的妆容，丝毫没注意到客人的需要。自此以后，黄先生再也没有去过这家酒店。

【思考与讨论】

（1）请指出案例中服务员在仪容上存在的问题。

（2）本案例对你有哪些启示？

案例 2-2

一道道奇特的"风景线"

阿美和阿娟是一所美容学校的学生，初学化妆非常有兴趣，走在大街上，总爱观察别人的妆容，因此发现了一道道奇特的"风景线"。

一位中年妇女没有做其他化妆，只涂了嘴唇，而且是那种很红很艳的唇膏，只突出了一张嘴。一位女士的妆容看起来真的很漂亮，只可惜脸上精彩纷呈，脖子却粗糙得马虎，在脸庞轮廓上有明显的分界线，像戴了面具一样。再看，还有的女士用粗的黑色眼线将眼睛轮廓包围起来，像个"大括号"，看上去那么的生硬、不自然。一位很漂亮的女士，身穿蓝色调的时装，却涂着橘红色的唇膏……

【思考与讨论】

（1）请帮助阿美和阿娟分析一下，针对以上几种情形，自己化妆时应注意哪些问题？

（2）本案例对你有何启示？

案例 2-3

气质魅力从头开始

华盛集团公司的卫董事长有一次要接受电视台的采访。为了郑重起见，事前卫董事长特意向公司为自己特聘的个人形象顾问咨询，有无特别需要注意的事项。对方专程赶来之后，仅仅向卫董事长提了一项建议：换一个较为儒雅而精神的发型，并且一定要剃去鬓角。对方的理由是：发型对一个人的上镜效果至关重要。果然，改换了发型之后的卫董事长在电视上亮相时，形象焕然一新。他的发型使他显得精明强干，他的谈吐使他显得深刻稳健。两者相辅相成，令电视观众们纷纷为之倾倒。

【思考与讨论】

（1）发型在社交中发挥了怎样的作用？

（2）本案例对你有哪些启示？

案例 2-4

香水的使用

冯磊现在只有一个想法：见了同事吴云就躲开，因为吴云身上的味道实在让他忍受不了。你要问吴云身上有什么味儿让冯磊这样排斥，冯磊会告诉你"怪味儿！我曾经用另一种方式问过她：'吴云，你怎么能让自己身上的味道这么持久呢？'她很兴奋地告诉我：'我用了香水呀。我现在越来越迷恋香水了，每天都在研究。有时候一天会换几种不同的香味试试，而且为了香味持久，我随身带着。你看！'然后我便看到她的包里有四个香水瓶子。我当时真是不知道该说什么了。她，现在身上并不是香水的香味，而是一种让人无法忍受的怪味！"

【思考与讨论】

（1）吴云在使用香水上存在什么问题？

（2）你会使用香水吗？

二、实训项目

项目 1：发型的选择

实训目标：掌握选择发型的基本要领。

实训学时：1 学时。

实训地点：教室。

实训方法：选择若干学员上台展示自己的发型，并说明其理由。台下的学员予以点评并提出具体的发型建议，评选出三位最佳发型。最后教师总结。

训练手记：通过训练，我的收获是＿＿＿＿＿＿＿＿＿＿＿＿＿＿＿＿＿＿＿。

项目 2：举行"仪容形象设计展示"会

实训目标：综合运用仪容设计的知识和技巧，提高个人仪容设计基本技能。

实训学时：2 学时。

实训地点：实训室。

实训准备：化妆盒、棉球、粉底霜、胭脂、眼影、眉笔、唇彩、香水等化妆用品。

实训方法：将全班学生分组，两两一组，要求其根据所学仪容礼仪知识，扬长避短展现出最美丽的妆容。在课堂上分组进行形象展示，最好用数码相机进行拍摄，由学生互评，要求从面部化妆、发型设计方面进行重点评价。由教师进行总结评价，重点评价各组存在的共性问题。由全班评出"最佳表现"妆容。

训练手记：通过训练，我的收获是＿＿＿＿＿＿＿＿＿＿＿＿＿＿＿＿＿＿＿。

三、阅读思考

女性化妆十不宜

1. 不宜面部搽香水

搽了香水的部位，经太阳光线照射会引起化学变化，产生红肿刺痛，严重的还会发展成为皮炎。皮肤科专家介绍，正常皮肤有一层皮脂腺覆盖，涂上一层厚厚的脂粉后，容易堵塞毛孔，影响汗腺及皮脂腺的分泌与排泄，还影响皮肤的呼吸。

2. 不宜化妆拔眉毛

化妆拔眉毛会给人一种光秃的造型感，从医学观点看，拔眉不仅会损害生理功能，而且会因破坏了毛囊和化妆涂料的刺激导致局部感染。

3. 不宜多用口红

口红中的油脂能渗入人体皮肤，而且有吸附空气中飞扬的尘埃、各种金属分子和病原微生物等副作用。通过唾液的分解，各种有害的病菌就可乘机进入口腔，容易引起"口唇过敏症"。

4. 不宜用一种粉底

粉底的颜色比脸部的肤色过深或过浅都会破坏你的容貌，因此，应该多备几种粉底，随四季肤色的改变而不断调整。

5. 不宜眼圈重涂眼影粉

尤其是热天汗水多，汗水会将眼影冲入眼内，损害视觉器官，如再用手揉，更易将细菌带入眼内，染上沙眼或红眼病。

6. 不宜把面膜涂在眉和睫毛上

面膜粘在眉毛和睫毛上，除去时容易将眉毛和睫毛一起拔掉。

7. 不宜将脸抹得白里透青

若脸上使用油脂化妆品，再搽上一层香粉，使之白里透青，阳光中的紫外线就无法被吸收，影响体内维生素 D 的产生。

8. 不宜用他人的化妆品

化妆品可能成为疾病传染媒介，因此，不要乱用他人的化妆品化妆，也不要将自己用过的化妆品随意借给别人。

9. 磨面时手指用力不宜过大

天热时人体毛孔放大，表皮较嫩，磨面用力过大，面皮被磨面膏中的"沙子"损伤，再经风吹日晒，反而变得粗糙。

10. 不宜不断补粉

如果终日不断地在脸上补粉，胭脂之上敷胭脂，脸上就会出现很不雅观的斑底，首先鼻子就会因不断的油粉混合而发黑。

思考题

1. 杜绝以上做法，正确地实施化妆。
2. 据你所知，人们存在哪些化妆的误区？

课后练习

1. 仪容修饰对个人形象的塑造有何重要意义？
2. 请每日按照科学的化妆方法进行仪容修饰。
3. 你的脸型最适合哪种发型？
4. 作为女士，你能用 5 分钟时间给自己化一个漂亮的工作妆吗？请实际操作，如果结果不令你满意，要继续实践，反复练习，直到取得满意效果为止。
5. 男士如何保持仪容整洁？
6. 假如你是一名即将毕业的大学生，准备去参加招聘面试，为了能更好地展示自己良好的形象，能在众多的应聘者中脱颖而出，除了注意服装搭配外，在仪容修饰方面你该如何准备？
7. 观看视频短片，学习化妆方法和技巧。
8. 搜集护肤品、化妆品的产品知识，学会选择适合自己的产品。

评价考核表

内容		评价	
学习目标	评价内容	小组评价（5、4、3、2、1）	教师评价（5、4、3、2、1）
知识（能力提升）	仪容的基本要求		
知识（能力提升）	头发护理常识		
专业能力	化妆方法		
	头发美化		
	护手方法		
通用能力	自我管理能力		
	审美能力		
	自控能力		
态度	一丝不苟、遵守规范		
努力方向：		建议：	

第三章 服饰礼仪

一个人的穿着打扮，就是他的教养、品位的真实写照。

——【英】莎士比亚

服装打造一个人，不修边幅的人在社会上是没有影响力的。

——【美】马克·吐温

学习目标

- 能够正确、规范地穿着西装、西服套裙等正装。
- 着装讲究色彩搭配与和谐之道。
- 按照礼仪规范的要求佩戴各类饰物。

案例导入

坏了大事的着装

国内一家效益很好的大型企业的总经理王克，经过多方努力和上级有关部门的牵线搭桥终于使德国一家著名的电气企业董事长同意与自己的企业合作。谈判时为了给对方留下精明强干、时尚新潮的好印象，王克上身穿了一件T恤衫，下身穿一条牛仔裤，脚穿一双旅游鞋。当他精神抖擞、兴高采烈地带着秘书出现在对方面前时，对方瞪着不解的眼睛上下打量了他一会儿后，显出不满的神情。最终这次合作没能成功。

问题

1. 总经理王克的着装存在什么问题？
2. 着装应遵守哪些礼仪规范？

服饰指衣着和装饰，服饰是一种文化，代表着时代的进步和观念的更新。整洁美观、大方得体的服饰是人们能用以改变自己或烘托自己的最好的、使用最频繁的"武器"，它集中地反映出一个人的身份、教养、文化素质和审美情趣等，而不恰当的服饰可能让人感到不合时宜，缺乏教养，甚至俗不可耐、贻笑大方。正如"案例导入"中的王克那样，因为服饰不得体而使"合作"功亏一篑，其教训是值得我们汲取的。因此，我们在日常社交中，必须注重服饰礼仪。

第一节 应知应会

一、正装的穿着

服饰美能增强自信与自尊，能树立良好形象。服饰穿着整洁大方、自然得体，不仅是对别人的尊重，也反映了自身形象、尊严与素养。

礼仪故事 3-1

蒋介石的着装把戏

图3-1[①]是一张珍贵的老照片，这是1948年行宪后第一任总统蒋介石、副总统李宗仁就职典礼上的照片。李宗仁是就职典礼上唯一穿军装的，可以看出他显得不太自在，站在那里看起来像蒋介石的副官。

图3-1 蒋介石、李宗仁在总统就职典礼上

实际上，李宗仁就职穿军装是被蒋介石骗了的，是蒋介石耍的把戏。这张照片拍摄于1948年5月20日，李宗仁在回忆录中曾详述这段"被骗"的过程。李宗仁说："我一开始向蒋中正请示关于就职典礼的服装问题，蒋说应穿西装大礼服。我一开始颇怀疑，因为西式大礼服在国民政府庆典中并不常用，不过他既已决定，我只有照办。"李宗仁于是连夜找上海有名的西服店，赶制一套高冠硬领的燕尾服。就职典礼前夕，总统侍卫室又传出蒋介石手谕，"用军常服"。虽然李宗仁觉得军服与当天气氛环境"有欠调和"，但既然蒋已有指示，"我当然只有遵照"。典礼当天，赞礼官恭请正副总统就位时，李宗仁发现蒋介石未穿军服，而是"长袍马褂，旁若无人地站在台上"，自己则是一身军服伫立其后，"相形之下，颇欠庄严，感觉蒋先生是有意使我难堪。"是呀，若是二人站着，李宗仁就像蒋介石的贴身副官。李宗仁在回忆录中说，"蒋先生以在这种小地方，他的度量都不能放宽，其为人如何也可想见。这尴尬的场景与其说使我难堪，毋宁说使他自己难堪罢了"。

点评：这件事情也从一个侧面说明，服饰被人们赋予了很多意义。讲究服饰礼仪，学会穿衣打扮，是有很深的学问的。可见，服饰的意义非同一般，职场中人是应该深谙此道的。

服装根据适用的场合不同，一般可分为功能与特点都不相同的两大类别。即在正式场合中穿着的礼服、职业装等正式服装和在非正式场合穿着的家居服、休闲服等便装。便装较注重自我感觉，方便、舒适、轻松，而正式服装较注重社会评价，严谨、规范、时宜。在社交活动中，人们更多穿着的是正式服装，正式服装主要有以下几类。

1. 男士的西装

西装是男士通用的职业服装，也是现代社交活动中最得体的服装。许多涉外机构，包括国内一些大企业，明文规定职员不能穿短裤、休闲装上班，要求男士必须穿西服打领带。一些剧院也规定了观看者须西服革履。男士服装的流行式样变化较小，因而应准备几套做工考究的西装以应付各种社交场合。

男士西服一般分为美式、英式和欧式三类。男士西装也分西服套装和西服便装。西服套装有两件套和三件套（外套、马夹、裤子）、双排扣和单排扣、三个扣眼两个扣眼之分。

一般男士正式西装最好备三件套，选用较好的毛织品或毛涤混纺织物，采用不鲜艳、没有明显图案的单色。做工要精细，裁剪要合体，式样可趋于保守。为了提高每套西装的利用率，可选偏暗的色彩，适用于办公室、会议、宴会等多种场合。平时上班或参加不太正式的社交活动，可以不穿马夹，只穿套装。有条件的，不妨多备一两套西装，暗色、中性色均有，以分别用于不同场合。

西装的上衣如果是双排扣，不管在什么场合都应把纽扣全部扣上；单排扣西装则可因场合而定，一般两个扣眼的只扣上面一个，三个扣眼的，可扣第二个。如全部扣上显得拘谨。扣第一个显得土气，只扣第三个显得流气，在非正式场合全部敞开却既潇洒自由，又不失礼，但参加宴会、婚礼等正式场合必须扣上扣子。

西服套装要与领带、衬衫配套穿。在社交场合，穿西服套装一定要系领带，穿衬衫。在正式场合穿西服套装不仅要配领带与衬衫，而且衬衫领子要挺括、合体，颜色一般为浅色，白色衬衫能适应多种色彩的西装。西装衬衫领子的式样分为标准领、立领、宽角领等。

与西装配套穿的毛衣、毛背心应是"V"型领，领带应放在"V"型领毛衣里面。一身得体的西装，配上一条精致的领带，会使男士尽显风度，领带对西装有烘日托月的妙处。

正式场合的领带以深色为宜；非正式场合的领带以浅色、艳丽些为好。领带的颜色一般不宜与服装颜色完全一样（参加凭吊活动穿黑西装系黑领带除外），以免给人以呆板的感觉。具体做法一是领带底色可与西装同色系或邻近色，但二者色彩的深浅明暗不同，如米色西装配咖啡色领带；二是领带与西装同是暗色，但色彩形成对比，如黑西装配暗红色领带；三是一色的西装配花领带，花领带上的一种颜色尽可能与西装的颜色相呼应。

礼仪小贴士 3-1

领带的来历

领带起源于英国男子衣领下的专供男子擦嘴的布。工业革命前，英国也是个落后国家，吃肉用手抓，然后大块大块地捧到嘴边去啃，成年男子又流行络腮胡子，大块肉一啃就把胡子弄油腻了，男人们就用袖子去擦。为了对付男人这种不爱干净的行为，妇女们在男人的衣领下挂了一块布专供他们擦嘴，久而久之，衣领下面的这块布就成了英国男式上衣传统的附属物。工业革命后，英国发展成为一个发达的资本主义国家，人们对衣食住行都很讲究，挂在衣领下的布化成了领带。

领带的打法主要有以下几种。

（1）平结。平结为男士选用最多的领结打法之一，几乎适用于各种材质的领带。要诀：领结下方所形成的凹洞需让两边均匀且对称。具体打法如图3-2所示。

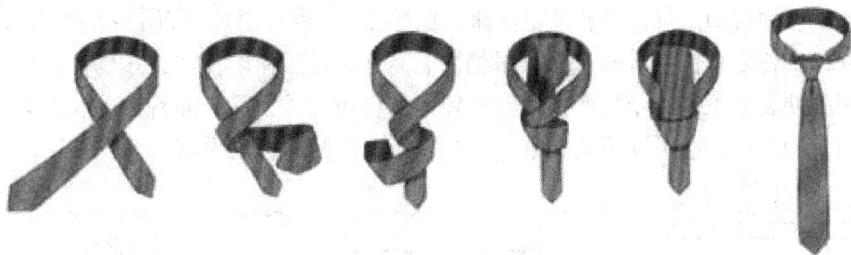

图3-2　平结

（2）交叉结。这是适合单色素雅质料且较薄领带选用的领结。喜欢展现流行感的男士不妨多加使用。交叉结的具体打法如图3-3所示。

图3-3 交叉结

（3）温莎结。温莎结适用于宽领带型的衬衫，该领结应多往横向发展，应避免材质过厚的领带，领结也勿打得过大。具体打法如图3-4所示。

图3-4 温莎结

礼仪故事 3-2

领带的问题

某家大型企业面向北京各高校发出了招聘业务员的启事，希望能招到具有专业知识的有志青年，充实企业的第一线。根据收到的求职材料，企业招聘人员约见了一位经济管理专业的男生面试。这位男生身材微胖，个头不高。面试时，他面容修饰一新，衣着也十分正式，穿西装，系领带，但可能是为了舒服，他的领带松松垮垮地挂在脖子上，衣领最上面一粒扣子也解开着。正是因为这一形象使他没有通过面试。一位人事总监说："我认为你不可能仅仅由于系了一条领带而得到一个职位，但是我可以肯定系错了领带会使你失去一个职位。"

男士穿着西服套装时应注意：合体上衣应长过臀部，四周下垂平衡，手臂伸直时上衣的袖子恰好过腕部。领子应紧贴后颈部。衬衫领子稍露出外衣领。衬衫的袖口也应长出外衣袖口1～2厘米。领带结需靠在衣领上，但不能勒住脖子，也不能太往下，显得松松垮垮，不精神。领带系好后，垂下的长度应触及腰带上，超过腰带或不及腰带都不符合要求。领带用领带夹固定，西装上衣左胸部的装饰袋，有时用来插放绢饰，不可用来放钢笔之类的其他东西，钢笔应放在衣服内袋中。西装的裤子要合体，要有裤线，裤长要及脚面1～2厘米。西服套装要配穿皮鞋，式样要稍保守，颜色与衣服相协调。在日常工作中及非正式场合，男士可穿西服便装。西服便装上下装不要求严格配套一致。颜色可上浅下深，面料也可以上柔下挺。可以衬衫、领带配西裤，也可以不扎领带，不穿衬衫，穿套头衫或毛衣。

礼仪小贴士 3-2

西装的纽扣系法

如果穿单排一粒扣西装，扣与不扣均可。如果是单排两粒扣西装，扣子全部不扣表示随意、轻松；

扣上面一粒，表示庄重，而全扣就不合适了。如果是单排三粒扣西装，扣子全部不扣表示随意、轻松；只扣中间一粒表示正统；扣上面两粒，表示庄重，全扣也是不对的。如果是双排扣西装，可全部扣，亦可只扣上面一粒，表示轻松、时髦，但不可不扣。如果穿三件套西装，则应扣好马甲上所有的扣子，外套的扣子不扣。

关于男士西装扣子的扣法还有"站时系扣、坐时解扣"的说法。男士在站立的时候，把西装扣好，这样在讲话、比手势的时候，西装才不会随着肢体乱跑，整体线条看起来更显干净利落。在坐的时候，男士必须解开西装扣，如此西装才能随着身体的弧度，自然服贴地顺势而下，线条看起来比较流畅，也不会有束缚的感觉，才能舒适自在地坐在位子上。

此外，男士参加社交活动也可穿中山装、民族服装或夹克。尤其是在国内参加活动时，如出席庆典仪式（包括吊唁活动）、正式宴会、领导人会见国宾等隆重活动，可穿中山装与民族服装，在一些非正式场合也可以穿夹克衫。

男士在社交中穿中山装应选择上下同色同质的深色毛料中山装，一般配以黑色皮鞋。中山装衣服要平整、挺括，裤子要有裤线。穿着时要扣好领扣、领钩、裤扣。在非正式社交场合中，男士也可穿夹克衫等便装，但同样应注意服装的清洁与整齐。

男士外出还可准备一件大衣或风衣，在正式场合一般不宜穿风衣或大衣，在需要室外活动的场合，大衣或风衣既可保暖挡风，又可增添不少潇洒的风采。

标准的男士西装穿着如图 3-5 所示。

图 3-5　标准的男士西装穿着

2. 女士西服套裙的穿着

礼仪故事 3-3

女王的着装

英国女王伊丽莎白二世访问中国期间，走出机舱门第一个亮相，穿的是正黄色西服套裙，戴正黄色帽子。这位女王本人喜欢红色和天蓝色，很少穿黄衣服。但在中国，几千年的历史上黄色是皇帝的专用色。女王来中国访问穿正黄色，既表示尊重中国的传统习俗，又显示了她作为一国君主的高贵身份。

（1）选择合适的套裙

这包括：面料最好是纯天然质地，又是质量上乘的面料。上衣、裙子及背心等应选用同一种面料。在外观上，套裙所用的面料，讲究的是匀称、平整、滑润、光洁，不仅有弹性、手感好，而且应当不起皱、不起毛、不起球。色彩应当以冷色调为主，借以体现出着装者的典雅、端庄与稳重。一套套裙的全部色彩不要超过两种，不然就会显得杂乱无章。图案要按照常规，商界女士在正式场合穿着的套裙，可以不带任何图案。不宜添加过多的点缀。一般而言，以贴布、绣花、花边、金线、彩条、亮片、珍珠、皮革等加点缀或装饰的套裙都不适合商界女士穿着。尺寸要求上衣不宜过长，下裙不宜过短。裙子下摆恰好达小腿最丰满处，乃是最为标准、最为理想的裙长。紧身式上衣显得较为正统，松身式上衣则看起来更加时髦一些。造型上，"H"型上衣较为宽松，裙子多为简式；"X"型上衣多为紧身式，裙子大多为喇叭式；"A"型上衣为紧身式，裙子则为宽松式；"Y"型上衣为松身式，裙子多为紧身式，并以筒式为主。套裙款式的变化主要体现在上衣和裙子方面。上衣的变化主要体现在衣领方面，除常见的平驳领、驳领、一字领、圆状领之外，青果领、披肩领、燕翼领等并不罕见。裙子的式样常见的有西装裙、一步裙、筒式裙等，款式端庄、线条优美；百折裙、旗袍裙、"A"字裙等，飘逸洒脱、高雅漂亮。

（2）选择和套裙配套的衬衫

与套裙配套穿着的衬衫，有不少的讲究。从面料上讲，主要要求轻薄而柔软，比如真丝、麻纱、府绸、罗布、涤棉等，都可以用作其面料。从色彩上讲，则要求雅致而端庄，不失女性的妩媚。除了作为"基本型"的白色外，其他各式各样的色彩，包括流行在内，只要不是过于鲜艳，并且与所穿的套裙的色彩不相互排斥，均可用作衬衫的色彩。不过，还是以单色为最佳之选。同时，还要注意，应使衬衫的色彩与所穿套裙的色彩互相般配，要么外深内浅，要么外浅内深，形成两者的深浅对比。

（3）选择和套裙配套的内衣

一套内衣往往由胸罩、内裤以及腹带、吊袜带、连体衣等构成。它应当柔软贴身，并且起着支撑和烘托女性线条的作用。有鉴于此，选择内衣时，最关键的是要使之大小适当。

内衣所用的面料，以纯棉、真丝等面料为佳。它的色彩可以是常规的白色、肉色，也可以是粉色、红色、紫色、棕色、蓝色、黑色。不过，一套内衣最好同为一色，而且其各个组成部分亦为单色。就图案而论，着装者完全可以根据个人爱好加以选择。

内衣的具体款式甚多，在进行选择时，特别应当注意的是，穿上内衣之后，不应当使它的轮廓一目了然地在套裙之外展现出来。

（4）选择合适的鞋袜

选择鞋袜时，首先要注意其面料。女士所穿的与套裙配套的鞋子，宜为皮鞋，并且以牛皮鞋为上品。同时所穿的袜子，则可以是尼龙丝袜或羊毛袜。

鞋袜的色彩有许多特殊的要求。与套裙配套的皮鞋，以黑色最为正统。此外，与套裙色彩一致的皮鞋也可选择。但是鲜红、明黄、艳绿、浅紫的鞋子，则最好莫试。穿着套裙时所穿的袜子，可有肉色、黑色、浅灰、浅棕等几种常规选择，只是它们宜为单色。多色袜、彩色袜，以及白色、红色、蓝色、绿色、紫色等色彩的袜子，都是不适宜的。

图 3-6 标准的女士套裙穿着

鞋袜在与套裙搭配穿着时，要注意其款式。与套裙配套的鞋子，宜为高跟、半高跟的船式皮鞋或盖式皮鞋。系带式皮鞋、丁字式皮鞋、皮靴、皮凉鞋等，都不宜采用。高统袜与连裤袜，则是与套裙的标准搭配。中统袜、低统袜，绝对不宜与套裙同时穿着。

标准的女士套裙穿着如图 3-6 所示。

礼仪故事 3-4

裙裤的麻烦

郑小姐在一家国内的公司里工作。有一天，上级派她代表公司前往南方某城市y去参加一个大型的外贸商品洽谈会。为了给外商留下良好印象，郑小姐在洽谈会上专门穿了一件粉色的上衣和一条蓝色的裙裤。然而，正是她新置的这身服装，使不少外商对她敬而远之，甚至连跟她正面接触一下都很不情愿。

原来，国外商界人士一向崇尚传统，讲究男女着装有别，认为在正式场合以裙装为正装，而视着裤装为不务正业。

3. 女士连衣裙

连衣裙是上衣和裙子的结合体，它不但能尽显女士特有的恬静与妩媚，而且穿着便捷、舒适。连衣裙也可与西装外套等组合搭配，提高服装的使用率。连衣裙的造型丰富多彩，有前开襟、后开襟、全开襟和半开襟的；有紧身的、宽松的、喇叭形、三角形、倒三角形的；有无领的，有领的；有方领的、尖领的、圆角领的；有超短的、过膝的、拖地的等。各种连衣裙为各种身材的女士在不同场合提供了大量的选材。

穿着连衣裙时虽以个人爱好、流行时尚而定，但社交场合的连衣裙还应以大方典雅为宜。单色连衣裙在大多数场合效果都很好，点、条、格等面料的连衣裙图案也要力求简洁。穿连衣裙要注意避免：一是受时髦潮流的影响，太流行或趋于怪异，变得俗不可耐或荒诞不经；二是不顾及环境，而穿着过低的领口，过紧的衣裙，过透的面料，使人感到极不雅观。正所谓"酌奇而不失其真，玩华而不坠其实。"

4. 女士旗袍

旗袍被公认是最能体现女性曲线美的一种服装，它源自满族旗袍。我国是有着三百年旗袍历史的国度，近年来旗袍带着一股从未有过的震撼力在影响着世界各地女性的穿着，她像一种特殊的世界语，迅速被各种族的人们接受，打破了只有东方女性才适合穿着的传统论断，因而旗袍也可作为社交中的礼服。旗袍作为礼服，一般采用紧扣的高领、贴身、身长过膝、两旁开衩、斜式开襟、袖口至手腕上方或肘关节上端的款式，面料以高级呢绒绸缎为主，配以高跟鞋或半高跟鞋。

礼仪故事 3-5

总统夫人与旗袍

1984年春，里根总统和夫人访华时，挑选面料做旗袍。她先看中一种金色的织锦缎，但考虑到没有带金色的皮鞋与之配套，便改选一种以深红色为底的中国织锦缎旗袍。在里根总统的告别招待会上，她穿上这件深红底色的中国织锦缎旗袍，配上一双深色的高跟鞋，显得特别雍容华贵，无懈可击。

二、服装的色彩组合

根据礼仪的需要和自己的特点，选择适当的服装色进行合理搭配，是穿好服装的第一需要。我们常说："没有不美的色彩，只有不美的搭配。"人们往往会看到同一套衣服，不同人的不同搭配，产生的效果是截然不同的，不乱用颜色，才是适于穿戴的。

1. 色彩搭配的基本法

（1）统一法

使用同一色系，根据其明暗深浅不同来搭配，造成一种和谐美，注意不能衔接太生硬，应尽量过渡自然。

（2）对比法

用对比色搭配，如黑与白、红与黑、黄与蓝等。

（3）调合法

用相近的颜色搭配，如红与橙、绿与蓝，配色明度、纯度应该有所差别，可以一种色深一些，一种色浅一些。

2. 色彩的主要搭配

（1）"万能色"

色彩中的黑、白、灰是"万能色"，它与任何颜色搭配，尤其是永恒的黑色与白色年年都不落伍；许多世界著名时装大师都以黑、白为主题创造了时装的理想世界。

（2）其他色

有些色彩的组合对大多数人来说都是非常实用而且别致的，如红色与黑、白、深蓝的搭配；黄与黑、绿的搭配；蓝与白、黄的搭配等。还有粉红配浅蓝，黄褐配白色，黑色配浅绿等。

（3）色彩搭配的技巧

① 应根据肤色、身材、体型来确定颜色。如中国人是黄种人，应避免穿暗黄色、土黄色、紫色等颜色，因为这些颜色会使黄皮肤看上去衰老、不健康。再如身材肥大的人应尽量避免穿浅色、花色，深颜色会给人以收缩感。

② 要善于调节主色、补色、突出色三者的关系。比如穿西服套装，以西服套装的颜色为主色，以衬衫颜色为补色，用同系统的颜色搭配，而领带则可用对比色为突出色。这样的配色，能使服装显示出和谐而有层次的美。

③ 应根据人的性格特征来选择颜色。色彩会带给人不同的感觉，如蓝色可以说是男性"永恒的颜色"，它有高雅、理性、稳重的意义，能让人产生信服感、权威感；灰色象征着信心十足，由于它的色彩属性比较中庸、平和，所以这不宜表现出威严感，但却会显得很庄重；红色似火，会使人感到热情奔放。因而性格活泼的人宜选择暖色、花色面料，性格沉着的人宜选深色、素色面料。

④ 应根据不同场合来选择颜色。英国女王伊丽莎白二世访问中国期间，走出机舱门第一个亮相，穿的是正黄色西服套裙，戴正黄色的帽子。这位女王本人喜欢红色和天蓝色，很少穿黄衣服。但在中国，几千年的历史中黄色是皇帝的专用色。女王来中国访问穿正黄色，既表示尊重中国的传统习俗，又显示了她作为一国君主的高贵身份。

⑤ 要善于简化全身的色彩。色彩的组合适用于减法，全身的色彩种类不宜过多，一般情况下不应超过三种，否则会让人感到繁乱、花哨。即使是一些饰品，如丝巾、手套、皮包等，也要尽量与服装配套或一致，以免凌乱繁杂。对于男士尤其要避免花哨，应严格控制鲜艳明亮的色彩。用于男士服饰上的色彩只能放在令人感到活泼、爽快上，起到画龙点睛的作用。

总之，色彩的组合与搭配对服装的穿着效果十分重要，要巧用色彩，善于配色，才能用不同的色彩主调塑造出多姿多彩的个人形象。

礼仪小贴士 3-3

颜色的象征意义

黑色，象征神秘、悲哀、静寂、死亡，或者刚强、坚定、冷峻；

白色，象征纯洁、明亮、朴素、神圣、高雅、恬淡，或者空虚、无望；

黄色，象征炽热、光明、庄严、明丽、希望、高贵、权威；

大红，象征活力、热烈、激情、奔放、喜庆、福禄、爱情、革命；

粉红，象征柔和、温馨、温情；

紫色，象征谦和、平静、沉稳、亲切；

绿色，象征生命、新鲜、青春、新生、自然、朝气；

浅蓝，象征纯洁、清爽、文静、梦幻；

深蓝，象征自信、沉静、平静、深邃；

灰色，是中间色，象征中立、和气、文雅。

三、着装与自身形象相和谐

这里的自身形象有两个含义：一是指所从事的工作的职业形象，二是指自身的身材长相。如果作为一名公关人员，经常要出入各种重要的社交场合，如新闻发布会、揭幕揭牌仪式、宴会舞会等，接触许多重要公众人，上至国家、国际要人，下至平民百姓，应酬活动频繁，工作主题均围绕"形象"二字，则应重视自身的穿着形象。一般来说，选择的衣料要考究，做工要精细，裁剪式样要美观以表现出稳重、大方、干练、富有涵养的公关人员礼仪形象。另外，着装与人的身材关系密切，因而应根据自己的特点来选择适宜的服装。俗话说："三分长相、七分打扮"，把握自己的身材特点，扬长避短，会让服饰弥补缺憾。具体应注意以下几点。

（1）体型较胖的人

体型较胖的人应使用冷色调的、小花型的、质地较软的面料，因为粗呢、厚毛料、宽条绒等会造成增加面积的效果，使胖人看起来更胖，给人一种笨重感。大花型面料有扩张效果，暖色、明亮的颜色也有扩张感，这都是体型较胖者所不宜选取的。

礼仪故事 3-6

不要做肉粽

谢婷婷是某公司的总经理助理，平日里喜欢追赶潮流。她体态丰满，但喜欢穿紧窄的衣服，总是把自己穿得像个鼓鼓囊囊的肉粽一般。总经理多次旁敲侧击地劝她衣服穿宽松一点，可谢婷婷装聋作哑，依旧我行我素。鉴于她出色的工作能力，总经理也没有再追究下去。

一次，总经理让谢婷婷代他前去接待一位重要的女客户，为此，总经理特别嘱咐谢婷婷选一身合身的正式服装。谢婷婷倒是挑选了一身白色的简单款套装穿上，可衣服穿在她身上明显小了一号，腰部被勒得死死的，反而衬托出丰满的胸部，还是一如既往的"肉粽"形象。总经理本想叫谢婷婷回去换一套衣服，可一看时间来不及了，只得作罢。

到了约定地点，女客户一看到谢婷婷的打扮，眼里就闪过一丝惊讶的神色。在随后的谈话中，女客户总是顾左右而言他，明显带着轻视的神色，谢婷婷怒火中烧，却又不便发作。

事后，总经理对谢婷婷的着装大肆批评了一番，责令她立即改正，否则就走人。谢婷婷委屈不已，她不明白："我不就是穿得紧身了一点吗，至于这么小题大做吗？"

（2）身材矮小的人

身材矮小的人宜穿一色服装，最好鞋袜也同色。如爱穿花布，可选择清雅小型花纹为宜，衣领式样可取方领、V型领。裤子宜选用式样简单的传统式西裤，令腿显长。女士穿高跟鞋与颜色略深的丝袜，也能使双腿看上去较长，但不宜穿下摆有花纹的裙子。

（3）腰粗的人

腰粗的人可选择剪裁自然、曲线不明显的款式，或选肩部较宽的衣服。不宜穿紧腰式的裤子，或是把上衣掖在里面，避免使人特别注意你的腰部。不要穿松紧带裙子，以免看起来更胖。

（4）腿型不佳的人

腿型不佳的人可选择裙装与宽松的裤子。腿胖的女士可选有蓬松感的裙子和宽大的裤子，不宜穿对摺裙，以免更显腿粗；腿短的女士，穿裙装时选高腰设计加宽腰带，长裤则与上装同色。O型腿的人，应避免穿紧身裤，可穿质地优良的长裤或八分裤。穿裙装时裙长保持膝盖以下。

〜〜 礼仪故事 3-7 〜〜〜〜〜〜〜〜〜〜〜〜〜〜〜〜〜〜〜

利用服饰巧妙地修饰形体缺陷

沈秋月是一家公司的经理助理，因为工作的关系，她非常注重自己的穿着。可她有一个烦恼，那就是她的胸部过于丰满。如果穿职业装，势必将胸部衬托得鼓鼓囊囊，不但有失美观，还时不时会惹来男性异样的目光。很快她就对自己的服装进行了调整，她改穿背心式的长洋装，这样里面不但可以搭配不同颜色的上衣，而且能造成前胸的视觉分割，使得胸部看起来更顺畅；同时，极力修饰自己修长的美腿，选择深色调的长筒袜。这样搭配之后，无论她走到哪里，都会引来欣赏和赞美的目光，瞬间提升了自己的职场气质指数。

张明朗是客服经理，每天要跟形形色色的顾客打交道，除了能说会道外，她也不忘让自己的衣服替自己说话。用她自己的话来说，她长得哪儿都不对，比如大腿胖、小腿粗、有小肚子、臀部还宽，那些具有修身效果的紧身衣服她连试都不敢试。后来经高人指点，她开始关注时髦的宽长裙，这样不但可以对她的粗腿和小肚子加以修饰，还可以将臀部巧妙地隐藏起来。当她和客户沟通时，不但显得气质优雅，还体现出非凡的身份，用一句流行的话来形容就是：很有范儿！

陈菊英是一位中学教师，为人师表自然要格外注意穿衣。学校规定老师必须穿西装，可她又矮又胖，腰还比较粗，穿上西装整个成了一个滚筒，这身打扮背地里不知道引来同事和学生多少笑话。自从她升任教导主任后，第一件事情就是换衣服。她听从服装店店员的建议，给自己选择了伞状上衣，腰部以下有蓬松的下摆，恰到好处地遮挡了粗壮的腰部，并且使得她的个子显得不那么矮小。

〜〜〜〜〜〜〜〜〜〜〜〜〜〜〜〜〜〜〜〜〜〜〜〜〜〜〜〜〜〜

四、着装与出入场所相协调

要根据场合的不同选择着装，通过适宜的穿着、打扮给他人留下美好的印象，以便于活动的顺利展开。

1. 正式场合

正式场合指的是商务谈判、重要的商务会议、求职面试等正规、严肃的场合。男士在正式场合通常穿严肃的西服套装（上下装面料相同、颜色相同）。纯黑色西服在西方通常用于婚礼、葬礼及其他极为隆重的场合，而正式的商务场合最常使用的西服套装颜色为深蓝色和深灰色，深蓝色或深灰色西装搭配白衬衫，是商务场合男士的必备服装。女士在正式的商务场合中，与男士西装相对应的是女士西服套裙或套裤（上衣领子与男士西装领子相似），而西服套裙又比西服套裤更正式。

〜〜 礼仪故事 3-8 〜〜〜〜〜〜〜〜〜〜〜〜〜〜〜〜〜〜〜

面试因何失败

南山宾馆根据收到的求职材料约见小赵作为预选对象。面试时，小赵涂着鲜艳的口红，烫着时髦的发式，穿着低领紧身的吊带，首饰华丽而夸张，给人一种轻佻的感觉。第一轮面试小赵就落选了。事后一位人事总监对她说："我认为你不可能仅仅由于化了美丽的妆而取得一个职位，但是我可以肯定你穿错了衣服就会使你失去一个职位。"

〜〜〜〜〜〜〜〜〜〜〜〜〜〜〜〜〜〜〜〜〜〜〜〜〜〜〜〜〜〜

2. 半正式场合

半正式场合是指无重大活动、无重要严肃事务的商务场合。需要注意的是，有些着装要求非常严格的公司只有周末允许穿半职业装。男士在半正式场合，不用系领带，可以选择不太正式的西服上衣，比如亲切感更强的咖啡色西服，以及其他权威感较弱的明快的颜色。面料可以选择更随意舒适的粗花呢等。上装和长裤采用不一样的面料和不一样的颜色，看上去更加轻松。搭配的时候要注意颜色与面料上下的平衡感。男士半职业装可以搭配高品质的针织衬衫以及时尚感、休闲感较强的衬衫，衬衫的领型可有较多变化。长裤的面料和颜色可以更加自然随意。需要注意的是，长裤的款式还是以西裤款式为主，不可出现宽松裤、萝卜裤、牛仔裤等休闲时尚裤型。女士的半职业装款式变化与组合非常丰富，可以将正装的西服套裙与套裤分开来穿，搭配经典款式的连衣裙、针织衫、短裙、衬衫。各个款式的细节处理可以更加富有创意，颜色可以更加明亮丰富，但仍然要保持躯干线条的清晰干练。

3. 休闲场合

所谓"休闲"，指的是"停止工作或学习，处于闲暇轻松状态"。在这种休闲状态下，服装应当舒适、轻松、愉快，因此在款式上，男士和女士都宜采用宽松的款式，比如夹克衫、T恤衫、棉质休闲裤、牛仔装等。服装颜色可以选择鲜艳新奇的色彩。女士连衣裙、短裙或衬衫的款式细节、图案和色彩都可以更大胆、更丰富。

礼仪故事 3-9

小李的尴尬

小李和几个外国朋友相约周末一起聚会娱乐，为了表示对朋友的尊重，星期天一大早，小李就西装革履地打扮好，对照镜子摆正漂亮的领结前去赴约。北京的八月天气酷热，他们来到一家酒店就餐，边吃边聊，大家好开心快乐！可是不一会儿，小李已是汗流浃背，不住地用手帕擦汗。饭后，大家到娱乐厅打保龄球，在球场上，小李不断为朋友鼓掌叫好。在朋友的强烈要求下，小李勉强站起来整理好服装，拿起球做好投球准备，当他摆好姿势用力把球投出去时，只听到"嚓"的一声，上衣的袖子扯开了一个大口子，弄得小李十分尴尬。

4. 商务酒会场合

西方男士在特殊场合的礼服分为晨礼服、晚礼服等，但近年来有逐渐简化的趋势。国内一般公司的小型商务酒会、聚会，男士穿深色西装即可，但是领带的图案和颜色都需要更华丽一些。女士的服装尽量以小礼服风格的款式为主，但不宜过于暴露肌肤，领、袖、肩既不可过于裸露又不可过于严实，千万不要过于隆重、夸张，裙长在膝盖上下比较妥当。布料可以选用带丝缎短裙、纱裙等，也可用无领无袖单色连衣裙搭配亮丽的首饰、富有质感的毛皮围巾、丝巾等增强闪光点和华丽感。酒会穿的鞋可以选择丝缎面料、露趾的晚装鞋，提包换成小巧一些的晚装包。

5. 晚宴场合

国际商务场合隆重晚宴需要晚礼服。晚礼服是晚上八点以后穿用的正式礼服，是礼服中档次最高、最具特色、最能充分展示个性的礼服样式。女士的晚礼服常与披肩、外套、斗篷等相搭配，与华美的装饰手套等共同构成整体装束效果。西方传统晚礼服款式强调女性窈窕的腰肢，夸张臀部以下裙子的重量感，肩、胸、臂的充分展露为华丽的首饰留下表现空间。面料通常选用闪光缎、丝光面料，充分展现华丽、高贵感。多配高跟细祥的凉鞋或修饰性强、与礼服相宜的高跟鞋。中国女性的身材和西方女性有所不同，因此可以选用面料华丽、制作精美的旗袍式晚礼服，同样能够产生惊艳的效果。男士参加晚宴的时候可以根据自身的喜好选择正式的晚礼服或黑色西装，但一定注意细节处理要恰到好处。

6. 运动场合

商务人员会经常参加公司组织的体育比赛或观看体育比赛，参加此类活动应当穿运动装。运动装与休闲装都具有宽松、舒适的特点，但是运动装比休闲装更适宜人体运动。不同的体育比赛有不同的运动装款式，参加活动之前应当准备好相应的服装。

7. 家居场合

下班回家之后通常应当换上家居服。家居服也有晨衣、睡衣等诸多款式，但其一致的特点是非常舒适、宽松、随意。因此，需要提醒商务人员注意的是，假如有客人来访，只要不是非常熟悉的人，就一定要换上休闲服或半职业装会见客人。即使是在家里，穿着睡衣之类的家居服见同事或客户也是非常不礼貌的。有些家居服的款式是会客时穿的，但也只适用于见很熟的私人朋友或邻居等。最后要提醒大家的是，家居服绝不可以穿到自家大门以外，哪怕你只是去楼下小卖店买瓶酱油，穿着睡衣也是非常失礼的。

礼仪故事 3-10

银行职员如何着装

英国阿比银行实行了全周休闲服制。开始时，人们感到突然地解放了，再也不用每日熨衬衣、打领带、擦皮鞋了，职员们开始穿着自己舒适的衣服上班。一天，当实在找不出得体的搭配，印度职员纳师就穿着黑色牛仔裤来上班。

部门经理把他叫到办公室："我们公司虽然实行休闲服制度，但并不意味着什么都可以穿到公司。前几天，你穿着民族特色的衬衣，考虑到你的民族文化，我没有干涉。但是，牛仔裤是不利于我们公司形象的服装，公司明文规定不能穿牛仔裤上班。请不要让我再看到你穿着它上班。"纳师听从了经理的告诫，从此把牛仔裤留到了周末。

几天之后，纳师穿着短袖保罗 T 恤衫上班，他又被叫到了经理室："我希望你在着装上注意，T 恤衫和露出肌肤的衣服不符合我们公司的穿衣原则，请你不要再穿着它上班了。" 纳师百般不解地抱怨道："什么才是真正的休闲服？休闲服不是为了解放我们的压力，让我们自由地选择吗？现在，休闲服制度带给我这么多的'不允许'，让我并不休闲！这么多禁忌，我真不知道还会触犯哪条规定！穿西服的日子远比现在的所谓休闲服的日子好过得多。现在，每天晚上，我不得不为第二天的穿着而伤脑筋。"

五、着装整体要和谐

服饰的穿着与搭配要考虑整体协调性。具体要注意以下几点。

1. 切忌撞色

配色时要么用柔性搭配，运用同色系或类似色表现稳重；要么用暗性配色，以对比组合表现个性。如果在正式服装中选用了撞击的颜色，如蓝西服、黄衬衫、红领带，会显得滑稽可笑。

2. 切忌服装线条不配衬

例如，穿有条外衣配搭有条衬衫再配斜条领带，形象就不佳。

3. 切忌质感冲突

如厚重质料的上衣配厚重质料的衬衣，或毛呢上衣配一轻柔的裙子则不协调。

4. 切忌款式配合不当

例如，外衣是传统的，领带却是很新潮的，会让人觉得不伦不类。

可见，着装只有把握自我特点，适应不同环境，并且保持整体的协调一致，才能穿出风彩与神韵，显示个性与风格。

礼仪故事 3-11

你代表不了公司

一个炎热的下午，一位销售钢材的专业推销员走进了一家制造公司的总经理办公室。这个推销员身上穿着一件有泥点的衬衫和一条皱巴巴的裤子。他嘴角叼着雪茄，含糊不清地说："早上好，先生，我代表森筑钢铁公司。"

"你也早上好！你代表什么？"这位总经理问，"你代表森筑公司，听着，年轻人，我认识森筑公司的高层领导，你不能代表他们——你的形象和外貌代表不了他们。"

六、饰物佩戴

1. 饰物的种类

（1）服饰

这里的"服饰"是指服装上的装饰。服饰种类繁多，主要包括刺绣、系带、金属装饰品、珠宝等。不同时期、不同民族、不同国家的服饰既相似又不同。例如，我国唐代袍衫的纹样一般以暗花为多，武则天当朝后规定，在不同职别官员的袍服上，绣上各种不同的禽兽纹样，以区别等级；又如，我国少数民族中的白族，妇女的头饰上有一缕长长的穗，随着妇女年龄的增长或已婚否，这缕长穗慢慢地被剪短，直至完全没有。再如，我国布依族已婚妇女要用竹皮或笋壳与青布做成"假壳"戴在头上，向后横翘尺余。

（2）挂件

项链、玉佩、包挂等都属于挂件。在众多品种的挂件中，最流行和被人们广泛佩戴的是用贵金属、玉石、玛瑙、水晶、象牙、木雕、石雕等材料制成的各种人们心目中的吉祥物挂件。例如，保佑平安、祈祷发财、保佑健康的吉祥物。挂件制品在制作原料、工艺及饰物造型上，男女有别。除项链外，其余挂件一般不用贵金属材料制作。

（3）佩件

戒指、耳环、手镯、臂镯、丝巾扣等都属于佩件。传说戒指源于三千年前的古埃及，戒指是环形的，它没有开始，也没有结束，象征着爱情的浪漫与永恒。佩件一般用贵金属和珠宝制成。现代社会出现了很多能取代贵金属和珠宝的人造贵金属和人造珠宝材质，用这些材料制做出的戒指、耳环、手镯、臂镯、丝巾扣等也同样非常漂亮，光彩照人。

（4）手袋

手袋，特别是女士用的小型手袋是女士出席各种社交活动的重要饰物。手袋的面料很多，可用皮革、金属、塑料、串珠、刺绣等材料制成。

（5）帽子

帽子是现代女士的主要饰物，无论是质料、色彩，还是款式都是多种多样的。

（6）腰带及眼镜

腰带及眼镜是男女皆用的最常见的饰物，属于应用及装饰为一体的饰物。特别是眼镜，随着现代人装饰意识和审美情趣的变化，眼镜已成为一种修饰脸部的饰物了。

（7）发饰

我国历代衣冠服饰制中对"冠"（即发饰）都有严格规定。在奴隶制度和封建制度时期，发饰是用来区分等级的一种饰品。例如，商代对冠巾、发簪等发饰的佩戴就有明确的要求。不同民族、不同地区的发饰在样式、佩戴方式等方面是有区别的，在某种意义上说发饰具有民族和区域特性。例如，傣族、白族等一些民族的妇女是已婚还是未婚，可通过其发式及发饰来判别。随着社会的发展，发饰等级制度已经消亡；随着民族之间、地区之间交往的日益紧密，不同民族、不同地区的发饰在逐步融合，使现代发饰呈现出了丰富、多彩、繁荣的局面。

2. 饰物佩戴的原则

（1）符合身份

俗话说：做什么要有做什么的样。如果你在做着售货员的工作，却用饰物将自己打扮成珠光宝气，你认为合适吗？所以，佩戴饰物时，一定要使之符合自己的身份。

（2）搭配得宜

穿着工作装的最好饰物是金银饰物，一般不戴珠宝饰物。而且饰物最好能与服装搭配和谐，从颜色、样式、整体效果上，都应该仔细协调，尽量让其浑然天成。另外，男士应该审慎选择饰物，尽量不要赶时髦。比如戴着耳环就不太适合。

（3）以少为好

有些人总是爱显示自己的优越性，好像自己佩戴了什么，就比别人高一等一样，于是将身上能戴上饰物的地方全部武装起来。其实这样完全是大可不必。即使你有这样的心态，也不一定非要在数量上与他人一决高下，品质不是更能显示出气质吗？何必非要把自己打扮成一个珠宝推销员一样？一般而言，正确的佩戴原则，以不超过两种为限，另外，同样的品种也不能超过两个。

礼仪故事 3-12

饰品佩戴

小刘大学毕业不久，在一家公司担任销售代表，平时就很讲究衣着打扮。一次，她去本市一家大型国有企业洽谈业务。这个业务对公司非常重要，为了给对方留下好印象，她做了精心的打扮：穿了一套流行的韩国服装，左右手各戴着一只造型独特的戒指，右手腕上戴着一只时尚的手镯，脖子上戴着一条亮闪闪的白金项链，耳朵上戴着一副新潮的耳坠，随着她的走动，耳坠还发出清脆悦耳的声音。接待她的是一位50岁左右的中年人和一位20多岁的小伙子。在洽谈过程中，年轻人不时盯着她看，使她很不好意思，当她站起来将有关材料递给对方时，耳坠又不小心勾住了中年人的衣袖，使得双方都很尴尬。结果在谈判中，小刘频频出错，谈判结果很不理想。

3. 常见饰物的佩戴

各类饰物的佩戴有具体的要求，在社交中应该区别对待，使饰物发挥出其自身特有的作用。

（1）丝巾的选择和佩戴

丝巾是女士的钟爱。确实，不管什么场合，利用飘逸柔媚的丝巾稍作点缀，一下就能让你的穿着更有味道。挑选丝巾重点是丝巾的颜色、图案、质地和垂坠感。可以用丝巾调节脸部气息，如红色系可映得面颊红润；或是突出整体打扮，如衣深巾浅、衣冷色巾暖色、衣素巾艳。但佩戴丝巾要注意：如果脸色偏黄，不宜选用深红、绿、蓝、黄色丝巾；脸色偏黑，不宜选用白色、有鲜艳大红图案的丝巾。不要将丝巾放到洗衣机里洗，也不要用力搓揉和拧干，只要放入稀释的清洁剂中浸泡一两分钟，轻轻拧出多余水分再晾干就行了。

礼仪小贴士 3-4

丝巾的常用系法

① 巴黎结。利用重复对折将方巾折成领带型，绕在颈上打个活结，将上端遮盖住结眼，并将丝巾调整至适当位置，如图3-7所示。

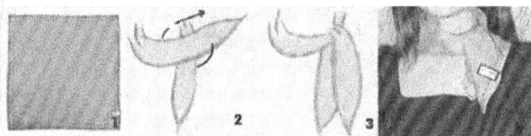

图 3-7　巴黎结的系法和搭配

② 领带结。将丝巾对折再对折成领带型，较长的a端绕过较短的b端，穿过领巾内侧向上拉出，穿过结眼由下拉出，并调整成领带型，如图3-8所示。

领带结可搭配衬衫，产生简单的中性美感，如图3-9左所示。还可搭配洋装，优雅出色，如图2-16右所示。

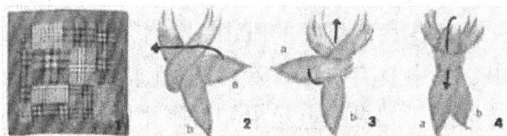

图 3-8　领带结的系法　　　　　图 3-9　领带结的搭配

③ 西班牙结。将丝巾对折再对折成三角形，三角形垂悬面在前方，两端绕至颈后打结固定，调整正面折纹层次就完成了西班牙结，如图3-10所示。宽松帅气的西班牙结，主要搭配在衬衫外面，如图3-11所示。

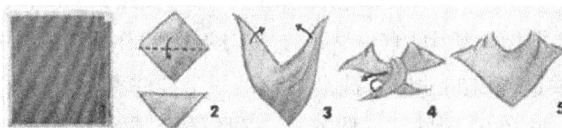

图 3-10　西班牙结系法　　　　　图 3-11　西班牙结搭配

④ 海芋结。将方巾重复对折，稍微扭转后绕在颈上，重复打两个平结，并让两端保持等长，将两端分别置于胸前及肩后，如图3-12所示。柔美简单的海芋结，既保暖又具时尚感，如图3-13所示。

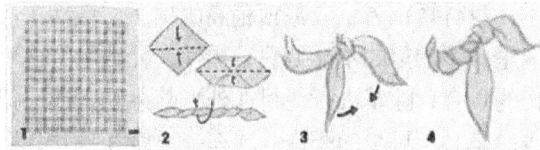

图 3-12　海芋结的系法　　　　　图 3-13　海芋结的搭配

⑤ 竹叶结。将方巾重复对折成领带型，绕在脖子上，较长的a端绕过b端穿过颈部内侧，再由结眼拉出，将a端拉出后，拉紧固定，调整尾端与结的位置，如图3-14所示。随着服饰调整竹叶结两端，轻

松典雅，很舒适，如图3-15所示。

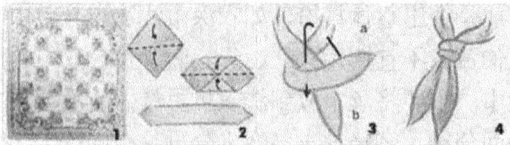

图 3-14　竹叶结的系法　　　　　　图 3-15　竹叶结的搭配

⑥ 凤蝶结。折出斜角口长带后，将a端拉长套在颈上，打个结，将长的a端打个圈，短的b端绕过圈，打出单边蝴碟结，将单边蝴蝶拉好，结眼移到侧边，调整形状，如图3-16所示。柔美的凤蝶结，很适合上班或正式的聚会，如图3-17所示。

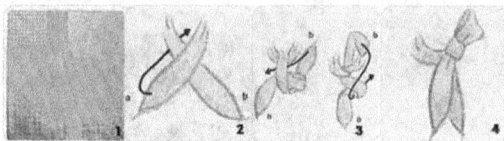

图 3-16　凤蝶结系法　　　　　　图 3-17　凤蝶结的搭配

（2）围巾、帽子、手套的选择和佩戴

围巾的花色品种很多，它与帽子一样，起御寒保暖和美观的作用。巧妙地选戴围巾，效果远远超过不断地更新衣服。围巾的面料有纯毛、纯棉、人造毛织物、真丝绸、涤丝绸等。围巾的色彩及图案也名目繁多。男士一般应选用纯毛、人造毛织物制作的围巾，色彩应选用灰色、棕色、深酱色或海军蓝，不能选用丝绸类的围巾。女士对围巾的选择范围极大，可选用丝绸类及色彩多样的三角巾、长巾及方巾等。除可用来围在脖子上取暖外，还可以将围巾扎在头发上、围在腰上作装饰品。如果配上丝巾扣，围巾围、戴，变化就更多了。对女士来说，不论怎样选戴围巾，都要与年龄、身份和环境相协调，与所穿衣服的面料、款式、颜色及使用者的肤色相配。围巾一般在春冬季节使用得比较多。它的搭配要和衣服、季节协调。厚重的衣服可以搭配轻柔的围巾，但轻柔的衣服却绝不能搭配厚重的围巾。围巾和大衣一般都适合室外或部分公共场所穿着，到了房间里面就要及时摘掉，不然会让人感到压抑。

帽子是由头巾演变来的。在当代生活中，帽子不仅有御寒遮阳的作用，还具有装饰功能。在男女衣着中，帽子也占据着举足轻重的地位。戴帽子时，一定要注意帽子的式样、颜色与自身装束、年龄、工作、脸型、肤色相谐调。一般来说，圆脸适合戴宽边顶高的帽子，窄脸适合戴窄边的帽子。女士的帽子种类繁多，不同季节造型和花色不同。例如，在冬天，女士可戴手工制作的绒线帽；地位较高的女士可选择小呢帽；年轻姑娘可选择小运动帽。戴帽子的方法也很多，例如，帽子戴得端端正正显得很正派，稍往前倾一些显得很时髦。另外，戴眼镜的女士不适宜戴有花饰的帽子；身材矮小者，应戴顶稍高的帽子。戴帽子应注意的一般礼仪是：戴法要规范，该正的不能歪，该偏前的不能偏后；男性在社交场合可以采用脱帽方式向对方表示致意；在庄重和悲伤的场合，除军人行注目礼外，其余的人应一律脱帽。

在西方的传统服饰中，手套曾经是必不可少的配饰。现在，不管在哪儿，手套除了御寒以外，无非就是为了保持手臂的清洁和防止太阳暴晒了。和别人握手，不管冬夏，都要摘掉手套；女士握手，有时不用摘掉手套显得更加礼貌；进屋以后，一般要马上摘下手套；吃饭的时候，必须摘下手套。

（3）腰带的搭配和注意事项

腰带更重要的是装饰作用。男士的腰带一般比较单一，质地大多是皮革的，没有太多的装饰。穿西服时，都要扎腰带；而其他的服装（如运动、休闲服装）可以不扎。夏季只穿衬衫并把衬衫扎到裤子里去的时候，也要系上腰带。女士的腰带很丰富，质地有皮革的、编织物的、其他纺织品的，纯装饰性的场合更多；款式也多种多样。女士使用腰带要注意这样几个问题：一是和服装的协调搭配，包括款式和颜色，比如穿西服套裙一般选择皮革或纺织的、花样较少的腰带，以便和服装的端庄风格搭配，要是穿着连衣轻柔织物裙装时，腰带的选择余地大一些；暗色的服装不要配用浅色的腰带，除非出于修正形体的需要。二是要和体型搭配，比如个子过于瘦高，可以用较显眼的腰带，形成横线，分割一下，增加横向宽度；如果上身长下身短，可以适当提高腰带到比较合适的上下身比例线上，形成比较好的视觉效果；如果身体过于矮胖，就要避免使用大的、花样多的腰带扣（结），也不要用宽腰带。三是要和社交场合协调。职业场合不要用装饰太多的腰带，而要显得干净利落一些；参加晚宴、舞会时，腰带可以花哨些。

无论男女，扎腰带一定要注意：出门前看看你的腰带扎得是否合适，腰带有没有"异常"，在公共场合或别人面前动腰带是不合适的；在进餐的时候，更不要当众松紧腰带，这样既不礼貌，也不雅观，如果必要，可以起身到洗手间去整理。经常注意检查自己的腰带是不是有损坏，以提早替换，避免发生"意外"。

（4）皮包

皮包具有使用及装饰作用，在现代服饰中起着画龙点睛的作用。皮包的种类千变万化，有肩挂式、手提式、手拿式及双肩背式等。在选购时要考虑它的适用范围。正式场合应选用质地较好、做工精细、外观华丽，体积不宜大，横长形的皮包；平时上班和日常外出使用的皮包不必太华丽，以实用性和耐用性为主；使用皮包要考虑其颜色与季节和着装是否相一致。皮包与使用人的体形也有很大关系，例如，体形小巧的人不能选用太大的皮包；体形矮胖的人不要选用太秀气的皮包；瘦高的人虽有较大的选择余地，但也不能选用太大或太小的皮包。在参加公务活动时应携带公文包。

（5）丝袜

丝袜，在服装整体搭配中起着举足轻重的作用。在国外，正式场合中如果女性不穿丝袜，就如同不穿内衣一样十分不雅。丝袜不仅能保护腿、足部的皮肤，掩盖皮肤上的瑕疵，还能与衣服相搭配，使女性更添魅力。

在工作场合穿着裙装及皮鞋时，一定要穿丝袜，而且必须是连裤丝袜。这样可以避免丝袜因质量问题掉落，也不会将袜口露在外面。有的人因为怕热而穿中长袜或短丝袜是不职业的做法。而平时穿连衣裙及凉鞋时，就不要再穿丝袜了，因为凉鞋本来就是为了凉快的，再穿袜子就显得多此一举了。不过现在有一种前后包脚的凉鞋，是属于较为正式的款式，就必须穿袜子了。穿凉鞋时，要注意脚趾和脚后跟的洁净，不要把黑乎乎的指甲缝和老茧丛生的脚后跟露在外面，平时应注意保养。

丝袜的选穿不能敷衍了事，但要根据自身特点和着装风格做到合理选穿，也不是一件容易的事，你最好知道选穿袜子的窍门，以下是一些供你参考的经验：对于日常忙于上班的职业女性，不妨选一些净色的丝袜，只要记住深色服装配深色丝袜，浅色服装配浅色丝袜这一基本方法就可以了。丝袜和鞋的颜色一定要相衬，而且丝袜的颜色应略浅于皮鞋的颜色（白皮鞋除外）。颜色或款式很出位的袜子对腿型要求很高，对自己腿型没有自信的女孩不可轻易尝试。品质良好的裤袜要比长筒丝袜令你更有安全感，能够避免袜头松落。白丝袜很容易令人看上去又胖又矮，应该避免。上班族更不要穿着彩色丝袜，它会令人感到轻浮，缺乏稳重感。参加盛会穿晚装时，配一双背部起骨的丝袜可使高雅大方的格调分外突出。但穿此类丝袜时，切记注意别将背骨线扭歪，否则极其失仪。

（6）戒指

在西方，戒指是无声的语言。一般来说，将戒指戴在左手各手指上有不同的含义：戴在食指上表示未婚或求婚；戴在中指上表示正在热恋中；戴在无名指上表示已订婚或结婚；戴在小指上则表明"我是独身者"。右手戴戒指纯粹是一种装饰，没什么特别的意义。中国人也戴戒指，但一定不能乱戴。一般情况下，一只手上只戴一枚戒指，戴两枚或两枚以上的戒指是不适宜的。参加较正规的外事活动，最好佩戴古典式样的戒指。

礼仪故事 3-13

小芳的戒指

小芳毕业后到一家公司做文秘工作不久，一次在接待客户时，领导让她照顾一位华侨女士。临别时，华侨对小芳的热情和周到的服务非常满意，留下名片，并认真地说："谢谢！欢迎你到我公司来作客，请代我向你的先生问好。"小芳愣住了，因为她根本没有男朋友，何谈"先生"呢。可是，那位华侨也没有错，她之所以这么说，是因为看见小芳的左手无名指上戴有一枚戒指。

（7）项链

项链的粗细应与脖子的粗细成正比，与脖子的长短成反比。从长度上分，项链可分为四种：短项链约40厘米，适合搭配低领上衣；中长项链约50厘米，可广泛使用；长项链约60厘米，适合在社交场合使用；特长项链约70厘米，适用于隆重的社交场合。

（8）耳饰

耳饰有耳环、耳链、耳钉、耳坠等款式，仅限女性所用，并且讲究成对使用，也就是说每只耳朵上均佩戴一只。工作场合，不要一只耳朵上戴多只耳环。另外佩戴耳环，应兼顾脸型，不要选择和脸型相似形状的耳环，使脸型的短处被强调夸大。耳饰中的耳钉小巧而含蓄。

（9）手镯

有雕塑感的木质阔手镯带有中性色彩，金属宽手镯就显得很酷。而另一种风格的宽手镯——用人造宝石镶上图案，必将制造出一种目不暇接的华丽氛围。它主要强调手腕和手臂的美丽。可以只戴一只，通常应在左手。也可以同时戴两只，一只手戴一个，也可以都戴在左手。

（10）手链

男女都可以佩戴手链，但一只手上只能戴一条，而且应戴在左手上。它可以和手镯同时佩戴。在一些国家，佩戴手链、手镯的数量、位置，可以表示婚姻状况。手链不要和手表同时戴在一只手上。

（11）手表

在社交场合，佩戴手表，通常意味着时间观念强、作风严谨。在正规的社交场合，手表往往被看作首饰，它也是一个人地位、身份、财富状况的体现。所以男士的手表，往往引人瞩目。在正式场合佩戴的手表，在造型上要庄重、保守，避免怪异、新潮，尤其是尊者、年长者更要注意。一般正圆形、正方形、长方形、椭圆形和菱形手表适用范围极广，也适合在正式场合佩戴，而那些新奇、花哨的手表造型，仅适合少女和儿童，而且适合选择单色或双色手表，色彩要清晰、高雅。黑色的手表最理想。除数字、商标、厂名、品牌外，手表没必要再出现其他无意义的图案。像广告表、卡通表等不宜出现在工作人员的手腕上。另外，在交际场合，特别是和别人交谈时，不要有意无意地看表，否则对方会认为你对交谈心不在焉、不耐烦，想结束谈话。

（12）胸花

胸花，也叫胸针，是为女性特别设计的，专门用于装饰女性的胸、肩、腰、头、领口等部位。胸花有鲜花和人造花两种。相比之下，鲜花佩戴起来更显高雅，但不能持久。选择胸花时，一定要考虑服装的类型、颜色、面料，要考虑所出席的社交活动的层次，要考虑自身的体形和脸型条件。例如，个子矮小的女士适合小一点的胸花，佩戴时部位可稍高一些；个子高大的女士可选择大一点的胸花，佩戴时位置可低一些。佩戴胸花时要注意别的部位，穿西服应别在左侧领上，穿无领上衣时应别在左侧胸前。发型偏左时胸针应当居右，发行偏右时胸针应当偏左，其高度应从上往下数第一粒和第二粒纽扣之间。

礼仪故事 3-14

一枚胸针，毁了一桩生意

方小姐作为一家公司的英文翻译，经常需要和经理去见客户。方小姐本人对穿衣戴帽也很在行，她知道见什么样的客户该穿什么样的衣服。

一次，方小姐和经理去跟一个外商谈业务。方小姐选择了一件浅白色的碎花短旗袍，下面搭配了一双白色高跟皮鞋，中国情调十足。正好前段时间方小姐过生日，好友赠送了一个夸张的骷髅头胸针，款式十分别致，方小姐特别喜欢，这段时间天天都戴着。这次的旗袍打扮，方小姐也没忘记别上这枚骷髅头胸针。方小姐和经理此次前去拜访的外商是英国人，他们刚一见面，方小姐的衣着就引起了英国商人的注意。他刚想夸方小姐会穿衣服时，却一眼看到了那枚夸张的骷髅头胸针，欲言又止，原本欣喜的神色顿时黯淡下来。

在接下来的谈判中，那位英国商人的情绪不高，多少显得有些敷衍。最后，双方未能达成协议。经理大为不解：原来还谈得好好的，英国商人兴趣很高，怎么这次见面他的态度这么冷淡？

事后经理从那位英国商人的中国翻译那儿得知，原来那位英国商人极其注重服装礼仪，那天方小姐在极具中国风情的旗袍上点缀了那么夸张的一个骷髅头胸针，显得十分突兀，甚至有些不伦不类，十分碍眼，当时就让英国商人倒了胃口，失去了谈判的兴致。方小姐怎么也想不到，她的一枚胸针，毁了一桩生意。

（13）领针

领针专门用来别在西式上装左侧领上，男女都可以用。佩戴时戴一只就行了，而且不要和胸针、纪念章、奖章、企业徽记等同时使用。在正式场合，不要佩戴有广告作用的别针，不要将它别在右侧衣领、帽子、书包、围巾、裙摆、腰带等不恰当的位置。

（14）发饰

常见的发饰主要有头花、发带、发箍、发卡等。通常，头花和色彩鲜艳、图案花哨的发带、发箍、发卡，都不要在上班时佩戴。

（15）脚链

脚链是当前比较流行的一种饰物，多受年轻女士的青睐，主要适用于非正式场合。佩戴它，可以吸引别人对佩戴者腿部和步态的注意，如果腿部缺点较多，就不要用。一般只戴一条脚链。如果戴脚链时穿丝袜，就要把脚链戴在袜子外面，让脚链醒目。

除以上这些常见的饰物外，还流行佩戴鼻环、脐环、指甲环、脚戒指等。它们多是标榜前卫、张扬个性的选择，我们建议慎重佩戴，尤其在严肃的场合不要佩戴。

第二节　能力提升

一、案例讨论

案例 3-1

衣着助成功

　　美国商人希尔就清楚地认识到，在商业社会中，一般人是根据一个人的衣着来判断对方的实力的，因此，他首先去拜访裁缝。靠着往日的信用，希尔定做了三套昂贵的西服，共花了275美元，而当时他的口袋里仅有不到1美元的零钱。然后他又买了一整套最好的衬衫、领带及内衣裤，而这时他的债务已经达到675美元。每天早上他都会身穿一套全新的衣服，在同一时间里同一位出版商"邂逅"相遇，希尔每天都和他打招呼，并偶尔聊上一两分钟。

　　这种例行性会面大约进行了一星期之后，出版商开始主动与希尔搭话，并说："你看来混得相当不错。"接着出版商便想知道希尔从事哪一行业。因为希尔身上的衣着表现出来的这种极有成就的气质，再加上每天一套不同的新衣服，已引起了出版商极大的好奇心，这正是希尔盼望发生的事情。希尔于是很轻松地告诉出版商："我正在筹备一份新杂志，打算在近期内争取出版，杂志的名称为《希尔的黄金定律》。"出版商说："我是从事杂志印刷和发行的。也许我也可以帮你的忙。"这正是希尔等候的那一刻，而当他购买这些新衣服时，他心中已想到了这一刻。这位出版商邀请希尔到他的俱乐部，和他共进午餐，在咖啡和香烟尚未送上桌前，已说服了希尔答应和他签合约，由他负责印刷和发行希尔的杂志。发行《希尔的黄金定律》这本杂志所需要的资金至少在3万美元以上，而其中的每一分钱都是从漂亮衣服所创造的"幌子"上筹集来的。因此我们要学会运用服饰这一武器来"武装"自己，获得成功。

　　【思考与讨论】

　　（1）在社交中衣着具有怎样的作用？

　　（2）本案例对你有何启示？

案例 3-2

财税专家应怎样着装

　　有位女职员是财税专家，她有很好的学历背景，常能为客户提供很好的建议，在公司里的表现一直很出色。但当她到客户的公司提供服务时，对方主管却不太注重她的建议，她所能发挥才能的机会也就不大了。一位时装大师发现这位财税专家在着装方面有明显的缺憾：她26岁，身高147厘米，体重43公斤，看起来机敏可爱，喜爱着童装，像个26岁的小女孩，其外表与她所从事的工作相距甚远，所以客户对于她所提出的建议缺少安全感、依赖感，所以她难以实现她的创意。这位时装大师建议她用服装来强调出学者专家的气势，用深色的套装，对比色的上衣、丝巾、镶边帽子来搭配，甚至戴上重黑边的眼镜。女财税专家照办了，结果，客户的态度有了较大的转变。很快，她成为公司的董事之一。

　　【思考与讨论】

　　（1）时装大师给财税专家的着装建议有哪些？为什么？

　　（2）本案例对你有哪些启示？

自尊心严重受挫的记者

说起穿衣礼仪，有一段至今让我无法忘记的尴尬经历，从某种程度上来讲甚至是一种屈辱。记得我刚进杂志社不久，领导安排我去采访一位某民营企业的女老总。听说这是一位既能干又极有魅力的女性，对工作一丝不苟，对生活极其享受，最关键的是，即使再忙，她也不会忽视身边美好的东西，尤其对时尚非常敏感，对自己的衣着及其礼仪要求极高。这样的女性会让很多人产生兴趣，还未见到她，仅仅是听人介绍，我已经开始崇拜她了，所以我非常高兴能由我来做这个专访。事先我做了大量的准备工作，采访纲要修改了多次，内心被莫名的激动驱使着。那几天，我始终处于兴奋状态。到了采访当天，穿什么衣服却让我犯了愁。要面对这样一位重量级人物，尤其是位时尚女性，当然不能太落伍了。

说实在的，我从来就不是个会打扮的女孩，因为工作和性格的关系，平时穿衣都是怎么舒服、方便就怎么穿。时尚杂志倒也看，但也只是凑热闹而已。现在，还真不知道应该穿什么衣服才能让我在这样一位女性面前显得更时尚些。终于在杂志上看到女孩穿吊带装，那清纯可人的形象打动了我，于是迫不及待地开始模仿起来。那天采访，我穿了一件紧身小可爱，热裤（虽然我的腿看起来有点粗壮），打了个在家乡极其流行的发髻，兴冲冲地直奔采访目的地。当我站在该公司前台说明自己的身份和来意时，我明显看到了前台小姐那不屑的眼神。我再三说明身份，并拿出工作证来，她才勉强带我进了老总的办公室。

眼前的这位女性，高挑的身材、优雅的举止、得体的穿着，让我怎么看怎么舒服。虽然我不是很精通衣着，但在这样的场合，面对这样的采访对象，我突然感觉自己穿得就像个小丑，来时的兴奋和自信全没了。还好，因为采访纲要准备得还算充分，整个采访过程还比较顺利。采访结束前我问她，日常生活中，她是如何理解和诠释时尚、品位和魅力的。她告诉我，女人的品位和魅力来自于内心，没有内涵的女人，是散发不出个人魅力的，也无法凸显品位。而时尚不等同于名牌、昂贵和时髦，它是一种适合与得体。说完这话，她微笑地看着我。此时，我的眼睛看到的只有眼前自己那两条粗壮的腿，心里纳闷：这腿为什么会长得如此结实，做热裤的老板一定很赚钱，因为太省布料了……我感觉自己无法正视她，采访一结束，我逃似地奔离了她的办公室。

【思考与讨论】

（1）为何案例中的女记者自尊心严重受挫？

（2）本案例对你有哪些启示？

二、实训项目

项目 1：男士西装/女士套裙的穿着

实训目标：掌握男士西装/女士套裙的穿着要求和搭配方法。

实训学时：2 学时。

实训地点：大屏幕教室。

实训准备：领带、衬衫、西装、套裙、领带、丝巾、鞋袜、饰物、数码摄像机或数码照相机等。

实训方法：每 5 位男士（女士）一组，分别上台展示西装、套裙、衬衫、裤子、鞋袜的搭配，并说明搭配的理由，然后男士表演系领带，女士表演系丝巾。用数码摄像机（或数码照相机）记录整个过程，然后进行大屏幕回放。学生做自我评价，授课教师总结点评学生存在的个性和共性问题。最后评选出若干名"最佳服饰先生"。

训练手记：通过训练，我的收获是＿＿＿＿＿＿＿＿＿＿＿＿＿＿＿＿＿＿＿。

项目 2：不同场合的服饰展示会

实训目标：掌握不同场合服饰的穿戴与搭配的方法。

实训学时：2 学时。

实训地点：礼仪实训室。

实训准备：半正式场合、休闲场合、运动场合、商务酒会等场合男士、女士的服饰，数码摄像机、投影设备等。

实训方法：学生分组设计不同场合的服饰，每组学生进行角色扮演，演示各场合服饰的穿戴与搭配，用数码摄像机记录整个过程，然后投影回放。学生做自我评价，找出不合规范之处，授课教师总结点评学生存在的个性和共性问题。最后，评选出"最佳表现组"。

训练手记：通过训练，我的收获是＿＿＿＿＿＿＿＿＿＿＿＿＿＿＿＿＿＿＿。

三、阅读思考

穿衣的法则

1. 女士穿衣的 20 条黄金法则

（1）由浅入深，穿衣有三层境界：第一层是和谐，第二层是美感，第三层是个性。

（2）聪明、理智的你买衣服时可以根据下面三个标准选择，不符合其中任何一个的都不要掏出钱包：你喜欢的、你适合的、你需要的。

（3）经典很重要，时髦也很重要，但切不能忘记的是一点匠心独具的别致。

（4）衣服和鞋子一样，适合自己的就是最好的。

（5）不要太注重品牌，这样往往会让你忽视了内在的东西。

（6）衣服可以给予女人很多种曲线，其中最美的依然是 S 形，衬托出女性苗条、修长的身段，女人味儿十足。

（7）应该多花些时间和精力在服装的搭配上，不仅能让你以 10 件衣服穿出 20 款搭配，而且还锻炼自己的审美品位。

（8）即使你的衣服不是每天都洗，但也要在条件许可的情况下争取每天都更换一下，两套衣服轮流穿一周比一套衣服连着穿 3 天会更加让人觉得你整洁、有条理。

（9）选择精良材质的保暖外套，里面则穿上轻薄的毛衣或衬衫，这样的国际化着装原则将会越来越流行。

（10）绝没有所谓的流行，穿出自己的个性就是真正的流行。

（11）无论在色彩还是细节上，相近元素的使用虽然安全却不免平淡，适当运用对立元素，巧妙结合，会有事半功倍的美妙效果。

（12）优雅的衣着有温柔味道，但对于成熟的都市女子来说，最根本的是高贵和冷静。

（13）时尚发展到今日，其成熟已经体现为完美的搭配而非单件的精彩。

（14）闪亮的衣饰在晚宴和 party 上将会永远风行，但全身除首饰以外的亮点不要超过两个，否则还不如一件都没有。

（15）一件品质精良的白衬衫是你衣橱中不能缺少的，没有任何衣饰比它更加能够千变万化。

（16）每个季节都会有新的流行元素出台，不要盲目跟风，让自己变成潮流预报员，反而失去了自己的风格。关键是购买经典款式的衣饰，耐穿、耐看，同时加入一些潮流元素，不至于太显沉闷。

（17）黑色是都市永远的流行色，但如果你脸色不是太好则最好避免，加入灰色的彩色既亮丽又不会太跳，不挑人是合适的选择。

（18）寻找适合自己肤色的色彩，一定要注意服装是穿在自己身上的，而不是白色或者黑色的模特衣架。

（19）重视配饰，衣服仅仅是第一步，在预算中留出配饰的空间，认为配饰可有可无的人是没有品位的。

（20）逐步建立自己的审美方向和色彩体系，不要让衣橱成为色彩王国。选择白、黑色、米色等基础色作为日常着装的主色调，而在饰品上活跃色彩，有助于建立自己的着装风格，给人留下明确的印象。

2. 男士穿衣的 20 条黄金法则

（1）黑色是庄重、富有乃至豪华的象征，所以，男士的第一套西服应该是黑色素面的。

（2）男士的第二套西服应为深灰色素面，然后是深蓝色素面、深灰色细条纹、深蓝色细条纹、深灰色方格。

（3）细条纹或者方格越不明显越好，选择那种只有细看才能看得出图案的面料。

（4）欧式对排扣西服由于钮扣位置较低，有一种上半身显长的感觉，所以身材较矮的男士应该慎重穿着。

（5）衣领带钮扣的衬衫不能搭配双排扣西服。

（6）如果拥有一件大衣，那么应该是灰色的，第二件大衣应该是黑色的，第三件是咖啡色的，第四件是藏青色的。

（7）皮鞋应该是纤尘不染、光亮可鉴的，所以任何时候都不要让它显得风尘仆仆。

（8）300 元的皮鞋的寿命不及 600 元皮鞋的一半，而 1 200 元的皮鞋也许能穿一世。

（9）即使是 1 200 元的皮鞋也不要连续穿着 N 天以上。

（10）如果你还不能理直气壮地使用香水，那么一定要选择气味清爽的香皂。

（11）有些纯棉衬衫特别便宜，别忘了它们的寿命也特别短，经不起熨烫。

（12）如果不系领带，那么不要扣紧衬衫的领。

（13）对于一位要求体面的成熟男士来说，领带上的图案如果是卡通人物或动物、人像，那么绝对无法搭配西服。

（14）领带尖不应低于皮带头，但也不要高于它。

（15）腰带和鞋在质料和颜色方面都要一致。

（16）绅士风度始于足下，正式西服只能以传统、庄重的系带式皮鞋相配。

（17）不要在正式、隆重的场合穿着非黑色皮鞋，即使它被擦拭得十分体面，也会显得你本人不懂体面。

（18）千万不要买所有成分都是人造纤维的袜子，最好是羊毛、丝毛或毛棉混纺、纯棉袜子。

（19）年过 24 岁，应该摒弃白色袜子，它会使你显得像一个学生。

（20）不论年龄几何，花袜子总是不适合男性的。

思考题

1. 作为女士对照穿衣的黄金法则规范自己的着装。
2. 作为男士对照穿衣的黄金法则规范自己的着装。

课后练习

1. 日常生活中违反服装礼仪规范的常见现象有哪些？
2. 男士如何选择适合自己的西装？穿西装有哪些要求？
3. 女士西服套裙应如何穿着？
4. 如何进行服装色彩的搭配？
5. 举例说明应怎样佩戴饰物。
6. 服装美的最高境界是外在美和内在美的统一，你对这个问题是怎样理解的？
7. 请根据周围同学的脸型、形体和个性特点，给他（她）在服饰运用上提些合理化的建议。
8. 请根据衣服款式以及衬衣颜色搭配合适的领带，并练习领带的不同打法。
9. 如果你所在的学院将举行首届校园形象礼仪大赛，请为自己进行个人形象整体设计。
10. 作为男性职业人员，请每天出门前对照以下"男士仪容仪表自我检测"仔细审视自己，看看自己哪些方面需要改进，以养成良好的习惯。

男士仪容仪表自我检测

发型款式大方，不怪异，头发干净整洁，长短适宜。无浓重气味，无头屑，无过多的发胶、发乳。

鬓角及胡须已剃净，鼻毛不外露。

脸部清洁滋润。

衬衣领口整洁，纽扣已扣好。

耳部清洁干净，耳毛不外露。

领带平整、端正。

衣、裤袋口平整伏贴。衬衣袖口清洁，长短适宜。

手部清洁，指甲干净整洁。

衣服上没有脱落的头发和头皮屑。

裤子熨烫平整，裤缝折痕清晰。裤腿长及鞋面。拉链已拉好。

鞋底与鞋面都很干净，鞋跟无破损，鞋面已擦亮。

11. 作为女性职业人员，请每天出门前对照以下"女士仪容仪表自我检测"仔细审视自己，看看自己哪些方面需要改进，以养成良好的习惯。

女士仪容仪表自我检测

头发保持干净整洁，有自然光泽，不要过多使用发胶；发型大方、高雅、得体、干练，前发以不要遮眼、遮脸为好。

化淡妆：眼亮、粉薄、眉轻、唇浅红。

服饰端庄：不太薄、不太透、不太露。

领口干净，脖子修长，衬衣领口不过于复杂和花哨。

饰品不过于夸张和突出，款式精致、材质优良，耳环小巧、项链精细，走动时安静无声。

公司标志佩戴在要求的位置，私人饰品不与之争夺别人的注意力。

衣袋中只放小而薄的物品，衣装轮廓不走样。

指甲精心修理过，不太长，不太怪，不太艳。

裙子长短、松紧适宜。拉链拉好，裙缝位正。

衣裤或裙子以及上衣的表面无明显的内衣轮廓痕迹。

鞋洁净，款式大方简洁，没有过多装饰与色彩，鞋跟不太高、不太尖。

衣服上没有脱落的头发和头皮屑。

丝袜无勾丝、无破洞、无修补痕迹，包里有一双备用丝袜。

课后评价考核

评价考核表

内容		评价	
学习目标	评价内容	小组评价（5、4、3、2、1）	教师评价（5、4、3、2、1）
知识（应知应会）	服装的色彩组合		
	服装的和谐之道		
专业能力	男士西装的穿着		
	女士西装套裙的穿着		
	饰物的佩戴		
通用能力	自我管理能力		
	审美能力		
	自控能力		
态度	一丝不苟的精神、遵守规范		
努力方向：		建议：	

第四章 仪态礼仪

心灵性的基本意蕴是通过外在现象的一切个别方面而完全体现出来的，例如仪表、姿势、运动、面貌、四肢的形状等。

——【德】黑格尔

在美的方面，相貌的美高于色泽的美，而秀雅合适的动作又高于相貌的美。

——【英】培根

学习目标

- 在社交场合，能够以正确优美的站姿、坐姿、走姿、蹲姿塑造出良好的交际形象。
- 在社交场合，能够正确遵循眼神、微笑、手势等礼仪规范要求，展现出大方自然的个性形象。
- 杜绝各种不良的行为举止。

案例导入

金先生失礼

风景秀丽的某海滨城市的朝阳大街，高耸着一座宏伟楼房，楼顶上"远东贸易公司"六个大字格外醒目。某照明器材厂的业务员金先生按原计划，手拿企业新设计的照明器材样品，兴冲冲地登上六楼，脸上的汗珠未及擦一下，便直接走进了业务部张经理的办公室，正在处理业务的张经理被吓了一跳。"对不起，这是我们企业设计的新产品，请您过目。"金先生说。张经理停下手中的工作，接过金先生递过的照明器，随口赞道："好漂亮啊！"并请金先生坐下，倒上一杯茶递给他，然后拿起照明器仔细研究起来。金先生看到张经理对新产品如此感兴趣，如释重负，便往沙发上一靠，跷起二郎腿，一边吸烟一边悠闲地环视着张经理的办公室。当张经理问他电源开关为什么装在这个位置时，金先生习惯性地用手搔了搔头皮。好多年了，别人一问他问题，他就会不自觉地用手去搔头皮。虽然金先生做了较详尽的解释，张经理还是有点半信半疑。谈到价格时，张经理强调："这个价格比我们的预算高出较多，能否再降低一些？"金先生回答："我们经理说了，这是最低价格，一分也不能降了。"张经理沉默了半天没有开口。金先生却有点沉不住气，不由自主地拉松领带，眼睛盯着张经理，张经理皱了皱眉，"这种照明器的性能先进在什么地方？"金先生又搔了搔头皮，反反复复地说："造型新、寿命长、节电。"张经理托辞离开了办公室，只剩下金先生一个人。金先生等了一会儿，感到无聊，便非常随便地抄起办公桌上的电话，同一个朋友闲谈起来。这时，门被推开，进来的却不是张经理，而是办公室秘书。

问题

1. 金先生失礼表现在哪些地方？

2. 仪态在个人礼仪形象塑造中有何作用？

仪态，又称"体态"，是指人的身体姿态和风度。姿态是身体所表现的样子，风度则是内在气质的外在表现。人的一举手、一投足、一弯腰乃至一颦一笑，并非偶然的随意的，这些行为举止自成体系，像有声语言那样具有一定的规律，并具有传情达意的功能。人们可以通过自己的仪态向他人传递个人的学识与修养，并能够以其交流思想、表达感情。正如艺术家达·芬奇所说："从仪态了解人的内心世界、把握人的本来面目，往往具有相当的准确性和可靠性。"

"案例导入"中的业务人员金先生在与客户的交往过程中，使客户不满，严重损害了公司形象和产品形象，原因就在于他没有做到仪态美，表现出了许多失礼之处。

在社交中，仪态是极其重要、有效的交际工具，它用一种无声的语言向人们展示出一个人的道德品质、人品学识、文化品位等方面的素质和能力，用优良的仪态礼仪表情达意，往往比语言更让人感到真实、生动。所以，我们在社交中必须举止优雅，做到仪态美。

礼仪故事4-1

审讯

第二次世界大战时期著名反间谍专家奥莱斯特·平托上校是这样审讯一个纳粹间谍的：

当时盟军部队已经进入比利时，德军仓皇溃退。一天，两名士兵在驻地附近逮捕了一个叫艾米里约·布朗格尔的人。平托上校感觉到：这个人的穿着和谈吐虽然是典型的北方农民，口音也是地道的瓦隆地区（比利时某地区）的土音，但他粗壮的颈部和魁梧的运动员体型，与当地常见的惰性十足的人截然不同，于是决定对他进行审讯。

第一次审讯

问：你是农民吗？

答：过去是，现在不是。德国鬼子抢走了我的牲畜，杀死了我的家人。

问：会数数吗？

答：数数？

问：对，把桌上这盘豆子数一数吧。

答：一、二、三……（慢慢地用法语数）

在第一次审讯中，上校未发现任何破绽，但仍不气馁，决定进行第二次审讯。这次审讯换用了特殊的方式：他派人在布朗格尔的住处放了几捆草，一个士兵点着后，烟从门的下面进到了屋里，值勤的士兵用德语大喊："着火了！"布朗格尔惊醒，动了动，又睡了。接着平托上校用法语大声喊道："着火了！"布朗格尔一下子跳了起来，绝望地敲打着门。这一次，上校仍未发现破绽。

第三次审讯，上校又用了新的方案。在布朗格尔被带来时，上校拿起一支从他身上搜出的铅笔。

问：你带这个干什么？

答：不就是支铅笔吗？

问：用他来写情报？

答：（流露出不屑回答的样子）

"可怜的家伙"上校用德语向身边的军官说，军官也用德语反问："为什么？"上校说："他还不知道明天上午就要被绞死，已经21点了。他肯定是个间谍，不会有别的下场。"

平托上校一边说一边用眼睛斜视着布朗格尔，特别注意他的眼睛和喉头。但布朗格尔没有任何表示，他以神态证明自己不懂德语。很明显，第三次审讯没有结果。到此为止，上校几乎绝望了，开始怀疑自己以前的判断。但直觉让他进行最后一次审讯——第四次审讯，如果再没有突破，就决定立即释放了。

最后一次审讯是这样进行的：当布朗格尔像平时一样走进平托上校的办公室时，上校装作正看一份文件，看完后拿起铅笔在上面签了字，然后抬起眼睛突然用德语对布朗格尔说，"好啦，我满意了，你自由了，现在就可以走了。" 布朗格尔长长地出了一口气，动了动肩膀，像是卸了一个沉重的包袱，他仰起脸，眼睛放着光，愉快地呼吸着自由空气。当他发现平托上校嘲笑的眼光时，一切都已经晚了，身后的士兵已紧紧地抓住了他。

点评：这个例子说明人的内心隐秘不可能每时每刻都隐藏得那么深，总有流露之时，人的体态每时每刻都在传达信息。因此，在社交中用优良的仪态礼仪表情达意，往往比语言更让人感到真实、生动。所以在社交中必须讲究仪态美。

第一节 应知应会

一、体态

1. 站姿

俗话说"站如松"，站姿是人类的一种象征，男子的站姿如"劲松"之美，具有男子汉刚毅英武、稳重有力的阳刚之美；女子的站姿如"静松"之美，具有女性轻盈典雅、亭亭玉立的阴柔之美。正确的站姿是自信心的表现，会给人留下美好的印象。

（1）标准的站姿

标准的站姿，从正面看，全身笔直，精神饱满，两眼正视（而不是斜视），两肩平齐，两臂自然下垂，两脚跟并拢，两脚尖张开 60°，身体重心落于两腿正中；从侧面看，两眼平视，下颌微收，挺胸收腹，腰背挺直，手中指贴裤缝，整个身体庄重挺拔。

站姿的要领是：一要平，即头平正、双肩平、两眼平视。二是直，即腰直、腿直，后脑勺、背、臀、脚后跟成一条直线。三是高，即重心上拔，看起来显得高。

（2）站姿的种类

以一个人的脚位为依据，男士、女士的站姿可以做如下分类。

① 正步站姿。这是男士、女士均适用的站姿，通常在升国旗、奏国歌、接受奖品、接受接见、致悼词等庄严的仪式场合使用。要领是：两脚并拢，两膝侧向贴紧，两手自然下垂，如图 4-1 所示。

图 4-1 正步站姿   图 4-2 分腿站姿

② 分腿站姿。这是男士采用的站姿，门迎、侍应人员可采用此种站姿。要领是：两脚左右分开，与肩同宽，脚尖朝前并且两脚平行，手或交叉于前腹，或交叉于后背，如图 4-2 所示。

③ 丁字步站姿。这一般是女子采用的站姿，礼仪小姐、节目主持人多采用此种站姿。要领是：两脚尖展开，一脚向前将脚跟靠于另一只脚内侧中间位置，腰肌和颈肌略有拧的感觉。女子可以双手交叉于腹前，身体重心可在两脚上，也可以在一只脚上，通过两脚的重心转移

来减轻疲劳，如图 4-3 所示。

④ 扇形站姿。这是男士、女士均适用的站姿。要领：两脚跟靠拢，脚尖呈 45°～60°，身体重心在两脚上，如图 4-4 所示。

图 4-3　丁字步站姿　　　　　　图 4-4　扇形站姿

站姿与性格

双腿并拢站立者，给人的印象是可靠、意识健全、脚踏实地而且忠厚老实，但表面有时显得有点冷漠。

两腿分开尺余，脚尖略朝外偏的站姿，表现出站立者果断、任性、富有进取心，不装腔作势。

双腿并拢站立，一脚稍后，两足平置地面，则体现出站立者有雄心，性格暴躁，是个积极进取、极富冒险精神的人。

站立时一脚直立，另一脚则弯置其后，以脚尖触地，则说明站立者情绪非常不稳定，变化多端，喜欢不断的刺激与挑战。

（3）不良的站姿

① 身躯歪斜。古人对站姿曾经指出过"站如松"的基本要求，它说明站立姿势以身躯直正为美。在站立时，若是身躯出现明显的歪斜，将直接破坏人体的线条美，而且还会给人颓废消沉、萎靡不振、自由放纵的直观感觉。

② 弯腰驼背。其实是身躯歪斜的一种特殊表现。除腰部弯曲、背部弓起之外，它大都会伴有颈部弯缩、胸部凹陷、腹部挺出、臀部撅起等其他不雅体态。凡此种种，都会显得一个人健康欠佳，无精打采。

③ 趴伏倚靠。在工作岗位上，要确保自己"站有站相"，站立时，随随便便地趴在一个地方，伏在某处左顾右盼，倚着墙壁、货架而立，靠在台桌边，或者前趴后靠，自由散漫，都是极不雅观的。

④ 腿位不雅，即双腿大叉。应切记：自己双腿在站立时分开的幅度，在一般情况下越小越好；在可能之时，双腿并拢最好，即使是分开，也要注意不可使两者之间的距离超过本人的肩宽。另外，还有双腿扭在一起、双腿弯曲等姿势也应避免。

⑤ 脚位欠妥。在正常情况下，双脚站立时呈现出"V"字式、"Y"字式（丁字型）、平行式等脚位，但是，采用"人"字式、蹬踏式和独脚式，则是不允许的。所谓"人"形脚位，指的是站立时两脚脚尖靠在一起，而脚后跟却大幅度地分开，这一脚位又叫"内八字"。所谓蹬踏式，是指站立时为了舒服，在一只脚站在地上的同时，将另一只脚踩在鞋帮上，或踏在椅面上，或蹬在窗台上，或跨在桌面上等。独脚式即把一脚抬起，只一只脚落地。

⑥ 手位失当。站立时不当的手位主要有：一是将手插在衣服的口袋内，二是将双手抱在胸前，三是将两手抱在脑后，四是将双手支于某处，五是将两手托住下巴，六是手持私人物品。

⑦ 半坐半立。在工作岗位上，必须严守岗位规范，该站就站，该坐就坐，而绝对不允许在需要站立时，为了贪图安逸而擅自采取半坐半立之姿。当一个人半坐半立时，既不像站，也不像坐，只能让别人觉得过分的随便且缺乏教养。

⑧ 全身乱动。站立乃是一种相对静止的体态，因此不宜在站立时频繁地变动体位，甚至浑身不住地上下乱动。手臂挥来挥去，身躯扭曲，腿脚抖来抖去，都会使站姿变得十分难看。

⑨ 摆弄物件。站立时，不要下意识地做些小动作，如摆弄打火机、香烟盒，玩弄衣带、发辫，咬手指甲等，这些动作不但显得拘谨，给人以缺乏自信和教养的感觉，也有失仪表的庄重。

礼仪小贴士 4-2

站姿的训练

1. 训练地点

建议在四面墙安装长度及地镜子的形体训练室进行。

2. 训练准备

准备书籍、音乐播放器材、音乐歌曲CD、磁带等。

3. 训练方法

（1）面向镜子按照动作要领体会标准的站姿。

（2）个人靠墙站立，要求后脚跟、小腿、臀、双肩、后脑勺都紧贴墙，进行整体的直立和挺拔训练。每次训练20分钟左右（应坚持每天一次）。

（3）在头顶放一本书使其保持水平促使人把颈部挺直，下巴向内收，上身挺直，每次训练20分钟左右（应坚持每天一次）。

（4）训练时可以配上优美的音乐，放松心情，减轻单调、疲劳之感。女性穿半高跟鞋进行训练，以强化训练效果。

2. 坐姿

俗话说"坐如钟"，坐姿是人际交往中人们采用最多的一种姿势，它是一种静态姿势。幽雅的坐姿给人一种端庄、稳重、威严的美。

（1）标准的坐姿

落座时，要坚持尊者为先的原则入座，不要争抢；通常侧身走近座椅，从椅子的左侧就座，如果背对座椅，要首先站好，全身保持站立的标准姿态，右腿后退一点，用小腿确定椅子的位置，上身正直，目视前方就座。用小腿落座时声音要轻，动作要缓。落座过程中，腰、腿肌肉要稍有紧张感。女士着裙装落座时，要从后双手拢裙，不可落座后整理衣裙。

坐立时，上身正直而稍向前倾，头、肩平正，腰部内收，通常只坐椅子的1/2～2/3处，两臂贴身下垂，两手可以搭放在椅子扶手上。无扶手时，女士右手搭在左手上，放于腹部或者轻放于双腿之上；男子双手掌心向下，自然放于膝盖上。男士膝盖可以自然分开，但不可超过肩宽；女士膝盖不可以分开。女士要注意使膝盖与脚尖的距离尽量拉远，以使小腿部分看起来显得修长些。只有脚背用力挺直时，脚尖与膝盖的距离才够远，在视觉上产生延伸的效果，会使小腿部分看起来修长，腿部线条优美。当与他人进行交谈时，要注意不能只是转头，而应将整个上身朝向对方，以示对其重视和尊敬。

离座时要先以语言或动作向周围的人示意，方可站起，突然一跃而起会使周围的人受到惊扰；同落座时一样要注意按次序进行，尊者为先；起身时不要弄出响声，站好后才可离开，同样要从左侧离座。

人在坐着时，由臀部支撑上身，减少了两腿的承受力。由于身体重心下降，上身适当放松，可减轻心脏的负担，因此坐姿是一种可以维持较长时间的姿势。它既是一种主要的白昼休息姿势，也是一般的工作、劳动、学习姿势，还是社交、娱乐的常见姿势。正因为这个缘故，坐姿要求端正、大方、舒展。

礼仪小贴士 4-3

我国古人的坐姿

中国古人对坐姿很有讲究。席地而坐时，古代人们的坐姿主要有三种：① "趺坐"，即双足交迭，盘腿而坐，类似佛教中的修禅者，所以又称 "跏趺坐"；② "箕踞"，即两腿前伸，全身像簸箕形状；③ "跽"，即跪坐，臀部压在后曲的小腿和脚上。

在没有宾客时，坐姿可以随便一些，好像上面的前两种，但是如果和尊者、长者、朋友交谈，或在议事、宴会和招待客人时，就要采用礼貌的姿式——"跽" 了，而且讲究 "正襟危坐"，坐时腰身端正。

（2）坐姿的分类

以一个人的脚位为依据，男士、女士的坐姿可以做如下分类。

① 垂直式坐姿。这一坐姿就是通常所说的 "正襟危坐"，在最正规的场合使用，男士、女士均适用。要领是：上身与大腿、大腿与小腿、小腿与脚部都呈直角，小腿垂直于地面，双膝、双腿完全并拢，如图 4-5 所示。

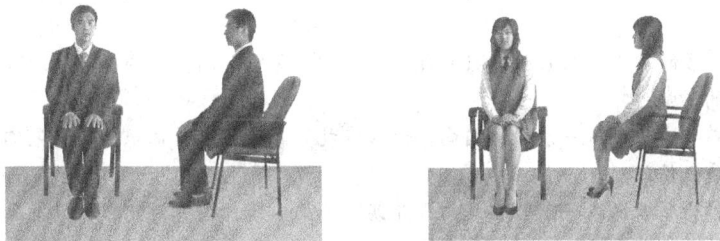

图 4-5　垂直式坐姿

② 标准式坐姿。这一坐姿适用于各种场合。要领是：在垂直式坐姿的基础上，女士两脚保持小丁字步，男士两脚自然分开 45°，如图 4-6 所示。

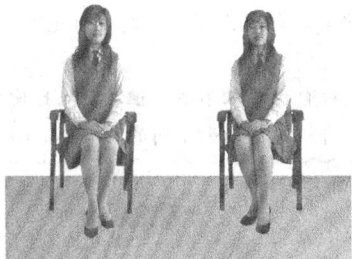

图 4-6　标准式坐姿　　　　　　　　　图 4-7　屈直式坐姿

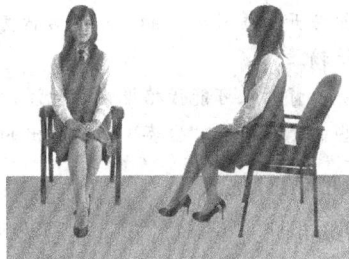

③ 屈直式坐姿。尤其是坐在稍微低矮一些的椅子上更为适用，是女士非常优雅的一种坐姿。要领是：大腿与膝盖靠紧，一脚伸向前，另一脚屈回，两脚前脚掌着地并在一条直线上，如图4-7所示。

④ 前伸式坐姿。这一坐姿适用于各种场合，一般为女士所采用。要领是：双腿与双脚并在一起，向前伸出一脚左右的距离，按方向共有三种，即正前伸直、左前伸直和右前伸直，脚的位置可以是双脚完全并拢，也可以脚踝不交叉，脚尖不可翘起，如图4-8所示。

⑤ 后屈式坐姿。这一坐姿适用于各种场合，以女士为主。要点是：两腿和膝盖并紧，两小腿向后屈回，脚尖着地，脚尖不可翘起，如图4-9所示。

⑥ 分膝式坐姿。这一坐姿适用于一般场合，为男士坐姿。要领是：两膝左右分开，但不超过肩宽，小腿与地面垂直，两脚脚尖朝向正前方，两手自然放于大腿上，如图4-10所示。

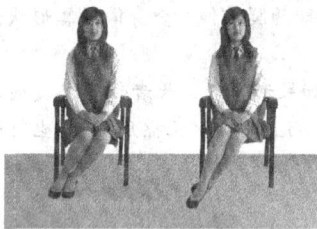

图4-8 前伸式坐姿（右前伸直）　　图4-9 后屈式坐姿　　图4-10 分膝式坐姿

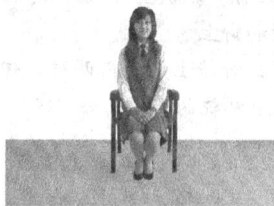

礼仪小贴士 4-4

坐姿与性格

心理学专家认为，将椅子转过去骑着坐的人显得自信好胜，但内心的防御性多半很强，不太爱与人交心。

喜欢抖腿的人多数聪明，反应快，接受能力强，但不是很有耐心，内心有浮躁或焦虑的一面，有时给人不够稳重的感觉。

端坐在椅子前半部分的人一般性格内向，谦虚有礼，善于倾听、体谅别人，他们多半个性成熟、亲和力强，容易受人信赖。

双腿张开，伸得很长的人一般性格外向、开朗、不拘小节，但有时比较傲慢、霸道、支配性强，容易发脾气、耍性子，不愿退让。

前胸紧靠桌子，双腿并拢的坐姿显得内向、拘谨、有些害羞，不够自信，这样的人多半不太果断，缺乏灵活性。

跷二郎腿的人通常自在随性，有时有些自大，喜欢挑剔，喜欢对别人的事指手画脚，爱给人提建议。

双腿自然分开，手放腿上的坐姿是古代男性的标准坐姿，体现出闲适、儒雅的气度。这种人通常稳重，值得信赖。

喜欢靠着椅背的人可能性格慵懒、散漫，做事拖沓，对自己要求不高，但对别人也比较宽容。

了解这些由无声语言"坐姿"所传递出的不同信息，将给我们带来不同的影响。

（3）不雅的坐姿

① 不雅的腿姿。不雅的腿姿主要表现为以下几个方面。

一是双腿叉开过大。面对外人时，双腿如果叉开过大，不论是大腿还是小腿叉开，都极其不雅。

二是架腿方式欠妥。将一条小腿架在另一条大腿上，在两者之间还留出大大的空隙，成为所谓的"架二郎腿"或架"4"字型腿，甚至将腿搁在桌上，就显得更放肆了。

三是双腿过分伸张。坐下后，将双腿直挺挺地伸向前方，这样不仅可能会妨碍他人，而且也有碍观瞻。因此，身前若无桌子，双腿尽量不要伸到外面来。

四是腿部抖动摇晃。力求放松，坐下后抖动摇晃双腿。

② 不安分的脚姿。坐下后脚后跟接触地面，而且将脚尖翘起来，脚尖指向别人，使鞋底在别人眼前"一览无余"。另外，以脚蹬踏其他物体，以脚自脱鞋袜，都是不文明的。

礼仪小贴士 4-5

坐姿训练

1. 训练地点

建议在形体训练室进行。

2. 训练准备

准备靠背椅子若干把、书籍、音乐播放器材、音乐歌曲CD、磁带以及训练器材等。

3. 训练方法

（1）面对镜子，按坐姿基本要领，着重脚、腿、腹、胸、头、手部位的训练，体会不同坐姿，纠正不良习惯，尤其注意起坐、落座练习。每次训练20分钟（应坚持每天一次）。

（2）训练时可以配上优美的音乐，放松心情，减轻单调、疲劳之感。女性穿半高跟鞋进行训练，以强化训练效果。

（3）利用器械训练，增强腰部、肩部力量和灵活性，进行舒肩展背动作练习。

3. 走姿

俗话说"行如风"，这说的是走姿，走姿始终处于动态之中，体现了人类的运动之美和精神风貌。男式的走姿要刚健有力，豪迈稳重，有阳刚之气；女士的走姿要轻盈自如，含蓄飘逸，有窈窕之美。

（1）标准的走姿

有人编了走路的动作口诀，体现了走姿的要领：双眼平视臂放松，以胸领动肩轴摆，提髋提膝小腿迈，跟落掌接趾推送。

标准的走姿为：上身基本保持站立的标准姿势，挺胸收腹，腰背笔直；两臂以身体为中心，前后自然摆动，前摆约35°，后摆约15°，手掌朝向体内；起步时身子稍向前倾，中心落在前脚掌，膝盖伸直；脚尖向正前方伸出，行走时双脚踩在一条线缘上。

正确的行走，上体的稳定与下肢的频繁规律运动形成对比和谐、干净利落、鲜明均匀的脚步，形成节奏感，前后、左右行走动作的平衡对称，都会呈现行走时的形式美。

男子走路时两步之间的距离要大于自己的一个脚长，女子穿裙装走路时要小于自己的一个脚长。正常的情况下步速要自然舒缓，显得成熟自信，男子行走的标准速度为每分钟108～110步，女子每分钟以118～120步为宜。

（2）走姿的种类

① 前行式走姿。身体保持直立挺拔，行进中若与人问候时，要同时伴随头部和上身的左右转动，微笑点头致意。禁止只转动头部，用眼睛斜视他人的举止。

② 后退式走姿。当与他人告别时，扭头就走是不礼貌的。应该先后退2～3步，再转身离去。退步时不能轻擦地面，不高抬小腿，后退的步幅要小些，两腿之间距离不能太大，要

先转身再转头。

③ 侧行式走姿。当引导他人前行或在较窄的走廊、楼道与他人相遇时，要采用侧行式走姿。引导时要走在来宾的左侧，身体稍向右转体，左肩稍前，右肩稍后，身体朝向来宾，保持两步左右的距离。介绍环境时要辅以手势，这样可以观察来宾的意愿，及时提供满意的服务。

礼仪小贴士 4-6

以走姿促健美

良好的走姿能起到健美的作用。曾两度荣获奥斯卡最佳女主角奖的美国著名好莱坞影星简·方达，非常注重研究形体健美，她的健美形体曾一度成为人们美慕和效仿的标准。她以自己的亲身体验和心得总结，撰写了《简·方达健美操》一书，这本书一经面世就倍受推崇，风靡世界。她在日常生活中加强锻炼，始终保持了健美的形体。她有一套走路健身法，对形体健美颇为有效，其方法可以概括为如下几点。

（1）活泼轻松地走。为了获得走路的有氧锻炼效果，简·方达摸索出理想的步速是6.9～8千米/小时，即每分钟120米左右。

（2）中心向前倾。走路时，脚掌的用力方向应是向后蹬，而不是向下扣。

（3）步伐不要过小，稍微拉大一些走，可以加快速度，并使步子富有节奏感，使腿和臀部处于充分活动的状态。

（4）提高重心。走路时，要挺胸收腹，背要直，头要抬。颈部和腰部都要有挺起感。身体要保持正直，但不要紧张、僵直，要放松。

（5）两手臂的摆动要自然有力。甩臂要像吊钟的钟摆一样，幅度要大而有力，但始终要保持轻松自如。

（3）不良的走姿

① 方向不定、忽左忽右。

② 横冲直撞。行进中，爱专拣人多的地方行走，在人群之中乱冲乱闯，甚至碰撞到他人的身体，这是极其失礼的。

③ 抢道先行。行进时，要注意方便和照顾他人，通过人多路窄之处务必要讲究"先来后到"，对他人"礼让三分"，让人先行。

④ 阻挡道路。在道路狭窄之处，悠然自得地缓慢而行，甚至走走停停，或者多人并排而行，显然都是不妥的。还须切记，一旦发现自己阻挡了他人的道路，务必要闪身让开，请对方先行。

⑤ 蹦蹦跳跳。务必要注意保持自己的风度，不宜使自己的情绪过分地表面化。例如激动起来，走路便变成了上蹿下跳，甚至连蹦带跳的失常情况。

⑥ 奔来跑去。有急事要办时，可以在行进中适当加快步伐。但若非碰上了紧急情况，则最好不要在工作时跑动，尤其是不要当着客户或服务对象的面突如其来地狂奔而去，那样通常会令其他人感到莫名其妙，产生猜测，甚至还有可能造成过度紧张的气氛。

⑦ 制造噪声。应有意识地使行走悄然无声。其做法：一是走路时要轻手轻脚，不要在落脚时过分用力，走得"咯咯"直响；二是上班时不要穿带金属鞋跟或钉有金属鞋掌的鞋子；三是上班时所穿的鞋子一定要合脚，否则走动时会发出吧嗒吧嗒的令人厌烦的噪声。

⑧ 走姿给人感觉不好。如身体过分摇摆，步幅忽大忽小，显得轻佻、浅薄，故意矫揉造作；身体僵硬，步履缓慢沉重，显得心境不佳，内心保守顽固，思想陈旧僵化；双手插于衣

裤口袋内而行，显得偏狭小气，或狂妄自傲，缺乏教养；双手反剪于身后而行，显得自恃优越，高于或长于他人；膝盖僵直，双脚在地面上擦，腿伸不直，脚尖首先着地，显得拖沓、迟钝，缺乏朝气和活力；"外八字步"或"内八字步"（鸭子步），趿拉着鞋走出嚓嚓声响或重心后坐或前移、步履蹒跚等不雅步态，要么使行进者显得老态龙钟，有气无力，要么给人以嚣张放肆、矫揉造作之感。

礼仪小贴士 4-7

走姿训练

1. 训练地点

建议在形体训练室进行。

2. 训练准备

准备书籍、音乐播放器材、音乐歌曲CD等。

3. 训练方法

（1）在地面上画一条直线，行走时手部掐腰，上身正直，双脚内侧踩在线上，行走时按要求走出相应的步位与步幅。可以纠正行走时摆胯、送臀、扭腰以及"八字步态"、步幅过大过小的毛病。训练时配上行进音乐，音乐节奏为每分钟60拍。

（2）头顶书本行走，进行整体平衡练习。重点纠正行走时低头看脚、摇头晃脑、东张西望、脖颈不正、弯腰弓背的毛病。

（3）进行原地摆臂训练。站立，两脚不动，原地晃动双臂，前后自然摆动，手腕进行配合，掌心要朝内，以肩带臂，以臂带腕，以腕带手，纠正双臂横摆、同向摆动、单臂摆动、双臂摆幅不等的毛病。

（4）对着镜子行走，进行面部表情等的整体协调性训练。

（5）训练时可以配上优美的音乐，放松心情，减轻单调、疲劳之感。女性穿半高跟鞋进行训练，以强化训练效果。

4. 蹲姿

俗话说"蹲要雅"，蹲姿是人的身体在低处取物、拾物、整理物品、整理鞋袜时所呈现的姿势，它是人体静态美与动态美的综合。蹲姿要动作美观，姿势优雅。

（1）标准的蹲姿

标准的蹲姿有如下要求：首先要讲究方位，当需要拣拾低处或地面物品的时候，可走到其物品的左侧；当面对他人下蹲时，要侧身相向；当需要整理鞋袜或于低处整理物品时可面朝前方，两脚一前一后，一般情况下是左脚在前，右脚在后，目视物品，直腰下蹲。直腰下蹲后，方可弯腰捡低处或地面的物品，及整理鞋袜或低处工作。取物或工作完毕后，先直起腰部，使头部、上身、腰部在一条直线上，再稳稳站起。

（2）蹲姿的种类

① 高低式。这是常用的一种蹲姿，基本特征是双膝一高一低。此蹲姿男士、女士均可适用。要领是：下蹲后，左脚在前，右脚在后；左脚完全着地，小腿基本垂直于地面；右脚要脚掌着地，脚跟提起；右膝要低于左膝，右膝内侧可靠在左上腿的内侧，形成左膝高右膝低的姿态；臀部向下，基本上以右腿支撑身体；女士应注意紧靠双腿，男士两腿之间可有适当的距离，如图 4-11 所示。

② 单膝点地式。这种蹲姿适用于男士，其特征是双腿一蹲一跪。它是一种非正式的蹲姿，多用于下蹲时间较长或为了用力方便时采用。要领是：下蹲后，右膝点地，臀部坐在其脚跟

之上，以其脚尖着地；另一条腿全脚掌着地，小腿垂直于地面；双膝同时向外，双腿尽力靠拢，如图4-12所示。

③ 交叉式。这种蹲姿优美典雅，其基本特征是双腿交叉在一起，此蹲姿适用于女士。要领是：下蹲后，左脚在前，右脚在后，左小腿垂直于地面，全脚着地；左腿在上，右腿在下，二者交叉重叠，右膝从后下方伸向左前侧，右脚跟抬起，脚掌着地，两腿前后靠近，全力支撑身体；上身略向前倾，臀部朝下，如图4-13所示。

| 图4-11 高低式蹲姿 | 图4-12 单膝点地式蹲姿 | 图4-13 交叉式蹲姿 |

礼仪小贴士 4-8

蹲姿训练

1. 训练地点

建议在形体训练室进行。

2. 训练准备

四面墙安装长度及地镜子的形体训练室、书籍、音乐播放器材、音乐歌曲CD、磁带等。

3. 训练方法

（1）加强腿部膝关节、踝关节的力量和柔韧性训练，具体方法是压腿、踢腿、活动关节。

（2）有意识地、主动经常地进行标准蹲姿训练，形成良好习惯。

（3）训练时可以配上优美的音乐，放松心情，减轻单调、疲劳之感。

二、表情

面部是最有效的表情器官，人的面部表情主要表现为眼、眉、嘴、鼻、面部肌肉的变化。这里我们主要介绍一下眼神和微笑。

1. 眼神

生活中，我们曾被许多眼神所打动。我们不会忘记摄影家解海龙拍摄的照片——《希望工程——大眼睛》中小姑娘苏明娟那渴求读书的眼神（如图4-14所示，选自 http：//news.xinhuanet.com/cpc/2007-04/25/content_6025466.htm）。照片中小姑娘（苏明娟）的眼神，曾打动了许多人。她成为"希望工程"的形象代言人。

图4-14 希望工程
——大眼睛

俗话说"眼睛是心灵的窗户"，它是人体传递信息最有效的器官，而且能表达最细微、最精妙的差异，显示出人类最明显、最准确的交际信号。据研究，在人的视觉、听觉、味觉、嗅觉和触觉感受中，唯独视觉感受最为敏感，人由视觉感受的信息占总信息的83%。人的七情六欲都能从眼睛这个神秘的器官中显现出来。

老师的眼神

有一则这样的报道：一所重点中学举行百年校庆时，恰逢德高望重的老教师80寿辰。这位老教师极富传奇色彩，他所教过的学生中，许多已成为蜚声海内外的教授、学者及活跃在时代前沿的IT精英。是什么原因使这位老教师桃李满天下呢？学校决定在百年校庆之际，把这个谜底揭开。于是，记者便对从该校毕业的各位成功人士，即这位老教师的学生做了一个调查，请他们谈一谈老教师的哪方面对他们的人生影响最大。结果，答案令记者等人很吃惊，他们出奇一致地认为，是老师的眼神给了他们前进的动力。因为这位老教师的眼神中时刻都流动着鼓励、肯定与信任，这是一笔不可估量的财富，也给了他们无穷的动力。

眼神礼仪的构成，一般涉及时间、角度、部位、方式等几个方面[①]。

（1）时间

在人际交往中，尤其是与熟人相处时，注视对方时间的长短十分重要。在交谈中，听的一方通常应多注视说的一方。

① 表示友好。对对方表示友好，则注视对方的时间应约占全部相处时间的 1/3。

② 表示重视。对对方表示关注，比如听报告、请教问题时，则注视对方的时间应约占全部相处时间的 2/3。

③ 表示轻视。注视对方的时间不到全部相处时间的 1/3，意味着对其瞧不起或没有兴趣。

④ 表示敌意。注视对方的时间超过了全部相处时间的 2/3 以上，往往表示可能对对方抱有敌意，或是为了寻衅滋事。

⑤ 表示兴趣。注视对方的时间长于全部相处时间的 2/3 以上，还有另一种情况，即对对方产生了兴趣。

（2）角度

在注视他人时，目光的角度，即其发出的方向，是事关与交往对象亲疏远近的问题。注视他人的常规角度有以下几种。

① 平视，即视线呈水平状态，也叫正视。一般用于在普通场合与身份、地位平等之人进行交往。

② 侧视，它是一种平视的特殊情况，即位于交往对角一侧，面向对方，平视着对方。它的关键在于面向对方，否则即为斜视对方，那是很失礼的。

③ 仰视，即主动居于低处，抬眼向上注视他人。它表示着尊重、敬畏之意，适用于面对尊长之时。

④ 俯视，即抬眼向下注视他人，一般用于身居高处之时。它可对晚辈表示宽容、怜爱，也可对他人表示轻慢、歧视。

（3）部位

在人际交往中目光所及之处就是注视的部位。注视他人的部位不同，不仅说明自己的态度不同，也说明双方关系有所不同。

在一般情况下，与他人相处时，不宜注视其头顶、大腿、脚部与手部，或是"目中无人"。对异性而言，通常不应注视其肩部以下，尤其不应注视其胸部、裆部、腿部。允许注视的常规部位如下。

---

① 李霞，胡红霞，甘琛. 秘书礼仪实务【M】. 杭州：浙江大学出版社，2012.

① 双眼。注视对方双眼，表示自己聚精会神、一心一意、重视对方，但时间不宜过久。它也叫关注型注视。

② 额头。注视对方额头，表示严肃、认真、公事公办。它叫作公务型注视，适用于极为正规的公务活动。

③ 眼部至唇部。注视这一区域，是社交场合面对交往对象时所用的常规方法，它因此也叫社交型注视。

④ 眼部至胸部。这一区域表示亲近、友善，多用于关系密切的男女间，故称近亲密型注视。

⑤ 眼部至腿部。它适用于注视相距较远的熟人，亦表示亲近、友善，故称远亲密型注视，但不适用于关系普通的异性。

⑥ 任意部位。对他人身上的某一部位随意一瞥，可表示注意，也可表示敌意。它叫作随意型注视，多用于在公共场合注视陌生之人，但最好慎用。通常，它也叫瞥视。

（4）方式

注视他人，在社交场合可以有多种方式的选择。其中，最常见的有以下几种。

① 直视。即直接地注视交往对象，它表示认真、尊重，适用于各种情况。若直视他人双眼，即称为对视。对视表示自己大方、坦诚，或是关注对方。

② 凝视。它是直视的一种特殊情况，即全神贯注地进行注视。它多用以表示专注、恭敬。

③ 盯视。即目不转睛，长时间地凝视其人的某一部位。它表示出神或挑衅，故不宜多用。

④ 虚视。它是相对于凝视而言的一种直视，其特点是目光不聚集于某处，眼神不集中。它多表示胆怯、疑虑、走神、疲乏，或是失意、无聊。

⑤ 扫视。即视线移来移去，注视时上下左右反复打量。它表示好奇、吃惊，也不可多用，对异性尤其应禁用。

⑥ 睨视。又叫睥视，即斜着眼睛注视。它多表示怀疑、轻视，一般应当忌用。与初识之人交谈时，尤其应当忌用。

⑦ 眯视。即眯着眼睛注视。它表示惊奇、看不清楚，模样不大好看，故也不宜采用。

⑧ 环视。即有节奏地注视着不同的人员或事物。它表示认真、重视，适用于同时与多人打交道，表示自己"一视同仁"。

⑨ 他视。即与某人交谈时不注视对方，反而望着别处。它表示胆怯、害羞、心虚、反感、心不在焉，是不宜采用的一种眼神。

⑩ 无视。即在人际交往中闭上双眼不看对方。它又叫闭视，表示疲惫、反感、生气、无聊或者没有兴趣。它给人的感觉往往是不大友好，甚至会被理解为厌烦、拒绝。

礼仪小贴士 4-9

眼神训练

1. 训练地点

教室

2. 训练准备

每人一面小镜子、音乐播放器材、音乐歌曲CD、优秀影视剧中的演员和节目主持人通过眼神表达内心情感的影像资料等

3. 训练方法

以下方法坚持天天训练，不要间断，必使目光明亮有神。

（1）睁大眼睛训练：有意识地练习睁大眼睛的次数，增强眼部周围肌肉的力量。

（2）转动眼球训练：头部保持稳定，眼球尽最大的努力向四周做顺时针和逆时针360°转动，增强眼球的灵活性。

（3）视点集中训练：点上一只蜡烛，视点集中在蜡烛火苗上，并随其摆动，坚持训练可达目光集中、有神，眼球转动灵活。

（4）目光集中训练：眼睛盯住3米左右的某一物体，先看外形，逐步缩小范围到物体的某一部分，再到某一点，再到局部，再到整体。这样可以提高眼睛明亮度，使眼睛十分有神。

（5）影视观察训练：观看录像资料，注意观察和体会优秀影视剧中的演员和节目主持人是如何通过眼神表达内心情感的。

（6）训练时可以配上优美的音乐，放松心情，减轻单调、疲劳之感。

2. 微笑

著名画家达·芬奇的杰作《蒙娜丽莎》是欧洲文艺复兴时期最出色的肖像作品之一，画中女士的微笑给人以美的享受，使人们充满对真善美的渴望，至今让人回味无穷，如图4-15所示[①]。

图4-15　蒙娜丽莎的微笑

微笑是人际交往中最美丽的语言，是公共关系和商务礼仪中的亮点。保持一个微笑的表情、谦和的面孔，是表示自己真诚、守礼的重要途径。微笑是有自信心的表现，是对自己的魅力和能力抱积极的态度。微笑可以表现出温馨、亲切的表情，能有效地缩短双方的距离，给对方留下美好的心理感受，从而形成融洽的交往氛围。面对不同的场合、不同的情况，如果能用微笑来接纳对方，可以反映出你良好的修养和挚诚的胸怀。

礼仪故事 4-3

希尔顿的微笑服务

"旅馆大王"康拉德·希尔顿就是善于利用微笑来获得成功的典型。"旅馆大王"希尔顿于1919年才把父亲留给他的1.2万美元连同自己挣来的几千美元投资出去，开始了他雄心勃勃的经营旅馆生涯。当他的资产奇迹般地增值到几千万美元的时候，他欣喜而自豪地把这一成就告诉了母亲，想不到母亲却淡然地说："依我看，你跟以前根本没有什么两样……事实上你必须把握比5 100万美元更值钱的东西，那就是除了对顾客诚实之外，还要想办法使来希尔顿旅馆的人住过了还想再来住，你要想出简单、容易、不花本钱而行之久远的办法去吸引顾客。这样你的旅馆才有前途。"母亲的忠告使希尔顿陷入迷惘：究竟什么办法才具备母亲指出的"简单、容易、不花本钱而行之久远"这四大条件呢？他冥思苦想，不得其解。于是他逛商店、串旅店，以自己作为一个顾客的亲身感受，得出了准确的答案："微笑服务。"

由此开始，"微笑服务"成了希尔顿的经营策略。每天不管多累多忙，他都会微笑着提醒员工们："你微笑了没有？顾客感受到你的微笑没有？"他把微笑服务定为制度，要求每位员工不论什么时候都要对顾客报以微笑，哪怕顾客在挑剔地提意见，哪怕受到了误解和委屈。即使在酒店最不景气的时候，他也经常要求员工们："我们要面带微笑，不要把心里的愁云摆在脸上，顾客走来是接受我们的服务的，不是来听我们的委屈的。"因此，无论酒店本身遇到多大的困难，希尔顿旅馆每位员工的脸上永远挂着微笑。

微笑能够成就爱的循环。没有亲和力的微笑，无疑是重大的遗憾，甚至会给工作带来不便。那么，身在职场通过什么样的训练，才能获得微笑这一有效沟通的法宝和人际关系的磁

[①] http://www.china.com.cn/v/news/world/2008-01/22/content_9565495.htm，2008-01-22

石呢？心理专家告诉你如下步骤①。

第一步，放松面部肌肉，然后使嘴角微微向上翘起，让嘴唇略呈弧形。最后，在不牵动鼻子、不发出笑声、不露出牙齿，尤其是不露出牙龈的前提下，轻轻一笑。

第二步，闭上眼睛，调动感情，并发挥想象力，或回忆美好的过去或展望美好的未来，使微笑源自内心，有感而发。

第三步，对着镜子练习，使眉、眼、面部肌肉、口形在笑时和谐统一。

第四步，当众练习。按照要求当众练习，使微笑规范、自然、大方，克服羞涩和胆怯的心理，也可以请观众评议后再对不足进行纠正。

礼仪小贴士 4-10

微笑的十大好处

世界著名的保险业精英、被称为"推销之神"的日本的原一平对微笑有非常深刻的认识，他积累自己50年的经验，总结了微笑的十大好处。

（1）笑把你的友善和关怀有效地传达给准客户。

（2）笑能拆除你与准客户之间的"篱笆"，敞开双方的心扉。

（3）笑使你的外表更迷人。

（4）笑可以消除双方的戒心与不安，以打开僵局。

（5）笑能消除自卑感。

（6）你的笑能感染对方也笑，创造出和谐的交谈基础。

（7）笑能建立准客户对你的信赖感。

（8）笑能除去自己的哀伤，迅速地重建自信。

（9）笑是表达爱意的捷径。

（10）笑会增进活力，有益健康。

原一平经常苦练微笑，经过刻苦训练，他的笑达到了炉火纯青的地步，被誉为"价值百万美金的笑容"，因为他的年薪就是100万美元。他的笑能散发出无比诱人的魅力。

当职业人员掌握了微笑的方法后，还要注意要正确地微笑，具体要做到以下几点。

（1）把握微笑的时机

在与对方交谈中，最好的微笑时机是在与对方目光接触的瞬间展现微笑，这样能够促进心灵的友好互动。

（2）把握微笑的层次变化

微笑有很多层次，有浅浅一笑、眼中含笑，也有哈哈大笑。在整个交谈过程中，微笑要有收有放，在不同时候使用不同的笑。如果一直保持同一层次的笑，表情会显得僵硬、呆板，被对方认为是傻笑。

（3）注意微笑维持的时间长度

微笑的最佳时间长度以不超过 3 秒为宜，时间过长会给人假笑或不礼貌的感觉，过短则会给人皮笑肉不笑的感觉。

（4）根据场合而定

微笑的表情很有讲究，不同的场合适合不同深度的微笑，不同的笑，也可以显示着不同的思想态度和感情色彩，产生不同的影响。在与别人交谈中，放声大笑或傻笑，都是非常失礼的，工作中要把握好微笑的尺度，更能显示你的内在修养。

① 毕文杰. 你的职场礼仪价值百万【M】. 北京：中国画报出版社，2012.

（5）避免"习惯性微笑"带来的伤害

微笑的好处数不胜数，但由于职业性质和职场礼仪的要求，一些职业人要在白天的大多数时间都面带微笑，这使得他们养成了面对外人的一种"习惯性微笑表情"。这种表情并不能消除工作、生活等各方面带给她们的压力、烦恼、忧愁。这些"微笑"的患者，"微笑"过后是更深刻的孤独的寂寞，他们的行为具有表演性质，与他们的情感体验缺乏内在的一致，而难以表现其"真我"的一面，因为表面的微笑反而会加重她们内心的痛苦。

解决"习惯性微笑"的方法在于及时地释放过大的压力。方式是多种多样的，如和家人一起外出度假，就可以很好地舒缓长期工作所累积的压力，另外还要积极地调节自己的身心状态，比如现在健身场所流行的瑜伽和普拉提健身操就是一种很好的缓解压力的好方式，职场人士可以去试一下，相信效果一定很好。

（6）微笑要自然

有人指出，中国的礼仪习惯是笑不露齿；也有很多礼仪培训教材提出，微笑要露出6～8颗牙。其实微笑是一种个性化的表情，不应该以技术化、标准化的形式加以规定，对微笑要求表现得整齐划一是不符合礼仪之美的。职业人士应该进行微笑训练，不是尝试露出几颗牙，嘴角上提到几度位置，眼睛变化成哪种形状，而是要发现自己最美的每一个瞬间，展现出独特的气质，自信、勇敢、自然、真诚地去微笑。微笑的美在于文雅、适度、亲切自然。微笑要诚恳和发自内心，做到"诚于中而形于外"，只有调整好自己的心态才能够表现出表里如一的微笑，切不可故作笑颜，假意奉承。在生活中用善良、包容的心对待他人，用敬业奉献的热情对待工作，微笑就是自然甜美的。

（7）微笑要协调

笑是人们的眉、眼、鼻、口、齿以及面部肌肉所进行的协调行动。"发自内心的微笑，会自然调动人的五官：眼睛略眯起、有神，眉毛上扬并稍弯，鼻翼张开，脸肌收拢，嘴角上翘。做到眼到、眉到、鼻到、肌到、嘴到，才会亲切可人，打动人心。"在微笑训练的方法中有一种方法就是要将眼睛以下的部分挡住，练习微笑，要求从眼中看出笑的表情。这就是所谓的"眼中含笑"。这种训练方法的目的就在于：微笑时要调动多部位器官协调动作，形成微笑的表情。微笑一般要注意以下四个结合。

① 口眼结合，要口到、眼到、神色到，笑眼传神，微笑才能扣人心弦。

② 笑与神、情、气质相结合。这里讲的"神"，就是要笑得有情入神，笑出自己的神情、神色、神态，做到情绪饱满、神采奕奕；"情"，就是要笑出感情，笑得亲切、甜美，反映美好的心灵；"气质"就是要笑出谦逊、稳重、大方、得体的良好气质。

③ 笑与语言相结合。语言和微笑都是传播信息的重要符号，只有注意微笑与美好语言相结合，声情并茂，相得益彰，微笑方能发挥出它应有的特殊功能。

④ 笑与仪表、举止相结合。以笑助姿、以笑促姿，形成完整、统一、和谐的美。尽管微笑有其独特的魅力和作用，但若不是发自内心的真诚的微笑，那将是对微笑的亵渎。有礼貌的微笑应是自然的、坦诚的，内心真实情感的表露，否则强颜欢笑、假意奉承的"微笑"则可能演变为"皮笑肉不笑""苦笑"。如拉起嘴角一端微笑，使人感到虚伪；吸着鼻子冷笑，使人感到阴沉；捂着嘴笑，给人以不自然之感。这些都是失礼之举。

标准的微笑如图4-16所示[①]。

图4-16　标准的微笑

① http://hi.baidu.com/kingwin828/album/item/304a722d50791903349bf7fa.html#，2010-04-07

正式场合笑的禁忌

在正式场合笑的时候，应力戒以下几种"笑"。

（1）假笑，即笑得虚假，皮笑肉不笑。

（2）冷笑，是含有怒意、讽刺、不满、无可奈何、不屑于、不以为然等意味的笑。这种笑非常容易使人产生敌意。

（3）怪笑，即笑得怪里怪气，令人心里发麻。它多含有恐吓、嘲讽之意，令人十分反感。

（4）媚笑，即有意讨好别人的笑。它亦非发自内心，而来自一定的功利性目的。

（5）怯笑，即害羞或怯场的笑。例如，笑的时候，以手掌遮掩口部，不敢与他人交流视线。

（6）窃笑，即偷偷地笑。多表示洋洋自得、幸灾乐祸或看他人的笑话。

（7）狞笑，即笑时面容凶恶。多表示愤怒、惊恐、吓唬他人。这种笑容毫无丝毫的美感可言。

微笑训练

1. 训练地点

微笑训练可在教室进行。

2. 训练准备

建议准备小镜子（每人一面）、音乐播放器材、音乐歌曲CD、优秀影视剧中的演员和节目主持人微笑的影像资料等。

3. 训练方法

（1）情绪记忆法，即将自己生活中最高兴的事件中的情绪储存在记忆中，当需要微笑时，可以想起那件最使你兴奋的事件，脸上会流露出笑容。注意练习微笑时，要使双颊肌肉用力向上抬，嘴里念"一"音，用力抬高口角两端，注意下唇不要过分用力。普通话中的"茄子""田七""前"等的发音也可以辅助微笑口型的训练。

（2）对着镜子练习微笑，调整自己的嘴形，注意与面部其他部位和眼神的协调，做最使自己满意的微笑表情，到离开镜子时也不要改变它。

（3）练习微笑之前要忘掉自我和一切的烦恼，让心中充满爱意。

（4）训练时可以配上优美的音乐，放松心情，减轻单调、疲劳之感。

三、手势

手是人体上最富灵性的器官，如果说"眼睛是心灵的窗户"，那么手就是心灵的触角，是人的第二双眼睛。手势在传递信息、表达意图和情感方面发挥着重要作用。

丰富的手势语

据语言专家统计，表示手势的动词有近两百个。"双手紧绞在一起"，显示的意义是精神紧张。用手指或笔敲打桌面，或在纸上涂画，显示不耐烦、无兴趣。搓手常表示人们对某事结局的急切期待心理，在经济谈判中这种手势可以告诉对手或对方告诉你在期待什么。伸出并敞开双掌给人以言行一致、诚恳的感觉。掌心向下的手势表示控制、压制、带有强制性，易产生抵触情绪。谈话时掌心向上的手势表示谦虚、诚实，不带有任何威胁性。双臂交叉在胸前暗示一种敌意和防御的态度。塔尖式手势，把十指端相触，撑起呈塔尖式，若再伴之以身体后仰，则显得高傲。用手支着头，显示的意义是不耐烦、厌倦。

用手托摸下巴，说明老练、机智。用手不停地磕烟灰，表明内心有冲突和不安。突然用手把没吸完的烟掐灭，表明紧张地思考问题等。又如招手致意、挥手告别、握手友好、摆手回绝、合手祈祷、拍手称快、拱手答谢（相让）、抚手示爱、指手示怒、颤手示怕、捧手示敬、举手赞同、垂手听命等。

可见，丰富的手势语在人们交往中是不可缺少的。在社会交往中，手势有着不可低估的作用，生动形象的有声语言再配合准确、精彩的手势动作，必然能使交往更富有感染力、说服力和影响力。

1. 常见的手势

（1）引领的手势

在各种交往场合都离不开引领动作，例如请客人进门、请客人坐下、为客人开门等，都需要运用手与臂的协调动作。同时，由于这是一种礼仪，还必须注入真情实感，调动全身活力，使心与形体形成高度统一，才能做出色彩和美感。引领动作主要有以下几种表现形式

① 横摆式。以右手为例：将五指伸直并拢，手心不要凹陷，手与地面呈 45° 角，手心向斜上方。腕关节微屈，腕关节要低于肘关节。动作时，手从腹前抬起，至横膈膜处，然后，以肘关节为轴向右摆动，到身体右侧稍前的地方停住。同时，双脚形成右丁字步，左手下垂，目视来宾，面带微笑，如图 4-17 所示。这是在门的入口处常用的谦让礼的姿势。

② 曲臂式。当一只手拿着东西，扶着电梯门或房门，同时要做出"请"的手势时，可采用曲臂手势。以右手为例：五指伸直并拢，从身体的侧前方向上抬起，至上臂离开身体的高度，然后以肘关节为轴，手臂由体侧向体前摆动，摆到手与身体相距 20 厘米处停止，面向右侧，目视来宾，如图 4-18 所示。

图 4-17　横摆式引领手势　　　　　　　　图 4-18　曲臂式引领手势

③ 斜下式。请来宾入坐时，手势要斜向下方。首先用双手将椅子向后拉开，然后，一只手曲臂由前抬起，再以肘关节为轴，前臂由上向下摆动，使手臂向下成一斜线，并微笑点头示意来宾，如图 4-19 所示。

（2）招呼他人

手放于体侧，手臂伸直在一条直线上，向前向上抬起，手掌向下，屈伸手指作搔痒状或晃动手腕，如图 4-20 所示。这种手势在中国、欧洲的大部分地区以及拉丁美洲的许多国家都比较适用，但在美国、日本等国却与此相反，他们用掌心向上，向内屈伸手指作搔痒状或晃动手腕招呼别人，而在中国、南斯拉夫和马来西亚等国这种手势却是用来召唤动物的。

（3）挥手道别

要领是：身体要站直，不晃动，目视对方。手臂伸直，呈一条直线，手放在体侧，向前向上抬至与肩同高或略高于肩，手臂不可弯曲，掌心朝向对方，指尖朝向上方，五指并拢，手腕晃动，如图 4-21 所示。

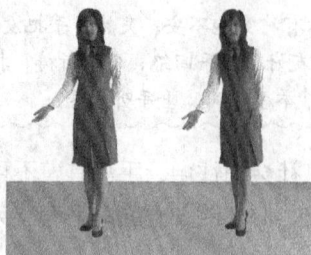

图 4-19　斜下式引领手势

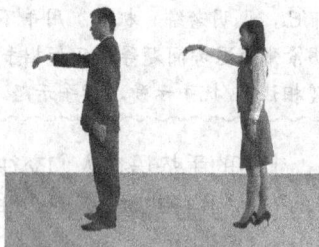

图 4-20　招呼他人手势

（4）指引方向

要领是：当有人询问去处时，要先行站直，不可尚未站稳或在行走中指引方向。手臂伸直在一条直线上，五指并拢，手掌翻转到掌心朝上，与肩平齐，直指准确方向。目光要随着手势走，指到哪里看到哪里，否则易使对方迷惑。指引方向后，手臂不可马上放下，要保持手势顺势送出几步，体现对他人的关怀和尊敬。指引方向手势如图 4-22 所示。

图 4-21　挥手道别手势

图 4-22　指引方向手势

（5）递接物品

要领是：双手递送、接取物品，不方便双手时，也可用右手，但绝不可单用左手。双方距离比较远时，应起身站立，主动走近对方递送或接取物品。递送时最好直接递至对方手中并且要方便对方接取。递送有文字、图案、正反面的物品时，要正面向上且朝向对方；接取物品时，要缓而且稳，不要急欲抢取。如图 4-23 所示为递物品示意图。递送带尖、带刃或其他易于伤人的物品时，应使其朝向自己或朝向他处，切不可朝向对方，如图 4-24 所示。

图 4-23　递物品

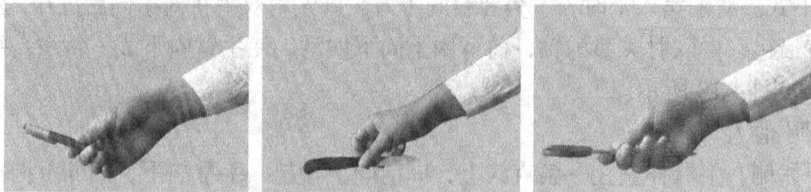

图 4-24　递笔、刀、剪子

（6）展示物品

要领是：应使物品在身体的一侧展示，不要挡住本人头部。展示的位置不同表明物品的意义不同：当手持物品高于双眼之处时，适用于被人围观时采用；当手持物品位于眼睛下方、胸部上方，双臂横伸时，自肩至肘部以内时，给人以放心、稳定感；当手持物品位于眼睛下方、胸部上方，双臂伸直时在肘部以外时，给人以清楚感，通常在这个位置展示想让对方看清楚的物品；当手持物品位于胸部以下，给人以漠视感，通常展示不太重要或不太明显的物品时采用。图4-25所示为展示物品示意图。

（7）鼓掌

鼓掌是在观看文体表演、参加会议、迎候嘉宾时表示赞赏、鼓励、祝贺、欢迎等情感的一种手势。要领是：以右手掌心向下有节奏地拍击左掌，不可左掌向上拍击右掌；不可右掌向左，左掌向右，两掌互相拍击。鼓掌时间要长短相宜，5～8秒为宜。

2. 常见手势语

（1）"OK"的手势

拇指和食指合成一个圆圈，其余三指自然伸张，如图4-26所示。这种手势在西方某些国家比较常见，但应注意在不同国家其语义有所不同。如：美国表示"赞扬""允许""了不起""顺利""好"；在法国表示"零"或"无"；在印度表示"正确"；在中国表示"零"或"三"两个数字；在日本、缅甸、韩国则表示"金钱"；在巴西则是"引诱女人"或"侮辱男人"之意；在地中海的一些国家则是"孔"或"洞"的意思，常用此来暗示、影射同性恋。

礼仪故事 4-4

OK手势闹出笑话

礼仪专家李荣建曾因为OK手势闹出笑话。他在上中学的时候，由于学校修路把侧门关闭了，就要绕很远去上课。有一次眼看就要迟到了，于是他决定翻墙进去，但学校明令禁止跳墙，经常派保安埋伏在墙下。他正犹豫不决的时候，看见一个同学刚好经过，隔着栅栏门，他小声问："墙底下有没有保安？"同学四下看看，也不说话，只是冲他打了个"OK"的手势。他一见很高兴，如武林高手一般，攀住墙头，"噌"地一下翻了过去。就在他双脚落地之时，3个保安过来将他团团围住，二话不说，把他带到了保卫处。回到教室，李荣建十分生气地问那个同学："明明墙底下有3个保安，你怎么做OK的手势来骗我？"那位同学也十分气愤地说："你是真傻还是装傻呀？我这是中国手势，意思是墙下有3个保安！"（笑声）可见，同一种手势在不同的地方就会有不同的含义，甚至不同的手势却表示相同的含义。

（2）伸大拇指手势

大拇指向上，在说英语的国家多表示"OK"之意或是打车之意；若用力挺直，则含有骂人之意；若大拇指向下，多表示坏、否定之意。在我国，伸出大拇指这一动作基本上是向上伸表示赞同、一流、好等，向下伸表示蔑视、不好等之意。伸大拇指手势如图4-27所示。

（3）"V"字型手势

伸出食指或中指，掌心向外，其语义主要表示胜利（英文Victory的第一个字母），掌心向内，在西欧表示侮辱、下贱之意。这种手势还时常表示"二"这个数字。"V"字型手势如图4-28所示。

图4-26 OK的手势	图4-27 伸大拇指手势	图4-28 "V"字型手势

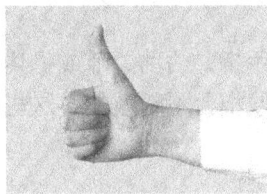

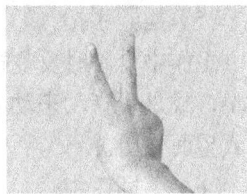

小明的手势

小明刚上三年级，这天他考数学，考得挺好，放学回到家，他90多岁的太奶奶就问他："今天考得咋样啊？"他说考得挺好，冲他太奶奶做了个"V"字型手势，他太奶奶哪懂得洋手势的意思呀，说道："哦，这孩子学习不行，考了个'鸭巴子'。"（笑声）"鸭巴子"是方言，就是指得了2分，鸭子的形状不是像阿拉伯数字"2"吗。第二天放学，太奶奶又问小明："孩子你今天考得咋样啊？"小明今天考的是语文，他考得也很好，他冲太奶奶做了一个"OK"的手势，他太奶奶还是不懂这个洋手势的意思，叹了口气，说道："唉，这孩子学习不行，还不如昨天呢，考了个大零蛋！"（大笑）。

（4）伸出食指手势

伸出食指在我国以及亚洲一些国家表示"一""一个""一次"等；在法国、缅甸等国家则表示"请求""拜托"之意。在使用这一手势时，一定要注意不要用手指指人，更不能在面对面时用手指着对方的面部和鼻子，这是一种不礼貌的动作，且容易激怒对方。

（5）捻指作响手势

就是用手的拇指和食指弹出声响，其语义或表示高兴，或表示赞同，或是无聊之举，有轻浮之感。应尽量少用或不用这一手势，因为其声响有时会令他人反感或觉得没有教养，尤其是不能对异性运用此手势，这是带有挑衅、轻浮之举。

3. 不良的手势

手势是人的第二面孔，具有抽象、形象、情意、指示等多种表达功能，服务人员应根据对方的手所表现出的各种仪态，准确判读各种手势所传达出的各种真实的、本质的信息，以便更好地完成服务工作。服务人员在使用手势语时，以下几种手势是值得特别重视的；否则，将会给对方传达出不良的信息。

（1）指指点点

工作中绝不可随意用手指对服务对象指指点点，与人交谈时更不可这样做。指点着别人说话，往往引起他人较大的反感。

（2）随意摆手

在接待服务对象时，不可将一只手臂伸在胸前，指尖向上，掌心向外，左右摆动。这些动作的一般含义是拒绝别人；有时，还有极不耐烦之意。

（3）端起双臂

双臂抱起，然后端在胸前这一姿势，往往暗含孤芳自赏、自我放松或置身度外、袖手旁观、看他人笑话之意。

（4）双手抱头

这一体态的本意是自我放松，但在服务时这么做，则会给人以目中无人之感。

（5）摆弄手指

工作中无聊时反复摆弄自己的手指，活动关节或将其捻响，打响指，要么莫名其妙地攥紧拳，或是手指动来动去，在桌面或柜台不断敲扣，这些往往会给人不严肃、很散漫之感，令人望而生厌。

（6）手插口袋

这种表现会使客人觉得服务人员忙里偷闲，在工作方面并未尽心尽力。

（7）搔首弄姿

这种手势，会给人以矫揉造作、当众表演之感。

（8）抚摸身体

在工作之时，有人习惯抚摸自己的身体，如摸脸、擦眼、搔头、剜鼻、剔牙、抓痒、搓泥，这会给别人缺乏公德意识，不讲究卫生，个人素质极其低下的印象。

（9）勾指手势

请他人向自己这边过来时，用一只食指或中指竖起并向自己怀里勾，其他四指弯曲，示意他人过来，这种手势有唤狗之嫌，对人极不礼貌。

礼仪小贴士4-14

手势训练

1. 训练地点

形体训练室。

2. 训练准备

四面墙安装长度及地镜子的形体训练室，音乐播放器材，音乐歌曲CD，投影设备，毛泽东、周恩来等伟人的影像资料，剪子，文件等。

3. 训练方法

（1）先观看毛泽东、周恩来等伟人的影像资料，然后开始训练。

（2）调整体态，保持良好的站姿。

（3）每两人一组对镜子练习常用手势，包括请、招呼他人、挥手道别、指引方向、递接物品（剪子、文件）、鼓掌、展示物品等手势，并互相纠正。

（4）教师最后点评、总结。

四、举止

一个人的举止端庄、行为文明、动作规范，是良好素养的表现，它能帮助个人树立美好形象，也能为组织赢得美誉；反之，则会损害组织形象。

礼仪故事4-6

一口痰毁了一项合同

中国长江医疗机械厂经过艰难的谈判即将与美国客商约瑟先生签定"输液管"生产线的合同。然而在参观车间时，厂长陋习难改，在地上吐了一口痰，约瑟看后一言不发，掉头就走，只留给厂长一封信："我十分钦佩您的才智和精明，但您吐痰的一幕使我彻夜难眠。一个厂长的卫生习惯可以反映一个工厂的管理素质。况且我们合作的产品是用来治病的，人命关天。请原谅我的不辞而别，否则上帝都会惩罚我的。"

一口痰毁了一项合同，可见，日常举止是优美仪态的一个重要组成部分，端庄的举止、文明的行为体现在日常生活的方方面面，社交中也要求人们的举止有一定的约束。例如以下不受欢迎的坏习惯和不良举止就应在交际中努力戒除。

1. 打呵欠

当你在与人谈话的时候，尤其是当对方在滔滔不绝地发表意见时，那时你也许感到疲倦了，但要按捺住性子让自己不打呵欠，因为这会引起交际对象的不快。打呵欠在社交场合中给人的印象是：你不耐烦了，而不是你疲倦。

2. 掏耳和挖鼻

有的人有这类不雅的小动作，大家正在喝茶、吃东西的时候，掏耳的小动作往往令旁观者感到恶心。即使你想"洗耳恭听"，此时此地也不是时候。同样，用手指挖鼻也是非常失礼的动作。

3. 剔牙

宴会上，谁也免不了人有剔牙的小动作。既然这小动作不能避免，就得注意剔牙时不要露出牙齿，而且不要把碎屑乱吐一番，最好用左手掩嘴，头略向侧偏，吐出碎屑时用纸巾接住。

4. 搔头皮

有些头皮屑多的人，在社交场合也忍耐不住头皮屑刺激的搔痒，而搔起头皮来。搔头皮必然使头皮屑随风纷飞，这不仅难看，而且令旁人大感不快。搔头皮这种现象在社交场合是非常失礼的。特别是在宴会上，或者较为严肃、庄重的场合，这种小动作是很难叫人谅解的。

5. 双腿抖动

这种小动作多发生在坐着的时候，站立时较为少见。这种小动作虽然无伤大雅，但双腿颤动不停，令对方觉得不舒服，而且也给人情绪不安定的感觉，这也是失礼的。同样，让跷起的腿儿钟摆似地打秋千也是相当难看的姿态。

礼仪故事 4-7

我的财都被他抖掉了

有一位华侨到国内洽谈合资业务，洽谈了好几次，最后一次来之前，他曾对朋友说："这是我最后一次洽谈了，我要跟他们的最高领导谈，谈得好，就可以拍板。"过了两个星期，他和朋友相遇，朋友问："谈成了吗？"他说："没谈成。"朋友问其原因，他回答："对方很有诚意，进行得也很好，就是跟我谈判的这个领导坐在我的对面，当他跟我谈判时，不时地抖着他的双腿，我觉得还没有跟他合作，我的财都被他抖掉了。"

6. 频频看表

在与人交谈时，如果无其他重要约会，最好少看自己的手表。这样的小动作会使对方认为你还有什么重要的事情，不会使谈话继续下去；同时，你的这种小动作可能引起对方的误会，认为你没有耐心再谈下去。如果你确实有事在身的话，不妨婉转地告诉对方改日再谈，并表示歉意。

第二节 能 力 提 升

一、案例讨论

案例 4-1

面试

一次，有位老师带着三位毕业生同时去应聘一家酒店总台接待职位，面试前老师怕学生面试时紧张，同人事部经理商量让三位同学一起面试。三位同学进入人事部经理的办公室时，经理上前请三位同学入座。当经理回到办公桌前，抬头一看欲言又止，只见两位同学坐在沙发上，一个跷起二郎腿而且两腿不停地抖动，另一个身子松懈地斜靠在沙发一角，两手攥握手指咯咯作响，只有一位同学端坐在椅子上等候面试。人事部经理起身非常客气地对两位坐在沙发上的同学说："对不起，你们的面试已经结束了，请退出。"两位同学四目相对，不知何故，面试怎么还没问，就结束了呢？

【思考与讨论】

（1）面试怎么还没问，就结束了呢？

（2）本案例对你有哪些启示？

📖 **案例 4-2**

用微笑沟通心灵

今年28岁的孟昆玉是北京宣武区和平门岗的一位普通交警，凡是从这个十字路口经过的人，几乎第一感觉都是他的微笑。他的微笑不仅是他的一张"名片"，而且成为他工作中与司机有效沟通的"秘密武器"。孟昆玉参加工作8年来，每天都把笑容挂在脸上，用微笑化解矛盾，赢得理解，建立了非常和谐的警民关系，工作8年没有一起投诉，他不仅获得了"微笑北京交警之星""百姓心中好交警"等荣誉称号，而且还被广大网友盛赞为"京城最帅交警"。

警察，在人们心目当中一般都是很严肃的。而孟昆玉，一个年轻的"80"后交警，何以有这样好的心态，能保持8年如一日的微笑呢？孟昆玉说："从参加工作以来，我的口头语就是'您好'。无论是路面上还是在单位见到同志，我觉得一个微笑，一个'您好'，就能够拉近人和人之间的距离，如果你给司机一个微笑，一个敬礼，一个'您好'，就有了沟通的基础。"

是啊，微笑是人类最美的表情，是人们心灵沟通的钥匙。当一个人对你微笑的时候，你能感觉到他心中的暖意，感受到他对你的善意和友好。反之，一个人若总是紧绷着脸，冷若冰霜，就会让人退避三舍，不愿接近。让我们都像孟昆玉一样，用微笑去沟通心灵，让文明成为一种行动，让我们居住的这座城市因你我更加绚烂！

【思考与讨论】

（1）结合自身感受谈谈微笑的作用。

（2）微笑应注意什么？

（3）本案例对你有哪些启示？

📖 **案例 4-3**

"OK"手势

一位美国的工程师被公司派到他们在德国收购的分公司，和一位德国工程师在一部机器上并肩作战。当这个美国工程师提出建议改善新机器时，那位德国工程师表示同意并问美国工程师自己这样做是否正确，这个美国工程师用美国的"OK"手势给予回答。那位德国工程师放下工具就走开了，并拒绝和这位美国工程师进一步交流。后来这个美国人从他的一位主管那里了解到这个手势对德国人意味着"你是个屁眼儿"。

【思考与讨论】

（1）"OK" 手势具有什么含义？

（2）怎样避免案例中情况的发生？

案例 4-4

"总统"的仪态

曾任美国总统的老布什，能够坐上总统的宝座，成为美国"第一公民"，与他的仪态表现分不开。在1988年的总统选举中，布什的对手杜卡基斯，猛烈抨击布什是里根的影子，没有独立的政见。而布什在选民心中的形象也的确不佳，在民意测验中一度落后于杜卡基斯10多个百分点。未料两个月以后，布什以光彩照人的形象扭转了劣势，反而领先10多个百分点，创造了奇迹。原来布什有个毛病，他的演讲不太好，嗓音又尖又细，手势及手臂动作总显出死板的感觉，身体动作不美。后来布什接受了专家的指导，纠正了尖细的嗓音、生硬的手势和不够灵活的摆动手臂的动作，结果就有了新颖独特的魅力。在以后的竞选中，布什竭力表现出强烈的自我意识，改变了原来人们对他的评价，配以卡其布蓝色条子厚衬衫，以显示"平民化"，终于获得了最后的胜利。

【思考与讨论】

（1）老布什竞选总统获胜说明了什么？

（2）本案例对你有何启示？

案例 4-5

注重礼仪的林志玲

台湾超级模特、著名主持人和演员林志玲不仅聪明、有智慧、温文尔雅，而且待人客气、有礼貌。她在为长虹手机做形象代言人时，如果有粉丝前来和林志玲合影、握手，身高1.74厘米，又穿高跟鞋的林志玲，一定会膝盖微屈，蹲到和对方一样的高度，眼神平视地和对方握手。她这样总共蹲了几十次，令大家十分感动。林志玲在为浪琴手表做代言人时，曾到西安作宣传。当地100多位经销商纷纷走到台上与林志玲合影、握手，为了保持眼神平视地和对方握手，她竟不厌其烦地下蹲了80多次，感动了在场的所有人，浪琴手表全球总裁更是对林志玲的表现大加赞赏。

【思考与讨论】

（1）林志玲膝盖微屈，平视地和对方握手体现了林志玲怎样的形象？收到了什么效果？

（2）本案例对你有哪些启示？

案例 4-6

周恩来的仪态美

我们敬爱的周恩来总理堪称仪态美的典范，青年时代他在南开中学读书，南开中学教学楼的镜子上印着《镜铭》："面必净，发必理，衣必整，纽必结。头容正，肩容平，胸容宽，背容直。

气象：宜和、宜静、宜庄。颜色：勿傲、勿暴、勿怠。"

周恩来自年轻时就按《镜铭》上的要求去做，加强修养，努力做到仪态美，在半个多世纪的革命生涯中，形成了独特的被称为"周恩来风格的体态语"，可谓"举手投足皆潇洒，一笑一颦尽感人"，给人以不可抗拒的吸引力。一位欧洲女作家说："他的眼睛是他身上最惊人的特点，总是闪着光并迅速移动，人人都发现它是不可抗拒的。周在演讲时，步履矫健，昂首挺胸，神色自然，仪态万方，周身洋溢着自信与激情。他时而平静，时而激动，时而温和，时而愤怒。而这一切都是那样得体和恰如其分。独具魅力的体态语，帮助周恩来把自己塑造成为一位受到普遍欢迎的交谈伙伴、一位杰出的演说家、一位老练的谈判高手、一位劝说行家这四种角色集于一身的出色形象。"

【思考与讨论】

（1）请在互联网上搜集周恩来总理的照片，体会一下他的仪态美。

（2）与同学讨论一下应怎样培养自己的仪态美。

案例 4-7

一个喷嚏损失500万

某公司经理好不容易和一家外国企业就一项合作计划达成了协议。就在他兴高采烈地随同那家外国企业老板去顶楼会议室出席签约仪式步入电梯时，冷不丁地打了一个大喷嚏，而且打喷嚏时也没有用手或其他东西挡一下嘴巴，唾沫星溅到了站在他前面那名外商脖子上，他连句道歉的话都没有讲。电梯停下来以后，那名外商头也不回地又进了旁边正准备下降的电梯，随即宣布取消合作。

那名外商回国后，还特意给某公司经理邮寄来一个包裹，打开一看，发现是几打精致的手帕。某经理别提有多懊悔了。

【思考与讨论】

（1）交际场合应杜绝哪些不良的行为举止？

（2）本案例对你有何启示？

二、实训项目

项目1：招聘情景模拟训练

实训目标：掌握交际仪态礼仪规范，开展各类交际活动，体现出优雅的举止，展现出良好的个人形象。

实训学时：2学时。

实训地点：实训室。

实训场景

星盛房地产开发公司招聘现场

星盛房地产公司人事部经理：程小姐

应聘者：向书静

地点：人事部经理办公室

（旁白）前来应聘的是身穿T恤和牛仔裤，性格活泼的向书静。

（旁白，敲门三下，之后……）

程小姐：请进（看着向小姐走到面前，不语）

向书静：您好，我是向书静，哦，对了，这是我的个人简历。（走到经理面前双手递上，并返回原地）我先自我介绍一下吧！（经理示意"请"）本人毕业于××职业技术学院商务文秘专业，现已过了英语三级，我的个性比较外向开朗，善于与人沟通，我对秘书应具备的知识掌握得比较全面，例如写作能力、与人沟通的能力、管理能力等，并且实习单位对我的评价也比较好，因此，我想应聘销售部经理助理一职。

程小姐：您请先坐吧！（手势示意）

向书静：好的，谢谢！（走到椅子前坐下，跷起二郎腿）

程小姐：（抬头看了一下向书静的坐姿，并停留了一会儿）

向书静：（意识到经理的目光，并矫正了自己的坐姿）

程小姐：我能问你几个问题吗？

向书静：当然可以。

程小姐：你认为对人最有亲和力的是什么呢？

向书静：我觉得应该是微笑吧。

程小姐：你可以示范一下吗？

向书静：可以啊。（微笑）

程小姐：很好，还挺专业的……假如现在有一位外单位的销售部经理来我们这儿，你怎样引导他进入会客室，请他坐下。（起身走到向书静面前，向书静立即起身）假如我就是那位经理，你该如何接待我？

（程小姐走到大门外，向书静走到大门口，分别扮演各自的角色。程小姐从远处走过来，向书静面带微笑）

向书静：您好，欢迎光临本公司。

（用手示意，指向会客室方向）

程小姐：你好！（面带微笑，顺着所指方向，朝会客室走去）

（向书静走在客人的左前方两步，一边走，一边与客人随意聊，遇到拐弯处，用手势指示所去方向）

（遇到下一级台阶，并请向书静提醒客人）

向书静：小心，下一级台阶。

程小姐：好的。（面带微笑）

（向书静开门，门朝里，她先走进去，推开门，并扶好）

向书静：请进！（用另一只手示意）

程小姐：（微笑致意）

（向书静走到沙发边，用手示意）

向书静：您请坐，我给您沏茶。

程小姐：好的，就这样吧。你的表现还不错，现在你可以回去等我们的通知了。

向书静：那请问我什么时候能接到您的通知呢？

程小姐：半个月内吧，我们会与你联系的。

向书静：好的，再见！（握手，告别）

程小姐：再见。（向书静退出办公室）

实训要求：请把这一接待过程演示出来。分组训练，每三人一组，分别扮演其中两个角色，另一个是旁白；要综合运用以前生活中接人待物的常识；在演练的过程中，每一位同学要认真对待，注意服饰、举止与仪容的协调，交谈的声音、语调、话语内容要适宜。

训练手记：通过训练，我的收获是：＿＿＿＿＿＿＿＿＿＿＿＿＿＿＿＿＿＿＿＿。

项目2：交际情景模拟演示

实训目标：掌握交际仪态礼仪规范，开展各类交际活动，体现出优雅的举止，展现出良好的个人形象。

实训学时：2学时。

实训地点：实训室。

实训准备：场景设计方案。

实训方法：同学分组，每个小组5～6人，设计各种情景（如求职面试、商务接待、商务拜访等场景）展示基本的仪态礼仪；每组同学根据设计的情景进行角色扮演，展示基本的站姿、坐姿、走姿和蹲姿、表情、手势等仪态，用摄像机记录展示的全过程；观看录像，找出不规范的地方，同学可进行相互评价；最后由授课老师进行总结评价，全班同学评选出"最佳表现组"。

训练手记：通过训练，我的收获是：＿＿＿＿＿＿＿＿＿＿＿＿＿＿＿＿＿＿＿＿。

三、阅读思考

风度

风度是社交活动中给人印象深刻的内在潜质的综合反应，它不但是人的一种性格特征的表现，而且还是一种内在涵养的表现。风度是一个人的姿态举止、言谈、作风等表现出来的美。这种美既是一种外在美，又是一个人内心美的自然流露，也就是内在美和外在美的和谐统一。看过《周恩来外交风云》的人不会忘记：在日内瓦会议和万隆会议上，周恩来以其卓越才智和个人魅力，为和平解决印度支那问题、促进亚非会议做出了历史性的贡献。他的举手投足，都展现出一个彬彬有礼、温文尔雅、和蔼可亲的东方美男子形象。1954年，当周恩来代表中国出现在日内瓦会议上时，他的风采、他的气质、他的落落大方、不卑不亢的外交才干令所有人为之惊叹、为之折服，令西方国家对新中国的总理刮目相看。在万隆会议上，周恩来又以其风度与个人魅力从会前需要"老前辈"介绍而变为会后公认的"外交明星"，他所倡导的"和平共处五项原则""求同存异"方针，也产生了深远的影响，被广泛承认为处理国与国之间关系的基本准则。周恩来那优雅的充满独特魅力的翩翩风度，倾倒了多少不同国度不同民族甚至不同信仰的人，令多少人为之惊叹与折服！

因此我们既要重视化妆、服饰与姿态的美，更要看重内在的修养，何况外在仪表本身就折射着个人内在的内容。要想在社交场合风度翩翩，应从根本做起。

1. 风度的培养是人内在气质的展现

气质不佳者，难有好的风度。内在气质的优化是靠平时修养、陶冶而成，因而它会不经意地显露出风度。

礼仪故事 4-8

曹操的气质风度

据《世说新语》记载，曹操个子较矮，一次匈奴来使，应由曹操接见。可是，曹操怕使者见自己矮而看不起，于是请大臣崔琰冒充自己，曹操则持刀扮成卫士站在崔琰的旁边观察使者。崔琰"眉目疏朗，须长四尺，甚有威重"。接见后，曹操派人去探听使者的反应，使者说："魏王雅望非常，然床头提刀者，此乃英雄也。"曹操具有高度的政治、军事、文化素养，养成了封建时代的政治家特有的气质。因此，他的风度并不因他身材矮小而受到影响，也不因他扮成地位低下的卫士而被掩盖。

2. 风度的培养离不开良好的德、才、学、识

良好的文化素养、脱俗的思想境界、渊博的学识、精深独到的思辩能力，是构成风度美的重要内在因素。宽宏的气度与气量是自古以来的君子之风，知识丰富且善于辞令，时而妙语连珠，时而幽默风趣，这些风度也可通过语言举止、服饰和作风等转换为外在的形式。如毛泽东有运筹帷幄的政治家风度，周恩来有才思敏捷、风姿潇洒的外交家风度，鲁迅有"横眉冷对"的铮铮铁骨，宋庆龄则留下端庄自然的慈母风度等，高尚的道德修养与高超的学识造就了卓然的风度。

3. 风度的培养应注意经常的训练

培养风度首先要对自己的气质、性格、经历、知识和文化程度，乃至身材、面容等条件有个自知之明，既不能听之任之，对自己毫无要求，以"本色""自然"自夸；也不能乞求过高，操之过急，以致矫揉造作，生硬别扭，或东施效颦，欲美反丑。而审度自己，科学地进行自我设计，持久地实践、训练，自然能水到渠成。例如，根据自身特点坚持训练站姿、坐姿、走姿、言谈举止的技术，在各种场合、环境下都能运用自如，心理从容自信，风度也随之而来。正如一位艺术家所言："只有你自己才能识别自己的长处和魅力。它们也许是你的低回浅笑，也许是你的开怀畅谈，也许是你的亲切和蔼。它可能是你对生活乐趣的领悟，也可能是你的沉静安详。不管你那特有的吸引力是什么，它都会因为魅力的技术因素而得到加强。"

思考题

1. 周恩来的良好风度体现在哪些方面？
2. 培养自己的风度应该从哪些方面着手？

课后练习

1. 请每天拿出 10～20 分钟时间练习站、立、行、蹲等姿态。

2. 你对自己的仪态满意吗？请观察一下你周围的人士在站姿、坐姿、走姿等方面存在什么问题，提醒自己避免出现这些问题。

3. 观察一下路人的走姿，看看什么样的走姿给你的感觉最好？

4. 在遇到陌生人时，怎样用你的身体语言使对方精神放松，以博得对方的好感？

5. 你的眼神是否充满了自信和活力？怎样才能使眼神充满自信和活力？

6. 观察一下日常生活中各个微笑的脸，说说"微笑的脸"有哪些特征？

7. 今天你微笑了吗？试着每天清晨起床后，对着镜子整理仪容的同时，把甜美愉快的笑容留在脸上。

8. 观察你周围的人，分析他们哪些言行、举止符合礼仪要求，哪些不符合礼仪要求。举例列出表现，并分析形成的原因。

9. 请制定一份班级举止文明公约。

10. 请以"风度的培养"为题写一篇小论文，全文不少于 1000 字。

课后评价考核

评价考核表

内容		评价	
学习目标	评价内容	小组评价（5、4、3、2、1）	教师评价（5、4、3、2、1）
知识（应知应会）	仪态礼仪的内容		
	标准站姿、走姿、坐姿、蹲姿		
专业能力	能够在不同的场合中展现出正确的姿态		
	能够正确地运用眼神和微笑		
	能够正确地运用手势		
	克服不良举止		
通用能力	自我管理能力		
	审美能力		
	自控能力		
态度	敬业、一丝不苟的精神、遵守规范		
努力方向：		建议：	

第五章 会面礼仪

生活里最重要的是礼貌，它比最高的智慧、比一切学识都重要。

——【俄】赫尔岑

教养体现于细节，细节展示素质，素质决定成败。

——金正昆

学习目标

- 在交际中能够得体地称呼对方、问候对方。
- 得体地进行自我介绍、他人介绍，更好地与人相识。
- 熟练运用标准的握手等见面礼节。
- 能够设计富有特色的名片，在交际中能够规范地使用名片。
- 能够恰当地选择礼品，馈赠礼品。
- 正确地运用鲜花表达情意。
- 接待、拜访符合礼仪规范。

案例导入

如此会面

小李今年刚大学毕业，在大华公司总经理办公室做秘书工作。一天，公司王总经理派他到机场去接广州明光公司销售部的吴丽晶经理。小李准时来到机场，在出口处吴经理见到小李手中的字牌，走到小李面前说："你好！你是小李吧，我是吴丽晶！"小李连忙用不太标准的普通话说："是的是的，我是小李，您好！您就是广州过来的狐狸精（吴丽晶）吧？我是王总派来接您的。我是东方大学行政管理专业毕业的研究生，现在是王总的秘书。"一边说一边伸手准备与吴经理握手。面对小李这样的称呼、这样的自我介绍、这样的握手方式，吴经理会是什么感觉呢？

问题

1. 小李在与吴经理会面中存在哪些礼仪问题？

2. 会面时应注意哪些礼仪？

会面是交际的开始。一个人在社会中欲生存、发展，都必须以各种形式与其他人进行交往。因为没有交往就难以合作，没有合作就难以生存、发展。会面礼仪是与人交往时最基本、最常用的礼节，它最能反映一个人及社会的礼仪水平，可以帮助我们顺利地通往交际的殿堂。人们见面后互致问候，不熟悉的人之间相互介绍，然后握手，互换名片，寒暄后才进入正题。这看似简单，却蕴含复杂的礼仪规则，表达着丰富的交际信息。掌握基本的会面礼仪，能使现代人适应各种场合社交的礼仪要求，赢得交际对象的好感，塑造良好的社交形象。相反，如果不注意社交礼仪，就像"案例导入"中的小李那样会面，其结果就可想而知了。

第一节　应知应会

一、称呼

在社会交往中，交际双方见面时，如何称呼对方，这直接关系到双方之间的亲疏、了解程度、尊重与否及个人修养等。一个得体的称呼，会令彼此如沐春风，为以后的交往打下良好的基础；否则，不恰当或错误的称呼，可能会令对方心里不悦，影响到彼此的关系乃至交际的成功。

礼仪故事 5-1

叶永烈采访陈伯达

著名传记作家叶永烈在着手写陈伯达传记时，必须采访陈伯达，采访时究竟怎样称呼陈伯达，叶永烈颇费了一番心思。采访的前一天晚上，叶永烈辗转反侧，明天见到了陈伯达到底该怎么称呼他呢？叫他陈伯达同志，不合适，因为陈伯达是在监狱服刑的犯人；叫他老陈，也不行，因为陈伯达已经是84岁的老人了，而自己才48岁，究竟应怎样称呼他呢？突然叶永烈灵机一动，称呼他陈老，这是再恰当不过的称呼了。果然，第二天采访时，叶永烈一声"陈老"亲切得体的称呼，令陈伯达听了感动万分，眼里充满了泪花。由此可见，一个得体的称呼真可谓交际的"敲门砖"啊！

1. 常用的称呼

（1）称呼姓名

一般的同事、同学关系，平辈的朋友、熟人，均可彼此之间以姓名相称。例如"王小平""赵大亮""刘军"。长辈对晚辈也可以如此称呼，但晚辈对长辈却不可以这样做。为了表示亲切，可以在被称呼者的姓名前分别加上"老""大""小"字，而免称其名。例如，对年长于己者，可称"老张""大李"；对年幼于己者，可称"小赵""小李"。但这种称呼多在职业人士间常见，不适合在校学生。对同性的朋友、熟人，若关系极为亲密，可以不称其姓，而直呼其名，如"德仁""晓光"。对于异性一般则不可这样做。因为如果这样称呼，一般来说不是其家人，就是其配偶了。

（2）称呼职务

在工作中，以交往对象的职务相称，以示身份有别、敬意有加，这是一种最常见的称呼方法。具体做法上可以仅称呼职务，如"局长""经理""主任"等；可以在职务前加上姓氏，例如"王总经理""夏市长""张主任"等；还可以在职务前加上姓名，这仅适用于极其正式的场合，例如"×××主席""×××省长""×××书记"等。

（3）称呼职称

对于有职称者，尤其是有高级、中级职称者，可以在工作中直接以其职称相称。可以只称职称，例如"教授""研究员""工程师"等；可以在职称前加上姓氏，例如"张教授""王研究员""刘工程师"，当然有时可以简化，如将"刘工程师"简化为"刘工"，但使用简称应以不发生误会、歧义为限；可以在职称前加上姓名，它适用于十分正式的场合，例如"钱大川教授""周小英主任医师""孙必达主任编辑"等。

（4）称呼学衔

在工作中，以学衔作为称呼，可增加被称呼者的权威性，有助于增强现场的学术氛围。

可以在学衔前加上姓氏，如"王博士"；可以在学衔前加上姓名，如"王军博士"。一般对学士、硕士不称呼学衔。

（5）称呼职业

称呼职业，即直接以被称呼者的职业作为称呼。例如，将教员称为"老师"，将教练员称为"教练"或"指导"，将专业辩护人员称为"律师"，将财务人员称为"会计"，将医生称为"大夫"或"医生"等。一般情况下在此类称呼前，均可加上姓氏或姓名。

（6）称呼亲属

亲属，即与本人直接或间接拥有血缘关系者。在日常生活中，对亲属的称呼业已约定俗成，人所共知。面对外人，对亲属可根据不同情况采取谦称或敬称。对本人的亲属应采用谦称。称辈分或年龄高于自己的亲属，可以在其称呼前加"家"字，如"家父""家叔"。称辈分或年龄低于自己的亲属，可在其称呼前加"舍"字，如"舍弟""舍侄"。称自己的子女，则可在其称呼前加"小"，如"小儿""小女""小婿"。对他人的亲属，应采用敬称。对其长辈，宜在称呼前加"尊"字，如"尊母""尊兄"。对其平辈或晚辈，宜在称呼之前加"贤"字，如"贤妹""贤侄"。若在其亲属的称呼前加"令"字，一般可不分辈分与长幼，如"令堂""令爱""令郎"。

（7）涉外称呼

在涉外交往中，一般对男子称先生，对女子称夫人、女士或小姐。已婚女子称夫人，未婚女子称小姐。对婚姻状况不明的女子称"小姐"或"女士"。在西方国家，凡是举行宗教结婚仪式的人，都习惯在无名指上戴一枚戒指，男子戴在左手，女子戴在右手。所以对外宾的称呼可以此而定。以上是根据性别和婚姻状况来称呼，使用起来具有普遍性。

礼仪故事 5-2

小姐还是太太

有一位先生为一位外国朋友订做生日蛋糕。他来到一家酒店的餐厅，对服务小姐说："小姐，您好，我要为我的一位外国朋友订一份生日蛋糕，同时打一份贺卡，你看可以吗？"小姐接过订单一看，忙说："对不起，请问先生，您的朋友是小姐还是太太？"这位先生也不清楚这位外国朋友结婚没有，从来没有打听过，他为难地抓了抓后脑勺想想说："小姐？太太？一大把岁数了，太太。"生日蛋糕做好后，服务员小姐按地址到酒店客房送生日蛋糕，敲门，一女子开门，服务员小姐有礼貌地说："请问，您是怀特太太吗？"女子愣了愣，不高兴地说："错了！"服务员小姐丈二和尚摸不着头脑，抬头看看门牌号，再回去打电话问那位先生，没错，房间号码没错。再敲一遍，开门，"没错，怀特太太，这是您的蛋糕。"那女子大声说："告诉你错了，这里只有怀特小姐，没有怀特太太。"啪一声，门被大力关上，蛋糕掉地。

2. 使用称呼的技巧

（1）初次见面更要注意称呼

初次与人见面或谈业务时，要称呼姓+职务，要一字一字地说得特别清楚，比如："王总经理，你说得真对……"如果对方是个副总经理，可删去那个"副"字；但若对方是总经理，不要为了方便把"总"字去掉而变为经理。

（2）称呼对方时不要一带而过

在交谈过程中，称呼对方时，要加重语气，称呼完了停顿一会儿，然后再谈要说的事，这样能引起对方的注意，他会认真地听下去。相比之下，如果你称呼得很轻又很快，有种一带而过的感觉，对方听着会不太顺耳，有时也听不清楚，就引不起听话的兴趣。而且如果不太注意对方的姓名，而过分强调了要谈的事情，那就会适得其反，对方就不会对你的事情感兴趣。所以一定要把对方完整的称呼，很认真很清楚很缓慢地讲出来，以显示对对方的尊重。

（3）关系越熟越要注意称呼

与对方十分熟悉之后，千万不要因此而忽略了对对方的称呼，一定要坚持称呼对方的姓+职务（职称），尤其是有其他人在场的情况下。人人都需要被人尊重，越是朋友，越是要彼此尊重。如果熟了就变得随随便便，"老王""老李"甚至用一声"唉""喂"来称呼了，就极不礼貌，也是令对方难以接受的。

礼仪故事 5-3

"小"字别乱喊

孙西是某咨询公司的高级培训师，上个月，他与公司另一名同事去杭州出差做一个项目。在企业做了一天的内部访谈后，第二天安排到市场一线做实地调研，由各地的区域经理负责安排接待陪同。

市场调研到了嘉兴，当地的区域经理白天陪同一起走访市场，晚上安排一起吃饭。区域经理几杯啤酒下肚，便开始称兄道弟。当他得知孙西比自己小几岁后，敬酒时便对孙西的同事喊着"张经理我们干一杯"，然后冲孙西说："小孙，咱们也喝一杯。"

孙西一听，感觉有点儿不对味，故意推辞："不好意思，我吃完饭回去还得整理一下调研材料，就免了吧。"那个区域经理觉得被扫了面子，又冲着孙西的同事说："张经理，你看小孙可真不够意思！"

孙西闻言，更加不舒服了，他端起酒杯很绅士地对那个区域经理说："请问您贵姓？"区域经理很纳闷，答道："我姓彭。""哦，小彭，咱们第一次见面，也不是很熟悉，但我要很负责地跟你说句话，你听好了——即使是你们老板跟我一起吃饭，敬酒时也都会很尊敬地称我一声'孙老师'或'孙经理'！好了，这杯酒我敬您。喝完我就先告辞了。"孙西一饮而尽，留下那个屁股刚抬起一半准备喝酒的区域经理，站也不是，坐也不是，呆立当场。

二、问候

在人际交往中，当商界人士互相见面或被他人介绍时，应起身站立，热情认真地向对方问候，打个招呼，这是最普通的礼节。问候时应注意以下问题。

（1）男士尊重女士

如果你在途中遇见相识的女士，倘若她不与你打招呼，你就不要去打扰她。男士若主动先向女士打招呼，有时会给女士带来不便或尴尬。她是不是主动向你打招呼，全由她去决定。你只可向她答礼，除非你和她非常熟悉。

（2）不用莽撞的问候方式

如果你在公共场所遇见了久违的好朋友，请不要太激动。在街上，突然冲向对方，甚至冲撞了行人；在会场上，猛然从座位上跳起来并穿过整个大厅；在人群里，冷不丁高呼朋友的名字，让旁人吓一跳，并为之行侧目礼等，这些都是很失礼的。

（3）不苛求"熟视无睹"的相识者

有时会碰见相识者对你"熟视无睹"，这可能会让你感到不高兴，其实大可不必。请不要把不经心的视而不见与故意的轻蔑混为一谈。这很可能是对方正在沉思，或者眼睛近视，也可能因为你的外貌有了改变。例如，有位女士对自己所从事的专业很有研究和造诣，是行业中公认的专家。但她的同事对她一直很有意见，认为她骄傲，不理人、摆架子。其实她的"视而不见"，是因为她习惯在行走和空闲时，独自一人沉思。

（4）适时、适地打招呼

如果参加一个国际性的，或者是跨省市、跨行业的会议，在一天内几次遇见同一个熟人，每次都说"您好"，似乎太单调了。可以根据时间、场合，适地、适时地用不同的方式打招呼。

（5）与相遇的人打招呼

有时因出差、开会、旅游等，在旅馆居住或在商店购物等时，都应该同遇见的服务员或售货员打招呼。只要是经常同自己打交道的，不论身份地位的高低、贫富，都要注意见面打招呼。

礼仪故事 5-4

问候语的作用

相传，20世纪初，一位犹太传教士，每天早晨总是按时来到一条乡间的小路上散步，无论见到何人，总是热情地打一声招呼"早安！"对此，一个叫米勒的年轻农民不以为然，反应冷漠。但这并未改变传教士的热情，他每天早晨依然如故。终于有一天，这个年轻人也脱下帽子，向传教士回了一声"早安！"

几年后，纳粹党上台执政。一天，传教士与村中所有的人都被纳粹党集中起来送往集中营。在下火车列队前行时，只见一个指挥官挥动着指挥棒叫喊道"左，右。"被指向左边的是死路一条，被指向右边的则还有生还的希望。忽然，传教士的名字被点到，他浑身颤抖着走上前去。当他无望地抬起头时，不想眼睛正好与指挥官的眼睛相遇，传教士习惯地脱口而出："早安，米勒先生。"指挥官一愣，表情虽然没有过多的变化，但仍禁不住回了一句"早安"，声音低得只有他俩才能听得到。后来，传教士被指向了右边。显然是"早安"救了传教士一命。

早安，是一句问候语，礼仪的作用由此可见一斑。

三、介绍

1. 介绍的次序

为他人做介绍，也称居间介绍，介绍时要讲究介绍的次序，必须遵守"尊者优先了解情况"的规则。在为他人做介绍前，先要确定双方地位的尊卑，然后先介绍位卑者，后介绍位尊者。具体如下。

（1）先将男士介绍给女士

例如，介绍王先生与李小姐认识，介绍人应当引导王先生到李小姐面前，然后说："李小姐，我来给你介绍一下，这位是王先生。"注意在介绍的过程中，被介绍者的名字总是后提。

（2）先将年轻者介绍给年长者

把年轻者引见给年长者，以示对前辈、长者的尊敬。例如，"王教授，让我来介绍一下，这位是我的同学张明"；"刘伯伯，我请您认识一下我的表弟李强"。在介绍中应注意有时虽然男士年龄较大，但仍然是将男士介绍给女士。

（3）先将未婚女子介绍给已婚女子

如："张太太，让我来介绍一下，这位是李小姐。"注意当被介绍者无法辨别其是已婚还是未婚时，则不存在先介绍谁的问题，可随意介绍，如："张女士，我可以把我的女朋友李小姐介绍给你吗？"

（4）先将职位低的介绍给职位高的

在实业界或公司中，在商务场合要先将职位低的介绍给职位高的。如："王总，这位是××公司的总经理助理刘女士。"注意这里我们先提到的是王总经理，这是因为我们把王总经理的职位看作高于刘女士，尽管王总经理是一位男士，仍不先介绍他。

（5）先将家庭成员介绍给对方

在向别人介绍自己的家庭成员时，应谦虚地说出对方的名字。这不仅是出于礼貌，而且对介绍自己的家庭成员也比较方便。如："张先生，我想请你认识一下我的女儿晓玲。""张先生，请允许我介绍一下我的妻子。"

（6）集体介绍时的顺序

在被介绍者双方地位、身份大致相似，或者难以确定时，应当是人数较少的一方礼让人数较多的一方，一个人礼让多数人，先介绍人数较少的一方或个人，后介绍人数较多的一方或多数人。若被介绍者在地位、身份之间存在明显差异，特别是当这些差异表现为年龄、性别、婚否、师生以及职务有别时，则地位、身份为尊的一方即使人数较少，甚至仅为一人，仍然应被置于尊贵的位置，最后加以介绍，而先介绍另一方人员。若需要介绍的一方人数不止一人，可采取笼统的方法进行介绍，例如可以说："这是我的家人"，"他们都是我的同事"，等等。但最好还是要对其一一进行介绍。进行此种介绍时，可比照他人介绍的位次尊卑顺序进行介绍。若被介绍双方皆不止一人，则可依照礼规，先介绍位卑的一方，后介绍位尊的一方。在介绍各方人员时，均需由卑到尊，依次进行。

2. 自我介绍

（1）自我介绍的时机

因业务关系需要相互认识，进行接洽时可自我介绍；当遇到一位你知晓或久仰的人士，他不认识你，你可自我介绍"×××称呼），您好！我是××（单位）的×××（姓名），久仰大名，很荣幸与您相识"；第一次登门造访，事先打电话约见，在电话里应自我介绍；参加一个较多人的聚会，主人不可能一一介绍，与会者可以与同席或身边的人互相自我介绍。自我介绍前应有一句引言，以使对方或身边的人互相自我介绍，以使对方不感到突然，如"我们认识一下吧，我叫×××，在×××公司公关部工作"。在出差、旅行途中，与他人不期而遇，并且有必要与之建立临时接触时，可适当自我介绍；初次前往他人住所、办公室，进行登门拜访时要自我介绍；应聘求职时需首先做自我介绍；等等。

（2）自我介绍的要求

自我介绍时，要及时、清楚地报出自己的姓名和身份。大方自然地进行自我介绍，可以先面带微笑，温和地看着对方说声"您好"，以引起对方的注意，然后报出自己的姓名身份，并简要表明结识对方的愿望或缘由。进行自我介绍一定要力求简洁，尽可能地节省时间，介绍总的以半分钟为佳。进行自我介绍时所表述的各项内容，一定要实事求是，真实可信。没有必要过分谦虚，一味贬低自己去讨好别人，但也不可自吹自擂，夸大其辞，在自我介绍时掺水分，会得不偿失。

根据不同场合、环境的需要，自我介绍的方式有应酬式、公务式、礼仪式、社交式和问答式五种，见表5-1。

表 5-1　　　　　　　　　　　　　　自我介绍的形式

类型	适用场合	使用目的	内容	举例
应酬式	适用于公共场合、一般性的社交场合，如旅途中、商场里	面对泛泛之交而不想深交的人	只包括本人姓名	"你好，我叫/是张明"
公务式	适用于工作场合，如业务洽谈、工作联络	与对方建立工作关系	包括本人姓名、单位、部门或从事的具体工作三要素，缺一不可	"你好，我叫张明，是五湖四海医药公司的营销部经理"
礼仪式	适用于讲座、报告、演说、庆典、仪式等正规场合	向对方表示友好、敬意	包括本人姓名、单位、职务等项内容，还可以适当加一些谦辞、敬语等	"各位来宾，大家好！我叫张明，我是五湖四海贸易公司的营销部经理。我代表本公司热烈欢迎大家的光临……"
社交式	适用于各类社交活动，如私人交往、联谊会、网络交流等	使对方认识自己、了解自己，建立进一步交往的平台	包括本人姓名、职业、籍贯、爱好、自己跟交往对象双方所共同认识的人等	"你好，我叫张明，我是08级营销班的。李军是我的老乡，我们都是北京人……"
问答式	适用于普通性交际应酬场合	应聘求职、应试求学、初次交往等	主要根据提问进行介绍，有问必答	问："请问您贵姓？"答："您好！免贵姓张"

　　进行自我介绍，态度务必自然、友善、亲切、随和。要充满信心和勇气，敢于正视对方的双眼，显得胸有成竹。介绍时语气要自然，语速要正常，语音要清晰，这对自我介绍的成功十分有好处。进行自我介绍时还要注意以下几点。

　　① 引发对方做自我介绍时应避免直话相问，缺乏礼貌，如"你叫什么名字"，而应该尽量客气一些，用词更敬重些，"请问尊姓大名""您贵姓""不知怎么称呼您""您是……"等。

　　② 他人做自我介绍时要仔细聆听，记住对方的姓名、职业等。如果没有听清楚，不妨在个别问题上仔细再问一遍，这比他人作过自我介绍，而你还是不明情况的好。

　　③ 等一个人做了自我介绍后，另一个人也作相应的回应——做自我介绍，这才是礼貌的。

礼仪小贴士 5-1

名人的自我介绍

　　著名的戏剧表演家王景愚是这样做自我介绍的："我就是王景愚，表演《吃鸡》的那个王景愚，愚公移山的愚。人称我是多愁善感的戏剧家，实在是愧不敢当，我只不过是一个'走火入魔的哑剧迷'罢了。你看我40多公斤的瘦小身材，却经常负荷许多忧虑与烦恼，又多半是自找的。我不善于向自己敬爱的人表述敬与爱，却善于向所憎恶的人表述憎与恶，然而胆子并不大。我虽然很执拗，却又常常否定自己，否定自己既痛苦又快乐，我就生活在这痛苦与快乐的交织网里，总也冲不出去。在事业上，人家说我是敢于拼搏的强者；而在复杂的人际关系面前，我又是一个心无灵犀，半点不通的弱者。因此，在生活中，我是交替扮演强者与弱的角色……"

　　台湾著名艺人，丑星凌峰在中央电视台举办的春节联欢会上是这样介绍自己的："在下凌峰……这两年，我们大江南北走了一道，男观众对我的印象特别好，因为他们见到我有点优越感，本人这个样子对他们没有构成威胁，他们很放心，（大笑）他们认为本人长得很中国，（笑声）中国五千年的沧桑和苦难都写在我的脸上了。（笑声、掌声）一般说来，女观众对我的印象不太良好；有的女观众对我的长相已经到了忍无可忍的地步。（笑声）她们认为我是人比黄花瘦，脸比煤球黑。（笑声）但是我要特别声明，这不是本人的过错，实在是父母的错误，当初并没有征得我的同意就把我生成这个样子。（笑声、掌声）但是，时代在变，潮流在变，现在的男人基本上可以分为二种：第一种，你看上去很漂亮，看久了也就那么一回事，这一种就像我的好朋友刘文正这种；第二种，你看上去很难看，看久了以后是越看越难看，这种就像我的好朋友陈佩斯这种；（笑声）第三种，你看上去很难看，看久了以后你会发现，他有另一种男人的味道，这种就是在下这种了。（笑声、掌声）鼓掌的都表示同意了！鼓掌的都是一些长得和我差不多的，（笑声）真是物以类聚啊！（笑声、掌声）"

点评：表演艺术家王景愚的自我介绍机智巧妙，同时又不乏谦虚、诚恳。自我介绍不一定要口吐莲花，人们更推崇自信自谦、分寸恰当的介绍。艺人凌峰的自我介绍也独具风味，他抓住自己形象的特征，并把它加以夸大，既风趣幽默，又出人意料，给人留下深刻的第一印象。

3. 居间介绍

（1）居间介绍的时机

居间介绍即社交中的第三者介绍。在居间介绍中，为他人做介绍的人一般为社交活动中的东道主、社交场合中的长者、家庭聚会中的女主人、公务交往活动中的公关人员（礼宾人员、文秘人员、接待人员）等。居间介绍的时机包括：在家中接待彼此不相识的客人；在办公地点接待彼此不相识的来访者；与家人外出，路遇家人不相识的同事或朋友；陪同亲友，前去拜会亲友不相识者；本人的接待对象遇见了其不相识的人士，而对方又跟自己打了招呼；陪同上司、长者、来宾时，遇见了其不相识者，而对方又跟自己打了招呼；打算推介某人加入某一交际圈；受到为他人做介绍的邀请。

（2）居间介绍的注意事项

在为他人做介绍时，介绍者对介绍的内容应当字斟句酌，慎之又慎。在交往中，在为他人做介绍时，由于实际需要的不同，介绍时所采取的方式也会有所不同。居间介绍的方式见表5-2。

表5-2　　　　　　　　　　　　　　　居间介绍的方式

类型	适用场合	使用目的	内容	举例
标准式	适用于正式场合，如业务洽谈、宴会	使双方认识，并建立工作、交换等联系	以双方的姓名、单位、职务等为主	"我给两位引见一下，这位是我们公司营销部的李小姐，这位是五湖四海集团公司的总经理张先生"
礼仪式	适用于正式场合，是一种最为正规的他人介绍	与标准式略同，只是语气、表达、称呼上都更为礼貌、谦恭	包括双方姓名、单位、职务等项内容，还可以适当加一些谦辞、敬语等	"张先生，您好！请允许我把我们公司的销售部经理李军先生介绍给您。李先生，这位是五湖四海医药公司总经理张明先生"
推荐式	适用于比较正规的场合	将被介绍人举荐给另一位被介绍人	通常会对主要被介绍者的优点加以重点介绍	"这位是五湖四海医药公司的张明总经理，这位是我们公司的李军总经理。李总经理是管理方面的专业人士，他还是经济学博士呢。张先生，我想您一定愿意结识他吧"
强调式	适用于各类社交活动，如私人交往、联谊会等	使双方认识，并引起对其中一位被介绍者的重视	包括双方的姓名，往往还会刻意强调其中一位与介绍者之间的特殊关系	"这位是张教授的学生，这位是李经理，请李经理多多关照"
引见式	适用于普通性交际应酬场合	将被介绍者双方引到一起即可	不需具体介绍双方，由他们自行认识	"两位认识一下，这位是张经理，请张经理多多关照"
简介式	适用于一般的社交场合，如聚会、茶话会、舞会	使双方认识	双方姓名一项，甚至只提到双方姓氏为止	"我来介绍一下，这位是小李，这位是小周，你们认识一下吧"

在正式场合，内容以双方的姓名、单位、职务等为主。在一般的社交场合，其内容往往只有双方姓名一项，甚至可以只提到双方姓氏为止。接下来，则由被介绍者见机行事。在比

较正规的场合，介绍者有备而来，有意将某人举荐给某人，因此在内容方面，通常会对前者的优点加以重点介绍。

在进行居间介绍时，介绍者与被介绍者都要注意自己的表达、态度与反应。介绍者为被介绍者介绍之前，不仅要尽量征求一下介绍双方的意见，而且在开始介绍时还应再打一下招呼，切勿上去开口即讲，显得突如其来，让被介绍者措手不及。

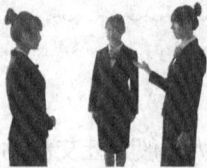

图 5-1　居间介绍

介绍时要注意实事求是，掌握分寸，不能胡吹乱捧。介绍姓名时，一定要口齿清楚，发音准确。把易混的字咬准，如"王"和"黄""刘"和"牛"等；对同音字、近音字必要时要加以解释，如"邹"和"周""张"和"章""徐"和"许"等。

居间介绍如图 5-1 所示。

（3）接受介绍时的礼仪

介绍需要讲究必要的礼节，而接受介绍时采取什么态度和行为来表现自己呢？被介绍者在介绍者询问自己是否有意认识某人时，一般不应加以拒绝或扭扭捏捏，而应欣然表示接受。实在不愿意时，则应说明缘由。当介绍者走上前来，开始为被介绍者进行介绍时，被介绍的双方应起身站立，面带微笑，神态庄重、专注，被介绍人的目光一定要注视着对方的脸部，无论是男是女。不要让其他事情分散你的注意力，不要东张西望，以免给对方留下心不在焉、不重视或不欢迎的印象。当介绍者介绍完毕后，如果双方均为男性，握手绝对必要，这象征着信任和尊敬。握手时问候对方并复述对方姓名。你可以说"能认识你很高兴，李先生""你好，张先生"等。此时的常用语还有"久仰大名""认识你非常荣幸""幸会，幸会"，等等。必要时还可作进一步的自我介绍。如果把男性介绍给女性认识时，女性觉得有握手必要时，可以先伸出手来，表示出热诚。交谈后走时要互相道别，一声"再见"可以给对方留下很好的印象。在接受介绍时，你没有听清对方的名字，该怎么办呢？你可以请他再说一遍，千万不要觉得不好意思。你可以说："对不起，我没听清楚你的名字，可否请你再讲一次。"别人不仅不会生气，甚至会觉得很受用，因为这表示你很在乎他的名字。

四、握手

礼仪小贴士 5-2

握手的由来

史前时期，人类的祖先以打猎为生，世界对他们来说是充满着危险的。因此，当陌生人相遇时，如果双方都怀着善意，便伸出一只手来，手心向前，向对方表示自己手中没有石头或武器，走近之后，两人互相摸摸右手，以示友好。这样沿袭下来，便成为今天人们表示友好的握手。

关于握手礼来源的另一种说法是：中世纪时，骑士们都穿着盔甲，全身披挂后，除两只眼睛外，其余都包裹在盔甲里，随时准备冲向敌人。如果表示友好，互相走近时就应脱去右手的甲胄，伸出右手，表示没有武器，互相握手，这是和平的象征。

当今，握手已成为世界上最为普遍的一种礼节，其应用的范围远远超过了鞠躬、拥抱、接吻等。在日常交际中，我们必须注意握手的基本礼节。

1. 握手的要求

握手的标准方式是行礼时行至距握手对象约 1 米处，双腿立正，上身略向前倾，伸出右手，四指并拢，拇指张开与对方相握。握手时的手势如图 5-2 所示。握手时应用力适度，上下稍许晃动 3~4 次，随后松开手来，恢复原状，如图 5-3 所示。具体应注意如下几点。

图 5-2　握手时的手势

图 5-3　握手

（1）讲究次序

根据礼仪规范，握手时双方伸手的先后次序，一般应当遵守"尊者先伸手"的原则，应由尊者首先伸出手来，位卑者只能在此后予以响应，而绝不可贸然抢先伸手，不然就是违反礼仪的举动。其基本规则如下。

① 男女之间握手。男女之间握手，男士要等女士先伸出手后才握手。如果女士不伸手或无握手之意，男士向对方点头致意或微微鞠躬致意。男女初次见面，女方可以不和男士握手，只是点头致意即可。男女握手时，男士要脱帽和脱右手手套，如果偶遇匆匆忙忙来不及脱，要道歉。女士除非对长辈，一般可不必脱手套。

② 宾客之间握手。宾客之间握手，主人有向客人先伸出手的义务。在宴会、宾馆或机场接待宾客，当客人抵达时，不论对方是男士还是女士，女主人都应该主动先伸出手。男士因是主人，尽管对方是女宾，也可先伸出手，以表示对客人的热情欢迎。而在客人告辞时，则应由客人首先伸出手来与主人相握，在此表示的是"再见"之意。

③ 长幼之间握手。长幼之间握手，年幼的一般要等年长的先伸手。和长辈及年长的人握手，不论男女，都要起立趋前握手，并要脱下手套，以示尊敬。

④ 上下级之间握手。上下级之间握手，下级要等上级先伸出手。但涉及主宾关系时，可不考虑上下级关系，做主人的应先伸手。

⑤ 一个人与多人握手。若是一个人需要与多人握手，则握手时亦应讲究先后次序，由尊而卑，即先年长者后年幼者，先长辈后晚辈，先老师后学生，先女士后男士，先已婚者后未婚者，先上级后下级，先职位、身份高者后职位、身份低者。

值得注意的是：在公务场合，握手时伸手的先后次序主要取决于职位、身份；而在社交、休闲场合，则主要取决于年龄、性别、婚否。

（2）神态专注

与人握手时神态应专注、热情、友好、自然。在通常情况下，与人握手时，应面带微笑，目视对方双眼，并且口道问候。在握手时切勿显得自己三心二意，敷衍了事，漫不经心，傲慢冷淡。如果在此时迟迟不握他人早已伸出的手，或是一边握手，一边东张西望，目中无人，甚至忙于跟其他人打招呼，都是极不礼貌的。

（3）注意力度与时间

握手时用力应适度，不轻不重，恰到好处。如果手指轻轻一碰，刚刚触及就离开，或是懒懒地、慢慢地相握，缺少应有的力度，会给人勉强应付、不得已而为之感。一般来说，手握得紧是表示热情。男人之间可以握得较紧，甚至另一只手也加上，包括对对方的手大幅度上下摆动，或者在手相握时，左手又握住对方胳膊肘、小臂甚至肩膀，以表示热烈。但是注意既不能握得太使劲，使人感到疼痛，也不能显得过于柔弱，不像个男子汉。对女性或陌生人，轻握是很不礼貌的，尤其是男性与女性握手应热情、大方、用力适度，通常是握紧后打过招呼即松开。但如亲密朋友意外相遇、敬慕已久而初次见面、至爱亲朋依依惜别、衷心感谢难以表达等场合，握手时间可长一点，甚至紧握不放，话语不休。在公共场合，如列队迎接外宾，握手的时间一般较短。握手的时间应根据与对方的亲密程度而定。

～～ 礼仪小贴士 5-3 ～～

握手方式与性格

1. 控制式。用掌心向下或向左下的姿势握住对方的手。这种人想表达自己的优势、主动、傲慢或支配地位。一般具有说话干净利落、办事果断、高度自信的特点。凡事一经自己决定，就很难改变观点，作风不大民主。

2. 谦恭式。即用掌心向上或向左上的手势与对方握手。这种人往往性格软弱，处于被动、劣势地位，处事比较谦和、平易近人，不固执，对对方比较尊重、敬仰，甚至有几分畏惧。

3. 对等式。即握手时两人伸出的手心都不约而同地向着左方握在一起。这种人比较友好，也可能是很遵守游戏规则的、平等的竞争对手。

4. 双握式。即在右手相握的同时，再用左手加握对方的手背、前臂、上臂或肩部。加握部位越高，其热情友好的程度也显得越高。这种人热情真挚、诚实可靠、信赖别人。

5. 捏手指式。即只捏住对方的几个手指或手指尖部。女性与男性握手时，为了表示自己的矜持与稳重，常采取这种方式。如果是同性别的人之间这样握手，就显得有几分冷淡和生疏。若换成显贵人物，则其意在显示自己的"尊贵"。

6. 拉臂式。即将对方的手拉到自己的身边相握。这种人往往过分谦恭，在他人面前唯唯诺诺、轻视自我、缺乏主见与敢作敢为的精神。

7. 死鱼式。即握手时伸出一只无任何力度、质感，不显示任何积极信息的手。这种人的性格不是生性懦弱，就是对人冷漠无情，待人接物消极傲慢。

2. 握手的禁忌

在人际交往中，握手虽然司空见惯，看似寻常，但是由于它可被用来传递多种信息，因此在行握手礼时应努力做到合乎规范，注意以下禁忌。

（1）不要用左手与他人握手，尤其是在与阿拉伯人、印度人打交道时要牢记此点，因为在他们看来左手是不洁的。

（2）不要在握手时争先恐后，而应当遵守秩序，依次而行。

（3）特别要记住，如与基督教信徒交往时，要避免两人握手时相握的手形成交叉状。

（4）不要戴着手套握手，在社交场合女士的晚礼服手套除外。

（5）不要在握手时戴着墨镜，只有患有眼疾或眼部有缺陷者才能例外。

（6）不要在握手时将另外一只手插在衣袋里。

（7）不要在握手时另外一只手依旧拿着香烟、报刊、公文包、行李等东西而不肯放下。

（8）不要在握手时面无表情，不置一词，好似根本无视对方的存在，而纯粹是为了应付。

（9）不要在握手时长篇大论，点头哈腰，滥用热情，显得过分客套，让对方不自在、不舒服。

（10）不要在握手时把对方的手拉过来、推过去，或者上下左右抖个没完。

（11）不要在与人握手之后，立即揩拭自己的手掌，好像与对方握一下手就会使自己受到感染似的。

跨越大洋的世纪握手

1972年2月21日上午11时30分，美国第37任总统理查德·尼克松乘坐"空军一号"专机飞抵北京，这是中华人民共和国成立后美国国旗首次在北京上空飘扬。身着深蓝色大衣的周恩来总理为尼克松在首都机场南机坪举行了欢迎仪式。当飞机舱门打开后，尼克松和夫人先行走下舷梯，在离地面还有三四级台阶时，为表示平等，刻意换上大衣的尼克松身体前倾，向周总理伸出手说："我非常高兴来到中华人民共和国的首都——北京。"周总理一语双关地回答说："你的手伸过了世界上最辽阔的海洋——我们25年没有交往了！"尼克松单独下机和周恩来握手的场面，是尼克松刻意安排的，意味深长。这一举动既向世界宣示了已对抗20余年的中美两国改善和发展相互关系的决心，也纠正了1954年在日内瓦和谈会议上，美国国务卿杜勒斯拒绝与周恩来握手的错误。

五、名片

名片是现代社会中必不可少的社交工具。两人初次见面，先互通姓名，再奉上名片，单位、姓名、职务、电话等历历在目，既回答了一些对方心中想问而有时又不便贸然出口的问题，又使相互之间的距离一下子拉近了许多。在交往中，熟悉和掌握名片的有关礼仪是十分重要的。

1. 名片的用途

（1）介绍自身

名片最主要的用途是介绍自身。会客交友，取出一张名片，自我的基本情况跃然纸上，让他人一目了然。它在介绍中的好处是简明扼要，介绍方便。在当着一两个人私人口头自我介绍时，总是很简短，几乎就是姓名、单位，有时候职务都不便开口说出。因为介绍自己的一官半职总有自我炫耀之嫌，当身兼数职时更不好——启齿。但有了名片，一切都写得清清楚楚，不用为难和啰唆，他人就能较多地了解你。

（2）维持联系

名片犹如"袖珍通讯录"，利用它所提供的资料，即可与名片的提供者保持联系。正因为有了名片上所提供的各种联络方式，人们的"常来常往"才变得更加现实和方便。

（3）显示个性

通过名片展示个性，获得他人对自我多方面和多层次的了解。可以在名片上印上代表自己个性的爱好和特点，如"酷爱足球，性喜笔耕，嗜辣如命，钟情绿色，崇尚真诚"，这样的名片很快就让别人读懂了自己，也赢得了友善。也有的人在名片上印上自己的座右铭或喜爱的格言及与对方相识的真诚的话语等，如"一握你的手，永远是朋友""不握你的手，照样是朋友"。这样的名片很容易给对方留下好感，加深交往。

（4）拜会他人

初次前往他人居所或工作单位进行拜会时，可将本人名片交出对方门卫、秘书或家人，转交给被拜访者，以便对方确认"来系何人"，并决定见与不见。这种做法比较正规，可以避免冒昧造访。

此外，名片在交往中有多种用途，如馈赠附名、代替请柬、喜庆告友、祝贺升迁等。

名片助于右任遇难得救

1905年，于右任写了一本《半哭半笑楼诗草》，抨击时政。陕甘总督升允见后，认为"逆竖昌言大逆不道"而密奏清政府，慈禧阅后批复就地处决。此时于右任在开封，他的同学李合甫的父亲李丙田探知消息后，雇人日夜兼程送信。于右任获信后，当即转移，临行时，他随手揭下了旅馆墙上的20多张名片，沿途每遇人盘查，便拿出一张，以名片中的姓名应付，蒙混过重重关卡。结果名片用完了，他也逃出了虎口。

2. 名片的基本礼仪

（1）设计名片

名片一般为10厘米长、6厘米宽的白色卡片。我们经常使用的规格略小，长9厘米，宽5.5厘米。值得说明的是：如无特殊需要，不应将名片制作过大，甚至有意搞折叠式，免得给人以标新立异、虚张声势之感。印制名片，最好选用纸张，并以耐折、耐磨、美观、大方的白卡纸、再生纸、合成纸、布纹纸、麻点纸、香片纸为佳。至于高贵典雅、纸质挺括的刚古纸、皮纹纸，则可量力而行，酌情选用。必要时，还可覆膜。印制名片的纸张，宜选庄重朴素的白色、米色、淡蓝色、淡黄色、淡灰色，并且以一张名片一色为好。很多企业认为名片是宣传组织的一个极好的媒介，若所有工作人员，特别是业务员的名片设计得风格一致、个性鲜明，将会给人一种统一的视觉印象，而这种个性很大程度表现在名片的内容设计上。一般地，名片上应该印有工作单位、姓名、身份、地址、邮政编码等。工作单位一般印在名片的上方，社会兼职紧接工作单位排列下来；姓名印在名片中央，姓名右边印有职务、职称；名片的下方为地址、邮政编码、电话号码、传真、E-mail、地址等。名片的背面，一般都印上相应的英文，作为对外交往时使用。但也有些名片在背面印上企业、公司的简介、经营范围、产品及服务范围以起到宣传和方便客户了解的作用。很多企业有标准的员工名片格式，有的要加印公司的标识，甚至企业经营理念，并且规定名片统一规格、格式等。如图5-4所示为名片范例。

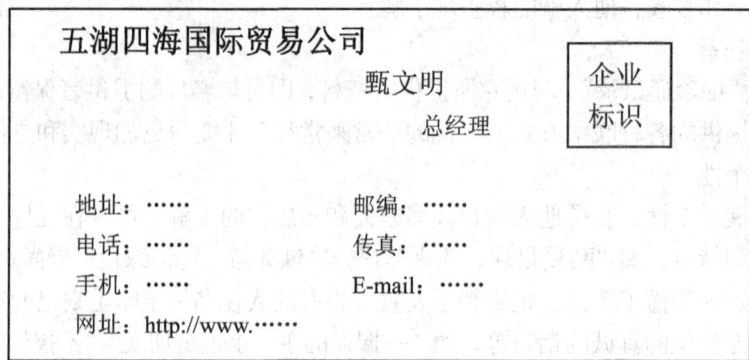

五湖四海国际贸易公司	
甄文明	企业
总经理	标识
地址：…… 　邮编：……	
电话：…… 　传真：……	
手机：…… 　E-mail：……	
网址：http://www.……	

图 5-4　名片范例

（2）递交名片

名片的持有者在递交名片时动作要洒脱、大方，态度从容、自然，表情要亲切、谦恭。应当事先将名片放在身上易于掏出的位置，取出名片便先郑重地握在手里，然后再在适当的时机得体地交给对方。递交名片的姿势（如图5-5所示）是：要双手递过去，以示尊重对方。

将名片放置手掌中，用拇指夹住名片，其余四指托住名片反面，名片的文字要正向对方，以便对方观看，若对方是外宾，则最好将名片上印有对方认识的文字的那一面朝向对方，同时讲些"请多联系""请多关照""我们认识一下吧""有事可以找我"之类友好客气的话。递交名片的时间，应当根据具体情况而定。如果名片持有者与人事先有约，一般可在告辞时再递上名片。如果双方只是偶然相遇，则可在相互问候，得知对方有与你交往的意向时，再递交名片。与多人交换名片时，要注意讲究先后次序，或由近而远，或由尊而卑。一定要依次进行，切勿采取"跳跃式"。

图 5-5　递交名片

（3）接受名片

接受他人名片时，应恭恭敬敬，双手捧接，并道感谢。接受名片者应当首先认真地看看名片上所显示的内容，可以从上到下，从正面到反面重复看一遍，必要时可把名片上的姓名、职务（较重要或较高的职务）读出声来，如"您就是张总啊"，以表示对赠送名片者的尊重，同时也加深了对名片的印象，如图 5-6 所示。然后把名片细心地放进名片夹、笔记本或工作证里夹好。在别人给了名片后，如有不认识或读不准的字要虚心请教。请教他人的姓名，丝毫不会降低你的身份，反而会使人觉得你是一个对待事情很认真的人，增加对你的信任，如图 5-7 所示。接受名片时应避免：马马虎虎地用眼睛瞄一下，然后顺手不经意地塞进衣袋；随意往裤子口袋一塞、往桌上一扔；名片上压东西、滴到了菜汤油渍；离开时把名片忘在桌子上。名片是一个人人格的象征，这些行为是对其人格的不尊重，这样都会使人感到不快。当然在收到了别人的名片后，也要记住给别人自己的名片，因为只收别人的名片，而不拿出自己的名片，是无礼拒绝的意思。

图 5-6　看名片内容

图 5-7　适时请教

（4）索要名片

如果没有必要最好不要强索他人名片。若索取他人名片，则不宜直言相告，而应委婉表达此层意思：可向对方提议交换名片、主动递上本人的名片；询问对方"今后如何向您请教"（向尊长者索要名片时多用此法）；询问对方"以后怎么与您联系"（向平辈或晚辈索要名片时多用此法）。反过来，当他人向自己索取名片，自己不想给对方时，不宜直截了当，也应以委婉方式表达此意，可以说"对不起，我忘带名片了"，或"抱歉，我的名片用完了"。

（5）整理名片

在参加交际活动之前，要提前准备好名片，并进行必要的检查。随身所带的名片最好放在专用的名片夹里，也可放在上衣口袋里。不要把名片放在裤袋、裙兜、提包、钱包等里面，那样既不正式，又显得杂乱无章。在自己的公文包以及办公桌抽屉里，也应经常备有名片，以便随时使用。在交际场合，如感到要用名片，则应将其预备好，不要在使用时再去乱翻乱找。参加交际活动后，应立即对所收到的他人名片加以整理收藏，以便今后取用方便。不要将它随意夹在书刊、材料中，压在玻璃板底下，或是扔在抽屉里面。存放名片的方法大体有按姓名的外文字母或汉语拼音字母顺序分类、按姓名的汉字笔划的多少分类、按专业或部门分类、按国别或地区分类四种，这些分类方法还可以交叉使用。若收藏的名片甚多，还可以编一个索引，那么用起来就更方便了。随着人际交往的不断深入，还可在收藏的他人名片上随手记下可供本人参考的资料，使其充当社交的记事簿。在收藏的他人名片上可记的有利于人际交往的资料有：①收到名片时的具体情况，包括收到名片的地点、时间，以及是否与对方亲自交换等。在国外有一种做法，即把名片的右上角向下折，然后再使其恢复原状，它表示该名片是对方亲自与自己交换的。②交换名片者个人的资料，例如性别、年龄、籍贯、学历、专长、嗜好等。这既可备忘，也可充作资料。③交换名片者在交换名片后变化的情况，例如单位、部门的变化，职业的变动调任，职务、学衔的升降，联络方式的改变等。

礼仪故事 5-7

修改名片带来的麻烦

小王刚刚升任为公司的销售经理，为了回报领导对他的器重，准备在即将到来的外贸谈判中好好表现一下，这可是小王第一次作为谈判代表与外商接触。为了这次意义重大的交易磋商，他在各方面都做了充分的准备：住宿、就餐、娱乐等。外商来到后对主人的热情感到十分满意，也透露了想与我方做这笔生意的诚意。激动的谈判时刻终于到来了，谈判之前，在小王与外商代表见面后，互递名片。小王把自己的名片递给外商后，突然想起他最近新换了手机号码，而名片上印的是原来的号码，于是他很有礼貌地把已经递出的名片要了回来，掏出笔，划掉名片上已经打印好的旧号码，写上了自己的新号码。没成想外商在看过小王第二次递上来的名片之后，马上拒绝了与小王谈判的要求，看着外商离去的身影，小王一行人当即傻了眼……

六、馈赠

1. 馈赠礼品的标准

（1）情感性

馈赠礼品要重视其情感意义。礼品作为友好的象征物，其意义并不在礼品本身，而在于通过礼品所传达的友好情义，这是馈赠礼品的基本思想，所谓"千里送鹅毛，礼轻情义重"。情义是无价的，情义是无法用金钱来衡量的。"烽火连三月，家书抵万金"，同样说明"情"的价值，丝毫也不夸张。因此选择礼品时，千万勿忘一个"情"字，应挑选价廉物美、具有一定纪念意义，或具有某些艺术价值，或为受礼人所喜爱的小艺术品，如纪念品、书籍、画册等。选择礼品的价值要"得体"。并非是价值越昂贵的礼品所表达送礼者的情意越深厚。送礼要与受礼者的经济状况相适合，中国人历来有"礼尚往来"的习俗，若受礼者的经济能力有限，当接到一份过于贵重的礼品时，其心理负担一定会大于受礼时的喜悦。尤其当你有求于对方的时候，昂贵的厚礼会让人有以礼代贿的嫌疑，不但加重了对方接受这份礼品的心理压力，也失去了平衡交流的意义。

礼仪故事 5-8

千里送鹅毛

唐朝贞观年间，回纥国是大唐的藩国，一次，回纥国为了表示对大唐的友好，便派使者缅伯高带了一批珍奇异宝去拜见唐太宗。在这批贡物中，最珍贵的要数一只罕见的珍禽——白天鹅。

缅伯高最担心的也是这只白天鹅，万一有个三长两短，可怎么向国王交待呢？所以，一路上，他亲自喂水喂食，一刻也不敢怠慢。这天，缅伯高来到沔阳河边，只见白天鹅伸长脖子，张着嘴巴，吃力地喘息着，缅伯高心中不忍，便打开笼子，把白天鹅带到水边让它喝了个痛快。谁知白天鹅喝足了水，"扑喇喇"一声展翅飞上了天！缅伯高向前一扑，只拔下几根羽毛，却没能抓住白天鹅，眼睁睁看着它越飞越高，飞得无影无踪。一时间，缅伯高攥着几根雪白的鹅毛，把不住地发呆，脑子里来来回回地想着一个问题：怎么办？进贡吗？拿什么去见唐太宗呢？回去吗？又怎敢去见回纥国王呢！思前想后，缅伯高决定继续东行，他拿出一块洁白的绸子，小心翼翼地把鹅毛包好，又在绸子上题了一首诗：

天鹅贡唐朝，山重路更遥。

沔阳河失宝，回纥情难抛。

上奉唐天子，请罪缅伯高，

礼轻情意重，千里送鹅毛！

这便是"千里送鹅毛，礼轻情意重"的典故，现在用它来表示"虽然我送的礼物不贵重，但我对你的情意却很深厚"的意思。

（2）独创性

送人礼品，与做其他许多事情一样，是最忌讳"老生常谈""千人一面"的。选择礼品，应当精心构思，匠心独运，富于创意，力求使之新、奇、特，这就是礼品的独创性。赠送具有独创性的礼品给人，往往可以令其耳目一新，既兴奋又感动，因为这等于是"特别的爱献给特别的你"。真是这样的话，赠送者在对方心目中往往也会因此"升值"。

（3）适俗性

挑选礼品时，特别是在为交往不深或外地区人士和外国人士挑选礼品时，应当有意识地使赠品与对方所在地的风俗习惯一致。在任何情况下，都要坚决避免把对方认为属于伤风败俗的物品作为礼品相赠，这样才表明尊重交往对象。如在我国大部分地区，老年人忌讳发音为"终"的钟，恋人们反感于发音为"散"的伞；阿拉伯地区严禁饮酒；在西方药品不宜送人。因此在涉外交往中，要根据不同国家、地区的习惯与个人的爱好做些必要的选择，赠礼问俗是我们不能忽视的，这也是一个重要标准。

礼仪故事 5-9

尼克松的国礼

1972年，尼克松总统准备访华，急于寻求能代表国家的礼物。美国保业姆公司闻讯后，趁此良机，向尼克松总统献上公司生产的一尊精致的天鹅群瓷器珍品，因为瓷器的英文China也具有"中国"的意思。尼克松一见，大喜过望，于是把这尊具有双重意义而且具有很高艺术价值的瓷器珍品带到了中国。

（4）实用性

将日常生活用品作为礼物赠送给对方，不失为一个好选择。因为日常生活用品和人们的生活息息相关，人们每天都在和它打交道，或是做饭，或是品酒，或是饮茶，或是办公。所以，用日常生活用品作为礼物，往往会让客户觉得实用，也能增添亲切感。常见的礼品有炊具、餐具、茶具和酒具等，如将咖啡壶、咖啡杯送给有喝咖啡习惯的人就很受欢迎。此外还有名片盒（刻上客户的名字更显示出独特性）、金笔、特别的笔筒、桌式玩具、相框、杂志架、各种摆饰、有激励意义的玩偶等大众化的礼品更能提醒交际对象想起你对其的关爱。

一麻袋栗子

礼仪专家金正昆曾经历过这样一件事情：有一次，他到南方一个地方去。吃饭时有道菜叫栗子鸡，他就顺嘴说"这栗子很甜，好吃。"没想到第二天主人到了机场跟他握别时，送了他礼物，什么呢？一麻袋栗子，他能不要吗？但是，怎么带走呢？主人却没有想到。金正昆遗憾地说："说实话，托运花了不少钱不说，在首都机场提货又累又不容易，让人有点尴尬和难堪。"

点评：馈赠礼物还要考虑便携性，礼品通常必须便于携带。案例中的主人送给客人金教授一麻袋栗子，固然体现出其热情好客，但是让人怎么携带呢，反而成了负担。

2. 馈赠礼品的场合与时机

一般地，馈赠礼品要把握以下场合。

一是表示谢意、敬意。当我们接受客户的帮助之后应当赠送礼品，以表示感谢。

二是祝贺庆典活动。当客户的企业适逢庆典纪念之时，如某公司成立20周年纪念，为表示祝贺，可送贺匾、书画或题词，既高雅别致又具有欣赏保存价值。

三是公共关系礼品。开展公共关系活动中所送的礼品要与公共关系活动的目标一致，并且送礼的内容与送礼的企业形象是相符的。例如，上海大众汽车公司赠给客人的桑塔纳车模型、上海大中华橡胶厂精心设计研制的轮胎外形的钢卷尺等。

四是祝贺开张、开业。企业开张、开业之际，都是宣传自身、扩大影响的好机会，一般来讲，都是要借机大肆宣传一番的。因而适逢有关组织开张、开业之际，应送上一份贺礼，以示助兴和祝愿。一般选送鲜花贺篮为多，在花篮的绸带上写上祝贺之语和赠送单位或个人的名称。

五是适逢重大节日。春节、元旦等节庆日都是送礼的旺季，商务人员可通过节日联络感情，向客户适时地送上一份小小的礼物，对他们给予企业工作的关心和支持表示感谢，并希望继续得到他们的帮助。这种礼物最好亲自送上门，邮寄是不得已的时候的选择。邮寄时应随礼品附上自己的名片，也可以手写贺词，放在信封里。

六是探视住院病人。客户生病或其亲友患病住院，均应前去探视，并带上礼品。目前探视病人的礼品也不断地从"讲实惠"过渡到"重情调"。以往送营养品、保健品，如今变为用多种水果包装起来的果篮、一束束鲜花等。

七是应邀家中作客。如果商务人员应邀到客户家中作客或者出席私人家宴，为了礼尚往来，出于礼貌，应带些小礼品，如土特产、小艺术品、纪念品、水果以及鲜花等。有小孩的可送糖果、玩具之类。

八是遭受不测事件。世上难有一帆风顺之事，客户最需要帮助的时候，商务人员及时地送上一份礼物表示关心，雪中送炭胜过锦上添花，这更能体现出浓浓情谊，会让客户终身难忘，不仅会获得客户的感情，也会树立自身重情义的良好形象。比如：对方遇上火灾、地震等灾难，马上去函或去电表示慰问，也可送上钱款相助。

投其所好

有这样一个实例，某公司的商务人员一直在和香港地区某公司的老板洽谈一宗较大的生意，可最后因为一些小问题总是达不成协议。这位商务人员在与该老板的交谈中发现，他非常喜欢收集石头，对石头有着一种不一般的爱好，商务人员抓住机会说："哦，是吗？收藏可是非常有学问的啊，你真是博学多才啊。我对这个就不行了，不过我倒是有些南京的雨花石，下次我给您带来您看看好不好……"香港老板当然会说好，但是他认为这只是这位商务人员随便说说而已的。但是这位商务人员是个有心人，他马上托朋友在南京买了一些精美的雨花石，当下次他真的把雨花石带来的时候，令香港老板大吃一惊。在鉴别石头的同时，商务人员乘机赞美他，这样让两人的关系一下子突破了商业关系。等香港老板说得尽兴的时候，商务人员顺水推舟地说："看您这么喜欢，反正我也不懂，就送给您吧……"送礼在轻松的环境中顺理成章地完成了，感情得到了升华，交易自然完成。

3. 赠送礼品的礼仪

（1）精心包装

送给他人礼品，尤其是在正式场合赠送于人的礼品，在相赠之前，一般都应当认真进行包装。可用专门的纸张包裹礼品或把礼品放入特制的盒子、瓶子里等。礼品包装就像穿了一件外衣，这样才能显得正式、高档，而且还会使受赠者感到自己倍受重视。

（2）表现大方

现场赠送礼品时，要神态自然，举止大方，表现适当，千万不要像做了"亏心事"，小里小气，手足无措。一般在与对方会面之后，将礼品赠送给对方，届时应起身站立，走近受赠者，双手将礼品递给对方。礼品通常应当递到对方手中，不宜放下后由对方自取。如礼品过大，可由他人帮助递交，但赠送者本人最好还是要参与其事，并援之以手。若同时向多人赠送礼品，最好先长辈后晚辈、先女士后男士、先上级后下级，按照次序，依次有条不紊地进行。

（3）认真说明

当面亲自赠送礼品时要辅以适当的、认真的说明：一是可以说明因何送礼，如若是生日礼物，可说"祝你生日快乐"；二是说明自己的态度，送礼时不要自我贬低，说什么"没有准备，临时才买来的"，"没有什么好东西，凑合着用吧"，而应当实事求是地说明自己的态度，比如"这是我为你精心挑选的""相信你一定会喜欢"等；三是说明礼品的寓意，在送礼时，介绍礼品的寓意，多讲几句吉祥话，是必不可少的；四是说明礼品的用途，对较为新颖的礼品可以说明其用途、用法。

礼仪小贴士 5-4

礼品禁忌

在选择、准备礼品的时候，要自觉、主动地避开对方受礼的禁忌。要注意以下几种禁忌情况。

违法、犯规礼品。比如国家公务员在执行公务时，即使关系再特殊，也不要赠送任何礼品。送外国友人礼品的时候，还要考虑到不违反对方所在国家的现行法律等。

坏俗礼品。挑选礼品的时候，特别是要送给交往不深的对象或外地区人士、外国人的时候，就要有意识地使赠品不和对方所在地的风俗习惯相矛盾、相抵触。在任何情况下，都要坚决避免把对方认为属于伤风败俗的物品作为礼品相赠。

私忌礼品。由于种种原因，人们会忌讳某些物品。比如，高血压患者不能吃含高脂肪、高胆固醇的食品，糖尿病患者不能吃含糖量高的食品。如果送私忌礼品给人，对方反而会认为你没有把他放在心上，不尊重他。

有害礼品。有一些东西，会对人们工作、学习、生活以及身体健康、家庭幸福不但无益，反而有害，比如烈酒、赌具以及庸俗低级的书刊、音像制品等。送这些礼物，难免会有存心害人的嫌疑。

广告礼品。轻易不要把带有广告标志或广告语的东西送人。不然，会让对方产生利用廉价劳动力、替你免费宣传的嫌疑。

除此之外，还要注意礼物的价格标签一定要撕下。否则会使得礼物的商业气息太浓，是非常失礼的。

还有就是避免不要把同样的礼物同时送给相识的两个人，那样会让人觉得你在搞"批发"。

4. 接受馈赠的礼仪

（1）受礼坦然

一般情况下，对于对方真心赠送的礼物不能拒收。没完没了地说"受之有愧""我不能收下这样贵重的礼物"这类话是多余的，有时还会使人产生不愉快的感觉。即使礼物不称你心，也不能表露在脸上。接受礼物时要用双手，并说上几句感谢的话语。千万不要虚情假意，推推躲躲，反复推辞，硬逼对方留下自用；或是心口不一，嘴上说"不要，不要"，手却早早伸了过去。

（2）当面拆封

如果条件许可，在接受他人相赠的礼品后，应当尽可能地当着对方的面，将礼品包装当场拆封。这种做法在国际社会是非常普遍的。在启封时，动作要井然有序，舒缓得当，不要乱扯、乱撕。拆封后还不要忘记用适当的动作和语言，显示自己对礼品的欣赏之意，如将他人所送鲜花捧在身前闻闻花香，然后再插入花瓶，并置放在醒目之处。

（3）拒礼有方

有时候，出于种种原因，不能接受他人相赠的礼品。在拒绝时，要讲究方式、方法，处处依礼而行，要给对方留有退路，使其有台阶可下，切忌令人难堪。可以使用委婉的、不失礼貌的语言，向赠送者暗示自己难以接受对方的好意。如当对方向自己赠送一部手机时，可以告之"我已经有一台了"。可以直截了当地向赠送者说明自己之所以难以接受礼品的原因，在公务交往中，拒绝礼品时此法是最为适用的。如拒绝他人所赠的大额贵重礼品时，可以说"依照有关规定，你送我的这件东西，必须登记上缴"。

（4）还礼有理

不一定要还礼给所有送礼给你的人。如果送礼给你的人不在你原定的送礼计划内，最好不要送礼。这种人通常和你没有业务关系，你弄不清他送礼给你的原因，也许是你忘记了你曾帮助过他，他送礼感谢你来了。如果是这样，你还礼给他，反而不近人情，因为你令他无法实现感谢你的心愿。

礼仪故事 5-12

一堂礼仪课

迪安又叫乔纳森·斯威夫特，是英国著名的讽刺作家，小说《格列佛游记》是他的代表作。一天清晨，迪安家的门咚咚地响了起来。女佣打开了门，一个人把一只宰杀过的野鸭交给女佣，说："这是博伊尔先生送给迪安的礼物。"说完，这个人转身就走。

几天后，这个人又来了，这回他带来了一只山鹑："博伊尔先生再次给迪安送东西了。"博伊尔先生是迪安的朋友，喜欢打猎，常常给迪安送些他猎到的野味。

不久后的一天，还是这人来，这次他带来了一只鹌鹑。"这东西也是给迪安的。"他语气粗鲁，将鹌鹑扔到女佣怀里。女佣很生气。"这个人太不礼貌了。"她向迪安抱怨道。

"他如果再来，"迪安说，"你告诉我，让我去会一会他。"

没隔多久，那个人带着另一种野味来了，迪安亲自去开了门。

"这是博伊尔先生送的野兔。"那人说。

"听我说，小伙子，"迪安正色道，"替人送礼物可不应该是你这个样子。现在，让我们换一下位置吧，你进屋，我出门，假设你是我，我是你，请你看一看替人送礼应该是什么样子。"

"好吧。"那人同意了，走进了屋内。

迪安接过野兔，来到了屋外。他先在街上走了一会儿，然后折回头，来到家门口，不轻不重地敲了敲门。

门被那人打开了。迪安鞠躬施礼，然后说："您好，先生，博伊尔先生让我送来这只野兔，望您能够收下。"

"哦，谢谢。"那人礼貌地说，接着从口袋里掏出一个钱包，从里面拿出一个先令。"您辛苦了，这是给您的。"

这堂礼仪课非常生动，从此以后，那个人再来送野味时总是显得彬彬有礼，而迪安也总是记得给他一点小费作为酬劳。

5. 赠花的礼仪

鲜花是美好、吉祥、友谊和幸福的象征。我国早在汉代就有"折柳送别话依依"的诗句，可见在当时已有交际赠花之习俗。当今社交无论是在欢迎、送别、婚寿庆祝中，还是在节庆、开业、慰问、吊唁及国际交往中，人们经常赠之以鲜花，言志明心。但由于各地风俗习惯不同，花的含义也不同，送花时必须注意得体，要做到以下几点。

（1）了解"花卉语"

当我们以花为媒来传递友谊时，要注意运用正确的"花卉语"，以免出现尴尬。在不同的国家和地区，同一种花也许会有不同的寓意，如在一些国家，菊花和康乃馨被认为是厄运的象征。垂柳在美国表示"悲哀"，但在法国，柳则是"仁勇"的象征。实际上，同一种类型的花卉，因其不同的颜色，也有不同甚至截然相反的意思。如红色的郁金香是"爱的表示"，蓝色的郁金香象征"诚实"，而黄色的郁金香则象征"无望的爱"。因此要恰当地运用好"花卉语"。

礼仪小贴士 5-5

常见花卉的寓意

荷花——纯洁、淡泊和无邪	月季——幸福、光荣
红玫瑰——爱情	白菊——真实
百合——圣洁、幸福、百年好合	野百合——幸福即将来临
红罂粟——安慰、慰藉	红蔷薇——求爱、爱情
杜鹃——节制、盼望	康乃馨——健康长寿
山茶花——美好的品德	勿忘草——永志不忘、真挚和贞操
剑兰——步步高升	松柏——坚强
梅花——刚毅、坚贞不屈	竹子——正直
文竹——祝贺长寿	常春藤——结婚、白头偕老
橄榄枝——和平	牡丹——拘谨、害羞
红茶花——质朴、美德	牵牛花——爱情
紫丁香——初恋	野丁香——谦逊、美好
黄色郁金香——无望的爱	红色郁金香——爱的表示
蓝色郁金香——诚实	樱花——心灵的美
并蒂莲——夫妻恩爱	万年青——长寿、友谊长存
红豆——相思	兰花——热情
仙人掌——热心	竹子——正直、虚心
美人蕉——坚实	水仙——尊敬、自尊

（2）不同场合的赠花

向恋人赠玫瑰花的花语是"我真心爱你"，蔷薇花象征"我向你求爱，小天使"，桂花表示"我挚意爱你"，这类花卉赠之恋人，可收"心有灵犀一点通"之功。若将这类花卉赠之其他对象，不但交际不成，反而引火烧身。婚礼赠花可以送一束美丽鲜艳的由红玫瑰、吉祥草、文竹等花组成的花束。红玫瑰象征爱情美好；吉祥草祝朋友吉祥如意、生活美满；文竹绿叶葱葱，祝朋友爱情永葆青春。此外并蒂莲表示"恩爱如初，幸福长存"，百合花象征"百年好合"，它们及红色郁金香等花都是婚礼的理想花卉。慰问病人，送一束黄月季，表示"早日康复"，一束芝兰，象征"正气清运，贵体早康"，或送一束松、柏、梅花，以鼓励他与病魔做斗争"坚贞不屈"，"胜利属于你"。庆贺生日赠花，年轻一点的可送其火红的石榴花、鲜红的月季花、美丽的象牙花，祝其前程如火样红烈，青春如红花鲜艳等；对年老者，赠之以万年青、寿星草、龟背竹等，以示祝福老人健康长寿，快乐幸福。

（3）赠花的注意事项

正式场合，如组织开张、纪念、庆典等，大多可送花篮；迎宾、欢送、演出中送给演员，大多送花环、花束；宴请、招待会等送胸花；参加追悼会时送花圈以示哀悼。送花一般不能送单一的白色花，因为会被人认为不吉利；送玫瑰花时应送单数，不要送双数，但 12 除外；不要将红玫瑰给未成年的小姑娘；不要将浓香型的鲜花送给病人。送一束花时最好用彩色透明纸将花包装好，再系一根与鲜花颜色相匹配的彩带，这样既便于携带，又使花显得更漂亮。

七、拜访

拜访是公务、商务等社会活动中一件经常性的工作，是最常见的社交形式，同时也是联络感情、增进友谊的一种有效方法。要使拜访更得体、更有效，更好地实现拜访的目的，就要重视和学习拜访的礼仪。

1. 约好时间

拜访前，应事先联络妥当，尽可能事先告知，最好是和对方约定一个时间，以免扑空或打乱对方的日程安排，即使是电话拜访也不例外。不告而访是非常失礼的。

如果双方有约，应准时赴约，不能轻易失约或迟到。但如果因故不得不迟到或取消访问，一定要设法在事前通知对方，并表示歉意。

拜访应选择适当的时间，选择一个对方方便的时间。作客拜访一般可在平时晚饭后或假日的下午，要避免在吃饭和休息的时间登门造访。

~~礼仪故事 5-13~~

守时的康德

德国著名古典哲学家康德是一个十分守时的人，他认为守时是一种美德，代表着礼貌和信誉。1779年，他想要去一个名叫珀芬的小镇拜访老朋友威廉先生，事先写信告诉威廉，说自己将会于3月5日上午11时之前到达。康德3月5日一早就租了一辆马车上了去威廉先生家的路。途中经过一条河，需要从桥上穿过去。但马车来到河边时，车夫停了下来，对车上的康德说："先生，对不起，桥坏了，再往前走很危险。"康德只好从马车上下来，看看从中间断裂的桥，他知道确实不能走了。康德看看时间，已经10时多了，他焦急地问："附近还有没有别的桥？"车夫回答："有，在上游，如从那座桥上过去，最快也得40分钟才能到达目的地。"康德算了算时间，那就赶不上约好的时间了。于是，他跑到附近的一座破旧的农舍旁边，对主人说："请问您这间房子肯不肯出售？"农妇听了很吃惊地问："我的房子又破又旧，而且地段也不好，你买这座房子干什么？""你不用管我有什么用，你只要告诉我你愿不愿意卖？""当然愿意，200法郎就可以。"康德毫不犹豫地付了钱，对农妇说："如果您能够从房子上折一些木头，在20分钟内修好这座桥，我就把房子还给你。"农妇再次感到吃惊，但还是立即把儿子叫来，及时修好了那座桥。马车终于平安地过去了。10时50分的时候，康德准时来到了老朋友威廉家门前。这时，已等候在门口的老朋友看到康德，大笑着说："亲爱的朋友，你还像原来一样准时啊！"可他哪里知道康德中间买房修桥的事。康德认为，守时也是一种信誉。

2. 做好准备

（1）明确拜访目的

无论是初次拜访还是再次拜访，都要事先明确拜访的主要目的。

（2）准备有关资料

商务拜访，比如客户拜访，要准备的资料就包括公司及业界的资料、相关产品资料、客户的相关信息资料、销售资料及方案、针对可能出现的情况事先拟订的解决方案或应对方案、一些小礼品等。此外，名片、电话号码簿等也要事先准备好。

（3）设计拜访流程

要针对拜访环节准备好最稳妥、最得体的称呼和开场白，选择好话题材料，确定话题范围等。

（4）电话预约确认

出发前应致电被拜访者，再次确认本次拜访人员、时间和地点等事宜。

（5）注意礼仪细节

到达前，最好先稍事整理服装仪容。如果是重要的拜访对象，要事先关掉手机，这体现了对拜访对象的尊敬，对访问事宜的重视。

礼仪故事 5-14

有备无患

王莉在某公司市场部工作，她准备去拜访顺达公司的市场部经理胡军先生。王莉预约的拜访时间是本周三下午三点。事前王莉准备好了有关的资料、名片，并对顺达公司及胡军先生进行了了解。拜访前王莉对自己的仪容、仪表进行了精心、得体的修饰。到了周三，王莉提前五分钟到达顺达公司。在与胡军先生的交谈过程中，王莉简明扼要地表达了拜访的来意，交谈中始终紧扣主题，给胡军先生留下了很好的印象，最终促成了合作。

3. 上门有礼

到达拜访地点后，如果对方因故不能马上接待，可以在对方接待人员的安排下在会客厅、会议室或前台安静地等候。如果等待时间过久，可以向有关人员说明，并另定时间，不要显出不耐烦的样子。有抽烟习惯的人，要注意观察该场所是否有禁止吸烟的警示。即使没有，也要问问工作人员是否介意抽烟。如果接待人员没有说"请随便看看"之类的话，就不要随便东张西望，到处窥探，那是非常不礼貌的。

到达被访人所在地时，一定要事先轻轻敲门，进屋后等主人安排后再坐下。后来的客人到达时，先到的客人应站起来，等待介绍或点头示意。对室内的人，无论认识与否，都应主动打招呼。

如果与对方是第一次见面，应主动递上名片，或做自我介绍。对熟人可握手问候。如果你带其他人来，要介绍给主人。

进门后，应把随身带来的外套、雨具等物品搁放到对方接待人员指定的地方，不可任意乱放。

接茶水时，应从座位上欠身，双手捧接，并表示感谢。

吸烟者应在主人敬烟或征得主人同意后，方可吸烟。和主人交谈时，应注意掌握时间。有要事必须要与主人商量或向对方请教时，应尽快表明来意，不要不着边际，浪费时间。

礼仪故事 5-15

如此拜访

小王和小李是大学同学。大学毕业后，各奔东西。如今，小王在A公司当业务员，小李在B公司当经理。A公司正好准备与B公司做一笔买卖（第一次），而小王得知此事后，便自告奋勇，一来想去探望一下十多年没见的朋友，二来也想提升一下自己在公司的地位。这天下午，小王便去了B公司的经理室，结果在门口被秘书拦下。经过一番解释，秘书告诉他李经理不在，并将公司的电话号码给了他。

隔了几天，小王打电话给B公司，预约成功，定于星期三下午3:30见面。结果由于堵车，小王晚去了一个小时。到了以后，经打听，经理还在，就推门进去。老朋友相见，十分欢喜。小王马上冒出一句："小李，这几年过得不错啊！"李经理感到有些尴尬。接着两人寒暄了几句。小王便在沙发上一坐，跷起了二郎腿，掏出一支烟递给小李，李经理不抽，自己便大口大口地抽起来，整个经理室顿时烟雾笼罩。李经理实在觉得不适，就打开窗户，说："我这几天咽喉发炎，闻不得烟味儿。请原谅。"小王不情愿地掐灭了香烟。小王的这种拜访，不会收到好的效果，反而会适得其反，因为他太缺乏拜访礼仪了。

4. 礼貌告辞

拜访结束时彬彬有礼地告辞，可给对方留下良好的印象，同时也给下次的拜访创造良好氛围和机会，所以及时告辞、礼貌告辞这一环节相当重要。

拜访时间长短应根据拜访目的和主人意愿而定，通常宜短不宜长，适可而止。当接待者有结束会见的表示时，应立即起身告辞。

告辞时要同主人和其他客人一一告别。如果主人出门相送，应请主人留步并道谢，热情地说声再见。

中途因特殊情况不得不离开时，无论主人在场与否，都要主动告别，不能不辞而别。

5. 拜访过程应注意的礼仪

（1）准时到达

让被拜访者无故等候无论因何原因都是严重失礼的事情。如果是对方要晚点到，要耐心等待，可充分利用剩余的时间检查准备工作。

（2）控制时间

谈话时开门见山，不要海阔天空，浪费时间。最好在约定时间内完成访谈。如果客户表现出有其他要事的样子，千万不要再拖延，如为完成工作，可约定下次拜访时间。

（3）注意言谈举止

要以优雅得体的言谈举止体现素质、涵养和职业精神，赢得对方的好感和敬重。即便与接待者的意见相左，也不要争论不休。要注意观察接待者的举止神情，当有不耐烦或为难的表现时，应转换话题或口气，总之，要避免出现不愉快的场面。

（4）处理好"握手"与"拥抱"的关系

必须事先搞清对方人员的真实身份，根据主次或亲疏的关系，处理好见面时的礼仪关系。

（5）尊重对方习惯

由于被拜访者的国别、民族、年龄、性别以及爱好、兴趣、习惯各有不同，事先要了解清楚，并给予充分的尊重。

（6）讲究服饰

服饰事关拜访者自身的职业形象和所代表的机构形象，也体现对被拜访者的尊重，所以，拜访前对服饰的选择和斟酌马虎不得。

（7）及时致谢

对拜访过程中接待者提供的帮助要及时适当地致以谢意。

（8）事后致谢

若是重要约会，拜访之后给对方寄一封谢函或发一条短信，会加深对方的好感。

礼仪小贴士 5-6

拜访客户：小天鹅的"12345"服务承诺

"全心服务"是小天鹅人一贯坚持的服务理念，是一切服务活动的宗旨。秉承这种服务理念，小天鹅人根据市场变化与顾客需求，不断变革服务模式，注入新的服务内涵。小天鹅率先提出了公司人员上门为客户服务的"12345"服务承诺。

一双鞋：上门服务自带专用鞋。

二块布：一块垫机布，一块擦机布。

三句话：进门服务第一句话为我是小天鹅服务员×××，前来为您服务；第二句话为非常感谢您对小天鹅的信任；服务后一句话为今后有问题，随时听候您的召唤。

四不准：不准顶撞用户，不准吃喝用户，不拿用户礼品，不准乱收费。

五大件：免费保修三年（含国家规定以外的五大件：存水桶、脱水桶、悬挂系统、排水阀、连接盘）。

点评：小天鹅"12345"服务承诺，首次将"拜访客户"规范化、流程化，"服务"这一模糊的人为行动第一次得到量化。它充分体现了企业为客户着想，对客户细致入微的关爱，从而反映出了一个企业的文化与管理理念。

八、接待

迎来送往是社交接待活动的最基本形式，是表达主人情谊、体现礼仪素养的重要环节。在整个接待过程中，应遵循如下礼仪规范。

1. 准备礼仪

迎接，是给客人以良好第一印象的最重要工作。在接待工作中，把迎宾工作做好，对来宾表示尊敬、友好与重视，来宾就会对东道主产生良好印象，从而为下一步深入接触打下基础。在迎宾工作中，要注意做好以下前期准备工作。

（1）掌握基本状况

秘书一定要充分掌握来宾的基本状况，尤其是主宾的个人情况，如姓名、性别、年龄、籍贯、民族、单位、职务、专业、偏好等，必要时还需了解其婚姻、健康状况、政治倾向与宗教信仰等。如果来宾尤其是主宾曾经来访过，则在接待规格上要注意前后一致，无特殊原因不宜随意升格或降格。来宾如报出自己一方的计划，比如来访的目的、来访的行程、来访的要求等，应在力所能及的前提下满足其特殊要求，尽可能给对方以照顾。

（2）制订具体计划

为了避免疏漏，一定要制订详尽的接待计划，以便按部就班地做好接待工作。根据常规，接待计划至少应包括迎送方式、迎送规格、交通工具、膳宿安排、工作日程、文娱活动、游览、会谈、会见、礼品准备、经费开支以及接待、陪同人员等基本内容。

（3）确认抵达时间

有时候，来宾到访时间或因其健康状况，或因紧急事务缠身，或因天气变化、交通状况等的影响，难免会有较大变动，因此，接待方务必在对方正式启程前与对方再次确认一下抵达的具体时间，以便安排迎宾事宜。

2. 迎宾礼仪

（1）迎宾人员

一般来说，迎送人员与来宾的身份要相当，但如果己方当事人因临时身体不适或不在当地等原因不能前来迎送也可灵活变通，由职位相当的人士或由副职出面。遇到这种情况，应从礼貌出发向对方做出解释。另外，迎宾人员最好与来宾专业对口。

（2）迎宾地点

来宾的地位身份不同，迎宾地点往往有所不同。一般情况下，迎宾的常规地点有：交通工具停靠站（如机场、码头、火车站等）、来宾临时住所（如宾馆）、东道主的办公地点门外等。在确定迎宾地点时，还要考虑以下因素：双方的身份、关系及自身的条件。

（3）迎宾时间

到车站、机场去迎接客人，应提前到达，绝不能迟到让客人久等。客人刚下飞机或下车就能瞥见有人等候，一定会感激万分；如果是第一次到这个城市，还能因此获得一种安全感。若迎接来迟，会使客人感到失望和焦虑不安，还会因等待而产生不快，事后无论怎样解释都无法消除这种失职和不守信誉造成的印象。

（4）迎宾标识

如果迎接人员与客人素未见面，一定要事先了解一下客人的外貌特征，最好举个小牌子去迎接。小牌子上尽量不要用白纸写黑字，这样会给人晦气的感觉；也不要写"××先生到此来"，而应写"××先生，欢迎您""热烈欢迎××先生"之类的字样；字迹力求端正、大方、清晰，不要用草书书写。一个好的迎宾标识，既便于找到客人又能给客人留下美好印象——当客人迎面向你走来时会产生自豪感。在单位门口，不要千篇一律地写上"Welcome"一词，而应根据来宾的国籍随时更换语种，这样会给来宾一种亲切感。

（5）问候与介绍

接到客人后，切勿一言不发、漠然视之，而要先与之略作寒暄，比如说一些"一路辛苦了""欢迎您来到我们这个美丽的城市""欢迎您来到我们公司"之类的话。然后要向客人介绍自己的姓名和职务，如有名片更好；客人知道你的姓名后，如一时还不知如何称呼你，你可以主动表示"就叫我小×或××好了"。其他接待人员也要一一向客人做自我介绍，有时可由领导介绍，但更多的时候是由秘书承担这一职责。在做介绍时，态度要热情，要端庄有礼，要正视对方并略带微笑，可以先说"请允许我介绍一下"，然后按职务高低将本单位的人员依次介绍给来宾。对于远道而来、旅途劳顿的来宾，一般不宜多谈。

（6）握手

握手是见面时最常见的礼节，双方相互介绍之后应握手致意。握手时，要注视对方，微笑致意，并使用"欢迎您"等礼貌用语。迎接来宾时，迎宾人员一定要主动与对方握手。

（7）献花

有时迎接重要宾客还要向其献花，一般以献鲜花为宜，并要保持花束的整洁、鲜艳。在社交场合，献什么花、怎么献花，常因民族、地域、风情、习俗、目的的不同而有所区别。一般情况下，应注意从鲜花的颜色、数目和品种三个方面加以考虑。

（8）为客代劳

接到来宾后，在走出迎宾地点时应主动为来宾拎拿行李，但对来宾手上的外套、钱包或是密码箱等则不必"代劳"。客人如有托运的物件，应主动代为办理领取手续。

（9）休息室接待

在迎送身份特殊的客人（VIP）时，可事先在机场、车站、码头安排贵宾休息室并准备一些饮料、播放一些高雅的音乐，以消除客人旅途的劳顿。如对方是外宾，休息室内还可挂上所在国的国旗，摆放一些报刊，以增加酒店与客人之间的感情。

3．陪同礼仪

（1）话题

在接待客人时，客人一般会对将要参加的活动的有关背景资料、筹备情况、有关的建议，当地风土人情、气候、物产，富有特色的旅游点，近期本市发生的大事，本市知名人士的情况，当地的物价等感兴趣。

（2）陪车

客人抵达后从机场到住地以及访问结束后由住地到机场，有时需要主人陪同乘车。主人在陪车时，应请客人坐在自己的右侧。有司机的时候，后排右位最佳，应留给客人。上车时，应主动打开车门，以手示意请客人先上车，自己后上。一般最好让客人从右侧门上车，主人从左侧门上车，以免从客人座前穿过。如客人先上车坐到了主人的位置上，则不必请客人挪动位置。

（3）宾馆接待

将来宾送至宾馆，要主动代为办理登记手续，并将其送入房间。进入客人房间后，应告知客人餐厅何时营业，有何娱乐设施，有无洗衣服务等以便客人心中有数。客人一到当地，最关心的就是日程安排，所以应事先制订活动计划。客人到宾馆后，应马上将日程表送上，以便客人据此安排私人活动。根据活动安排，客人将与哪些人会面与会谈，也应向客人作简略介绍。为了帮助客人尽快熟悉访问地的情况，还可以准备一些有关这方面的出版物给客人阅读，如本地报纸、杂志、旅游指南等。考虑到客人旅途劳累，主人不宜久留，应让客人早些休息，分手前要说好下一次见面的时间和地点，并留下自己的地址和电话号码，以便客人有事时联系。

（4）奉茶

我国人民习惯以茶水招待客人。在招待尊贵客人时，选择什么茶具、怎样倒茶和递茶都有许多讲究。在给客人送茶时，茶具不能有破损和污垢，要洗干净、擦亮，杯内的茶水倒至八分满即可，不可倒满，免得溢出来溅洒到客人身上。茶水冷热也要控制好，千万别烫着客人。端送茶水最好使用托盘，既雅观又卫生；托盘内放一块抹布更好，以便茶水溢出时擦拭。

端茶时，有杯柄的茶杯可一手执杯柄一手托在杯底或单手执杯柄；若茶杯没有杯柄，注意不要用手握住茶杯，以减少手指和杯沿部分的接触，更不可把拇指伸入杯内。敬茶时可以按由右往左的顺序逐个奉上，也可按主要宾客或年长者—其他客人、上级领导—其他客人这个顺序敬奉。

（5）引导

宾主双方并排行进时，引导者应主动走在外侧，而请来宾走在内侧。三人并行时，通常中间的位次最高，内侧的位次居次，外侧的位次最低，宾主的位置可依此酌定。在单行行进时，循例引导者应走在来宾前两三步；走到拐角处时，引导者一定要先停下来，转过头说"请向这边来"；引导客人上楼时，应该让客人走在前面，引导者走在后面；引导途中，引导者切勿与客人高谈阔论，更不许与客人玩笑打闹，以免客人走神当众摔跤出丑；下楼时，引导者应走在前面靠墙壁一侧，而让客人走在后面靠楼梯栏杆一侧。

（6）乘电梯

引导客人乘坐电梯时，接待人员应先进入电梯，按住电梯"开"钮，等客人进入后关闭电梯门；到达相应楼层后，接待人员应按住"开"钮，让客人先出电梯。如果电梯由专人控制，接待人员则应后入先出。在电梯内，接待人员切忌两眼直盯客人，可视与客人的熟识程度与客人交谈，以示友好。

礼仪故事 5-16

不懂电梯礼仪的营销人员

营销人员王强要到工作室所在的办公大楼门口迎接前来体验产品的顾客张太太。这是王强第一次接待顾客，表现得极为热情，一见面就嘘寒问暖。进入电梯时，王强抢先踏入，紧靠着最里面站好，想把更多的空间留给顾客。

电梯里，除了王强和张太太还有其他乘梯者，王强为了不冷场，便充分发挥了他的口才，继续和张太太攀谈，问这问那、口若悬河，但是张太太只是礼貌地冲他微笑，偶尔轻声简单回答他的问题，并没有攀谈的意思。这让王强觉得非常尴尬。最终，张太太匆匆地参观了工作室，并表示有急事要先回去了。

后来，王强才知道，原来是因为上次在电梯里对顾客接待不周的原因，顾客认为她没有得到应有的尊重。知道原委后，王强非常后悔自己的电梯失仪行为。

点评： 电梯虽小，礼仪别有洞天，乘电梯尤其考验人的礼仪修养水平。通过得体的电梯礼仪，可以在短短的几十秒内给他人留下良好的印象。

（7）开门

引导客人至会客厅，应先敲门、再开门。如果门是向外开的，应用手按住门，让客人先进；如果门往里开，则自己先进，按住门后再请客人进入。一般应右手开门，再转到左手扶住门，面对客人，请客人进入后再关门。无论房门是推开式还是拉开式，都必须将其完全敞开。为了不让客人看到自己的背部，应用单手开闭房门。

（8）会客室接待

进入会客室后，客人如有外套、帽子、雨伞等物，可接过挂放于衣帽架或明显处，并向客人说明："××先生，您的外套挂在这里。"应将来客让至上座入座，以示尊重和欢迎。一般来说，室内离门口最远的座位就是上座。如果上司还没到，在与客人聊天时，注意不要谈论本公司的长短及涉密事项，可聊一些轻松的无关紧要的话题。

礼仪小贴士 5-7

接待客户：一灯礼仪公司的"前台接待流程"

1. 电话用语

"您好，一灯婚庆，××为您服务。"

2. 接待客人

前台所有人始终微笑服务，接待时，时常看新人，看新人眉心位置，不允许自顾自低头讲话。不允许只盯着新郎讲或者只盯着新娘讲，话语最终要集中在新娘身上。

（1）分组

一组两个人，A主要负责迎宾、接待客人，B主要负责接单。

（2）客人进门后

① 问询。A："您好，欢迎光临一灯，您是咨询婚庆还是有预约？"同时前台其他婚礼顾问（没谈单的顾问）必须在位置上站好，客人目光看到谁，谁要说"您好"。客人落座后，其他人才可落座。

② 请客人落座。A说"请这边坐"，同时伴随着手势（一般情况下伸朝向座位方向的手，大臂微弯）。

③ 饮品。A问客人："您想喝点什么？我们这有果汁和咖啡。"如果客人选择其中一种，A再问："我们这有××果汁/咖啡，您想喝哪种？"如果客人说来点水就可以了，绝不能给客人倒水，而要说"要不然建议您来点果汁（清凉润喉）/咖啡（提神醒脑）吧"。

④ 介绍搭档B。A说："给您介绍一下，这是我们首席高级策划师××，由她为您服务。"介绍完后，A去为客人倒水。

⑤ B自我介绍。B说："您好，我是一灯婚庆的婚礼策划师，我叫××，你也可以叫我××。"同时双手把名片递上。在坐下的同时，坐垫要垫起来，位置要比客人高，目的是增加心理优势。B在谈单时，不要一开始就讲单，首先要了解客人的自然情况，想办什么样的婚礼。A倒完水，为B拿笔、咨询表等。

⑥ A坐在B旁边旁听，辅助B。

⑦ 送客。讲完单后，客人不起身，接待人员不能起身。要先客人一步到达门口，为客人开门，然后寒暄之后，说"感谢您的光临"，送客人要送到楼梯下边，客人走了之后再回来。

4. 送别礼仪

送别，是留给客人良好的最后印象的一项重要工作。不管你前面的接待工作做得多么周到，如果最后的送别让客人备受冷落，整个接待工作就会功亏一篑。做好送别工作，关键在于一个"情"字。具体而言，送别时应注意以下礼仪。

（1）提出道别

在日常接待活动中，宾主双方由谁提出道别是有讲究的。按照常规，道别应当由客人先提出来，假如主人首先与来客道别，难免会给人以厌客、逐客的感觉。

（2）送别用语

宾主道别，彼此都会使用一些礼貌用语表达对对方的惜别之情，最简单、最常用的莫过于一声亲切的"再见"，除此之外，"您走好""有空多联系""多多保重"等也是得体的送别用语。

（3）送别的表现

一般客人告辞离去，秘书只需起身将其送至门口，说声"再见"即可。如果上司要求你代其送客，则应视需要将客人送至相应地点：如果对方是常客，通常应将其送至门口、电梯门口或楼梯旁、大楼底下、大院门外；如果是初次来访的贵客，则要陪伴对方走得更远些。如果只将客人送至会议室或办公室门口、服务台边，则要说声"对不起，失陪"，目送客人走远；如果将客人送至电梯门口，则宜点头致意，目送客人至电梯门关上为止；若将客人送至大门口或汽车旁，则应帮客人携带行李或稍重物品，并帮客人拉开车门，开车门时右手置于车门顶端，按先主宾后随员、先女宾后男宾的顺序或客人的习惯引导客人上车，同时向客人挥手道别，祝福旅途愉快，目送客人离去。在送别的过程中，切忌流露出不耐烦、急于脱身的神态，以免给客人匆忙打发他走的感觉。

礼仪故事5-17

李嘉诚送客

很多知名企业家也很注意送人的礼节。一位内地企业家在接受电视采访时谈到了他去李嘉诚办公室拜访李嘉诚的经历。

那天，李嘉诚和儿子一起接见了他。会谈结束之后，李嘉诚起身从办公室陪他出来，送他到电梯口。更让人惊叹的是，李嘉诚不是送到即走，而是一直等到电梯上来，他进去了，再举手告别，等到门合上。

身为亚洲首富的李嘉诚肯定是日理万机，可他依旧注重礼节，亲自送人，没有丝毫的怠慢。这位内地企业家面对着电视机前的亿万观众动情地说："李嘉诚这么大年纪了，对我们晚辈如此尊重，他不成功都难。"

第二节 能 力 提 升

一、案例讨论

案例5-1

注意称呼

一天，有位斯里兰卡客人来到南京的一家宾馆准备住宿。前厅服务人员为了确认客人的身份，在办理相关手续及核对证件时花费了较多的时间。看到客人等得有些不耐烦了，服务人员便用中文跟陪同客人的女士解释，希望能够得到对方的谅解。谈话中，服务人员习惯性地用了"老外"这个词来称呼客人。谁料这位女士听到这个称呼后立刻沉下脸来，表示了极大的不满。原来这位女士不是别人，正是客人的妻子。见此情形，这位服务人员立即赔礼道歉，但客人的心情已经大受影响，始终不能释怀，还对这家宾馆产生了不良的印象。

【思考与讨论】

（1）交际中怎样称呼才能表达敬意？

（2）本案例对你有何启示？

案例5-2

赵总脸色怎么转"阴"了

刘兵和新同事小李来集团公司开会的时候，遇到了集团的赵总。刘兵赶紧远远地和赵总打个招呼，赵总也向他点点头。赵总正要转身离去的时候，刘兵赶紧向前紧走两步向赵总伸出了手，赵总表现出一丝犹豫，但还是勉强地伸出了手。刘兵和赵总握手后，又赶紧给小李做介绍："小李，这是咱们集团的赵总。"然后又转向赵总："赵总，这是咱集团二公司人力资源部的小李。"敏感的小李明显感觉赵总的脸色转"阴"了。

【思考与讨论】

（1）本案例中刘兵不符合礼仪的地方有哪些？

（2）本案例对你有哪些启示？

案例 5-3

如此握手

艾丽是某著名房地产公司的副总裁。一天，她接待了来访的建筑材料公司主管销售的韦经理。

韦经理被秘书领进了艾丽的办公室，秘书对艾丽说："艾总，这是××公司的韦经理。"艾丽离开办公桌，面带笑容，走向韦经理。韦经理先伸出手来，与艾丽握了握。艾丽客气地对他说："很高兴你来为我们公司介绍这些产品。这样吧，我先看一看这些材料，再和你联系。"韦经理在几分钟内就被艾丽送出了办公室。几天内，韦经理多次打电话，但得到的是秘书的回答："艾总不在。"

到底是什么让艾丽这么反感一个只与她说了两句话的人呢？原因在于握手！韦经理是一个男人，职位又低于艾丽，握手应该由艾丽先伸手。艾丽说："他伸给我的手不但看起来毫无生机，握起来更像一条死鱼，冰冷，毫无热情。当我握他的手时，他的手掌也没有任何反应，就这几秒钟，他就留给我一个极坏的印象。"

【思考与讨论】

（1）交际中握手应传递怎样的信息？

（2）握手的礼仪有哪些？

案例 5-4

名片

某公司王经理约见一个重要的客户方经理。见面之后，客户就将名片递上。王经理看完名片就将名片放到了桌子上，两人继续谈事。过了一会儿，服务人员将咖啡端上桌，请两位经理慢用。王经理喝了一口，便将咖啡杯子放在了名片上，自己没有感觉，客方经理皱了皱眉头，没有说什么。

【思考与讨论】

（1）请分析王经理的失礼之处。

（2）接过对方的名片后应如何放置？

案例 5-5

"女皇怎么如此贪心"

1896年，俄国沙皇尼古拉二世举行加冕典礼，李鸿章作为清政府代表，应邀前往出席。典礼结束时，皇后出于礼貌，按照当时欧洲流行的"吻手礼"的规矩，主动向李鸿章伸出手来。李鸿章虽曾在一些外交场合见过这种吻手礼，但他一直不认为这是一种礼节，而视之为欧洲国家男女之间互相调情的下流动作。所以当皇后向他伸出手时，李鸿章一时惊慌失措，竟认为皇后在伸手向他索要礼品，便连忙将手上慈禧太后送给他的一枚钻石戒指摘下，放到皇后手中。皇后被李鸿章的举动弄得莫名其妙，环顾左右都瞠目结舌，又不便开口询问，只得将戒指拿来套在手指上，复又将手伸给李鸿章。李鸿章见状，心中暗自骂道："这皇后怎么如此贪心？送了一个戒指还不够，还伸手来要，真不像话。"一边赶紧从身上找东西，搜索了半天，觉得实在没有什么东西值得再送，就连忙双膝跪地，用双手将皇后的手高高托起。皇后见状只得苦笑着将手收回。

回到住所后，李鸿章做的第一件事就是交代随从说："现在你们赶快替我准备几样礼物送给皇后！"

【思考与讨论】

（1）应该如何行吻手礼？（提示：参见本章"阅读思考"的相关内容。）

（2）本案例对你有何启示？

案例 5-6

接待

一天上午，惠利公司前台接待秘书小张匆匆走进办公室，像往常一样进行上班前的准备工作。她先打开窗户，接着打开饮水机开关，然后翻看昨天的工作日志。这时，一位事先有约的客人要求会见销售部李经理，小张一看时间，他提前了30分钟到达。小张立刻通知了销售部李经理，李经理说正在接待一位重要的客人，请对方稍等。小张就如实转告客人说："李经理正在接待一位重要的客人，请您等一会儿。"话音未落，电话铃响了，小张用手指了指一旁的沙发，没顾上对客人说什么，就赶快接电话去了。客人尴尬地坐下……待小张接完电话后，发现客人已经离开了办公室。

【思考与讨论】

（1）请指出本案例中小张的不足之处。

（2）本案例对你有哪些启示？

案例 5-7

麦克拜访客户的秘诀

麦克具有丰富的产品知识，对客户的需要很了解。在拜访客户之前，麦克总是掌握了客户的一些基本资料。麦克常常以打电话的方式先和客户约定拜访的时间。

今天是星期四，下午4点刚过，麦克便精神抖擞地走进办公室。他今年35岁，身高6英尺，深蓝色的西装上看不到一丝的皱褶，浑身上下充满朝气。

从上午7:00开始，麦克便开始了一天的工作。麦克除了吃饭的时间，始终没有闲过。麦克5:30有一个约会。为了利用4:00至5:30这段时间，麦克便打电话，向客户约定拜访的时间，以便为下星期的推销拜访而预做安排。

打完电话，麦克拿出数十张卡片，卡片上记载着客户的姓名、职业、地址、电话号码资料以及资料的来源。卡片上的客户都居住在市内东北方的商业区内。

麦克选择客户的标准包括客户的年收入、职业、年龄、生活方式和嗜好。

麦克的客户来源有三种：一是现有的顾客提供的新客户的资料；二是麦克从报刊上的人物报道中收集的资料；三是从职业分类上寻找客户。

在拜访客户以前，麦克一定要先弄清楚客户的姓名。例如，想拜访某公司的执行副总裁，但不知道他的姓名，麦克会打电话到该公司，向总机人员或公关人员请教副总裁的姓名。知道了姓名以后，麦克才进行下一步的推销活动。

麦克拜访客户是有计划的。他把一天当中所要拜访的客户都选定在某一区域之内，这样可以减少来回奔波的时间。根据麦克的经验，利用45分钟的时间做拜访前的电话联系，即可在某一区域内选定足够的客户供一天拜访之用。

麦克下一个要拜访的客户是国家制造公司董事长比尔·西佛。麦克正准备打电话给比尔先生，约定拜访的时间。

做好拜访前的准备工作使麦克成为了一名优秀的业务员。

【思考与讨论】

（1）麦克拜访客户有哪些秘诀？

（2）本案例对你有何启示？

二、实训项目

项目1．见面场景模拟训练

实训目标：熟练、规范地运用见面的各种礼节进行交际。

实训学时：2学时。

实训地点：实训室。

实训准备：见面场景、名片若干张。

实训方法：3～5人一个小组，每组设计一个见面场景，将称呼、介绍、握手等见面礼、问候、递接名片等交际礼仪，连贯地演示下来，学生对各组的表演进行评价，最后教师总结。表演之前，每组应就设计的场景和成员的角色进行说明。

训练手记：通过训练，我的收获是：_____。

项目2：特色名片设计

实训目标：掌握名片的设计要素，设计出体现个人或公司特点的富有特色的名片，并能规范地使用名片。

实训学时：1学时。

实训地点：教室。

实训准备：彩笔、名片纸等。

实训方法：设计出富有个性的名片，然后相互之间练习名片的递接。选出最具特色的名片，进行一次名片展览。

训练手记：通过训练，我的收获是：_____。

项目3：馈赠礼品模拟训练

背景介绍：假设A公司和B公司拟进行技术合作，共同开发新型汽车发动机。A公司位于湖北武汉，B公司为辽宁大连的一家公司。双方在大连合作会谈非常顺利。临近本次合作会谈尾声，B公司公共关系部的王经理特地为远道而来的A公司李总经理一行5人准备了每人一袋的海产品，作为一点礼物赠送给对方。

实训学时：1学时。

实训地点：实训室。

实训准备：5份包装精美的礼品。

实训方法：每6名学生为一组，将全班同学分成若干组，然后安排学生分别扮演B公司的王经理和 A 公司的李总经理等 5 人，模拟进行礼物馈赠练习。演示礼品的馈赠时应注意礼品馈赠时的口头语言与体态语言的演示。

学生之间互相点评，教师指导纠正。

训练手记：通过训练，我的收获是：_____。

项目 4：接待拜访模拟训练

实训目标：熟悉接待、拜访的有关礼节，能够正确运用其礼仪规范。

实训学时：2 学时。

实训地点：实训楼前、电梯间、会议室。

实训准备：办公家具、茶具、茶叶、热水瓶或饮水机、企业宣传资料等。

实训方法：一部分学生扮演来访团体成员，另一部分学生扮演接待方成员，模拟演示以下情景。

（1）在门口迎接客人。

（2）引导客人前往接待室。

（3）与客人搭乘电梯。

（4）引见介绍。

（5）招呼客人。

（6）为客人奉送热茶。

（7）送别客人。

演示完毕后，可两组人员角色对调，再演示一遍，充分体会探访、接待的不同礼仪要求。

训练手记：通过训练，我的收获是：_____。

三、阅读思考

现代人的见面礼节

在国内外交往中，除握手之外，以下见面礼也颇为常见。

1. 点头礼

点头礼适用于路遇熟人，在会场、剧院、歌厅、舞厅等不宜与人交谈之处，在同一场合碰上已多次见面者，遇上多人又无法一一问候之时。行礼的做法是：头部向下轻轻一点，同时面带笑容，不宜反复点头不止，也不必点头的幅度过大。

2. 举手礼

行举手礼的场合与行点头礼的场合大致相似，它最适合向距离较远的熟人打招呼。其做法是：右臂向前方伸直，右手掌心向着对方，其他四指并齐、拇指分开，轻轻向左右摆动一两下。不要将手上下摆动，也不要在手摆动时用手背朝向对方。

3. 脱帽礼

戴着帽子的人，在进入他人居所，路遇熟人，与人交谈、握手或行其他见面礼时，进入娱乐场所，升挂国旗、演奏国歌等一些情况下，应自觉主动地摘下自己的帽子，并置于适当之处，这就是所谓的脱帽礼。女士在社交场合可以不脱帽子。

4. 注目礼

注目礼的具体做法是：起身立正，抬头挺胸，双手自然下垂或贴放于身体两侧，笑容庄重严肃，双目正视于被行礼对象，或随之缓缓移动。一般在升国旗时、游行检阅、剪彩揭幕、开业挂牌等情况下，使用注目礼。

5. 拱手礼

拱手礼是我国民间传统的会面礼，在过年举行团拜活动，向长辈祝寿，向友人恭喜结婚、生子、晋升、乔迁，向亲朋好友表示无比感谢，以及与海外华人初次见面时都会用到。行礼时应起身站立，上身挺直，两臂前伸，双手在胸前高举抱拳，自上而下，或者自内向外，有节奏地晃动两三下。

6. 鞠躬礼

鞠躬礼在日本、韩国、朝鲜等国十分普遍。目前在我国主要适用于向他人表示感谢、领奖或讲演之后、演员谢幕、举行婚礼或参加追悼活动。行礼时应脱帽立正，双目凝视受礼者，然后上身弯腰前倾。男士双手应贴放于身体两侧裤线处，女士的双手则应下垂搭放于腹前。鞠躬礼如图5-8和图5-9所示。下弯的幅度越大，所表示的敬重程度就越大。

图5-8 鞠躬礼（15度）　　　　图5-9 鞠躬礼（30度）

7. 合十礼

在东南亚、南亚信奉佛教的地区以及我国傣族聚居区，合十礼最为普遍。行合十礼时双掌十指在胸前相对合，五个手指并拢向上，手掌向外侧倾斜，双腿立直站立，上身微欠低头，可以口颂祝词或问候对方，也可面带微笑，但不准手舞足蹈，反复点头。一般而论，行此礼时，合十的双手举得越高，越体现出对对方的尊重，但原则上不可高于额头。合十礼如图5-10所示。

图5-10 合十礼

8. 拥抱礼

在西方，特别是在欧美国家，拥抱礼是十分常见的见面礼与道别礼。在人们表示慰问、祝贺、欣喜时，拥抱礼也十分常用。正规的拥抱礼，讲究两人正面面对站立，各自举起右臂，将右手搭在对方左肩后面；左臂下垂，左手扶住对方右腰后侧。首先各向对方左侧拥抱（如图5-11所示），然后各向对方右侧拥抱（如图5-12所示），最后再一次各向对方左侧拥抱，一共拥抱3次。在普通场合行礼，不必如此讲究，次数也不必要求如此严格。

图5-11 左侧拥抱　　　　图5-12 右侧拥抱

9. 亲吻礼

亲吻礼，也是西方国家常用的见面礼。有时它会与拥抱礼同时使用。行礼时，通常忌讳发出亲吻的声音，而且不应将唾液弄到对方脸上。在行礼时，双方关系不同，亲吻的部位也有所不同。长辈吻晚辈，应当吻额头；晚辈吻长辈，应当吻下颌或吻面颊；同辈之间，通行应当贴面颊，异性应当吻面颊。接吻，即吻嘴唇，仅限于夫妻与恋人之间，而不宜滥用，不宜当众进行。

10. 吻手礼

吻手礼，主要流行于欧美国家。它的做法是：男士行至已婚妇女面前，首先垂手立正致意，然后以右手或双手捧起女士的右手，俯首以自己微闭的嘴唇，去象征性地轻吻一下其手背或是手指。行吻手礼的地点，应在室内为佳。吻手礼的受礼者，只能是妇女，而且应是已婚妇女。

思考题

1. 现代人的见面礼节较之古人的见面礼节有何不同？其发展变化的规律是什么？
2. 东方人常用的见面礼节与西方人常用的见面礼节有何不同？为什么？

📖 课后练习

1. 设想几种不同的社交场景，如何根据交往对象不同进行称呼。

2. 打招呼时应该注意哪些礼仪？

3. 请分别用一句话、用一分钟时间、用 5 分钟时间介绍你自己。

4. 小张和同学小李一同去听孙教授的礼仪讲座，小李对讲座非常感兴趣，想和孙教授进行深入交流。由于孙教授曾经给小张所在的班级上过课，认识小张，因此小李想让小张在工作结束后把自己介绍给孙教授。

请问：如果你是小张你将怎样做介绍？请与同学分别扮演相关角色实际模拟演示一下。

5. 请就以下为他人介绍事例分别进行分析，看看各存在什么问题。

（1）这位是×××公司的人力资源部张经理，他可是实权派，路子宽，朋友多，需要帮忙可以找他。

（2）约翰·梅森·布朗是一位作家兼演说家，一次他应邀去参加一个会议，并进行演讲。演讲开始前，会议主持人将布朗介绍给观众，下面是主持人的介绍语：先生们，请注意了。今天晚上我给你们带来了不好的消息。我们本想要求伊塞卡·马克森来给我们讲话，但他来不了，病了。（下面嘘声）后来我们要求参议员布莱德里奇前来，可他太忙了。（嘘声）最后，我们试图请堪萨斯城的罗伊·格罗根博士，也没有成功。（嘘声）所以，结果我们请到了——约翰·梅森·布朗。（掌声）

（3）我给各位介绍一下：这小子是我的铁哥们儿，开小车的，我们管他叫"黑蛋"。

6. 找几个伙伴练习握手的礼仪。

7. 在一次业务洽谈会上，小王遇到了一直想与之合作的某集团公司周总，他立即起身走到周总面前，伸出双手去握周总的手。

请问：小王的表现有什么不妥？与同学一起模拟演示一下正确的做法。

8. 张经理与王经理在一次洽谈会上见面，王经理主动递上了自己的名片，张经理急忙打开挎包，准备拿出自己的名片与之交换，可是一摸，首先发现一张健身卡，再一摸是一张名片，便高兴地递给了对方。王经理接过来一看说："孙总认识您很高兴！"张经理这才发现刚才递上去的是别人的名片。

张经理十分尴尬，继续在包里找着……

请问：张经理的名片交换存在什么问题？应该如何避免？

9. 小高已经毕业五年多了，她想去拜访患胰腺癌的昔日的导师，然而她想了半天也没有想好该带什么礼物。如果她的导师是女性，年龄在 50 岁左右，你认为应该送什么礼物为宜？

10. 利用课后或者周末时间逛逛花店，面对绚丽多彩的鲜花，进一步熟悉花的语言。

11. 假如你明天要拜访一位重要客户，列出你需要做哪些形象准备和资料准备。

12. 你是五湖集团公司办公室的接待人员，明天上午四海集团公司的总经理亲自带队，来你公司参观考察并落实合作事宜。

请问：你将怎样安排这次接待工作？

课后评价考核

评价考核表

内容		评价	
学习目标	评价内容	小组评价（5、4、3、2、1）	教师评价（5、4、3、2、1）
知识（应知应会）	称呼、问候、介绍、握手礼仪规范		
	名片、馈赠礼仪规范		
专业能力	拜访的礼仪		
	接待的礼仪		
通用能力	自我管理能力		
	人际交往能力		
	自控能力		
态度	一丝不苟的精神 遵守社交礼仪规范 敬业精神		
努力方向：		建议：	

第六章 沟通礼仪

谁掌握了信息，控制了风格，谁就能拥有整个世界。

——【美】阿尔文·托夫勒

与人进行有效的交谈，并且赢得他们的合作，这是那些奋发向上的人应该培养的一种能力。

——【美】戴尔·卡耐基

学习目标

- 能够与沟通对象得体地交谈。
- 能够礼貌地接打电话。
- 能够礼貌地使用手机进行沟通。
- 网络沟通符合礼仪规范要求。

案例导入

"都是老田鸡"

某局新任局长宴请退居二线的老局长。席间端上一盘油炸田鸡，老局长用筷子点点说："喂，老弟，青蛙是益虫，不能吃。"新任局长不假思索，脱口而出："不要紧，都是老田鸡，已退居二线，不当事了。"老局长闻听此言顿时脸色大变，连问："你说什么？你刚才说什么？"新任局长本想开个玩笑，不料说漏了嘴，触犯了老局长的自尊，顿觉尴尬万分。席上的友好气氛尽被破坏，幸亏秘书反应快，连忙接着说："老局长，他说您已退居二线，吃田鸡不当什么事。"气氛才有点缓和。

问题

1. 新任局长在交谈中犯了什么错误？
2. 与人交谈应注意哪些礼仪？

1995 年，美国哈佛大学心理学教授丹尼尔·戈尔曼（Daniel Goleman）提出了情商（EQ）的概念，认为情商是个体的重要生存能力，是一种发掘情感潜能、运用情感能力影响生活各个层面和人生未来的关键品质因素。戈尔曼甚至认为，在人的成功要素中，智力因素是重要的，但更为重要的是情感因素。情商大致可以概括为五方面内容：情绪控制力；自我认识能力，即对自己的感知力；自我激励、自我发展的能力；认知他人的能力；人际交往的能力。一般认为，100%的成功=80%的 EQ+20%的 IQ（智商）。而日常人际沟通则是一个人情商的反映。在这方面我们主要从交谈礼仪、电话礼仪和网络礼仪三个方面加以介绍。

第一节 应知应会

一、交谈礼仪

美国哈佛大学前校长伊立特曾说："在造就一个有修养的人的教育中，有一种训练必不可少，那就是优美、高雅的谈吐。"交谈是交流思想和表达感情最直接、快捷的途径。在人际交往中，因为不注意交谈的语言艺术，或用错了一个词，或多说了一句话，或不注意词语的色彩，或选错话题等而导致交往失败或影响人际关系的事时有发生。因此，在交谈中必须遵从一定的规范，才能达到双方交流信息、沟通思想的目的。语言作为人类的主要交际工具，是沟通不同个体心理的桥梁。

1. 交谈的语言要求

交谈的语言艺术包括以下几个方面。

（1）准确流畅

在交谈时如果词不达意、前言不搭后语，很容易被人误解，达不到交际的目的。因此在表达思想感情时，应做到口音标准、吐字清晰，说出的语句应符合规范，避免使用似是而非的语言。应去掉过多的口头语，以免语句割断；语句停顿要准确，思路要清晰，谈话要缓急有度，从而使交流活动畅通无阻。

礼仪故事 6-1

咸菜请香肠酱瓜

一个口音很重的县长作报告说："免子们，虾米们，猪尾巴！不要酱瓜，咸菜太贵啦！"（翻译：同志们，乡民们，注意吧！不要讲话，现在开会啦！）

县长讲完以后，主持人说："咸菜请香肠酱瓜！"（翻译：现在请乡长讲话！）

乡长说："免子们，今天的饭狗吃了，大家都是大王吧！"（翻译：同志们，今天的饭够吃了，大家都使大碗吧！）

吃完以后，乡长又说："不要酱瓜，我捡个故事给你们舔舔……"（翻译：不要讲话，我讲个故事给你们听听……）

语言准确流畅还表现在让人听懂，因此言谈时尽量不用书面语或专业术语，因为这样的谈吐让人感到太正规、受拘束或是理解困难。

礼仪故事 6-2

自作自受

古时有一笑话说的是有一书生，突然被蝎子蛰了，便对其妻子喊道："贤妻，速燃银烛，你夫为虫所袭！"他的妻子没有听明白，书生更着急了："身如琵琶，尾似钢锥，叫声贤妻，打个亮来，看看是什么东西！"其妻仍然没有领会他的意思，书生疼痛难熬，不得不大声吼道："快点灯，我被蝎子蛰了！"真乃自作自受。

（2）清晰明了

口头传播的一大特点是传播速度快，稍纵即逝。据有关专家考证，口头语言留在人们记忆里的时间一般不超过七八秒，10秒以后，记忆就会逐渐模糊，直至残缺不全。这就要求人们在讲话时尽量使用明确精练、通俗易懂的语言，避免使用那些模棱两可、似是而非、晦涩难懂的语言。

说话要力求简单明了。生活中常有这样的情形，有的人不顾场合地点，说起话来口若悬河，滔滔不绝；有的人车轱辘话来回说，生怕别人不解其意，或是说话中插入一些不必要的交代，节外生枝，不着边际。结果，主干被枝蔓掩盖了，主要的信息被大量的次要信息淹没了，听者如坠入云里雾中，不知所云。

此外，应当特别注意同音异义字的使用，以免发生误会。在汉语中，容易引起歧义的词语并不少见，例如"全部（不）及格""治（致）癌物质"等。遇到这类容易引起误解的词语，说话人可以换一种表达方式，交代清楚，如"全都及格""导致癌症的物质"。这样对方就不会有疑问了。

（3）委婉表达

交谈是一种复杂的心理交往，人的微妙心理、自尊心往往在里面起重要的控制作用，触及它，就有可能产生不愉快。因此，对一些只可意会不可言传的事情、人们回避忌讳的事情、可能引起对方不愉快的事情，不能直接陈述，只能用委婉、含蓄、动听的话去说。常见的委婉说话方式有以下几种。

① 避免使用主观武断的词语，如"只有""一定""唯一""就要"等不带余地的词语，要尽量采用与人商量的口气。

② 先肯定后否定，学会使用"是的……但是……"这个句式。把批评的话语放在表扬之后，就显得委婉一些。

③ 间接地提醒他人的错误或拒绝他人。

（4）掌握分寸

谈话要有放有抑有收，不过头，不嘲弄，把握"度"；谈话时不要唱"独角戏"，夸夸其谈，忘乎所以，不让别人有说话的机会；说话要察言观色，注意对方情绪，对方不爱听的话少讲，一时接受不了的话不急于讲。开玩笑要看对象、性格、心情、场合，一般来讲，不随便开女性、长辈、领导的玩笑，一般不与性格内向、多疑敏感的人开玩笑，当对方情绪低落、心情不快时不开玩笑，在严肃的场合、用餐时不开玩笑。

（5）幽默风趣

交谈本身就是一个寻求一致的过程，在这个过程中常常会出现不和谐的地方而产生争论或分歧，这就需要交谈者随机应变，凭借机智抛开或消除障碍。幽默还可以化解尴尬局面或增强语言的感染力。它建立在说话者高尚情趣、较深的涵养、丰富的想象、乐观的心境、对自我智慧和能力自信的基础上，它不是要小聪明或"卖嘴皮子"，它应使语言表达既诙谐又入情入理，应体现一定的修养和素质。

礼仪故事 6-3

"还没插秧呢"

有一次，梁实秋的幼女文蔷自美返台探望父亲，他们便邀请了几位亲友，到"鱼家庄"饭店欢宴。酒菜齐全，唯独白米饭久等不来。经一催二催之后，仍不见白米饭踪影。梁实秋无奈，待服务小姐入室上菜之际，戏问曰："怎么饭还不来，是不是稻子还没收割？"服务小姐眼都没眨一下，答称："还没插秧呢！"本是一个不愉快的场面，经服务小姐这一妙答，举座大乐。

（6）声音优美

每个人的声音都是有感情的，也是有色彩的，而如何让自己的声音富有吸引力，展现出独特的个人魅力呢，这也是一门艺术。

首先要注意音调的高低变化。无变化的声音是单调的，如同催眠曲，令人进入精神凝滞状态，更达不到讲话的目的。因此，与人交谈时，我们应根据谈话内容的变化，适当调整音调的高低，给人抑扬顿挫的感受。

其次要控制好音量。谈话时，音量的控制也非常重要。太大的声音会令人反感，以为你在那里装腔作势；音量太小会使人听不清楚，以为你怯懦。一般来说，应根据听者距离的远近来调节自己的音量，达到最适合的状态。

最后要注意说话的语速。说话时一直保持同一种语速会使人产生听觉上的疲劳，容易昏昏欲睡，打不起精神。因此，在与人交谈时，我们应该把握说话的语速，不要太快或太慢，应追求一种有快有慢的音乐感。在主要的语句上放慢速度作强调，在一般的内容上稍微加以变化。

2. 使用礼貌用语

使用礼貌用语，是人类文明的标志，也是全世界共同的心声。使用礼貌用语不仅会得到人们的尊重，提高自身的信誉和形象，而且还会对自己的事业起到良好的辅助作用。在我国，政府有关部门向市民普及文明礼貌用语，基本内容为十个字："请""谢谢""你好""对不起""再见"。在社交中，日常礼貌用语远不止这十个字，归结起来，主要可划分为如表 6-1 所示的几个大类[1]。

表 6-1　　　　　　　　　　　　礼貌用语一览表

序号	礼貌用语类型	举　例
1	问候用语	您好！各位好！小姐好！××先生好！××主任好！早上好！中午好！下午好！晚安！各位下午好！××经理早上好
2	欢迎用语	欢迎！欢迎光临！见到您很高兴！恭候光临！××先生，欢迎光临！欢迎再次光临！欢迎您又一次光临本店
3	送别用语	再见！回头见！慢走！走好！欢迎再来！保重！一路平安！旅途顺利
4	请托用语	请稍候！请让一下！劳驾！拜托！打扰！请关照！请您帮我一个忙！劳驾您替我看一下这件东西！拜托您为这位女士让一个座位
5	致谢用语	谢谢！××先生，谢谢！谢谢，××小姐！谢谢您！十分感谢！万分感谢！多谢！有劳您了！让您替我们费心了！上次给您添了不少麻烦
6	征询用语	您需要帮助吗？我能为您做点什么？您需要点什么？您需要哪一种？您觉得这件工艺品怎么样？您不来一杯咖啡吗？您是不是很喜欢这种方式啊？你是不是先来试一试？您不介意帮助您吧？您打算预订雅座，还是散座？这里有三种颜色
7	应答用语	是的。好。很高兴能为你服务。好的，我明白您的意思。请不必客气。这是我们应该做的。请多多指教。过奖了。不要紧。没关系。不必，不必。我不会介意
8	赞赏用语	太好了！真不错！对极了！相当棒！非常出色！您真有眼光！还是您懂行！您的观点非常正确，看来您一定是一位内行。哪里，哪里，我做得还很不够。承蒙夸奖，真不敢当。得到您的肯定，的确让我们很开心
9	祝贺用语	祝您成功！一帆风顺！心想事成！身体健康！生意兴隆！全家平安！节日快乐！活动顺利！新年好！春节快乐！生日快乐！旗开得胜，马到成功
10	推脱用语	您可以到对面的商场去看一看。我可以为您向其他专卖店询问一下。下班后我们酒店还有其他安排，很抱歉不能接受您的邀请
11	道歉用语	抱歉。对不起。请原谅。失礼了。失言了。失陪了。失敬了。失迎了。不好意思，多多包涵。很惭愧。真的过意不去

---

① 杜明汉，营销礼仪，北京：电子工业出版社，2011.

第六章　沟通礼仪

3. 善于耐心倾听

我还要回来

美国知名主持人林克莱特有一天访问一名小朋友，问他说："你长大后想要当什么呀？"小朋友天真地回答："嗯……我要当飞机的驾驶员！"林克莱特接着问："如果有一天，你的飞机飞到太平洋上空所有引擎都熄火了，你会怎么办？"小朋友想了想："我会先告诉坐在飞机上的人绑好安全带，然后我挂上我的降落伞跳出去。"当在场的观众笑得东倒西歪时，林克莱特继续注视着这孩子，想看他是不是自作聪明的家伙。没想到，接着孩子的两行热泪夺眶而出，这才使得林克莱特发觉这孩子的悲悯之心远非笔墨所能形容。于是林克莱特问他说："为什么你要这么做？"小孩的答案透露了这个孩子真挚的想法："我要去拿燃料，我还要回来！我还要回来！"

点评：通过这个故事，大家明白倾听的艺术了吗？沟通是双向的。我们并不是单纯地向别人灌输自己的思想，我们还应该学会积极地倾听。

有一句老话"人长着一张嘴巴，两只耳朵，就是为了少说多听"，是很有道理的。与人交谈不但要善于表达自己的意思，而且还要善于聆听对方的说话，这在社会交往活动中是个不容忽视的问题。认真听取他人讲话可以获得更多的信息，抓住机会向别人学习；可以避免和减少说话的失误，使谈话简而精；同时也是对对方的尊重。

我们不仅口才要好，而且还要有一副好"耳才"，做一个善于倾听的人。

有好"耳才"的崔永元

在一次采访中，记者问崔永元："你为什么这么有口才？"

崔永元笑了一下，回答说："其实我嘴很笨，只是'耳才'还可以。"

"'耳才'怎么说？"记者又问。

崔永元回答："聊天、谈话的关键是要听得好。"

记者再问："怎么才算是听得好呢？"

崔永元答道："听人说话能听到画龙点睛，此一境界；听人说话能听到入木三分，又一境界；听人说话能听到刻骨铭心，最高境界。"

点评：崔永元连用三个成语，说明倾听的三种境界。生活中，一些人常常重说轻听，光有口才却无"耳才"，很容易掉进自己挖的"陷阱"里，致使沟通效果大打折扣。其实，越是善于倾听的人，越能得到他人的尊重，与他人的关系越融洽。

听和说是谈话交流的两个方面，倾听是语言表达的前提。倾听，专心致志地聆听对方讲话，这是最能够体现对对方礼貌和尊重的方式。那么怎么才算"听"呢？这从古人造字就可看出，听的繁体字是"聽"，这里面有"耳"，有眼睛，右面这个像"四"字似的，就是指眼睛，有"心"，也就是说你要做到听，除了得用耳朵听，还要用眼睛看，用心领会，这样你就能够成为王者。因此，我们应充分重视听的功能，讲究听的方式，追求听的艺术。

（1）全神贯注、洗耳恭听

首先要成功地接听对方传达的信息，就要做到全神贯注和洗耳恭听。全神贯注可以使你正确地接收信息，使信息不变形。洗耳恭听，是指你在倾听时，要摒除偏见和成见，否则会妨碍你接收信息。

礼仪故事 6-6

龟兔赛跑

有一次我听著名的经济学家厉以宁教授的讲座，厉以宁为了阐述管理当中的几个关键问题，要讲龟兔赛跑的故事。坐在我旁边的一个小伙子嘀咕道：龟兔赛跑的故事有什么可讲的，我上小学的时候就听过了，于是他没注意听。其实厉教授讲的故事很有新意，语言也很诙谐。他说，我们北大光华管理学院讲的龟兔赛跑是这样的：龟兔赛跑有四个回合，第一个回合，乌龟虽然在竞争中处于劣势，但坚持了下来，等待对方犯错误。结果兔子睡大觉，乌龟赢了。第二回合，兔子接受教训，不再睡大觉，把潜在的可能变成了现实，兔子赢了。第三回合，乌龟调整了策略，改变了比赛路线，在新的比赛路线上临近终点处有一个水池。比赛中兔子虽然跑得快，但过不了水池，乌龟虽然跑得慢，但顺利的游过了水池，乌龟赢了。第四回合，乌龟与兔子结成战略伙伴关系，互助互信，在陆地上兔子背着乌龟跑，在水里，乌龟驮着兔子游，结果乌龟与兔子一起快速抵达终点，达到了双赢。和我临座的小伙子正是由于成见，错过了厉教授的精彩讲述。

（2）开动脑筋、了解真意

倾听的时候还必须开动脑筋，务求了解说的人要表达的真正意愿。这里关键的倾听技巧是，要是有不明白的地方应当提问。而如果听到的话比较含蓄，还要了解说话人的言外之意。对商务人员来说，倾听就是要了解客户的真实需求。如果你在倾听当中还没有完全了解客户的意见或需求，就必须提问。提问是商务人员必须掌握的一个重要技巧。

礼仪故事 6-7

提问了解真意

某一品牌的手机经销商的客服代表，正在接客户李先生的反馈电话。

客户："你们××型号手机带镶钻，多俗气啊，我不喜欢。"这时，客服代表为了真正弄清楚客户的意见，进行了提问。

客服代表："李先生，真感谢您反馈的信息，您的意见对我们太宝贵了。我想问您一下，您喜欢澳大利亚天然水晶吗？为什么您觉得镶钻的会显得俗气？"

客户："澳大利亚水晶是好看，用在手机上也不是不行，可你得看放在哪儿。像你们这款手机，本来外屏就做成彩屏了，五彩缤纷的，在外屏上又镶了一圈水晶，您说，是不是太花了，看着就眼晕，一点也不高雅，透着俗气。"

客服代表："对了，是啊。"

客户又补充道："这就是水晶镶得不是地方。您看，人家××7200款的，把天然水晶镶到冷色的金属数字按键旁，数字看起来更醒目，有实用性，天然水晶配着冷色金属又雅致亮丽。这就是水晶镶得是地方。"

这样通过提问，客服代表就完全知道了李先生的意见。

（3）给以反馈，鼓励对方

倾听时还要注意给对方回馈，让对方知道你在聚精会神地听，从而鼓励对方，使对方说得更好。这样就真正达到了交流中的互动。

在双向交流中，从说话人的角度看，现在很提倡互动。说的人要注意调动起听话人的兴趣，间或要让听话人有发表意见的机会。主要担任"说"的角色的人，比如电视台的主持人，要让观众参与，要让观众或嘉宾有发表意见的机会，这样才能有交流，才活跃得起来。否则，主持人一个人唱独角戏，会非常沉闷。那么从倾听的角度看，倾听也担当着鼓励说话人的责任，也要给说话人回馈。那么如何给对方回馈呢？

第一，用正确的体态语让对方知道你在聚精会神地倾听。倾听时，身体微微前倾，侧着耳朵，表示你在积极倾听。说话人看到你在仔细听，就会越说越来精神。在商务沟通中，商务人员可以用微笑来替代体态语。在电话上虽然双方彼此看不见，但是商务人员带着微笑的愉悦的语音，会给正在说话的客户一个反馈，向客户传递一个信息，即我愿意听你说，我正在很专注地听你说。

第二，倾听时，要适时发出应答的词语。当一个人说话时，其实一直在关心对方是不是在专心听。有时，听的人确实在很专注地听，可是说话的人并不知道，还在那儿问："你在听我说吗？"如果听话的人说"我在认真听呢"，有时候说话的人还不相信，一再追问："那你重复一下，我刚才说了什么？"有时这会使得双方相互埋怨，陷于一种尴尬的境地。那么怎样才能让说话的人知道你在好好听呢？其实办法很简单，那就是在听人说话时，即使说话人没用问句，也要适时发出一些回应的词语，即在听完一句话或一段话之后，说出"噢，是吗？对，唉，行"等应答的词语。虽然这些应答的词语没有任何实在的意思，但在交流中却很重要，因为这让说话人知道你在用心听。对于商务人员来说，在倾听客户说话时，一定要说出回应的词语，让客户知道，你在用心听……[①]

礼仪小贴士 6-1

LISTEN（聆听）六要点

礼仪专家赵玉莲总结了LISTEN（聆听）六要点

L：Look，注视对方试用"肯尼迪总统眼神法"，方法是轮流看对方的眼睛，看左眼、看右眼，再看回左眼，两眼交替注视。据说肯尼迪总统经常使用，最能打动对方的心。

I：Interest，表示兴趣，点头、微笑、身体前倾，都是有用的身体语言。

S：Sincere，诚实关心，留心对方的说话，做真心善良的回应。

T：Target，对牢目标，对方故意离题，马上带回主题，对方说溜了嘴更要接着上。

E：Emotion，控制情绪，就是听到过分言语，也不要发火。

N：Neutral，避免偏见，小心聆听对方的立场，不要急于捍卫己见。

4．有效选择话题

所谓话题，是指人们在交谈中所涉及的题目范围和谈资内容。换言之，话题是一些由相对集中的同类知识、信息构成的谈话资料及其相应的语体方式、表述语汇和语气风格的总和。在人际交往中，学会选择话题，就能使谈话有个良好的开端。交谈中恰当的话题主要有以下几个方面。[②]

（1）在社交场合或日常生活中的话题

不管是哪一个国家和民族的人，都会对体育比赛、文艺演出、电影电视、旅游度假、风景名胜、烹饪小吃等话题感兴趣。在正式的社交场合或者非正式的社交场合，谈谈这方面的情况，都是轻松愉快和普遍能够接受的。若在社交场合或日常生活中，需要与一个比自己的身份和地位高得多的人进行交谈，那么，在交谈之前，最好能通过各种渠道了解到他的阅历、文化修养及兴趣所在，然后对症下药，选择他所感兴趣的话题进行交谈，并倾听他的谈话，不时地表示赞赏或同意。那么，这样的谈话必然会给他留下较深刻的印象，并有可能预约进

---

① 肖柳杰. http://blog.xxt.cn/showSingleArticle.action?artId=1338248.

② 杨海清. 现代商务礼仪. 北京：科学出版社，2010.

行第二次交谈。

（2）与不同职业、不同地位的人进行交谈时的话题

与不同职业、不同地位的人进行交谈时，应充分考虑其职业特点和地位，选择与其职业和地位相符，且使其感兴趣的话题来进行交谈，必然会使交谈愉快、顺利地进行。

与农民进行交谈，可以谈农业生产状况、农业收入及种子、化肥、农药等有关问题；与城市居民进行交谈，可以谈城市物价、交通、住房等有关问题。

与高校的教师等知识分子交谈，应根据其学校的性质和专业特点，选择其专业问题进行交谈。

总之，应本着这样一个原则：与不同身份的人谈话，应选择不同的人们感兴趣的话题。如果不遵循这一原则，与农民谈城市物价、交通、城市住房等问题，与城市居民谈农业生产、收入、种子、化肥等问题，就必然使这种谈话或交谈无法进行下去。

（3）在随意交谈的过程中的话题

在随意交谈的过程中应思维敏捷，随时判断和捕捉对方感兴趣的话题，然后与之交谈，也会取得良好的谈话效果。一个人对于自己感兴趣的话题总是乐于交谈，如果能准确了解对方的兴趣所在，是最有话可谈的。这种方法对于有一技之长或一专多能的人最为适用。例如，对方喜爱摄影，便可以此为题，谈摄影的取景、相机的优劣、摄影作品的评比……如果自己对摄影也有相当的造诣那定会谈得很投机。如果这方面经验不足，便可向对方虚心请教，对方一定会滔滔不绝地解释各种问题。这样的谈话不仅会使双方十分愉快，而且可以使自己从中学到不少东西。

（4）与陌生人进行交谈的话题

如果在公共场合或社交场合与陌生人进行交谈，由于对陌生人整个的背景不了解，应有效地选择话题。你若想让别人觉得自己有吸引力，最好的办法是说话真诚明了。交谈的开始话题，可从询问对方的姓名、工作单位（或干什么工作的）、籍贯入手，然后互相介绍。从交谈中发现其感兴趣的话题或者不时地提问，等略微了解后，再进行深入的有目的的交谈。

如果在宴会上或者舞会上，遇到陌生的邻座，便可请教对方的姓名、工作单位，并进行自我介绍，然后询问："您和主人是同学，还是同事？"无论是前一半对，还是后一半对，都可以循着对的一面的话题交谈下去。如果问得都不对，对方回答是"老乡"，那么同样可以谈下去。如果回答是"青岛老乡"，那么可以与他谈谈青岛的红瓦绿树，青岛美丽的海滨和繁华的中山路、正在兴起的高科技园区等，这样的谈话必定会让人愉快的。

当你与一位刚刚认识的人交谈时，避免冷场的最佳方法是不停地变换话题，你可以用提出一些问题的方法进行"试探"，一个话题谈不下去时，就换到另一个话题；你也可以接过话头，谈谈你最近读过的一篇有趣的文章，或说说你刚刚看过的一部精彩的电影，也可以描述一件你正在做的事情或者正在思考的问题。如果谈话出现了短暂停顿，不要着急，不必无话找话谈，沉默片刻也无妨。

谈话是交流，可以涓涓细流，不必像赛跑那样拼命地冲到终点。所以，交谈时不能大谈自己和自己感兴趣的话题，而应充分考虑到对方的兴趣所在，并给对方谈吐的机会。人们最愿意谈自己感兴趣的事情，而对于和自己毫无关系或不感兴趣的事情则会觉得索然无味。对于只有自己才感兴趣的事情，有时不仅不会引起别人的关注，而且会让对方觉得好笑。年轻的母亲会热情地对别人说"我的儿子会叫妈妈了"，她说时是很高兴，而且是很感兴趣的，但别人听了不一定会像她那样高兴，也不一定产生同感。在交谈时，可以谈自己感兴趣的事情，

但必须考虑到对方对此事感兴趣的程度，并且给对方一个谈其感兴趣的事情的机会，当一个人聚精会神、以热情真诚的心去倾听对方的叙说时，一定会给对方留下深刻印象。

每一个人应少谈自我，不要目中无人，总是喜欢大谈自己的人，必然使人感到浅薄、缺乏修养。

（5）交谈时应回避的话题

有一些话题不宜作为交谈的话题，是禁忌话题，如果不避讳这类禁忌话题而执意交谈，必然会给彼此间的交往带来不必要的麻烦。

① 个人的私生活问题不宜交谈。按照国际惯例，人们的年龄、婚姻状况、履历、收入、家庭住址以及其他的家庭情况，都属于个人隐私，交谈时，一般不宜主动触及这些话题。与西方国家的外宾进行交谈时，更应尽量避免。因为，在西方国家非常强调个人的独立、个人至上和个人隐私的权利，如果不了解这一常识而大谈此类话题，必然会引起外宾的不快，从而使交谈无法继续。在与外宾交谈时，对其服装、住宅、汽车的式样、价格最好也不要触及，这些与个人的喜好和收入有关，亦属个人隐私。

其次，令人不快的事物不宜交谈。衰老和死亡、讨厌的寄生虫、惨案与丑闻、色情之类的话题格调庸俗、低下，不宜触及。平时与人交谈，一般不宜涉及疾病、死亡等话题，在喜庆场合，更应避免不吉利的词语。虽然人们知道生老病死是人们不可抗拒的自然规律，但从思想上说，仍然忌讳说死。探视病人时，当看到病人面容憔悴，切不可吃惊地问及"脸色怎么这样苍白"之类的话，也不可与病人一起讨论、分析疾病的严重性。否则，交谈不仅不会愉快，而且还会加重病人的思想负担，进而加重病人的病情。

② 他人短长的话题不宜交谈。有关他人的小道消息、家庭成员的矛盾冲突、单位的人际关系、女士的美丑与胖瘦、他人的服饰与发型等涉及他人短长的话题，一般不宜交谈。如果交谈此类话题，会被看作是缺乏教养的表现。

与西方发达国家或其他国家的外宾进行交谈时，对其生活习惯、宗教信仰、政治主张，都不要谈论。当着一个英国人的面抨击其君主立宪制度和女王陛下，或者问一位瑞典旅游者属于哪一党派，或者与德国人和犹太人谈论集中营、第二次世界大战，都是不礼貌的。在交谈中，如果无意触及了人们回避的话题，不应当视而不见、寻根究底，而应当立即转移话题，必要时应向他人表示歉意。

③ 自己不熟悉的话题不宜交谈。在交谈时，我们应当回避自己不熟悉的话题。最要不得的就是一知半解、故弄玄虚、不懂装懂，这样做不但不会给彼此的交谈带来益处，反而会给别人留下不谦虚的印象。如果有人主动谈起弗洛伊德的精神分析学，而自己却对此一无所知，那么此时应当洗耳恭听。如果交谈者要求自己对此发表意见，那么自己就必须坚持"人不可自欺"的基本原则，以实相告，并虚心请教。

"闻道有先后，术业有专攻"，人不可能掌握全部的科学知识，而只能了解某一专业领域的情况、某一专业领域内的某一方面的情况或者几个专业领域的大概情况。如果遇到自己不明白、不了解的问题，据实相告并虚心请教，不但不会贬低自己，而且会赢得他人的尊重。

5. 提问的方式技巧

（1）直接提问法

提问者从正面直接提问，开诚布公、干脆利落、直截了当地讲明询问目的，开门见山地提出问题。

在运用正面提问法时要注意情感的铺垫，这样可使对方心理上舒缓一些，也能合作一些。同时防止提问过于直白的提问，以免显得过分生硬，容易造成询问对象的心理排拒，难以获得有价值的信息和材料，而且还会给人一种拙嘴笨舌的感觉。

（2）限定提问法

人们有一种共同的心理——认为说"不"比说"是"更容易和更安全。所以，一般在沟通过程中，提问者向回答者提问时，应尽量设法不让对方说出"不"字来。提问者在问题中给出两个或多个可供选择的答案，此时可采用限定提问法，即两个或多个的答案都是肯定的。如与别人订约会，有经验的提问者从来不会问对方"我可以在今天下午来见您吗？"因为这种问题只能在"是"或"不"中选择答案。如果将提问方式改为限定型，即改问："您看我是今天下午2点钟来见您还是3点钟来？""3点钟来比较好。"当他说这句话时，提问的目的就已经达成了。

礼仪故事 6-8

不会提问的记者

北京远郊区有个山村的群众吃水很困难。后来，在当地政府的关怀下，村民都用上了自来水。记者采访一位老大娘时问道："大娘，您吃上自来水了，高兴吧？"大娘回答说："高兴！高兴！"这次采访，记者就提了这一个问题，大娘也就连着说了两个"高兴"，心里有话却因记者的直白而没能说出来。

点评：如果记者问"大娘，原先您想到过吃自来水吗"或者"大娘，听说你们过去吃水好困难"，大娘心里的话就能痛快地说出来。

（3）迂回提问法

迂回提问是指从侧面入手，采用聊天攀谈的形式，然后逐步将问答引上正题。这种提问方式一般时间性不太强，谈话也不受特定场合与报道方式的限制。当沟通对象感到紧张拘束，或者思想有所顾虑不大愿意交谈，或者虽然愿意谈，却又一时不知该怎么谈的情况下，提问者可以采取侧面迂回的提问方式，逐渐将谈话引上正题。应当明确的是，旁敲侧击只是一种手段而不是目的。因此，聊天的内容应当是有目的、有选择的，表面上似乎和采访无关，实质上应该是有关联的。

礼仪故事 6-9

迂回提问法的例子

原山西电视台记者高丽萍，1987年在采制专题片《重访大寨录》时，她先和郭凤莲聊天。郭凤莲一听说要采访当年大寨的模范人物，就急切地说："采访别人我没意见，我是不愿意接受采访，我再也不想上电视上报纸了。"记者问她为什么，她说："前几次有的记者找我，我正好有急事要办不在家，就说我拒绝采访，躲着不见，还有人说我对三中全会的政策不满。我根本没意见，大寨人现在不就是靠三中全会的富民政策富起来的吗？一听他们那样说我，我就生气。"

高丽萍看到对方说到这里还是一副气鼓鼓的样子，就对她说："我理解你的心情。可我觉得要让人们真正了解你和大寨人今天的情况，就得你们自己出面说话，大家才信。现在你又不接受我的电视采访，观众怎么能知道你是如何看待三中全会的政策，更不知道你的近况如何了，你说呢？"果然，这入情入理的一激很有效，郭凤莲马上就说："那好，你就采访吧。可我从哪说起呢？"当下，记者就给她出了主意，对方也爽快地接受了采访。

（4）诱导提问法

当遇到询问对象了解许多信息，却因谦虚不大愿意说，或者由于性格内向不会说，或者要谈的事情需要一番回忆，或者对方想说又不便自己主动说等情况时，都可以采取诱导提问方法。采用启发诱导的方式，可以引导对方的思路，又可以诱发对方的情感，进一步引导对方明确沟通的范围和内容，渐渐打开对方的"话匣子"，也可以激活对方的思路，引起对方的联想，从而有针对性地把沟通对象掌握的信息引导出来。

（5）追踪提问法

所谓"追踪提问法"，是指提问者把握事物的矛盾法则，抓住重点，循着某种思路、某种逻辑，进行连珠炮式的提问。这种提问既要按照事物的内在联系把基本情况和事实真相了解清楚，又要抓住重点，深入挖掘，达到应有的深度。一般来说，提问者对于触及事物本质的关键性材料，以及对方谈话中的疑点，或者从对方谈话中发现的有价值的新情况、新线索，往往会抓住不放，打破沙锅问到底，直至水落石出。但是追问，既要问得对方开动脑筋，又要让对方越谈越有兴趣，在态度、语气上都要与谈话的气氛协调一致，不要把追问搞成逼问，更不要变成变相"审问"。

（6）假设提问法

假设提问法是指提问者通过假设的方式提出一些假设性的问题，是一种"试探而进"的提问方法。这种提问方法采用"如果""假如"一类的设问方式，不但可以了解采访对象的观点、看法和见解，而且还能深入了解对方的内心世界。

假设提问法往往用来启发沟通对象的思路，引导对方谈出对某个问题、某种事情的真实想法；或者设身处地地为对方着想，积极帮助对方回忆某种情景；或者用来调节对方的情绪，促使对方谈出一些不大想说、不大好说的事情或想法；或者由提问者对人物或事物进行合乎规律的推断、预测，促使对方产生联想和想象，或者提问者已经有了一定的认识，再提出一些假设性问题，同沟通对象开展讨论，促使自己认识的深化。

（7）激将提问法

激将提问法是指以比较尖锐的问题适当地刺激对方一下，促使对方的心态由"要我说"变为"我要说"，从而不能不说，甚至欲罢不能。运用激将提问法时，提问者要考虑自己的身份是否得当，刺激的强度是否适中，还要考虑谈话的气氛怎样。有些时候尖锐、刁钻、奇特，甚至古怪的提问，是"兵行险招"，成则大成，败则大败。例如某些西方政治家，也爱接待善于用"激将提问法"的记者，他们通过巧妙地回答记者的刁钻刻薄的提问，能够在公众面前显示自己的才能。

礼仪故事 6-10

聪明的记者

《新华日报》有一记者，根据国务院关于搞好安全生产的指示，有一次去南京某厂采访。这是一个数千人的大厂，因安全措施落实得好，已连续七年未发生过一起安全事故。由于记者事先得知该厂领导有思想顾虑，不愿在报上张扬，并曾婉言谢绝过其他记者对这一题材的采访，故记者一坐下来就问："记不清在哪里听说过了，你们厂今年二月份因安全措施没落实，曾经触电死过一人，是不是？"接待采访的一位副厂长顿感震惊和委屈："我们厂？二月份死过人？不可能！"记者紧追不舍："为什么不可能？"副厂长激动起来，一边示意厂办主任打开文件柜，出示安全生产记录；一边大嗓门站着讲述该厂抓安全生产的措施与经验，采访大获成功。

（8）插入提问法

插入提问法就是在沟通过程中，做必要而适当的插入。比如重复、强调采访对象说的某个重要问题或某句关键性的话；纠正对方的口误；对方没有讲全，需要及时补充的内容；对方没有谈到，需要及时提醒的内容；尚未听清、听懂的话；等等。在沟通过程中，插入提问法可以使沟通双方有效地抓住有价值的材料。

（9）协商提问法

协商提问法以征求对方意见的形式提问，诱导对方进行合作性的回答。

在协商型提问的时候，一般已经是针对某个既定的事实进行确认，但是不使用强硬的语气，对于回答者会比较容易接受。在协商型提问中，即使有不同意见，也能使沟通双方保持融洽关系，双方仍可进一步洽谈下去。如："您看是否明天一起去厦门南普陀？"

（10）转借提问法

转借提问法是指提问者假借他人之口提出自己想提的问题。这种提问，不但可以借助第三者提出一些不宜于面对面提出的问题，而且可以显示出问题的客观性，增强提问的力度。回答者为了澄清事实，以正视听，也往往会表明自己的态度或提供相关的事实。

提问的方法丰富多样，提问者可以根据沟通中的具体情况灵活地加以运用。同时，这些方法既是相对独立，又是互相联系的，它们可以单独使用，也可以交替或交叉使用。在掌握了每种方法的要领后，就可以在沟通的过程中运用自如，获取最佳沟通效果。

6. 回答

回答问题是交谈过程中的重要环节之一，有效的回答建立在对提问者的观察、了解的基础之上，有效回答问题能够使提问者的疑问得到解答，使回答者自身的能力与学识获得进一步的展示，从而获得沟通对象的认可，还有利于减少与沟通者之间的误会。回答的方式技巧很多，我们主要介绍以下几种。

（1）针对性回答

有时问题的字面意思和问话人的本意不是一回事，我们回答时，不仅要注意问话的表面意义是什么，更要认清提问人的动机、态度、前提是什么，使回答具有针对性。

～✑ 礼仪故事 6-11 ✐～

萧伯纳的妙答

一次，英国大戏剧家萧伯纳结识了一个肥头大耳的神父。神父仔细打量着瘦骨嶙峋的剧作家，揶揄地说道："看着你的模样，真让人以为英国人都在挨饿。"萧伯纳马上接过话说道："但是，看看你的模样，人们一下子就清楚了，这苦难的根源就在你们这种人身上！"

（2）艺术性回答

这里所说的艺术性包括避答、错答、断答和诡答。

① 避答，这种方式用于对付那些冒昧的提问者所提的问题。有时，某些问题自己不宜回答，但对方已经把问题提到面前了，保持沉默显然被动，就可以避而不答。日本影星中野良子来到上海，有人问她："你准备什么时候结婚？"中野良子笑着说："如果我结婚，就到中国度蜜月。"中野良子的婚期是个人隐私，中野良子自然不愿吐露。她虽然没有告诉婚期，却说结婚到中国度蜜月，既遮掩过去，又表现了她对中国人民的友谊。

② 错答，是一种机警的口语表达技巧，既可用于严肃的口语交际场合，也可用于风趣的日常口语交际场合。它的主要特点是不正面回答问话，也不反唇相讥，而是用话岔开问话人所问的问题，做出与问话意见错位的回答。请看下面的例子：一个美丽的姑娘独自坐在酒吧间里，从她的装扮来看，她一定出身豪门。一位青年男子走过来献殷勤，"这儿有人坐吗？"

他低声问。"到阿芙达旅馆去？"她大声地说。"不，不，你弄错了。我只是问这儿有其他人坐吗？""你说今夜就去？"她尖声叫，表现得比刚才更激动。许多顾客愤慨而轻蔑地看着这位青年男子。青年男子被她弄得狼狈极了，红着脸到另一张桌子上去了。

以上例子，是很典型的错答，是用来排斥对方和躲闪真实意思的交际手段，用得很成功。运用错答的语言技巧，一是要注意对象和场合；二是使对方明白，既是回答又不是回答，潜在语是不欢迎对方的问话；三是有时要利用问话的含混意思，答话虽模棱两可、似是而非，但对方也无法理解。

③ 断答，就是截断对方的问话，在他还没有说出或者还没有说完某个意思时，即做出错答的口语交际技巧。它与错答的相同之处是答与问都存在人为的错位，即答非所问；它们的不同点是，错答是在听完话之后做的回答，断答是没有听完问话抢着进行回答。为什么不等对方问清楚，就要抢先回答？有以下两种原因：一是等对方把问话全说出，就会泄露出某种秘密，难以收拾；二是待听全问话再回答，就会比较被动，不好应付。因此，考虑对方要问什么，在他的问话未说完时，就迅速按另外的思路回答，一可以转移其他听众注意力，二可以使问者领悟，改换话题，免于因说破造成尴尬局面和其他不良后果。

礼仪故事 6-12

表白

一对青年男女在一起工作，男方对女方产生了爱慕之情，男方急于要向女方表白心意，女方却不愿将友情向爱情方面发展，女方认为还是不要说破，保持一种纯真的朋友情谊为好。于是，出现了下面的断答。

男青年：我想问问你，你是不是喜欢……

女青年：我喜欢你给我借的那本公关书，我都看了两遍了。

男青年：你看不出来我喜欢……

女青年：我知道你也喜欢公共关系学，以后咱们一起交换学习心得。

男青年：你有没有……

女青年：有哇!互相切磋，向你学习，我早就有这个想法。

男青年：……

点评：这位女青年三次断答，使得男青年明白了她的想法，于是不再问了，这比让男青年直接问出来，女青年当面予以拒绝，效果要好得多。

④ 诡答，是与诡辩连在一起的回答。诡，怪的意思，诡答，即一种很奇怪的回答。在特殊的情况下，不能、不宜或不必照直回答时急中生智，用诡答技巧，做出反常的回答，既增添了谈话的情趣，又应付了难题。

礼仪故事 6-13

纪晓岚妙解"老头子"

清朝乾隆年间的进士纪晓岚在宫中当侍读学士时，要伴皇帝读书。一天，天色已亮，而乾隆皇帝还没来，纪晓岚就对同僚说："老头子还没来？"恰巧乾隆皇帝跨门而入，听到他的话，就愠愠地责问："老头子三个字作何解释？"纪晓岚急中生智，跪下道："皇上万寿无疆叫做'老'；皇上乃国家元首，顶天立地叫做'头'；皇上系真龙天子，叫做'子'。"于是龙颜大悦。"老头子"本来是一种对老年人不尊敬的称呼。面对乾隆的责难，为了开脱自己的罪责，纪晓岚采用文字拆合法来偷换概念，居然把"老头子"变成了对皇帝的敬称。试想，如果纪晓岚不是运用"诡辩"来应付这样难题，怎么能避免一场杀身之祸呢？

（3）智慧性回答

智慧性回答包括否定预设回答和认清语义诱导回答两种。

① 否定预设回答。预设是语句中隐含着使语句可理解、有意义的先决条件。在正常情况下，这种先决条件的存在是不言而喻的，如"鲁迅先生是哪一年去世的？"这个问话包含有预设：鲁迅先生已经去世。预设有真假之别，符合实际的预设是真预设，反之就是假预设。就问话而言，其预设的真假关系到对问话的不同回答。黑格尔在《哲学史讲演录》中谈到古希腊诡辩学派时曾讲过这么一个例子，有一位诡辩学派的哲学家问梅内德谟："你是否已经停止打你的父亲了？"这位哲学家提此问题的目的是要迫使从未打过自己父亲的哲学家陷入困境，因为无论梅内德谟做出"停止了"或"没有停止"的回答，其结果都是承认自己打过父亲的虚假的预设。可见，利用虚假预设可以设置语言陷阱。有些智力测试题提问陷阱的设置也是如此。1992年1月3日中央电视台《天地之间》节目中"乐百氏智慧迷宫"里有道智力测试题为："秦始皇为什么不爱吃胡萝卜？"选手们都答不上来。此问预设了"秦朝时有胡萝卜""秦始皇吃过胡萝卜"这两点，将思考点定在"为什么不爱"。其实秦朝时还没有胡萝卜。应是：秦朝还没有胡萝卜，秦始皇当然说不上爱吃胡萝卜了。

② 认清语义诱导回答。人们理解语言会受到已有经验的影响，自然而然地产生某种语义联想。如由"春天"会想到桃红柳绿，万紫千红；从"冬天"又会想到寒风凛冽，白雪皑皑；见"晚霞"能想到色彩的绚丽；看"群山"就能想到山势的起伏……既然普遍存在着语义联想，那么就可以利用语义联想来设置陷阱，诱导目标进入思维定势的困境。例如在一个没有星星、看不见月亮的时候，有一个盲人身着黑衣，步行在公路上。在他的后方，一辆坏了车前灯的汽车奔驰而来，奇怪的是，司机在未按喇叭的情况下，却安全地将车停在了盲人的身后。这是怎么回事呢？见到"星星"或"月亮"这些词语，我们一般都会联想到晚上。现在出现了"星星""月亮""黑""灯"等字眼，我们就很容易与"黑夜"联系起来了，而这正是本题的陷阱。它通过这些词语诱导你的思维走向"黑夜"，那样的话，你就会水尽山穷，百思亦难得其解了。答案应是：这是白天，毫不奇怪。

语言诱导这种陷阱在智力测试提问中可以说随处可见，知道这种陷阱的特征，有些问题就很容易解答了。

7. 多使用赞美的语言

赞美，是现代交际所不可缺少的。发自真诚的赞美可以使对方产生亲和心理，不失为交际最好的润滑剂。戴尔·卡耐基常说的一句话就是"称赞别人"。每个人都有可赞美之处，只要用真诚的目光去关注都能找到他身上的优点所在。事实上，承认别人的长处，正说明自己虚怀若谷。出于好感和善意，多多使用赞美语言可以让对方感到心理上最大的满足。马克·吐温曾说："一句精彩的赞辞可以做我十天的口粮。"莎士比亚也说："赞美，即是我的薪俸。"喜欢赞美，是人的天性。

（1）对男士的赞美

称赞年轻的男子应多赞美他的能力和表现，如"将来一定前途无量""你的工作表现很好""你很棒，我很看好你"等。稍上年纪的男士喜欢人家赞美他的努力过程、社会地位、实力和成就、气度和信用，如"李总，甘拜下风啊，能不能请教一下，您这一路是怎么才有今天的事业成果的"；"不知道我哪天可以像您这样，能有这么多贴心的员工为您精心工作，您好厉害"；"你是个有气度、有风度的男士"；"跟您谈业务，我绝对放心，信用可靠"；等等。

（2）对女士的赞美

女士一般比较重视外在和细节方面的感觉，所以第一是外貌。例如，"你真是天生丽质，我要是有你这么漂亮该多好啊！"第二就是能力，现在女性很在乎工作上的表现。第三是品位，如"你真是好品味，你看，这件衣服穿在你身上感觉就是不一样，我要多向你学习搭选服装"。第四是保养，如"看不出你都快 40 了，怎么看起来像二十几的小姑娘。"你这句话一出，就会发现她的神态就像年轻了 10 岁一般。第五是事业成就，如果她是女强人，那么事业对她很重要，所以你也要关注一下她的事业成就。第六是感觉，如"你好随和啊，我很想和你做朋友"，这表明这个人是一个人际关系很好的人。需要注意的是，使用赞美语言一定要得体适度，不然别人会以为您别有用意。

最受欢迎的赞美项目如表 6-2 所示。

表 6-2　　　　　　　　　　　　最受欢迎的赞美项目

	年轻男子	中年男子	女士
1	性格	努力过程	外貌
2	能力	社会地位	能力
3	表现	实力	品位
4	努力	成就	保养
5	仪表	地位	事业成就
6	工作	气度	感觉
7	诚意	信用	内在美

礼仪小贴士 6-2

回应他人赞美的艺术

优雅地接受他人的赞美对某些人来说并不容易。因为从幼年起父母就教导他们不要过于卖弄，所以他们时常有冲动通过拒绝来否认这些溢美之词。例如，有人夸他们"你在工作方面真出色"，他们的典型回答是"哦，其实这没什么"。不过这种谦虚听起来并不诚恳，甚至会让赞美他们的人感到自己根本不知道自己刚才说了些什么。事实上，更妥当的回答是简单地说一声"谢谢你"，然后告诉对方"真高兴你这么认为"，或者"你这样夸奖我真好"。

别人夸奖你后，你应该同样夸奖对方（如果你的赞美确实发自内心），如："谢谢你。不过看看谁在夸我！你是鲍威尔先生最棒的助手。"

8. 弥补言行失误

如果在与他人的交往中不注重礼仪，由于言行举止的某个失误，往往会导致终生遗憾。那么，在言行出现失误的时候，该怎样弥补这一过失呢？

（1）及时纠正

俗话说："亡羊补牢，未为晚也！"每个人的言行不可能永远正确，当你因一时失误，应及时纠正，这才是明智之举。这种方法，在一定程度上避免了当面丢丑，不失为补救的有效手段。

礼仪故事 6-14

里根纠正口误

一次，美国总统里根访问巴西。由于旅途疲乏，年岁又大，在欢迎宴会上，他脱口说道："女士们，先生们！今天，我为能访问玻利维亚而感到非常高兴。"有人低声提醒他说溜了嘴，里根忙改口道："很抱歉，我们不久前访问过玻利维亚。"尽管他并未去过玻国。当人们还来不及反应时，他的口误已经淹没在后来滔滔的大论之中了。

（2）及时移植

及时移植，就是把错话移植到他人头上。如说："这是某些人的观点，我认为正确的说话应该是……"这就把自己已出口的某句错误纠正过来了。对方虽有某种感觉，但是无法认定是你说错了。

（3）及时引申

迅速将错误言词引开，避免在错中纠缠，也就是接着那句错误的话之后说"然而正确说话应是……"，或者说"我刚才那句话还应作如下补充……"，这样就可将错话抹掉。

（4）借题发挥

借题发挥就是错话一经出口，在简单的致歉之后立即转移话题，有意借着错处加以发挥，以幽默风趣、机智灵活的话语改变场上的气氛，使听者随之进入新的情境中去。

礼仪故事 6-15

求职

有一个新毕业的大学生去某合资公司求职，一位负责接待的先生递过来名片。大学生神情紧张，匆匆一瞥，脱口说道："藤野先生，您身为日本人，抛家别舍，来华创业，令人佩服。"那人微微一笑："我姓藤，名野七，地道的中国人。"大学生面红耳赤，无地自容，片刻后，神志清醒，诚恳地说道："对不起，您的名字使我想起了鲁迅先生的日本老师——藤野先生。他教给鲁迅许多为人治学的道理，让鲁迅受益终生。希望藤先生日后也能时常指教我。"藤先生面带惊奇，点头微笑，最终录用了他。

（5）将错就错

将错就错这种方法就是在错话出口之后，能巧妙地将错话续接下去，最后达到纠错的目的。其高妙之处在于，能够不动声色地改变说话的情境，使听者不由自主地转移原先的思路，不自觉地顺着我的思维而思维。

礼仪故事 6-16

"已过磨合期"

某次婚宴上，来宾济济，争向新人祝福。一位先生激动地说道："走过了恋爱的季节，就步入了婚姻的漫漫旅途。感情的世界时常需要润滑。你们现在就好比是一对旧机器……"其实他本想说"新机器"，却脱口说错，令举座哗然。一对新人更是不满之意溢于言表，因为他们都曾各自离异，自然以为刚才之语隐含讥讽。那位先生的本意是要将一对新人比作新机器，希望他们能少些摩擦，多些谅解。但话既出口，若再改正过来，反而不美。他马上镇定下来，略一思索，不慌不忙地补充一句："已过磨合期。"此言一出，举座称妙。这位先生继而又深情地说道："新郎新娘，祝福你们永远沐浴在爱的春风里。"大厅内掌声雷动，一对新人早已笑若桃花。

点评：这位来宾的将错就错令人叫绝。错话出口，索性顺着错处续接下去，反倒巧妙地改换了语境，使原本尴尬的失语化做了深情的祝福，同时又道出了新人之间情感历程的曲折与相知的深厚，颇有点"点石成金"之妙。

9. 避免冷场发生

与人交谈，一个话题谈完了，如果两个人不善言谈，而另一个话题又没接上，那么，就有可能出现"冷场"的尴尬局面，别人会显出局促不安的神态，你也会无所适从，怎么办？一般来说，冷场分为两种情况：一种是单向交流，听的人毫无兴趣，注意力分散；另一种是双向交流中，听者毫无反应，或仅以"嗯""噢"之类应付。不管是哪种情况出现的冷场，根本原因都在于听者不愿听说话人所说的话，听者仅仅出于纪律的约束或处世的礼貌而扮演一个"接受"的角色。发言者既要发言，必须实施控制，避免冷场的发生。避免和控制的办法如下。

（1）发言简短

单向交流中那种应景式讲话，越短越好。如某商场举行开业仪式，邀请了市内各方面的人士参加。总经理只说了两句话："女士们，先生们：热烈欢迎各位光临！现在我宣布：××商场正式开业！"

双向交流中，任何一方都不要滔滔不绝地"包场"，要有意识地给对方留下发言的时间和机会。自己一轮讲不完，应待对方有所反应后再讲，不要一轮就讲得很长。

（2）交换话题

单向交流的话题变换是暂时的，所变换的话题是为了吸引听者的注意力，调动他们的兴趣。这一目的达到后，仍要回到原有话题的轨道。比如，教师在讲课过程中发现学生精力分散，东张西望、打瞌睡、窃窃私语、在桌上乱画，可以暂停讲授，穿插几句应景、时髦、诙谐的话；或者简短地讲个与教学多少相关的典故、趣闻，学生的精力便会一下集中起来，之后，再继续教学。双向交流的话题变换是不定的，根据现场情况随时进行。比如你与别人谈今日凌晨看的一场世界杯足球赛电视直播，可别人并不喜欢足球，也没有在半夜爬起来观看，对你所议显得毫无兴趣，出现冷场。这时，你就应及时将话题转到其他方面去。

（3）中止交谈

任何人在交谈时都不希望听者不愿接受。但若这种情况出现后，自己又采取了诸如简短发言、变换话题等控制手段，仍然不能扭转冷场的局面，那就应中止交谈。没有人接受的交谈是无意义的，既白白消耗自己的精力，又无端浪费别人的时间。

礼仪小贴士 6-3

交谈的禁忌

一忌居高临下。不管你身份多高，背景多硬，资历多深，都应放下架子，平等地与人交谈，切不可给人以"高高在上"之感。

二忌自我炫耀。交谈中，不要炫耀自己的长处、成绩，更不要或明或暗拐弯抹角地为自己吹嘘，以免使人反感。

三忌口若悬河。如果对方对你所谈的内容不懂或不感兴趣，不要不顾对方的情绪，自己始终口若悬河。

四忌心不在焉。当你听别人讲话时，思想要集中，不要左顾右盼，或面带倦容、连打呵欠；或神情木然、毫无表情，让人觉得扫兴。

五忌随意插嘴。要让人把话说完，不要轻易打断别人的话。

六忌节外生枝。要扣紧话题，不要节外生枝。如当大家正在兴致勃勃地谈论音乐，你突然把足球赛塞进来，显然不识"火候"。

七忌搔首弄姿。与人交谈时，姿态要自然得体，手势要恰如其分。切不可指指点点，挤眉弄眼，更不要挖鼻掏耳，给人以轻浮或缺乏教养的印象。

八忌挖苦嘲弄。别人在谈话时出现了错误或不妥，不应嘲笑，特别是在人多的场合尤其不可如此，否则会伤害对方的自尊心。也不要对交谈以外的人说长道短，这不仅有损别人，也有害自己，因为谈话者从此会警惕你在背后也说他的坏话。更不能把别人的生理缺陷当作笑料，无视他人的人格。

九忌言不由衷。对不同看法，要坦诚地说出来，不要一味附和。也不要胡乱赞美、恭维别人，否则，令人觉得你不真诚。

十忌故弄玄虚。本来是习以为常的事，切莫有意"加工"得神乎其神，语调时惊时惶、时断时续，或卖"关子"，玩深沉，让人捉摸不透。如此故弄玄虚，是很让人反感的。

十一忌冷暖不均。当几个人一起交谈时，切莫按自己的"胃口"，更不要按他人的身份而区别对待，热衷于与某些人交谈而冷落另一些人。不公平的交谈是不会令人愉快的。

十二忌短话长谈。切不可泡在谈话中，鸡毛蒜皮地"掘"话题，浪费大家的宝贵时光。要适可而止，说完就走，提高谈话的效率。

二、电话礼仪

电话是人们开展社交活动不可缺少的工具，在日常生活和工作交往中，都要利用电话与别人取得联系和交谈。据美国《电话综述》（*Telephone Review*）中介绍说，一个人一生平均有 8 760 小时在打电话。在录像电话还没普及之前，人们通过电话给人的印象完全靠声音和使用电话时的习惯，要想有"带着微笑的声音"或者通过电话赢得信任，就必须掌握使用电话的礼节与技巧。

在日常工作生活中，大家肯定遇到这样的情况：休息的时候被无关紧要的电话吵醒；在公共场所看到有人大声地用电话说着什么；会场上电话铃声此起彼伏；电话拨通后，听到"喂，喂，找哪位""有什么事儿" ……由此可见，电话沟通必须讲究规范，不会打电话、不会接电话会影响人际交往效果的。

1. 电话沟通的基本要求

目前大部分电话能传输的信号是声音，但这一信号载体却包含着许多信息。说话人想做什么，要做什么，是高兴还是悲伤，还有对另一方的信任感、尊重感，彼此都可以清晰地得知。这些都取决于电话的语言与声调。因此，电话语言要求礼貌、简洁和明了，以准确地传递信息。

（1）态度礼貌友善

当我们使用电话交谈时，我们不能简单地将对方视作一个"声音"，而应看作是面对一个正在交谈的人。尤其是对办公人员来说，我们面对的是组织的一名公众，如果你们是初次交往，那么，这样一次电话接触便是你给公众的第一次"亮相"，应十分慎重。因此，在使用电话时，多用肯定语，少用否定语，酌情使用模糊用语；多用些致歉语和请托语，少用些傲慢语、生硬语。礼貌的语言、柔和的声音，往往会给对方留下亲切之感。正如日本一位研究传播的权威所说："不管是在公司还是在家庭里，凭这个人在电话里的讲话方式，就可以基本判断出其'教养'的水准。"

（2）传递信息要简洁

电话用语要言简意赅，将自己所要讲的事用最简洁、明了的语言表达出来。因为通话的一方尽管有诸如紧张、失望而表情异常的体态语言，但通话的另一方并不知道，他所能得到的判断只能是来自他听到的声音。在通话时最忌讳发言人吞吞吐吐，含糊不清，东拉西扯，正确的做法是：问候完毕对方，即开宗明义，直言主题，少讲空话，不说废话。

（3）控制语速语调

通话时语调温和，语气、语速适中，这种有魅力的声音容易使对方产生愉悦感。如果说话过程语速太快，则对方会听不清楚，显得应付了事；太慢，则对方会不耐烦，显得懒散拖沓；语调太高，则对方听得刺耳，感到刚而不柔；太低，则对方会听得不清楚，感到有气无力。一般说话的语速、语调和平常的一样就行了，即使是长途电话，也无须大喊大叫，把受话器放在离嘴两三寸的地方，正对着它讲就行了。另外通电话时，周围若有种种异样的声音，会使对方觉得自己未受尊重而变得恼怒，这时应向对方解释，以保证双方心情舒畅地传递信息。

2. 接电话的礼仪

（1）迅速、礼貌地接听电话

接电话首先应做到迅速接听，力争在铃响三声之前就拿起话筒，这是避免让打电话的人产生不良印象的一种礼貌。电话铃响过三遍后才做出反应，会使对方焦急不安或不愉快。正如日本著名社会心理学家铃木健二所说：“打电话本身就是一种业务。这种业务的最大特点是无时无刻不在体现每个人的特性。”“在现代化大生产的公司里，职员的使命之一，是一听到电话铃声就立即去接。”接电话时，也应首先自报单位、姓名，然后确认对方，如：“您好！这是××公司营销部。”如果对方没有马上进入正题，可以主动请教：“请问您找哪位通话？”

（2）仔细聆听并积极反馈

作为受话人，在通话过程中，要仔细聆听对方的讲话，并及时作答，给对方以积极的反馈。通话汇总听不清楚或意思不明白时，要马上告诉对方。在电话中接到对方邀请或会议通知时，应热情致谢。

（3）规范地代转电话

如果对方请你代转电话，应弄明白对方是谁，要找什么人，以便与接电话人联系。此时，请告知对方“稍等片刻”，并迅速找人。如果不放下话筒喊距离较远的人，可用手轻捂话筒或按保留按钮，然后再呼喊接话人。如果你因别的原因决定将电话转到别的部门，应客气地告之对方，你将电话转到处理此事的部门或适当的职员。如：“真对不起，这件事是由财务部处理，如果您愿意，我帮您转过去好吗？”

（4）认真做好电话记录

如果要接电话的人不在，应为其做好电话记录，记录完毕，最好向对方复述一遍，以免遗漏或记错。可利用电话记录卡片做好电话记录。电话记录卡片如图 6-1 所示。

给 ______________

日期 ______________ 时间 ______________

你不在办公室时

______________ 公司的 ______________ 先生 / 女士 / 小姐

电话 ______________

O电话　　O请打电话回去

O要求来访　　O还会打电话来

O是否紧急　　O回你的电话

留言 ______________

____

____

接话人 ______________

图 6-1　电话记录卡片

（5）特殊情况的处理

① 电话铃响时，如果自己正在与客人交谈，应先向客人打招呼，然后再去接电话。如果

发觉打来的电话不宜为外人所知，可以告诉对方："我身边有客人，一会儿我再给您回电话。"不要抛下客人，在电话中谈个没完。这样身边的客人会有被轻视的感觉。

② 不要在听电话时与旁人打招呼、说话或小声议论某些问题。如果通电话时，有人有急事来找你，应先对电话那端的人说声："对不起。"如果为回答通话对方的提问需向同事请教时，可说声"请让我核实一下。"

③ 如果使用录音电话，应事先把录音程序整理好，把一些细节考虑周到。不要先放一长段音乐，也不要把程序搞得太复杂，让对方莫名其妙、不知所措。

④ 如果对方打错了电话，应当及时告之，不要讽刺挖苦，更不要表示出恼怒之意。如果来电人需要把电话打到别的部门，你可以说："您要找的人在××部门，电话号码是××"。

接听电话的顺序、用语及注意事项如表 6-3 所示。

表 6-3   接听电话的顺序、用语及注意事项

顺序	基本用语	注意事项
1. 拿起电话听筒并告知自己的姓名	• "您好，平安保险××部××"（直线），"您好，××部×××热线"（内线） • （上午10点以前）"早上好" • （电话铃响3声以上才接时）"让您久等了，我是××部×××"	• 电话铃响3声之内接起； • 在电话机旁准备好记录用的纸笔； • 接电话时，不使用"喂"回答； • 音量适度，不要过高； • 告知对方自己的姓名
2. 确认对方	• "×先生，您好！" • "感谢您的关照"等	• 必须对对方进行确认； • 如是客户来电，要对其表达感谢之意
3. 听取对方来电用意	"是""好的""清楚""明白"	• 必要时应进行记录； • 谈话时不要离题
4. 进行确认	"请您再重复一遍"，"那么明天在×××见，9点钟"，等等	• 确认时间、地点、对象和事由； • 如是留言，必须记录下打电话的时间和留言人
5. 结束语	"清楚了""请放心""我一定转达""谢谢""再见"等	
6. 放回电话听筒		轻轻放下电话

3. 打电话的礼仪

（1）选择适宜的通话时间

打电话的时间应尽量避开上午 7 时前、晚上 10 时以后，还应避开晚饭时间。有午休习惯的人，也请不要用电话打扰他。电话交谈所持续的时间也不宜过长，事情说清楚就可以了，一般以 3～5 分钟为宜。因为在办公室打电话，要照顾到其他电话的进、出，不可过久占线，更不可将办公室的电话或公用电话做聊天的工具，这是惹人讨厌的行为。著名相声表演艺术家马季曾说过一段相声，名叫《打电话》，就是讽刺这种人的。

（2）通话之前做好准备

通话之前应该核对对方公司或单位的电话号码、公司或单位的名称及接话人姓名。写出通话要点及询问要点，准备好在应答中使用的备忘纸和笔，以及必要的资料和文件。估计一下对方情况，决定通话时间。

（3）注意通话的礼节

接通电话后，应主动友好，自报一下家门和证实一下对方的身份。应先说明自己是谁，除非通话的对方与你很熟悉，否则就该同时报出你的公司及部门名称，然后再提一下对方的名称。打电话要坚持用"您好"开头、"请"字在中，"谢谢"收尾，态度温文而雅。若你找

的人不在，可以请接电话的人转告，如"对不起，麻烦您转告×××……"，然后将你所要转告的话告诉对方。最后别忘了向对方道一声谢，并且问清对方的姓名。切不可"咔嚓"一声就把电话挂了，这样做是不礼貌的，即使你不要求对方转告，你也应该说一声："谢谢，打扰了。"打电话结束时，要道谢和说声再见，这是通话结束的信号，也是对对方的尊重。注意声音要愉快，听筒要轻放。一般来说，应是打电话的人先搁下电话，接电话的人再放下电话。但是，假如是与上级、长辈、客户等通话，无论你是通话人还是发话人，都最好让对方先挂断。

（4）特殊情况的处理

① 通话中如有人无意闯入，可以示意请此人坐下等候，或此人自觉退出等候。否则，你可向电话那端的人说声"对不起"后，简短和来人说两句话后（如可以说"等我打完这个电话后再和你谈"）继续通话。如果办公室有来客时电话铃响了，可以暂时不接，除非你一直在等这个电话。如属于这种情况，则应向来客说明情况。

② 如果需要留言请对方回电，就要请对方记下你的电话号码，这样对方回电就不必再去查电话号码簿。即使对方是熟人，双方经常通电话，也要告诉对方回电的号码，同时别忘了告诉对方回电的合适时间。如果对方是在外地，则最好说明自己将于何时再打电话，请其等候，不可以让对方花钱打长途电话找你。

③ 如果要找的人不在，则应对代接你电话的人说："谢谢，我过会儿再打"或"如方便，麻烦您转告××"或"请告诉他回来后给我来个电话，我的电话号码是××"。切不可"咔嚓"一下就挂断电话。

④ 如果出现线路中断，打电话的一方应负责重拨，接电话的一方应稍候片刻。重拨越早越好，接通后应先表示歉意，尽管这并非自己的过错，可以说："对不起，刚才线路出了问题。"即使通话即将结束时出现线路中断，也要重拨，继续把话讲完。要是在一定时间内打电话的一方仍然未重拨，接电话的一方也可以拨过去，然后询问"刚才电话断了，不知您是否还有没讲完的事。"

拨打电话的顺序、用语及注意事项如表6-4所示。

表6-4　　　　　　　　　　　拨打电话的顺序、用语及注意事项

顺序	基本用语	注意事项
1. 准备		• 确认拨打电话对方的姓名、电话号码； • 准备好要讲的内容、说话的顺序和所需要的资料、文件等； • 明确通话所要达到的目的
2. 问候、告知自己的姓名	"您好！我是五湖四海公司××部的×××"	• 一定要报出自己的姓名； • 讲话时要有礼貌
3. 确认电话对象	• "请问××部的×××先生在吗？" • "麻烦您，我要找×××先生"	• 必须确认接电话的是否为你要找的人； • 确认是你要找的人接的电话后，应重新问候
4. 电话内容	"今天打电话是想向您咨询一下关于××的事……"	• 应先将想要说的结果告诉对方； • 如是比较复杂的事情，应提醒对方做记录； • 对时间、地点、数字等进行准确的传达。 • 说完后可总结所说内容的要点
5. 结束语	"谢谢""麻烦您了""那就拜托您了"，等等	语气诚恳、态度和蔼
6. 放回电话听筒		等对方放下电话后再轻轻挂掉电话

礼仪故事 6-17

电话中的"女高音"

某杂技团计划于下月赴美国演出，该团团长刘明就此事向市文化局作请示，于是他拨通了文化局局长办公室的电话。

可是电话响了足足有半分多钟时间，不见有人接听。刘明正纳闷着，突然电话那端传来一个不耐烦的女高音："什么事啊？"刘明一愣，以为自己拨错了电话："请问是文化局吗？""废话，你不知道自己往哪儿打的电话啊？""哦，您好，我是市歌舞团的，请问王局长在吗？""你是谁啊？"对方没好气地盘问。刘明心里直犯嘀咕："我叫刘明，是杂技团的团长。"

"刘明？你跟我们局长什么关系？"

"关系？"刘明更是丈二和尚摸不着头脑。

"我和王局长没有私人关系，我只想请示一下我们团出国演出的事。""出国演出？王局长不在，你改天再来电话吧。"没等刘明再说什么，对方就"啪"地挂断了电话。

刘明感觉像是被人戏弄了一番，拿着电话半天没回过神来。

4. 手机礼仪

无论是在社交场所还是在工作场合，放肆地使用手机，已经成为礼仪的最大威胁之一。在国外，如澳大利亚电讯的各营业厅就采取了向顾客提供《手机礼节》宣传册的方式，宣传手机礼仪。在使用手机的时候应该注意以下礼仪。

（1）置放到位

在一切公共场合，手机在没有使用时，都要放在合乎礼仪的常规位置。不要在没有使用的时候放在手里或是挂在上衣口袋外。放手机的常规位置有：一是随身携带的公文包里，这种位置最正规；二是上衣的内袋里；有时候，可以将手机暂放腰带上，也可以放在不起眼的地方，如手边、背后、手袋里，但不要放在桌子上，特别是不要对着对面正在聊天的客户。

（2）注意场合

在会议中或和别人洽谈的时候，最好把手机关掉，起码也要调到振动状态。这样既显示出对别人的尊重，又不会打断发言者的思路。而那种在会场上铃声不断，像是业务很忙，使大家的目光都转向他，这实际上只能给人带来缺乏教养的印象。注意手机使用礼仪的人，不会在公共场合或座机电话接听中、开车中、飞机上、剧场里、图书馆和医院里接打手机，就是在公交车上大声地接打电话也是有失礼仪的。公共场合特别是楼梯、电梯、路口、人行道等地方，不可以旁若无人地使用手机，应该把自己的声音尽可能地压低，而绝不能大声说话，同时不要妨碍他人通行。在一些场合，如在看电影或在剧院打手机是极其不合适的，如果一定要回话，采用静音的方式发送手机短信是比较适合的。

（3）考虑对方

给对方打手机时，尤其当知道对方是身居要职的忙人时，首先想到的是这个时间他（她）方便接听吗，并且要有对方不方便接听的准备。在给对方打手机时，注意从听筒里听到的回音来鉴别对方所处的环境。如果很静，应想到对方在会议上，有时大的会场能感到一种空阔的回声；当听到噪声时对方就很可能在室外，开车时的隆隆声也是可以听出来的。有了初步的鉴别，对能否顺利通话就有了准备。但不论在什么情况下，是否通话还是由对方来定为好，所以"现在通话方便吗？"通常是拨打手机的第一句问话。其实，在没有事先约定和不熟悉对方的前提下，我们很难知道对方什么时候方便接听电话，所以，在有其他联络方式时，还是尽量不打对方手机好些。

在餐桌上，关掉手机或是把手机调到震动状态还是必要的，避免正吃到兴头上的时候，被一阵烦人的铃声打断。不要在别人注视自己的时候查看短信。一边和别人说话，一边查看手机短信，是对别人不尊重。当与朋友面对面聊天时，不要正对着朋友拨打手机，避免发射信号时高频的电流对他产生辐射，让对方心中不愉快。使用手机时必须牢记"安全至上"，否则不但害人，还会害己。注意不要在驾驶汽车时，使用手机电话或查看寻呼机内容，以防止发生车祸；不要在病房、油库等地方使用手机，免得它们所发出的信号有碍治疗，或引发火灾、爆炸；不要在飞机飞行期间使用手机，否则极可能使飞机"迷失方向"，造成严重后果。

另外现在有不少人，特别是年轻人喜欢使用彩铃。有些彩铃很搞笑，或很怪异，与千篇一律的铃声比较起来，确实有独特之处。但是彩铃是给打电话的人听的，如果我们需要经常用手机联系业务，最好不要用怪异或格调低下的彩铃，以免影响自己和单位的形象。

（4）会发短信

手机短信已成为人们交际活动的一种重要方式。其礼仪主要包括书写发送手机短信礼仪和接收手机短信礼仪。

① 书写发送手机短信礼仪。第一，内容要简单明了；第二，语意要清楚；第三，检查文法和错别字；第四，短信拜年，记得署名。还有一点需要注意：在短信的内容选择和编辑上，应该和文明通话一样重视。不要编辑或转发不健康的、格调不高的短信，特别是一些带有讽刺伟人、名人甚至是革命烈士的短信，更不应该转发。

② 接收手机短信礼仪。第一，接收短信及时回复；第二，及时删除不用短信，保持手机短信容量有一定空余量，以免影响新短信的接收，甚至耽误大事；第三，重要短信及时移至收藏夹。

礼仪小贴士 6-4

使用手机礼仪的"六要六不要"

六要

① 当手机铃声响起时，要及时接听。

② 因故未能接听电话或阅读短信，发现后要尽快回话或回短信。

③ 要使用礼貌语言通话，使用文明字眼发信息。

④ 要遵守公共秩序，在教室、图书馆、会议室、音乐厅、电影院等公共场合自觉关机或将手机调至静音、震动状态。在电梯内、火车、公共汽车上使用手机通话时，应压低嗓门，轻声细语，不要大喊大叫。

⑤ 在别人家作客时，要尊重主人。没有特殊情况，不要不停地使用手机打电话。

⑥ 要注意安全，在驾驶汽车时不要使用手机，以免发生意外。

六不要

① 不要主动索取他人的手机号码。

② 一般情况下不要借用他人的手机。

③ 不要看别人发的信息，更不要编写和转发黄色信息。

④ 不要偷拍别人的形象。

⑤ 使用个性化的铃声无可非议，但不要使用内容不文明的铃声。

⑥ 不要在加油站、燃料库、医院急诊室附近使用手机，也不要在行驶的飞机上使用手机。

三、网络礼仪

礼仪故事 6-18

违背网络礼仪的小李

小李的女友小丽向他提出了分手，小李怀恨在心，为泄私愤，他在本市一家有名的网络论坛上发布了一个名为"拜金女被人包养，为钱抛弃初恋男友"的帖子。帖子中虚构了女友贪慕虚荣，主动投入有钱富商怀抱而将初恋男子抛弃的情节，并公布了女友的真实身份，引发网友围观。

经朋友提醒后，小丽在网上发现了该帖子，立刻要求该社区版主删除帖子，并向派出所报了案。民警利用网络侦查手段锁定并找到了小李，对其捏造事实诽谤他人的行为给予了应有的处罚。

网络通过将多台电脑连接在一起，使各用户之间能够通过数据库、聊天室、电子邮件和其他方式进行便捷的沟通与交流，它为现代人打开了一个五彩缤纷的虚拟社交空间。网络虽然是一个虚拟的公共场所，但也应该制定相应的礼仪规范。在网络上进行交流活动时应该遵循的礼节和仪式就是网络礼仪，又称网络礼节，它是保障网络世界正常秩序的基本规范。

1. 网络礼仪的基本原则

网络生活中应该遵守的道德、法律、礼仪规范与现实生活是相同的，前述社交礼仪原则同样适用于网络这一虚拟社交空间。针对网络特点需要补充的礼仪原则有以下几个。[①]

（1）以人为本，尊重他人的存在

互联网把来自五湖四海的人们联在一起，这是高科技的优点，但却使得我们面对着电脑屏幕竟忘了我们是在跟其他人打交道，因此，要记住"他人的存在"，以人为本主义为首要原则。

（2）争论要心平气和，要以理服人

不管论坛还是聊天室，五湖四海的人们共聚一起，意见总是有分歧的，矛盾总是存在的。争论是正常的现象，但争论时要力求心平气和，要以理服人，不要进行人身攻击。如果我们受到一些恶作剧性的来电、来信的骚扰，可考虑与网管人员联系，切不可因一时气愤，对其他用户进行报复。发火是最不可取的，他人只会认为我们既愚蠢又不成熟。

（3）不随意公开个人信息，尊重他人隐私

编写个人档案，其实就是把自己的个人信息公开，个人信息可以公开多少呢？只能由自己决定。如果我们想结交大量新朋友，那么我们就得在编写个人档案上下一点功夫了；如果我们不想公开个人信息，那么就在编写个人档案时，将个人档案项目设定为"不在检索结果中显示"。一般情况下不要随意公开自己的邮箱地址、真实姓名、地址、电话号码，就算我们觉得彼此已成为好朋友，还是应该小心一点。对于他人的个人信息，也应注意保密，以免给他人带来伤害。他人与我们在网络上交流留下的痕迹都是隐私的一部分，不应该到处传播。

（4）不要滥用权力

版主比其他用户拥有更多的权力，他们应该珍惜使用这些权力。管理员的首要责任是维持秩序，树立健康、文明的形象；管理员在行使权力前，应对用户进行劝说和警告，同时，管理员要树立公正、威严的公众形象，不可发生包庇、偏袒行为；管理员要有广阔的胸襟、谦虚、热诚、礼貌地对待网友，不可经常炫耀自己的管理员身份；管理员要搞好与其他管理

---

① 卢如华，韩开绯. 社交礼仪[M]. 大连：大连理工大学出版社，2012.

员基本的同事关系，对其他管理员不可滥用权力；管理员应帮助用户并回答用户的合理问题，如不能解决，要说明原因。

游戏室内的高手应该对新手手下留情，要多考虑用自己的内涵与修养感染他人，潜移默化、润物无声。

（5）强化自卫措施，对病毒坚决说"不"

不论是校园、企业还是个人，采取计算机病毒防范措施已成为网络社会中最起码的道德规范。在校园、企业系统中导入防火墙与杀毒软件自不待言，在职员的个人终端上安装杀毒软件、普通个人用户使用诸如 ISP 的病毒检测与杀毒服务等，也已成为理所当然的事情。为将病毒消灭在萌芽状态，必须大力推广"网络礼仪"。

礼仪小贴士 6-5

《全国青少年网络文明公约》

为增强青少年自觉抵御网上不良信息的意识，团中央、教育部、文化部、国务院新闻办、全国青联、全国学联、全国少工委、中国青少年网络协会向全社会发布了《全国青少年网络文明公约》。公约内容如下。

要善于网上学习，不浏览不良信息；
要诚实友好交流，不侮辱欺诈他人；
要增强自护意识，不随意约会网友；
要维护网络安全，不破坏网络秩序；
要有益身心健康，不沉溺虚拟时空。

2. 收发电子邮件礼仪

电子邮件，即通常所说的 E-mail。它是一种重要的通讯方式，因其方便快捷，费用低廉，深受人们喜爱，使用者越来越多，尤其在国际间通讯交流和大量信息交流方面更是优势明显。对待电子邮件，应像对待其他通联工具一样讲究礼仪。

（1）书写规范

虽然是电子邮件，但是写信的内容与格式应与平常书信一样，称呼、敬语不可少，签名则仅以打字代替即可。写电子邮件时语言要简略，不要重复、不要闲聊，写完后要检查一下有无错误。因为发出去的邮件很可能被对方打印出来研读或是贴在公告牌上。写完后还要核定所用字体和字号大小，太小的字号不仅收件人读起来费力，也显得粗心和不够礼貌。写邮件时最好在主题栏写明主题，以便让收件人一看就知道来信的主旨。

（2）发送讲究

电子邮件的发送有如下讲究：最好不要将正文栏空白只发送附件，除非是因为各种原因出错后重发的邮件，否则不仅不礼貌，还容易被收件人当作垃圾邮件处理掉。重要的电子邮件可以发送两次，以确保发送成功。发送完毕后，可通过电话等询问是否收到邮件，通知收件人及时阅读。应尽快回复来信，如果暂时没有时间，就先简短回复，告诉对方自己已经收到其邮件，有时间会详细说明。

（3）注意安全

电子邮件是计算机病毒重要的传染源和感染病毒的主要渠道。收发电子邮件要注意远离计算机病毒。发送电子邮件时要注意尽可能不使邮件携带计算机病毒。因此如果没有反病毒软件适时监控，发送邮件前务必要用杀毒软件杀毒，以免不小心把有毒信寄给对方。要是没有把握不妨用贴文的方式代替附加文档。

接收电子邮件时的安全问题更为重要，对来历不明的信件必须谨慎处理，若不确定则最好删除。此外，要注意定期及时清理邮件收件箱、发件箱、回收箱，空出有限的邮箱容量空间。及时将一些有用的电子邮件地址记下来并存入通讯簿也是很必要的。

3. 微博礼仪

微博是近几年兴起的一种网络传播和交流的方式，其实就是一种通过关注机制分享简短信息的广播式的社交网络平台。微博可以相互关注，可以共享信息，可以交朋结友，而且使用起来极为方便和快捷，因而一经问世，立即风靡全网，现在依然是很受欢迎的私媒体和社交平台。

对话是微博的基本形式。虽然大家在微博上彼此互动却不见其人，但微博绝非是一个纯虚拟空间。微博上的一言一行，都能体现出每个用户的不同学识、气质形象与品行素养。而企业的官方微博则更是一个直接的窗口，展现一家企业、一个品牌的内涵。因而，不论是个人的微博，还是企业组织的微博，都应特别注重方法技巧与礼仪规范。

（1）文明高雅，客观评论

对于个人微博，发布信息时语言一定要文明高雅，内容要清新可读，不可语言粗俗，更不可攻击他人，甚至公开骂人；生气时尽量不发微博，别让自己的心情影响到大家；发送前一定要检查是否有错别字，转发时必须确保自己了解这件事情，评论别人的微博时要了解原文，客观地发表自己的意见，不能信口雌黄，更不能随意骂人，语言粗俗，这些都是基本的发微博的礼仪。

（2）礼尚往来，互相关注

微博也是一个网络社交平台，在微博上同样讲究礼尚往来，互相关注也是一种礼貌。一般来说我们会优先关注那些已经关注自己的人，以及那些回复自己消息的人。主要是获得心理的认知，感觉到互联网上有人关注你，体会到受人尊重的体验。如果你想和一个人交往，你不妨天天围着他的微博转，等到有一天混得脸熟，他会理会你、关注你。如果大家天天来关注你，你一直没有回复，时间久了，就没有人再理会你。也就是说，如果别人粉你（关注你），你也应当适时回访，也加上关注，"互粉"才是礼貌的。

（3）官方微博，注重形象

如果你将来在某企业就职，专门管理企业的微博，那就更需要讲究礼仪，这样才能树立企业的良好形象。因为从某种程度上来说，企业的官方微博就是企业形象的一个展示，甚至就是企业的形象。所以，维护好企业的官微，也就是维护好了企业的形象。虽然微博操作的权限属于具体的某一位员工，但操作者必须清楚明白，他的所言所行都是代表一个官方企业账号在公共的平台上互动交流，与公众的关系不再是"我"与"你"，而是直接以企业的形象及相关权限身份与众人在线的会面。因此，在具体操作上应尽量减少和避免微博编辑和客服人员的个人行为，而遵循亲和、干练的职业化水准来进行。企业的官微要对大事件高度敏感，对一些公众最为关心或是当前的热点，不妨多加转发；对于一些公益活动，不妨积极参与并转发；对于企业客户，要全心全意服务，并从服务中提升企业的形象。

（4）语言文明，灵活互动

微博上的礼仪，大多数都是通过微博的发布、回复、评论及私信得以体现：发布微博的语言应当文明礼貌、生动、风趣。微博的文明用语，不仅有助于培养积极健康的心态，而且是一种热情、亲和、开放合作精神的体现。在微博互动时穿插趣味、生动性的回复，偶尔与大家开开玩笑，也会起到很好的效果。微博文字中的"小表情"，也可很好地辅助传递情绪，体现人性化的感性内涵。如果一些敏感性问题不适合公开交流的话，那么不妨私信对方，同时要注意，如果没有必要进行私密沟通的事宜，应尽可能不以发私信的形式来处理，以免让对方产生反感，甚至是拉黑。

4. 微信礼节

当今，在我国网络即时通信工具几乎成了最受欢迎的网络工具。人们可以通过这些通信工具联络事宜，就算近在咫尺，也无须起身交谈。与远方的协作客户交谈，轻轻敲几下键盘就可以解决问题，这种交流在过去是无法想象的。现在使用最普遍的就是 QQ 和微信。需要注意的是，网络通信虽然方便、快捷，但毕竟只是辅助通信手段，不能当成唯一的通信方式。当有重要的、正式的、紧急的事宜时，必须通过传统的方式，比如电话、书面信函甚至面访的形式完成。

手机即时聊天工具微信比 QQ 更特别，增加了不少新功能，如便捷的语音聊天功能及其他新功能，加之它还没有通信费，一经推出就受到很多人的喜欢，相对来说似乎比交流增加了便利和感情色彩。使用微信时需要注意以下几点。

（1）明确功能

微信是一款快速发送文字和照片、支持多人语音对讲的手机聊天软件。微信主要有三个功能。第一是玩游戏。很多成年人不玩微信游戏，但玩游戏的确是微信的第一功能，微信游戏与其他手机游戏、电脑游戏最大的不同是能跟微信好友们比个高下，获得排名。第二是看朋友圈。微信朋友圈的内容跟一个新闻网站没有区别，人们看朋友圈就是去看新闻，看热闹，看看朋友们又秀了哪些生活，当然也有人通过看朋友圈去学习。第三是交朋友。微信好友除了自己原来的 QQ 好友和手机通讯录好友，还为你打开了一片新天地，微信上有 6 亿用户（注册用户 6 亿，活跃用户大概接近 3 亿），通过微信可以让你认识更多的人。

（2）尊重为本

使用微信的礼仪，其实和我们平常的交际礼仪和电话礼仪一样，尊重别人是第一位的。别人向你"打招呼"时，应尽可能及时予以回应，这也是基本的礼貌。发信息要有礼貌，不能凭空一声吼。对别人发来的信息要及时回复，争取做到一分钟内回复，最起码也不能让信息隔夜，这是尊重人的表现。

（3）注意内容

微信的文字内容现在基本都是文字录入，所以更要慎重处理，避免手指不小心碰错了地方，发错了造成误会的内容。输入数字时，手写功能更易出错，所以输好后应审查一遍再发出去。发送前最好再确认一下联系人，有时同时聊天的人有好几位时，容易将内容发错对象，引起尴尬。听别人语音内容的时候，最好戴上耳机，除非你周围没人，否则不要让你和朋友间的私密语音和大家"分享"。要力争内容原创，不要动不动就转发点别人的内容，很多时候，你觉得新鲜热乎的内容，其实都是别人几年前嚼剩下的东西，发给别人让别人烦，也会降低自己的身价。

（4）相互关注

在微信上，你想让人关注你，就要经常翻看朋友圈，感兴趣的就点个赞，多赞别人，你才能靠互动获得更多好评，这是一种风度。使用微信提倡互粉、互赞、互评的"三互"精神，多鼓励和肯定别人，少说教和批评别人。这样大家才都能有个好心情。不可强制别人转发你的作品，比如说转了将走大运、发大财，不转将会如何如何……这是微信交流中的大忌。不能泄露他人隐私，不能随意发表未经他人同意、带有个人隐私性质的内容和图片，这涉及人权和肖像权，也是行规。赞了才能转，看到别人的精彩文段和图片意欲转发时，应先赞后转，这是礼貌，也是涵养。

（5）注意时间

微信联系一般以私人目的为主，但也有因公联系的。不管是使用语音功能还是文字或图片，都要注意时间，避免对方在不方便的时候，特别是在休息的时候。除非你们有约定，否则不应该在早七点前、晚上十点后再联系。如果是因公联系，晚上七八点后就应避免联系。千万不要大半夜玩微信乱发信息，大半夜发微信，那就是骚扰别人，是不礼貌的。

（6）关注"朋友圈"

现在，刷屏已变成了大部分手机用户的习惯性动作，有事没事刷两下，看看谁有什么动态，同时该关心的关心，该点赞的点赞，该调侃的调侃，每个人都忙得不亦乐乎。但最忌讳的就是在别人伤口上撒盐。同时，也要注意发心情和分享的内容不要太过频繁，尽可能不要每天上传大量的共享内容。要知道，别人可能不仅仅只有你一位好友，他不能一直看"朋友圈"的信息。当然有时"朋友圈"的内容是写给自己的，那就要及时将可见范围设置为私密。也最好不要在里面发布自己的身份信息，如身份证号码、驾驶证号码等重要的个人信息，以防不法分子窃取。同时转发时也应转发健康有用的朋友圈内容，朋友圈内容每天、每时每刻都在不停地更新着，看到了就想转，转前最好自己稍微看几眼，不要转发有错误、影响自身形象的内容。不要频繁刷朋友圈，最好每小时刷一次，千万别像有些话唠恨不得每分钟刷一次，太过频繁，就是贫嘴和烦人的"贫烦"，你不停地发，浪费人家的流量，让人反感。这是不符合微信礼仪要求的，这需要克制。你自己的朋友圈内容要有明确规划，不要东一榔头西一棒子，今天愤世嫉俗，明天心灵鸡汤，后天显摆专业，这样有可能会被人当作精神分裂。

（7）注意群聊礼仪

对于微信上的群聊，更需要讲究礼仪。公共群就像一个主题茶馆，发起人开设了一个群，给大家一个聊天喝茶的地方。但是既然是主题茶馆，就要切合主题，不要无限跑题，非常私密的话题可以私下加好友私聊。不要谈论和转发太多跑题及敏感话题；不要发大图和长的语音，那会很消耗流量，有用的图和语音还能受人欢迎，而没用的无聊的内容，则会受人诟病甚至挨骂了。

（8）公众微信注意形象。公众微信越开越多，建议开公众微信的要讲究公众形象，遵守公众应遵守的基本道德。另外关注者也应注意分辨，那里不乏打广告的或不法的公众微信，最好辨清楚了再去关注或转发其内容，不然每天会不停地发送来很多信息，反而浪费流量。

使用QQ的礼节与使用微信的礼节差不多，只是越来越多的人更愿意使用微信沟通。

第二节 能力提升

一、案例讨论

案例6-1

一个笑话

某人请五人吃饭，还有一个左等右等也没到。见此情境，主人说道："该来的怎么还不来？"

客人甲听了，心想：这不是说我们不该来的倒来了吗？真气人！于是说："对不起，我有点儿事，得先走了！"

主人见他走了，很着急，就说道："不该走的怎么走了呢？"

客人乙心想，这分明是暗示我该走却赖着不走，于是说："我有点儿事，失陪了。"

主人更着急了，脱口而出："唉，他俩真多心，我说的又不是他们！"

客人丙、丁大恼，心想：那你说的肯定是我们俩了！于是他们铁青着脸一言不发，拂袖而去。一场宴席就这样还没有开始就不欢而散了。

【思考与讨论】

（1）主人因何把客人气跑了？

（2）主人的语言表达应注意什么问题？

案例6-2

提问

国内某大型制药企业要招聘一个高级营销经理。由于事先已经做了筛选，来参加面试的只剩下两位候选人。面试由该企业华中区大区经理王总亲自担任主考官，在半小时里，他对第一位候选人问了三个问题。

问题一：这个职位要带领十几个人的队伍，你认为自己的领导能力如何？

问题二：你在团队工作方面表现如何？因为这个职位需要到处交流、沟通，你觉得自己的团队精神好吗？

问题三：这个职位是新近设立的，压力特别大，并且需要经常出差，你觉得自己能适应这种高压力的工作状况吗？

候选人是这样回答三个问题的。

回答一：我管理人员的能力非常强。

回答二：我的团队精神非常好。

回答三：能适应，非常喜欢出差。

【思考与讨论】

（1）你觉得主考官的提问是否存在问题？

（2）如果你是主考官，你将怎样提问？

案例6-3

对方看到你打电话的表情

日本有一个特别有名的销售员，有人结合他的经历写了一本书，叫《史上最伟大的推销员》。这个推销员的伟大之处在哪儿呢？他的工作中又有哪些有趣的故事？

有一天晚上，他回到家后，比较累了，决定先睡一觉。但他定了一个闹钟，同时告诉他老婆，晚上十点的时候，一定要把他叫起来，因为他跟一个很重要的客户约好在十点半的时候打电话。

到十点的时候，不等他老婆催他，他听到闹钟就醒了，然后去洗手间洗漱，接着又是刮胡子，又是穿衬衫、打领带的，还穿上了西装和皮鞋。最后拿了个本子，在电话机旁正襟危坐，一到十点半就准时给对方打电话。

业务倒是谈得很顺利，十几分钟就搞定了。但是他这番怪举动让他老婆感到很奇怪：不就一个电话吗？有必要搞得跟个神经病似的吗？大半夜的还要起来精心打扮一通，好像现在不是晚上，而是星期一一大早。

你猜他是怎么解释的？他跟他老婆说，如果我很邋遢、很懒散的话，对方虽然看不到我的样子，但是我自己的精神面貌不好，而这会通过我的语气变化传达到对方那里。经过这么一番打扮，我看起来正式多了，人也精神多了。虽然看不见对方，我也要尊重对方，我相信，对方一定能感受得到！

一个人的成功与伟大，从来都不是无缘无故的。他凭借着这样的好心态赢得了众多的客户，很多客户觉得，不管什么时候和这个推销员打电话，都会感觉他精神百倍，好像全心全意地在做这件事。客户要是感觉到你是全心全意的，哪怕只是对待一通电话，他也会觉得受到了极大的尊重。

【思考与讨论】

（1）与客户进行电话沟通时，怎样让客户觉得你是尊重他（她）的？

（2）本案例对你有什么启示？

案例6-4

搞笑的手机铃声

有个朋友平时喜欢玩，手机铃声也隔三差五换一次。有一次他陪一个客户聊天，手机忘记关机了，突然手机响了，铃声是悦耳的童声："爷爷，您孙子给您来电话了！"一接听电话，原来是另一位客户。虽说这只是一种好玩的表现，但是其他客户见了，难免会做出相关联想：他该不会把我的来电也设置成"孙子"铃声吧？

无独有偶，有一位大学毕业生，毕业后在某高中担任教师，有一天开会时也是忘了关手机，结果校长正在讲话的时候，他的手机响了，是："我的志愿是做一个校长。每天，收集了学生的'学费'之后就去吃火锅。今天吃麻辣火锅，明天吃生菜鱼火锅，后天吃猪骨头火锅……"结果，同事们哄堂大笑，校长也是一脸尴尬。

【思考与讨论】

（1）使用手机时，什么时候要注意关闭手机或将手机调到振动状态？

（2）手机铃声的设置应该注意什么？

案例6-5

一毛钱的作用

几个刚毕业的大学生到一家公司参加面试。这家公司很特别，把面试的地点放在了远离公司的地方。

到了面试的时间，工作人员提出了一个奇怪的要求："现在你们都用手机发一条署名的短信给经理，向经理询问公司的地址，经理会告诉你们是否被录取。"

尽管大家都觉得很奇怪，但还是照做了，他们都用毕恭毕敬的语气给经理发了短信。没过多久，大家就收到了经理的回复，上面显示的正是那家公司的地址。有人举起手机问那个工作人员："就是这样吗？"

工作人员微笑着说："就是这样，请你们再等会儿，十分钟后经理就会宣布录取结果。"

十分钟以后，工作人员收到了一条手机短信，她抬头念出了一个名字，告诉他被录取了。剩下的几个人感到很奇怪，纷纷询问自己到底哪里做得不好，工作人员告诉他们："如果你们收到回复后，能像他一样，肯多花一毛钱，再给经理发一条感谢的短信，或许你们就会被录取。"

有时，微不足道的一毛钱，正代表了你对他人的态度。

【思考与讨论】

（1）使用短信有哪些礼仪规范？

（2）本案例对你有哪些启示？

案例 6-6

一个秘书的经历

王芳是在某公司工作多年的秘书，主要负责接待以及外线电话的转接。她现在已经是一名优秀的秘书了，可在她成长过程中也出现过许多大大小小的错误，现仅举两个典型例子。

其一，王芳刚做秘书工作时，认为打电话不过是连3岁小孩都会做的简单事情，但发生的一件事情让她改变了这种观点。一次，总经理让她询问对方对合同中几个条款的看法。她没有认真研究这几个条款，也没有询问总经理的意见，马上拨通对方的电话。当对方提出几个方案时，她无法和对方进行任何交流，自然也无法达到侧面了解对方真实意图的目的。慌乱之中，她竟忘了做电话记录，整整半个小时的通话，在她脑中是一片空白。幸好她比较坦诚，如实向总经理作了汇报。总经理亲自打电话，表示歉意，这才如期签署合同。自从那件事发生后，她专门准备了一个笔记本记录电话内容等，有关计算机文件也及时保存、备份。

其二，王芳每天负责处理大量的电子邮件，除了那些垃圾邮件，她将所有往来邮件都保留在电子信箱中。这样做确实也带来很多方便，即使出差也可以从信箱中查阅历史文件。但有一段时间，她连续七天没有收到任何邮件，给客户的邮件也没有一个回复。她用电话跟客户联系，客户说发出去的邮件全部退回。她赶紧请教有关计算机人员，这才发现这是由于邮箱空间爆满所致。

【思考与讨论】

（1）打电话前应该思考哪些问题？

（2）使用电子邮件应注意什么？

二、实训项目

项目1：礼貌用语

实训目标：掌握常用的礼貌用语及使用方法。

实训学时：1学时。

实训地点：大屏幕教室。

实训准备：数码照相机、摄像机等。

实训方法：将学生按每组4~6人分组。每组设计交际场景，演示下来，在交际过程中要使用礼貌用语，并注意使用礼貌用语时的正确身体姿态和面部表情。用摄像机、数码照相机记录学生的交际过程，回放这一过程，学生进行相互评价，教师最后总结点评学生存在的个性与共性问题。

训练手记：通过训练，我的收获是＿＿＿＿＿＿＿＿＿＿＿＿＿＿＿＿＿＿＿＿＿。

项目 2：交谈场景训练

实训目标：掌握交谈的技巧。

实训学时：2 课时。

实训地点：教室。

实训背景：新学期开始，班上一位同学因为家境贫寒，生活拮据，产生自卑感，不愿和大家交往，性格有点孤僻。一次，班级组织大家春游，大家都踊跃报名，只有他一声不吭待在寝室里。班主任让你找他谈谈，动员他参加这次集体活动。你面对他打算从哪里谈起？

实训方法

（1）选几位同学扮演这位有点自卑的同学，每人将自己最希望别人和你交谈的话题写在纸条上。

（2）其他同学扮演"你"，通过 2 分钟的准备，上前搭话，进行交谈。

（3）然后打开纸条看看自己的搭话和对方此时想要听的话有多大的联系。

训练手记：通过训练，我的收获是_____。

项目 3：自编小品"打电话"并表演

实训目标：掌握电话沟通的基本规范和技巧。

实训学时：2 学时。

实训地点：实训室。

实训准备：电话等。

实训方法：将学生 3～5 人分为一组，每组学生自设场景，自编小品表演打电话（手机）。表演后，师生点评。

训练手记：通过训练，我的收获是_____。

项目 4：制定网络沟通礼仪规范

实训目标：明确网络沟通的基本规则和礼仪。

实训学时：2 学时。

实训地点：教室。

实训方法：将全班学生分组，4～6 人为一组，要求其结合所学网络沟通的知识和自身使用网络的体会，制定一份网络沟通行为准则。在课堂上分组进行交流，师生共同评价。

训练手记：通过训练，我的收获是_____。

三、阅读思考

敬语、谦语和雅语

正如培根所说："得体的客套同美好的仪容一样，是永存的荐书。"恰当地使用敬语、谦语和雅语，不但不是虚伪做作之举，而且是儒雅风度的表现。

敬语，亦称"敬辞"，它与"谦语"相对，是表示尊敬礼貌的词语。除了礼貌上必须之外，能多使用敬语，还可体现一个人的文化修养。敬语的运用场合：第一，比较正规的社交场合。第二，与长辈或身份、地位较高的人的交谈。第三，与人初次打交道或会见不太熟悉的人。第四，会议、谈判等公务场合等。常用的敬语包括我们日常使用的礼貌用语中的"请"字，第二人称中的"您"字，代词"阁下""尊夫人""贵方"等。另外，还有一些常用的词语用法，具体如下：

- 初次见面说"久仰";好久不见说"久违"。
- 等候客人用"恭候";宾客来到称"光临"。
- 未及欢迎说"失迎";起身作别称"告辞"。
- 看望别人用"拜访";请人别送用"留步"。
- 陪伴朋友用"奉陪";中途告辞用"失陪"。
- 请人原谅说"包涵";请人批评说"指教"。
- 求人解答用"请教";盼人指点用"赐教"。
- 欢迎购买说"惠顾";请人受礼称"笑纳"。
- 请人帮助说"劳驾";求给方便说"借光"。
- 麻烦别人说"打扰";托人办事用"拜托"。
- 向人祝贺说"恭喜";赞人见解称"高见"。
- 对方来信称"惠书";赠人书画题"惠存"。
- 尊称老师为"恩师";称人学生为"高足"。
- 请人休息说"节劳";对方不适说"欠安"。
- 老人年龄称"高寿";女士年龄称"芳龄"。
- 平辈年龄问"贵庚";打听姓名问"贵姓"。
- 称人夫妇为"伉俪";称人女儿为"千金"。

……

谦语亦称"谦辞",与敬语相对,是向人表示谦恭和自谦的一种词语。谦语最常用的用法是在别人面前谦称自己和自己的亲属。在别人面前谦称自己的亲属,如"家严""家慈""家兄""家嫂""舍弟""舍妹"等在别人面前谦称自己的谦辞主要有以下几种:

- 鄙—鄙陋之人,谦称自己,如鄙人、鄙意、鄙见等。
- 愚—愚笨之人,谦称自己,又称"下愚",如愚兄、愚意、愚见等。
- 敝—谦称自己或跟自己有关的事物,如敝人、敝姓、敝处、敝校、敝舍等。
- 不佞—没有才智,谦称自己,又称不才、不肖。
- 拙—多用于谦称自己的论著、见解,如拙作、拙笔、拙刊、拙著、拙译、拙见等。

此外,文人雅士在长者面前则谦称"晚生""小生""晚学""后学""末学",老年人有时则谦称"老夫""老身"等。

自谦和敬人,是一个不可分割的统一体。尽管日常生活中谦语使用不多,但其精神无处不在。只要你在日常用语中表现出你的谦虚和恳切,人们自然会尊重你。雅语,是同粗俗言语相对的一种文雅言辞,往往反映一个人的文明程度。雅语常常在一些正规的场合以及一些有长辈和女性在场的情况下,被用来替代那些比较随便,甚至粗俗的话语。多使用雅语,能体现出一个人的文化素养以及尊重他人的个人素质。

当今的雅语首先表现在称谓的雅化上。比如,把手脚残疾者叫"手脚不健全者",把痴呆、低能人叫"智力障碍者",把管太平间的管尸人员称为"阴阳天使",把为病人服务的人叫"陪护人员"或"卫生员",把捡破烂的叫"拾荒者",把扫大街清理垃圾的叫"城市美容师""环卫工作者",把保姆叫"家政服务员",等等。这充分体现出社会对不同从业者人格的尊重。

雅语还表现在对某些行为举止说法的雅化上。比如,把吃饭称为"用餐""用膳";把倒酒称为"满酒""斟酒";把喝茶叫"用茶"或"品茶";把上厕所称为"净手""方便""去卫生间"等。在待人接物中，要是你正在招待客人，在端茶时，你应该说"请用茶"。如果还用点心招待，可以说"请用茶点"。假如你先于别人结束用餐，你应该向其他人打招呼说"请大家慢用"。雅语的使用不是机械的、固定的。只要你的言谈举止彬彬有礼，人们就会对你的个人修养留下较深的印象。

这些谦辞雅语是传统礼仪的一部分。适当地使用谦辞雅语，是谦逊有礼的表现，无疑会受到别人的尊敬。

当然，上述用词要适时恰当，适可而止，否则就会给人留下"学究""文绉绉""酸溜溜"的印象。

思考题

1. 社交中使用敬语、谦语和雅语有何作用？
2. 与人交谈如何使用敬语、谦语和雅语？

课后练习

1. 请根据交谈礼仪的要求与同学模拟一次交谈。

2. 在人际交往中，语言文明是处理好人际关系的基本要求，语言文明应以真诚自然为最高准则，避免烦琐。在①宴请时客人到来；②舞会结束，舞伴要离开两种常见的情景下，请说明应分别以怎样的文明用语应对？

3. 讨论在交谈中遇到以下三种情况该如何处理。

（1）对方不知不觉将话题扯远了。

（2）对方心血来潮，忽然想到了他得意的事。

（3）对方故意转变话题，不愿意再谈原来的事。

4. 请说出一件因脏话、粗话、气话酿成的不愉快或不幸的事故，必须是自己耳闻目睹或亲身经历的事故。要求将这一事故生动地说出来，然后简要评述事态的原因，并设计出双方避免事故发生的说话方式。

5. 将全班学生分为三组，一组学生负责提出问题，一组负责回答问题，一组负责进行观察及评判；问题最好涉及一个主题，比如恋爱、学习、理想、网络等。可依照顺序进行轮转。

6. 日常生活中，你在打电话时遇到过哪些不礼貌的情况？

7. 结合生活实际谈谈你接打电话的体会。

8. 欣赏相声表演艺术家马季的相声《打电话》，讨论打电话时应该注意什么。

9. 李经理正在与一位客户进行电话交谈，这时另一位重要客户来到办公室拜访。如果你是李经理，正确的做法应该是什么？

10. 如果发现自己拨错了电话，你应该怎样解决？

11. 张女士在国家大剧院音乐厅听一场由著名大师指挥的交响乐。音乐演奏到高潮时，全场鸦雀无声，凝神谛听，手机铃声突然响起，在宁静的大厅中显得格外刺耳。演奏者和观众的情绪都被打断。大家纷纷用眼神责备这位不知礼者。请问我们使用手机时应注意哪些规范？

12. "人心隔肚皮"，更何况是在虚拟世界。你可能是一位网络常客，你认为应该重视网络礼仪吗？讲究网络礼仪的现实意义有哪些？

13. 或许你在网上对人有不礼貌的行为，或许别人对你有不礼貌的行为。请试举一例，并根据所学的知识和技术，提出解决问题的方案。

课后评价考核

评价考核表

内容		评价	
学习目标	评价内容	小组评价（5、4、3、2、1）	教师评价（5、4、3、2、1）
知识（应知应会）	交谈语言的要求		
	电话沟通的基本要求		
	网络沟通的基本原则		
专业能力	交谈的技巧		
	接打电话的礼仪		
	手机礼仪		
	收发电子邮件礼仪		
	微博礼仪和微信礼仪		
通用能力	自我管理能力		
	人际交往能力		
	自控能力		
态度	一丝不苟的精神 遵守社交礼仪规范 敬业精神		
努力方向：		建议：	

第七章　职场礼仪

莫愁前路无知己，天下谁人不识君。

——【唐】高适

普通员工要有责任心，中层员工要有上进心，高层骨干要有事业心。

——柳传志

学习目标

- 做好求职面试的各项准备。
- 根据自身的实际设计出引起用人单位关注的简历。
- 面试符合礼仪，拥有职业化的举止。
- 在面试中得体地与面试官进行交流，给其留下良好的印象。
- 遵循办公室的各项礼仪规范，使自身的职业生涯有一个良好的起点。
- 工作中与上司、下属、同事以及异性等礼貌相处。

案例导入

"铁哥们"宋先生

"咱们的关系咋样？"是宋先生的一句口头禅。通常说完这句话，不等你回答，宋先生自己又接着说："不错吧，是不是？"望着他那笑成两条缝的小眼睛，谁好意思否认呢？既然是关系不错的铁哥们儿，就得像个铁哥们儿的样子，比如说没有烟抽了，宋先生就挨桌子地搜寻，看到谁抽屉里有，管他半盒还是一盒，抓住就装到自己的口袋里；上班时渴了，不管谁的茶杯，端起就喝；最有失分寸的是，他连刮胡刀都没有，今天用这个的，明天用那个的。谁要是不高兴，那句口头禅就从笑成弥勒佛似的嘴里溜了出来，让你哭也不是，笑也不是。单位里的人，背地里谈起宋先生，都忍不住地摇头摆手。

问题

1. 宋先生不符合职场礼仪规范的地方表现在哪？

2. 职场礼仪包括哪些方面？

人人都希望自己有一个愉快的工作环境，愉快的工作环境会有助于事业的成功。美国著名成功学大师卡耐基曾说过："一个人事业上的成功等于 15%专业技术加上 85%人际关系和处世技巧。"可见，现代人掌握职场礼仪是多么重要。

职场礼仪是指人们在职场工作交往中应遵循的彼此友善、互致方便的习俗和规范。掌握并恰当地使用职场礼仪，不仅能创造和谐融洽的工作环境，也有利于提高工作效率，还有利于树立公司业务形象。在一切工作场合，作为一般性守则的职场礼仪，是任何人均应恪守不怠的。像上述案例中的宋先生那样不讲职场礼仪的人是不受欢迎的，必将被职场所淘汰。

第一节 应知应会

一、工作交往艺术

1. 与上司相处的礼仪

（1）与上司单独相处时

大部分职员及年轻主管都害怕与上司单独相处，事实上，这既是一种挑战，也是一种机会，应好好把握住这个机会。利用这种机会可加深了解，增加信任。如果上司好像很心烦，一直专心深思的话，最好不要打扰他。假如对方答非所问，则表示他不想说话。有时上司会主动问一些问题，此时下属回答的语气应简洁而诚恳。选择谈话的主题时，下属应视上司之意决定谈私事还是谈公事。身为下属者不但要诚恳有礼，并且要细心地了解上司的问题重点所在，这样双方谈话才能有礼而愉快。

（2）上司接听私人电话时

遇到上司接听私人电话时尽量回避，可以替上司关上办公室的门。

（3）上司生病时

一般在上司生病时，除打电话慰问外，可以带水果、鲜花或营养品亲自到医院或家中拜访慰问，尽管有时上司会因为探望的人多影响休息而有点厌烦，但对上司健康的关心符合中国人的礼仪。在欧美国家强调个人隐私和私人生活空间的神圣不可侵犯，不随便去医院或到家里探望生病的上司。

如你与上司相当熟悉，可以打电话，简短地表达希望他早日康复的慰问之意，相信只要一通电话他就会很高兴。而且，除非他问及公事，千万不要唠唠叨叨地对他诉说他住院以后公司所发生的一切事情。若是问及也只需简单告诉他："公司一切都很正常，只是我们都很想念您，大家都希望您早日康复。"打电话时应长话短说、简短扼要，由于病人很虚弱，如谈话太久会使病人感到不舒服。

（4）遇到棘手的问题时

遇到棘手的问题应首先去见你的顶头上司，不要越级去见别的上司。如果遇到上司无法处理的问题时，则可以去见相关的部门主管领导，要求帮助解决问题。

2. 与下属相处的礼仪

对待每一位下属都应该和蔼可亲，这样就会得到别人同样的反馈。你的威信不是建立在你的蛮横态度上，而是建立在你对别人的友好与尊重上。你的权力是大家给予的，所以，尊重你的下属就是尊重你的权力，就是你的职位合法性的理由。你可以适当地标榜你的下属，这是获得他们工作上的配合的重要方法。不要因为自己的过失而去责怪别人，要勇于承担责任。在批评别人时要注意就事论事，不要凸显自己的优越地位。要培养自己的优良风度，不论是着装还是其他方面，都要体现以身作则的态度，不要让一些生活细节丑化了自己的形象。

3. 与同事相处的礼仪

在一天的工作中，大部分时间是和同事在一起的。同事之间相处得如何，直接关系到自己的工作、事业的进步和发展。同事之间关系融洽、和谐，人们就会感到心情愉快，有利于工作的顺利进行。而同事之间既存在合作又有竞争的特点，使得同事关系微妙复杂，学会同事间的交往艺术，对自己的工作和生活都有很大帮助。

（1）互相尊重

孟子有云："爱人者，人恒爱之；敬人者，人恒敬之。"要处理好复杂的同事关系，必须要懂得尊重他人。尊重同事，就要尊重同事的隐私。隐私是关系到个人名誉的问题。背后议论他人的隐私，会损害其名誉，可能造成同事间关系的紧张。当同事在写东西、阅读书信或打电话时，应避开，做到目不斜视、耳不旁听。尊重同事，还在于不轻易翻动同事的东西。如果要找同事的东西，要请同事代找，如果他本人不在，要先征得同事的意见。

（2）真诚相待，互相帮助

办公室是一个小社会，也是一个小集体。同事间要真诚相待，相互帮助，相互理解，相互宽容。这样的集体才能成为一个团结战斗的集体，才能成为一个有凝聚力，使人心情舒畅的大家庭。同事有困难时，应主动询问，伸出援助之手，给他以人力、物力的帮助；当某位同事受挫时，应给予诚恳的安慰，要热情地鼓励他，帮助他走出困境；当同事间发生误会时，要有度量，应主动道歉，说明情况，征得对方的谅解，这样会增进双方的感情，使关系更加融洽。对同事的错误和误解要能容纳，"宰相肚里能撑船"，不可"小肚鸡肠"、耿耿于怀。

（3）经济往来要一清二楚

同事之间可能有相互借钱、借物、馈赠礼品或请客吃饭的往来，但不能大意忘记，每一项都要清楚明白，即使是小款项也应记在备忘录上，以提醒自己及时归还。向同事借东西如不能及时归还，应每隔一段时间向对方说明一下情况。总之，同事间的物质经济往来要弄得清楚明白，无论是有意或无意地占人便宜都会令对方感到不快，也会影响同事之间的关系。

（4）透明竞争，权责分明

同事之间既有合作也避免不了竞争。与同事共处应遵守尊重、配合的原则，明确权责，尽量施展自己的才华，绝不轻率地侵犯同事的业务领域。应在透明、公平的竞争中，各自施展自己的才华并求得发展。不要过分表现自己，免得落下孤芳自赏的名声，最后只是孤家寡人一个。但是也不可组建自己的小团伙，制造流言蜚语中伤某位竞争对手。同时做事要尽力而为，量力而行，踏踏实实做好自己的本职工作，不让别人有诋毁自己的机会，努力创造更多与同事沟通的机会，增进同事间的感情，消除彼此间的隔膜，在合作中良性竞争。

（5）言谈要得体

与同事交谈时，一定要注意语言要有分寸、要得体。工作场合中要保持高昂的情绪，即使遇到挫折、饱受委屈、得不到上级的信任时，与同事交谈也不要牢骚满腹、怨气冲天。不要把痛苦的经历当作谈资一谈再谈，这样会让人退避三舍。谈论自己和别人时，不要滔滔不绝，要观察对方的反应来决定谈话应不应该继续进行。在工作场合中，不要说悄悄话，耳语就像噪声，影响人们的工作情绪，也会引起同事的反感。在与同事相处中，不要得理不饶人。有些人总喜欢嘴巴上占便宜，争上风。他们喜欢争辩，有理要争，没理也要争三分，这样会使同事们感到烦闷，不利于同事之间的交往。要知道，一个好的倾听者，就是一个好的谈话者。善于倾听别人，能表现出自己对对方的关心与尊重，使对方获得满足感，从而愿意与自己交流。同事之间，善于倾听的人能拥有更多的朋友。

4. 与异性相处的礼仪

（1）异性交往中女性的礼仪修养

女性在工作中首先要注意自己的个人形象。职业女性发型应以保守为佳，妆容以淡妆为好。办公室女性着装应该庄重、大方，能够体现职业女性的专业素质。同时职业女性还要注意自己的举止应该是端庄、自然、优雅，不要风风火火、慌慌张张，也不要忸怩作态、装腔作势。

女职员在工作中要注意时间效率。尤其在打电话时，最好少打 5 分钟以上时间的电话，如果表述事件不够概括，交代事宜重复啰唆，会让人怀疑其工作能力。

女性要公私分明。在工作时间应专心致志地办理公务，不要处理私事，要不断提高自身的素质，培养事业心和责任感。

女性在与异性同事交往时得到男性的照顾是很自然的事情，但是要保持清醒的头脑，弄清楚男性是出于礼貌还是另有其他目的，再根据情况恰当处理。

（2）异性交往中男性的礼仪修养

男性在工作交往中，不必过分追求外表的光鲜，给人以稳重干净的感觉就可以。男性要讲信誉，说话算数，一言九鼎，俗话说"大丈夫一言既出，驷马难追"。男性只有言出必果，工作认真，办事负责，对女性谦虚和气、有礼貌，才能取得女性的信任。

在与异性交往中，男性要有度量，从大处着眼，目光远人，胸怀大志，不计较是非小事，宽厚待人，这样才能获得女性的赞赏。

（3）异性交往的礼仪原则

首先要坦然交往。工作中男女同事完全可以堂堂正正地交往。有些人在与异性交往时表现得过分矜持、紧张或扭扭捏捏，这是一种不自信的表现，更是对别人的一种伤害，因为这会让对方觉得受冷落。现代社会，尤其是女性应摒弃封建社会的陈规陋习，坦然、大方、开朗地与男性同事交往。因为生理原因，男性在工作的有些方面会比女性有优势，与男性同事处好关系，可以在工作中获得一些帮助。

其次要注意分寸。"男女授受不亲"的时代虽然已成历史，但是办公室中异性之间的交往无论国内国外，还是有一定的度的，这就是说要注意一定的分寸。异性在工作交往中要保持一定的距离。彼此说话要注意分寸场合，不能含有挑逗性的语言，以免引起误会。女性在男性面前的动作也要有所注意，不能在男性面前梳理头发、抚摸自己的皮肤，不能过度地扭动自己的臀部和腰肢，以免发出错误的信号。异性同事之间最好不要过多倾诉婚姻上的不如意。女性与异性上司的交往中也应注意分寸。要保持适当的距离，这既是对上司的尊重，也是异性交往中必须做到的。女性在工作之余，不能参与到上司的私生活中，以免陷入工作之外的纷争。保持适当的距离，出色完成本职工作，才是打动上司的最佳途径，也是保住自己工作岗位最得体的方法。

二、办公室礼仪

办公室礼仪最能体现一个人是否具备良好的素质和个人修养，因为办公室是日常工作的地方，同事们在这里朝夕相处，很多礼仪需要我们去注意。良好的礼仪不仅能树立个人和组织的良好形象，也会关系到一个人的个人前程和事业发展。

1. 办公室内的一般礼仪规范

（1）不要随便打电话

有些公司规定办公时间不要随便接听私人电话，一般在外国公司里用公司电话长时间地经常性地打私人电话是不允许的。私人电话顾名思义只能私人听，但在办公室里打，则难免会被人听到。即使公司允许用公用电话谈私事，也应该尽量收敛一些，不要在电话里与自己的家人、孩子、恋人等说个没完，这样让人感觉不舒服，有损于你的敬业形象。有的办公室里人很多，要是听到有人在打私人电话，最好是佯装没有听见。

（2）要守时

上班时间要按时报到，遵守午餐、上班、下班时间，不迟到早退，否则会给公司留下一个懒散、没有时间观念的印象。另外，要严格遵守上班时间，一般不能在上班时间随便出去办私事。国外一个著名企业老板，针对商务白领归纳出13条戒律，其中一条就是没有守时的习惯，经常迟到早退。

（3）不诿过

如果有些小的事情办错了，当上司询问起来时，如果这事与自己有关，即使别的同事都有一些责任，你也可以直接替大家解释或道歉；如果是自己做错了事，更要勇于承担责任，绝不可以诿过于别人。

（4）主动帮助别人

当看到同事有需要帮忙的事情，一定要热心地帮助解决。在任何一个工作单位里，热心助人的人都是有好人缘的。

（5）不要随便打扰别人

当你已经将手头的活儿干完时，一定不要打扰别人，不要与没有干完活的人交谈，这样做是不礼貌的。

（6）爱惜办公室公共用品

办公室的公用物品是大家在办公室的时候用的，不要随便把它拿回家去，也不要浪费公用物品。

礼仪小贴士 7-1

使用复印机的礼仪

有很多复印工作（20页或以上）要完成的人应该让只复印2~3页的人首先使用复印机。如果你已调整好机器准备完成（整理、用订书钉钉、放大等），并且需要复印40页甚至更多的打字稿，那么在这种情况下，告诉正在等候的人，估计需要多长时间。看到有人刚刚为大量工作调试好机器，晚来的人应当推迟自己的工作。

当机器闲着的时候，真正重要的工作最好在早晨做，或者在下班数小时之后。一种替换性方案是在没有人用的复印机上完成工作。另一个提示：在大宗工作完成后，检查纸张抽屉，必要时添加纸张。

要遵守公司的规定，不要在公司的复印机上复印自己的私人资料。

2. 办公室环境礼仪

当人们走进办公区的情绪是积极的、稳定的，就会很快进入工作角色，不仅工作效率高，而且质量好；反之，情绪低落，则工作效率低，质量差。如果在办公区内，能保持一个整洁、明亮、舒适的工作环境，就会使员工产生积极的情绪从而充满活力，工作也会变得卓有成效。

随着现代化进程的加快，人们的办公"硬件"水平逐渐提高，办公环境也在不断改善，人们的工作效率也应该相应地提高。

（1）办公室桌面环境

办公室的桌椅及其他办公设施，都需要保持干净、整洁、井井有条。正如鲁迅先生所说，"几案精严见性情"，心理状态的好坏，必然在几案或其他方面体现出来。

从办公桌的状态可以看到当事人的状态，会整理自己桌面的人，做起事来肯定也是干净爽快的。他们为了更有效地完成工作，桌面上只摆放目前正在进行的工作文件；在休息前应做好下一项工作的准备；因为用餐或去洗手间暂时离开座位时，应将文件覆盖起来；下班后的桌面上只摆放电脑，而文件或是资料应收放在抽屉或文件柜中。

随着办公室改革的推进，有的公司已废掉了个人的专用办公桌，而代之以共享的大型办公桌，为了下一个使用者，对共享的办公桌应更加爱惜。

（2）办公室心理环境

"硬件"环境的加强仅仅是提高工作效率的一个方面，而更为重要的往往是"软件"条件，即办公室工作人员的综合素质。这个观点正在被越来越多的"白领"们所接受。

在日常工作中，人际关系是否融洽是非常重要的。互相之间报以微笑，体现友好、热情与温暖，就会和谐相处。工作人员在言谈举止、衣着打扮、表情动作的流露中，都可以体现是否拥有健康的心理素质。

总之，办公室内的软件建设需要在心理卫生方面下一番功夫。因为"精神污染"从某种意义上说要比大气、水质、噪声的污染更为严重，它会涣散人们工作的积极性，乃至影响工作效率、工作质量。为此，在办公室内需要不断提高心理卫生水平。应从以下几个方面努力：学会选择适当的心理调节方式，使工作人员不被"精神污染"；领导应主动关心员工，了解员工的情绪周期变化规律，根据工作情况，采取放"情绪假"的办法；工作之余多组织一些文娱体育活动，既丰富文化生活，又运用方式宣泄了不良情绪；有条件的可以建立员工心理档案，并定期组织"心理检查"，这样可以"防微杜渐"，避免严重心理问题的产生；经常组织一些"健心活动"，使工作人员能够经常保持积极向上、稳定的情绪，掌握协调与控制情绪的技巧与方式。

3. 办公室里谈话的注意事项

（1）一般不要谈薪金等问题

在美国、日本等国家一般最忌讳谈论薪金问题，不论是你问别人的薪水，还是别人问你，都会让人难以回答。因为在很多公司里，每一个人的工作是不一样的，得到的报酬也是不一样的。如果你说出你的薪水比别人高时，容易引起一些麻烦事。

（2）不要谈论私人问题

不要在办公室谈论你的私人问题，保留一点神秘感对你是有好处的，让人认为你是一个有魅力的人，一个能处理好自己生活的人，因为一个连自己的生活都处理不好的人是没有可能将公司的重任担当起来的。如果不注意，不但会影响你的形象，也会影响你的前途。

（3）不要评论别人

在办公室里最忌讳的是谈论别人的是是非非，中国有句古话：当面少说好话，背后莫议人非。当有人在评论别人时，你不要插嘴，也不要充当谣言的传播者。

（4）在谈论自己和别人时注意别人的反应

在谈论自己和别人时不要滔滔不绝，而要观察别人的反应来决定谈话是不是继续进行。因为当别人对你所谈论的话题不感兴趣时，就应该转向别的话题。否则，这样的谈话就会成为大家的负担，而不是一种快乐。

4. 在别人办公室的礼仪

（1）提前预约，准时赴约

即使是在同一个办公楼里办公，在见面之前，也一定要提前预约，而且要准时赴约，如果见面的是比你的职位更高的同事，那就更不能迟到了。如果约好在某人的办公室会面，而那人不在屋里，一般你就不宜再进去。如果没有等候室的话，可在门外等候。进他的办公室之前先敲门，以便让他知道你来了，即使门开着也要这样做，等他示意后，再进屋。如果对方正在打电话，在门外等一会儿或过一会儿再来。

（2）尊重同事的办公室规则和办公设备

我们所谈到的有关客人拜访的规则同样适用于你的同事：在别人的办公室里，要等人示意后才能入座。如果有电话打断了你们的谈话，应该通过手势示意是否回避。不要把文件、茶杯等随意放在桌子上，那是他人的领地，而应先征得同意，比如说："我把茶杯放这儿行吗？"同样，需主人同意后才能挪动椅子，并在离开前放回原处。

如果确实需要使用某人的办公室或设备，应事先征得同意。如果主人同意了，给了你这项特权，也不可滥用。不要乱翻动文件，不要偷看桌上的文件。如果需用什么东西，应及时完璧归赵，并向主人致谢。如果用坏别人的办公工具，应该向人家说明，并征求是否需代为修理或买一个新的。

（3）及时撤离

在到别人办公室拜访时，无论是否达到拜访的目的，都不要停留过久，到了该走的时间就要离开，因为停留过久会影响被拜访人的工作。

礼仪小贴士 7-2

职场新人：办公室礼仪的"六要六不要"

1. 上下班礼仪——不要吝惜一句基本的问候

早上到达办公室，向周围的同事点头致意，并且微笑着说一句："早上好。"下班离开时，清理好桌面，对还在办公桌上忙碌的同事说一句："我先回家了，明天见。"

不要：早上匆匆忙忙跑进办公室，不和任何人打招呼，一屁股坐到椅子上，边看电脑边吃早点。吃完的早点不及时处理，而是随手扔在了自己桌下的废纸篓里，散发出异味。

2. 过道内的礼仪——低头不见抬头见

在办公室过道内遇见同事或者客户，就算不是很熟悉也请微微点头，微笑示意，并略微侧身走过。遇见领导可以略微驻足，示意让领导先过。

不要：在过道里只和熟悉的同事交流，遇到不认识的马上收起笑脸，一言不发；遇到领导也是笔直冲过。

3. 使用电脑和电话的礼仪——注意噪声污染

敲打键盘时请轻手轻脚，避免产生过大的键盘敲击声。在办公区域接听电话时请注意控制音量，并长话短说。

不要：好像和键盘有仇，打字时发出很大的响声，或者边打字边吃一些发出较大咀嚼声的零食。接听电话如同在自家客厅，恨不得办公室的同仁都知道自己的精彩人生……

4. 进入领导办公室礼仪——注意大方得体

门开着也请轻轻敲门，得到允许后方可进入。看到领导在打电话应该立刻退出。内容简短时请站着汇报，经领导示意后再坐下。

不要：像一阵旋风一样横冲直撞，还自我感觉充满活力和高效。汇报工作时请保持得体姿态，特别是女性员工在汇报工作时请不要倚靠在桌子上或者与领导太过亲密，极易造成误会。

5. 同事间相处礼仪——互相尊重，保持适当距离

保持尊重和合作的态度即可。对于自己的上级或者比自己资深的员工，可以采用敬语称呼。多为同事分担些力所能及的小事，也是快速融入团队，建立信任感的有效方式。

不要：过分亲密或者打听他人隐私；不要在办公室开过分玩笑或者给同事起绰号或小名。作为职

场新人，提升自身能力是硬道理，更不要在成长初期就介入所谓的办公室是非。

6. 电梯礼仪——举手之劳，能做就做

在高楼里面办公，每天进出电梯是"例行工作"之一。请自觉排队（这一点大家基本都做到了），在电梯还有空间的情况下，请帮后进入的同事按住"开"按钮。如果自己站的位置正好在按键附近，也请主动问一声挤在角落的朋友："去几楼？"虽是小事，但是给人的印象是极为正面的。

不要：进入电梯之后，立刻狂按"关门"键；不要在电梯里面打电话，因为信号不好，你的音量必然提高；见到熟人或者同事不要低头不语，简单眼神问候即可。

三、求职面试礼仪

现代社会对每个人提出了种种挑战的同时，也提供了各种各样难得的机遇。如何在竞争激烈的人才市场中力挫群雄，一举应聘成功，在具备良好的专业素养的前提下，掌握必要的惯例与技巧也不容忽视，尤其是求职面试中的礼仪礼节，它往往还起着举足轻重的作用呢。

1. 求职面试前的准备

（1）调整心态

求职面试前的准备首先是求职心态上的准备，要调整择业心态，端正择业态度，正确评价自己，对理想值与期望值不要过高，特别是大学生要先就业，再择业，自我定位过高不行。

礼仪故事 7-1

不同的回答

在上海某单位组织的一次面试中，某主考官先后向两位考生提出了同样的问题："我们单位是全国数一数二的大公司，下面有很多子公司，凡被录用的人员都要到基层去锻炼，基层条件比较艰苦，请问你们是否有思想准备？"

毕业生A说："吃苦对我来说不成问题，因为我从小在农村长大，父亲早逝，母亲年迈，我很乐意到基层去，只有在基层摸爬滚打才能积累丰富的工作经验，为今后发展打下基础。"

毕业生B则回答："到基层去锻炼我认为很有必要，我会尽一切努力克服困难，好好工作，但作为年轻人总希望有发展的机会，不知贵公司安排我们下去的时间多长？还有可能上来吗？"

结果，显而易见，哪位学生被录取了呢？当然是前一学生被录用，后一学生被淘汰。

点评：在面试过程中，回答问题的技巧非常重要。对有些问题的回答，表面上看来合情合理，无可厚非，但却令考官反感。这是因为，主试者并不在乎你回答的内容多少，而在于考察你对问题本身的态度，进而了解你对职业的态度等。显然，考生A对下基层的态度端正、诚恳，令主考官欣赏；而考生B思想上明显有顾虑，尽管乃人之常情，但这种场合提出很不合时宜。

现在有许多学生求职时把自身看得很重，一味地追求待遇，你能给我什么待遇，每月少于多少钱不去，有的还挑岗位和专业。其实你站在企业的角度考虑一下，企业用人，那叫人力资源管理，那也是有成本的，劳动力的价格是由什么决定的？是由你这个劳动力的价值决定的，你刚毕业，谈不上有什么工作实践、工作经历，有点儿实习经历也很有限，只是在课堂上学了点东西，考试靠突击，考完试就忘了。企业不知道你有什么本事，你有多大能耐，它不可能给你高工资。

职场跋涉

1996年的夏天，我的手心攥着打工4年的积蓄加上从数家亲戚朋友那里东拼西借的8万元钱，开了一家小小的快递公司。千万别以为是特快专递，那得有强大得多的资金实力和不一般的邮政背景。我的公司不过是替人送牛奶、送报纸、送广告、送水、换煤气罐而已。

公司的规模很小，总共才十五六个人，每个人都不同程度地承担了送货的任务，包括我自己在内，每天晚上下班回家和早晨上班，都会顺路送一部分货品。销售商往往把我们的利润压到最低，因为工作简单、可替代性强，这也是没有办法的事。所以，我不得不普遍采用二手单车，不得不拼命压低工人的工资。

即便如此，公司开业半年多，也仅仅是勉强持平而已。好在业务总算慢慢增长着，我也打算再招几个人，更年轻力壮些的，可以多做些活，效率也高得多。

1997年春节过后不久，一个叫唐明的中专生前来面试，长得白白净净，还戴着一副书生气十足的眼镜，怎么看也不像个踩单车送货的。

"我们这里最好的工人，每天也只能跑300多个客户，一个月也才600多块钱，而且无论多么恶劣的天气，你都得把定额部分完成。你可要想清楚了，不要硬着头皮上了，到时落下一身病，我可承担不起。"我不无怀疑地看着眼前的这个年青人，想着赶紧把他打发走。

"我可以不要底薪，全部按件计酬，即使做得不好，您也不会有任何损失。给我一个机会吧，一个月就行！如果一个月下来业绩太差，我马上就走。"唐明态度非常诚恳地说。

也许是他恳请的眼神打动了我，我破例留下了他，就像他说的一样，反正我也没什么损失。

第一个月，唐明的业绩比我想象的略好一些，平均一天可以跑200个左右的客户。于是，他被留下了。

第二个月，他的业绩已经是全公司最好的，平均每天可以跑500个客户，当然收入也是全公司最高的。我简直不敢相信。看他细细的胳膊细细的腿，一副手无缚鸡之力的书生样，凭着一辆破旧不堪的单车，又是如何跑下如此骄人的业绩？

"告诉我，你究竟是怎么做的？"我把唐明叫到办公室。

"其实很简单。我把所有属于我的和我的团队的客户按居住地划成好几个片区，然后对路线运用运筹学理论进行规划，就可以大大提高效率。然后，我每天抽出一定的时间拜访客户，他们中的许多人都和我成了朋友，当然也就会向他们的邻居推销我们公司的产品。于是，我的客户一天比一天多，而且越来越集中，当然业绩也就成倍地上升了。"

我再一次看看面前的这个中专生，还是一副书生气十足的样子，但他眼神中的有些东西却是我不熟悉的。

"你是学什么的？"我突然想起了这个问题，因为只是送货，之前我从来没有考虑过工人的学历。

"会计。"

"会计？"我一愣，他是学会计的？那怎么会找一份送货的工作？

大约他也看出了我的疑惑，于是微笑着解释道："现在学会计的越来越多，连大专生找一份工作都艰难，更何况我们中专生呢？我找了两个月的工作，也没有哪家公司愿意让一个中专生做会计，还是要感谢你收留了我。其实有一碗饭吃已是幸运，也无所谓专业对口啦！"

后来，唐明成了公司的会计，并且给了我很多有效的建议，公司规模越来越大，渐渐地有了第一家加盟店，然后是第二家、第三家……

在开了第10家加盟店之后，唐明通过自考拿到了本科毕业证书，离开公司去了一家更大的民营企业。我没有阻拦他，因为不想让私人的感情阻碍了他美好的前程。

点评：这是1996年的事情，快20年了，我国的情况发生了很大变化，现在就是大专生、本科生学会计的都不一定能干上会计工作。这里关键是我们要从中学习唐明求职的那种精神，即使学历低、学校无名，只要正视现实，调整心态，降低期望值，发挥出自己的潜能，开动脑筋，将看似平凡的工作做到最好，何愁企业不给你高工资，何愁你的职业生涯不会越走越辉煌呢。

（2）知己知彼

每一个求职的人，都希望在面试时留给主考官一个好印象，从而增大录取的可能性。孙子说："知己知彼，百战不殆。"面试就如同一场试探性的战斗，战斗的双方就是面试单位的主考官和参加面试的你自己。你事先要了解用人单位的基本情况、研究好主考官、研究好你自己，才能在求职中争取主动，可以说，这是求职者迈向成功的第一步。

① 了解用人单位的基本情况。求职前了解一个单位的实力，也就是了解这个单位是否可以让自己有用武之地，发展的前景如何，并制定相应的应聘策略。

一是机构的规模。是大还是小？大小机构各有其优点和缺点，要根据自身实力、职位和兴趣来判断该单位是否适合自己选择。

二是声誉。该公司在行业内外的声誉对你的事业发展非常重要。如是一家规模宏大、声誉良好的机构，别人对你的评价自然会提高，对你日后发展极有帮助。

三是发展潜力。通过侧面了解该机构以往的记录和发展政策，大致推测它将来的发展。如果是上市企业，则可通过股市情况来判断。

四是人员构成。高素质的员工占有多大比例？据此预测你在该机构是否能得到重用和承担有挑战性的工作。

五是业务范围。有实力的单位和企业，业务范围较广，员工有多个不同部门的锻炼机会，有利于成长。

六是硬件设施。从办公楼（厂房）、设备、办公条件等方面可以粗略认识该机构是否有一定实力。

七是工作性质。是否具有挑战性、多样性、成就感。这对于以自身发展（而非报酬）为主要目标的年轻人来说，是值得特别考察的。

八是岗位培训。是否提供岗位短期、长期甚至是出国培训？这可判断机构是否注重员工素质的提高和在人力资源投资上的战略。

九是晋升机会。晋升的可能性和条件是什么？这涉及该机构的人事管理制度，也体现出是否公正、合理。如果埋头苦干、业绩突出的员工也很少有晋升机会，表明这家机构不值得选择。

十是福利待遇。包括工资、奖金、劳动保护、养老保险、失业保险、医疗保险情况等，这关系到免除员工后顾之忧全身心创业的问题。

② 要研究主考官。首先应聘者要试想一下主考官会从哪些方面来考察、评价自己。综合起来，有以下几个方面：主考官可能会先评价一个应聘者的衣着、外表、仪态和行为举止；主考官会对应聘者的专业知识、口才、谈话技巧做整体的考核；主考官可能会从面谈中来了解应聘者的性格和人际关系，并从谈话过程中了解应聘者的情绪状况以及人格成熟的程度；主考官会在面试时，观察应聘者对工作的热情程度和责任心，了解应聘者的人生理想、抱负和上进心。

其次面对不同类型的主考官，应预先制定相应的策略。主考官不同，注重的能力方面也不同。如果主考官是技术干部，他就会注重专业和处世能力；若是人事干部，就会注重应试者的社会意识和处世能力；若是领导干部，则注重合作精神、办事能力及处理紧急事件的应变能力。在面试时要学会察言观色，注意主考官更加注意哪一方面，在他感兴趣的方面充分表现一下。如果你碰上啰唆的主考官，最好是当他忠实的听众，洗耳恭听，并表现出对他的讲话极有兴趣。有的应试者由于一心想着面试，一听这些不着边际的话，烦躁与不安就显现在脸上，这会挫伤对方的自尊心，导致他的反感。其实你只要稍安毋躁，认真倾听他讲的每句话，不时插几个"啊"或点头同意，像听故事一样听他讲，或许还未谈与岗位有关的问题，就对你表示满意了。如果主考官是年轻人，切莫轻视，他会更了解应聘者的心理，因而往往比年长者更难对付。他既然主持面试，说明他有一定的地位和能耐。此时不能无所顾忌，更不能轻易与其发生争论。在争论中，很多弱点就会在不经意中暴露出来，这是一些热门单位惯用的手法。所以对年轻主考人员应注重礼貌言词，表现出尊重对方的态度，同时还要尽量展示自己的优点，给对方留下好的印象。

③ 要研究自己。这包括以下几个方面。

一是认识自己，了解自己的长处、兴趣、人生目标、就业倾向等。许多学校都会为毕业生就业求职开设一些辅导，帮助毕业生分析个人的专业和志向，作为毕业生的你，可以充分利用这个渠道，为求职预先做好准备。

二是听取家人和有社会经验的亲友的意见和建议，修正个人的志愿，也是很有必要的。

三是搜集招聘公司的相关资料，了解该公司目前的经营状况、企业文化、未来的发展等情况。这项工作可以使你更能把握现有情况，增强面试时的信心。

四是事前的演练可以帮你发现问题，放松紧张的精神。

五是参加面试一定要抱着谨慎的态度，不浪费每一次机会，并把每一次面试当作重要的经验积累起来，千万不要有随便或侥幸的心理。人与人的作用是相互的，你若是郑重其事，对方自然也会重视你。

六是了解并演练一下必要的面试礼仪。在平时，你可能是一个非常自由、无拘无束的人，对任何繁文缛节都不屑一顾，但在面试之前，你多少要了解一些面试的礼仪，它对你争取那个职位有很大帮助。在面试之前演练一下你并不熟悉的礼仪，会让你在面试时表现得轻松自如。

七是准备一套适合面试的服装。对于一名大学毕业生来说，毕业工作意味着社会角色的转变，求职是参加工作的第一步，你的穿着一定要符合你的新社会角色。对男士来讲，拥有一套合身、穿着舒服但不用很昂贵的西装是非常必要的；对女士来讲，暂时把时装收起来，身着职业套装会平添几分成熟和风韵。

（3）材料的准备

企业人力资源部门招聘是有一套成熟的流程的：确定岗位需求、制订招聘计划、发布招聘信息，求职者根据企业发布的招聘信息，给企业投简历，企业筛选简历，然后确定面试的人员，有的企业需要经过几轮面试，最终你才能脱颖而出获得这个职位。在这个过程中，简历的作用至关重要，它就是重要的面试材料之一。

简历主要是针对应聘的工作，将相关经验、业绩、能力、性格等简要地列举出来，以达到推荐自己的目的。由于毕业生就业推荐表栏目和篇幅限制，多数毕业生更希望有一份个性突出、设计精美、能给用人单位留下深刻印象的简历。

① 简历的设计原则。真实、简明、无错是简历设计的三个原则。真实原则就是指简历从内容上讲必须真实，比如选了什么课就写什么课，如果没有选就不要写。兼职工作更是如此，做了什么就写什么，不要做了一却写了三或四。因为在面试时，你的简历就是面试官的靶子，他会就简历上的任何问题提出疑问。如果你学了或做了，你就能答上来，否则你和考官都会很尴尬，你在其眼里的信誉也就没有了，这是很不利的。讲真话，不要言过其实，相信自己的判断力是十分重要的。

如果你没有参加任何兼职工作，可以不写，因为主考官知道你是刚刚毕业的学生，而学生的本质工作就是学习。或许你就是重点地学了本专业，没有顾上其他；或许你在学习本专业的同时选择了第二专业或辅修专业；或许你虽然没有在校外兼职，但在校内系里或班里做了大量社会工作。总之，你会有自己的选择，也会珍惜自己的选择，并为自己的选择骄傲。这样你就没有必要为没有兼职工作而苦恼或凭空捏造。请记住，主考官都是从学生过来的，他们会尊重你的选择。

简历，简历，最好简单明了。这是简明原则的又一重要原则。如果简历内容过多，又缺乏层次感，会给人以琐碎的感觉。必要信息如姓名、性别、出生年月、联系电话和地址等一定要写上。相比之下，身高、体重、血型、父母甚至兄弟姐妹做什么工作并不是非常重要的，这些内容纯属辅助信息，可要可不要，至少不应占据重要位置。可以将自己认为重要的信息全部浓缩到第一页上，然后把认为次要的信息，诸如每学期成绩单，获奖证书复印件等信息都当作附件。这样的简历主考官只看一页就清楚了，主次分明，非常有效。主考官如果感兴趣，可以继续看附件里的文件。

无错原则是指简历应该没有错误，尽可能在寄出简历之前，一个字一个字地检查一遍，标点符号也不能落下。否则会被认为是一个粗心的人，在激烈的竞争中就可能被淘汰。

② 简历的内容。简历并没有固定格式，对于社会经历较少的大学毕业生，一般包括个人基本资料、学历、社会工作及课外活动、兴趣爱好等，其内容大体包括以下几方面。

个人基本材料。主要指姓名、性别、出生年月、家庭住址、政治面貌、身高、视力等，一般写在简历最前面。

学历。用人单位主要通过学历情况了解应聘者的智力及专业能力水平，一般应写在前面。习惯上书写学历的顺序是按时间的先后，但实际上用人单位更重视现在的学历，最好从现在开始往回写，写到中学即可。学习成绩优秀，获得奖学金或其他荣誉称号是学习生活中的闪光点，可以加重分量。

生产实习、科研成果和毕业论文及发表的文章。这些材料能够反映你的工作经验，展示你的专业能力和学术水平，将是简历中一个有力的参考内容。

社会工作。近几年来，越来越多的用人单位渴望招聘到具有一定应变能力、能够从事各种不同性质工作的大学毕业生。学生干部和具备一定实际工作能力、管理能力的毕业生颇受青睐。社会工作对于仍在求学的毕业生来说，主要包括社会实践活动和课外活动，是应聘时相当重要的内容。

勤工助学经历。也许勤工助学的经历与应聘职业无直接关系，但是勤工助学能够显示你的意志，并给人留下能吃苦、勤奋、负责、积极的好印象。

特长、兴趣爱好与性格。是指你拥有的技能，特别是指中文写作、外语及计算机能力。兴趣爱好与性格特点能够展示你的品德、修养、社交能力及团队精神，它与工作性质关系密切，所以用词要贴切。

联系方式。千万不要忘记写联系地址、电话、邮政编码，以免用人单位因联系不到你而使你失去择业的机会。

礼仪小贴上 7-3

如何选择简历照片

1. 首选可以展示自己气质的相片，但不要有太大差距，做到可以真实表现自我。

2. 梳理一个看起来比较大方得体、整洁的发型，不要把头发弄得古怪或张牙舞爪。

3. 如果是女士，可以画个淡妆，使人看起来显得比较有精神，但切记不要化烟熏妆或者是浓妆。

4. 服装的搭配很重要，你可以选择正规的职业套装，不可穿休闲服或者舞台装。

5. 照相前一晚保证自己有充足的睡眠，才可以在照相时精神饱满，显得更加有气质。

6. 照相时要记住，必须选择拍正面照或者是前侧面照，如果对方没有要求，最好不要放全身照或全侧面照。

7. 面对镜头的时候，表情要自然，不要带着怒气或做些搞怪动作。

8. 不要把以前照的相片放到简历上，最好选择最近半年照的相片，否则，照片与本人不符也会让用人单位反感的。

9. 照片的尺寸以1寸或者2寸的证件照为主，或者清晰的半身照也行。

10. 照相馆的选择很重要，应选择正规的专业照相馆，不要去街上的大头贴或即时取相的那种地方照，那样会显得你很不专业，而且随便拍一张，还不如不拍。

2. 面试时的礼仪

面试时首先遇到的问题就是究竟应何时到达面谈地点较为恰当。是准时抵达还是提前到达？若是早到又应以几分钟为宜？在等待的时候应该注意什么？轮到自己上场面试时，须掌握哪些要点？

（1）礼貌地接面试通知电话

从面试的过程来看，面试是从何时开始的？从你来到面试地点开始的吗？还是从你敲门进入面试房间开始？实际上，企业电话通知你面试时，它对你的面试就已经开始了。

礼仪故事 7-3

糟糕的应聘者

某企业人力资源经理蔡国顺曾对求职者忠告说，面试从你接到电话面试通知的那一刻就已经开始了。他说也许是等待就业的心情比较迫切吧，他在通知有资格参加下一轮面试的面试者时，一般从电话另一头听到的都是一些浮躁的声音，这里摘了一点他与求职者的对话，供大家参考。

"喂！"

"喂，您好，请问是×××先生吗？"

"你是谁啊？"（当时，我的心里已经不高兴了，但是不会表露出来）"我是××公司的，请问您参加了我们公司的招聘吗？"

"哪个公司？"（肯定是撒大网了）"我们把您的面试时间安排在了明天的×××，地点在×××。"

"我记一下，你们是什么公司？"（噢，我的天）……

这样我就会把我的看法写在他（她）的简历上，供明天面试的时候参考，影响可想而知！

点评：正确礼貌地接面试通知电话。接完电话，你马上要做的就是赶快回忆有关该企业的资料或者初试的情况。如果可能的话，再次赶到人才市场重新详细地抄一份该公司的资料，认真了解一下，重点要了解清楚这家企业的所有制形式、规模、地理位置、发展前景等。回去安静下来自己模拟面试，大概会问我什么问题，我该怎么回答；了解招聘单位最需要什么，你可以给单位带来什么，把二者比较一下，看一看差距。

（2）提前20分钟到达面试地点

面试时若是早到应以几分钟为宜？在等待的时候应该注意什么？由于目前的交通状况不甚良好，塞车的情况经常发生，令人无法预计准确的车程时间，所以最好提早出门，"赶早不赶晚"应比原定时间早15分钟左右到达面谈地点。早到可先熟悉这家公司附近的环境并整理仪容，但如果早到千万别在接待区走来走去，因为这样会打扰公司上班的职员，有损他人对自己的第一印象，对后面的面试没有一点好处。所以，此时可向别人询问盥洗室在哪儿，像我们前面说的，从公司的卫生间也能看出其管理水平。在那里还可再一次检查自己的服装仪容。轮到自己上场面试时，就能更从容地面对了。

对面试地点比较远、地理位置也比较复杂的，不妨先跑一趟，熟悉交通线路、地形，这样你就知道面试的具体地点，同时也了解路上所需的时间。

（3）注意等待过程的礼貌

到了办公区，最好径直走到面试单位，而不要四处张望，甚至被保安盯上；走进面试单位之前，把口香糖和香烟都收起来，因为大多数的面试官都无法忍受你在办公场所嚼口香糖或吸烟，何况现在公共场所是禁烟的；坚决不要开手机，避免面试时造成尴尬局面同时也分散你的精力，影响你的成绩。一进面试单位，若有前台，则开门见山说明来意，经指导到指定区域落座，若无前台，则找工作人员求助，这时要注意用语文明，开始的"你好"和被指导后的"谢谢"是必说的，这体现了你的教养；一些小企业若没有等候室，就在面试办公室的门外等候；当办公室门打开时应有礼貌地说一声"打扰了"，然后向室内考官表明自己是来面试的，绝不可贸然闯入；假如有工作人员告诉你面试地点及时间，应当表示感谢；不要询问单位情况或向其索要材料，且无权对单位加以品评；不要驻足观看其他工作人员的工作，或在落座后对工作人员所讨论的事情或接听的电话发表意见或评论，以免给人肤浅、嘴快的印象。

进入公司前台，要报上来访的目的、有无约定、被访者的名字和自己的名字。到达面试地点后应在等候室耐心等候，并保持安静及正确的坐姿。如果此时有的单位为使面试能尽可能多地略过单位情况介绍这一步骤，尽快进入实质性阶段，准备了公司的介绍材料，应该仔细阅读以先期了解其情况。也可自带一些试题重温，而不要来回走动表现得浮躁不安，也不要与别的应聘者聊天，因为这可能是你未来的同事，甚至是决定你能否称职的人。你的谈话对周围的影响是你难以把握的，这也许会导致你应聘的失败。更要坚决杜绝的行为是：在接待室恰巧遇到朋友或熟人，就旁若无人地大声说话或笑闹。

（4）注意进入面试房间的礼貌

如果没有人通知，即使前面一个人已经面试结束，也应该在门外耐心等待，不要擅自走进面试房间。自己的名字被喊到，就有力地答一声"是"，然后再敲门进入。即使面试房间的门是虚掩的，也应敲门。敲门时要注意敲门声的大小和敲门的速率。正确的是用右手背的手指关节，主要是食指和中指的手指关节轻轻地敲三下，不可敲得太用劲儿了，以里面听得见的力度为准。听到里面说"请进"后，要回答"打扰了"，再进入房间。千万不要用巴掌拍门，像查户口一样。开门、关门尽量要轻，进门后不要用后手随手将门关上，应转过身去正对着门，用手轻轻将门合上。回过身来将上半身前倾30度左右向面试官鞠躬行礼，面带微笑称呼一声"你好"，彬彬有礼而大方得体，不要过分殷勤、拘谨或过分谦让。应等主考官示意坐下才可就座。如果有指定座位，则坐上指定的位子；若无指定位置时，可以选择主考官对面的位子坐定，如此方便与主考官面对面交谈。

（5）学会自我介绍

求职者自我介绍的根本目的，是使面试考官对自己有个初步的、大概的了解，并且尽可能留下好的印象以便使面试能够深入进行下去，最终赢得面试的成功。求职面试的自我介绍必须讲究技巧，成功的自我介绍往往会给面试考官留下深刻的印象，那样求职就成功了一半。

在人的思想意识中，往往存在这样的误区，认为最了解自己的人一定是自己，把介绍自己当成是一件很容易的事。其实不然，说人易，说己难。在求职面试中，介绍自己是最难的部分，要成功地进行自我介绍，就要从以下三个方面着手。

① 礼貌地问候。在进行自我介绍之前，求职者先要跟面试主考官打个招呼、道声谢，这是最起码的礼貌。比如："经理，您好，谢谢您给我这个机会，现在，我向您作个简单的自我介绍……"介绍完毕以后，要注意向面试主考官致谢，并且还要向在场的其他面试人员致谢。

② 主题要鲜明。求职面试中的自我介绍一般包括以下基本要素：姓名、年龄、籍贯、学历、学业情况、性格、特长、爱好、工作能力和工作经验等。在自我介绍时，不必面面俱到，而要主题鲜明，直截了当，切入正题，不拖泥带水，对于材料的组织要合理，做到详略得当、重点突出。一般来说应按招聘方的要求来组织介绍材料，围绕中心说话。假如招聘单位对应聘的人的工作能力和工作经验很重视，那么，求职者就得从自己的工作能力及经验出发作详细的叙述，而且整个介绍都是以这个重点为中心。

礼仪故事 7-4

某家工艺品总公司招聘业务员的一则对话

面试考官：我公司主要是经营有地方特色或民族特色的工艺品，如北京的景泰蓝、景德镇的陶瓷和湖州的抽纱等。这次招聘的对象主要是能开拓海内外业务的湖州抽纱的业务员。现在，请你介绍一下自己的情况。

求职者：我叫李伟，今年24岁，是湖州市人，今年毕业于湖州市商业学校，读市场营销专业。我一直生活在湖州，小时候就经常帮妈妈和奶奶做抽纱工作，对于传统的抽纱工艺可以说是比较了解的。在商校学习的两年中，我掌握了营销方面的专业知识，这是我将来搞好业务的资本。我的口才较好，曾参加省属中专学校的求职口才竞赛，获得了二等奖，并且还具备一定的英语口语能力。我这个人的特点是头脑灵活、反应快，平时喜欢看报纸，对国内外的经济发展动态很感兴趣，喜欢从事具有挑战性的工作。

应聘的求职者一般应从最高学历讲起，只要面试考官不问，完全没有必要谈及小学、中学甚至是大学。谈所学的专业、课程时，不必说明成绩。谈求职的经历，不要漫无边际、东拉西扯，最好在1～3分钟之内完成自我介绍，要简洁、明快、干脆、有力。

③ 让事实说话。在面试时，有的人为了能给面试考官留下深刻的印象，往往喜欢对自己进行过多的夸张，动辄就"我的业务水平是很高的""我的成绩是全年级最好的"，其实，这样反倒会给面试考官留下不好的印象。现在的用人单位往往更注重应聘者的真本事。"事实胜于雄辩"，虽然面试的时间很有限，不可能完全展示出求职者的才能，但是求职者可以通过实际的事例来证明自己的能力，把自己的才华展示给面试考官。

礼仪故事 7-5

小刘的独到之处

某大学中文系学生小刘，毕业后到报社应聘记者，面对着上百个新闻专业出身的应聘者，可以说小刘并没有什么优势。但小刘对此早有准备，他对面试考官介绍自己时是这样说的："我叫刘晓明，山西人，毕业于××大学中文系。虽然我不是新闻专业的，但我对记者这个行业却十分感兴趣。在大学期间我是学校校报的记者。4年间，我进行了多次较为重大的校内外采访，积累了一定的采访经验，再加上我的中文功底，我相信我可以胜任贵报的工作。这是我在大学期间发表过的报道稿，请各位编辑领导批评指正。"

面试考官们看过小刘的报道材料后，觉得眼光独到、语言深刻，都很满意。结果小刘击败了众多的竞争者，不久就收到了录用通知。

④ 给自己留条退路。面试中的自我介绍既要坦诚，又要有所保留；既要介绍自己的能力，也不要把自己搞成事事皆能，使自己进退维谷。在自我介绍中，求职者要尽可能客观地显示自己的实力，但同时应尽可能地避免使用保证式或绝对式的语言，如："我非常熟悉这项业务，我保证让部门改变面貌！"这些话往往没有具体内容，反倒会引起面试考官的反感，如果遇到较为平和、内敛的面试考官也许不会为难你，但是如果遇到个性较强的面试考官进行追问时，求职者会因无法回答而张口结舌、尴尬万分。

礼仪故事 7-6

教训

小赵去面试一家国际旅行社的导游。他自我介绍说："我这个人喜欢旅游，熟悉各处的名胜古迹，全国的风景名胜几乎都去过。"面试考官很感兴趣，就问："那你去过云南大理吗？"因为面试考官就是大理人，对自己的家乡再熟悉不过了。可惜小赵根本就没去过大理，心想若说没去过这么有名的地方，刚才的话不就成了吹牛了吗？于是硬着头皮说："去过。"面试考官又问："你住的是哪家宾馆？"小张再也回答不上来，只好说："那时我是住在一个朋友家的。"面试考官又问："你的这位朋友在大理的什么地方啊？"小赵这下没词儿了，东拉西扯答非所问，结果可想而知。

礼仪小贴士 7-4

自我介绍礼仪评分标准

第一，内容（50分）

A. 详略得当，有针对性；

B. 言之有物，评价客观；

C. 层次清晰，合乎逻辑；

D. 文理通顺，富有文采；

E. 简单明了，清楚明白。

第二，仪表（10分）

A. 服饰整洁、得体，女子适度淡妆，男子适当修饰；

B. 精神饱满，落落大方，面带微笑。

第三，态势（10分）

A. 站有站相，坐有坐相，走有走相，步履稳健，从容自如；

B. 面部表情、手势与有声语言协调。

第四，礼节（10分）

A. 开头（见面）礼节；

B. 告别（离去）礼节。

第五，语言（15）

A. 脱离讲稿；

B. 使用普通话或英语（其他外语），口齿清楚，声音洪亮；

C. 有一定节奏，语言流畅，发音准确。

第六，时间（5分）

介绍过程1~3分钟，过长或过短适当扣分。

（6）掌握面试中问与答的技巧

在求职面试的过程中，如何与面试考官进行良性的双向沟通，是求职者能否求职成功的重要保证。因此，在面试过程中，要注意以答为基础、以问为辅助的沟通技巧。尽管不同的公司面试的程序和模式有所不同，面试考官的风格各异，但是有些问题是面试考官们比较喜欢问的。应聘者一定要对这些问题有所准备，知己知彼才能百战不殆。那么面试考官喜欢问哪些问题，又有哪些回答的技巧呢？具体而言，可以从以下实际的礼仪小贴士中得到。

一般来说，招聘方提出的问题可分为两类：一类是规定性提问，也就是招聘方事先准备好的，对每一位招聘者都要发问的问题；另一类是自由性提问，即招聘方随意穿插的问题，这些问题往往是千变万化、涵盖宽泛。招聘方可以从应聘者不经意的对答中发现其闪光点或缺点。无论是哪类问题，应聘者在回答时都应当掌握以下基本技巧：①不要遗漏表现自己才能的重要资料；②保持高度敏锐和技巧灵活的思维状态；③回答既要表现自己的个性气质，又要表现出对招聘方的尊重与服从；④认真倾听对方的提问，并注意对方的反应，以便及时调整自己不恰当的回答；⑤避免提到"倒霉""晦气""不幸""疾病"之类可能招致对方忌讳的字眼。

礼仪小贴士 7-5

面试经典问题解答

1. 请你自我介绍一下

思路：（1）这是面试的必考题目；（2）介绍内容要与个人简历相一致；（3）表述方式上尽量口语化；（4）要切中要害，不谈无关、无用的内容；（5）条理要清晰，层次要分明；（6）事先最好以文字的形式写好背熟。

2. 谈谈你的家庭情况

思路：（1）这对于了解应聘者的性格、观念、心态等有一定的作用，这是招聘单位问该问题的主要原因；（2）简单地罗列家庭人口；（3）宜强调温馨和睦的家庭氛围；（4）宜强调父母对自己教育的重视；（5）宜强调各位家庭成员的良好状况；（6）宜强调家庭成员对自己工作的支持；（7）宜强调自己对家庭的责任感。

3. 你有什么业余爱好？

思路：（1）业余爱好能在一定程度上反映应聘者的性格、观念、心态，这是招聘单位问该问题的主要原因；（2）最好不要说自己没有业余爱好；（3）不要说自己有那些庸俗的，令人感觉不好的爱好；（4）最好不要说自己仅限于读书、听音乐、上网，否则可能令面试官怀疑应聘者性格孤僻；（5）最好能有一些户外的业余爱好来"点缀"你的形象。

4. 你最崇拜谁？

思路：（1）最崇拜的人能在一定程度上反映应聘者的性格、观念、心态，这是面试官问该问题的主要原因；（2）不宜说自己谁都不崇拜；（3）不宜说崇拜自己；（4）不宜说崇拜一个虚幻的或是不知名的人；（5）不宜说一个明显具有负面形象的人；（6）所崇拜的人最好与自己所应聘的工作能"搭"上关系；（7）最好能说出自己所崇拜的人的哪些品质、哪些思想感染着自己，鼓舞着自己。

5. 你的座右铭是什么？

思路：（1）座右铭能在一定程度上反映应聘者的性格、观念、心态，这是面试官问这个问题的主要原因；（2）不宜说那些会引起不好联想的座右铭；（3）不宜说那些太抽象的座右铭；（4）不宜说太长的座右铭；（5）座右铭最好能反映出自己某种优秀品质；（6）参考答案——"只为成功找方法，不为失败找借口"。

6. 谈谈你的缺点

思路：（1）不宜说自己没缺点；（2）不宜把那些明显的优点说成缺点；（3）不宜说出严重影响所招聘工作的缺点；（4）不宜说出令人不放心、不舒服的缺点；（5）可以说出一些对于所应聘工作"无关紧要"的缺点，甚至是一些表面上看是缺点，从工作的角度看却是优点的缺点。

7. 谈一谈你的一次失败经历

思路：（1）不宜说自己没有失败的经历；（2）不宜把那些明显的成功说成是失败；（3）不宜说出严重影响所应聘工作的失败经历；（4）所谈经历的结果应是失败的；（5）宜说明失败之前自己曾信心百倍，尽心尽力；（6）说明仅仅是由于外在客观原因导致失败；（7）失败后自己很快振作起来，以更加饱满的热情面对以后的工作。

8. 你为什么选择我们公司？

思路：（1）面试官试图从中了解你求职的动机、愿望以及对此项工作的态度；（2）建议从行业、企业和岗位这三个角度来回答；（3）参考答案——"我十分看好贵公司所在的行业，我认为贵公司十分重视人才，而且这份工作很适合我，我相信自己一定能做好。"

9. 对这份工作，你有哪些可预见的困难？

思路：（1）不宜直接说出具体困难，否则可能令对方怀疑应聘者不行；（2）可以尝试迂回战术，说出应聘者对困难所持有的态度——工作中出现一些困难是正常的，也是难免的，但是只要有坚韧不拔的毅力、良好的合作精神以及事前周密而充分的准备，任何困难都是可以克服的。

10. 如果我录用你，你将怎样开展工作？

思路：（1）如果应聘者对于应聘的职位缺乏足够的了解，最好不要直接说出自己开展工作的具体办法；（2）可以尝试采用迂回战术来回答，如"首先听取领导的指示和要求，然后就有关情况进行了解和熟悉，接下来制订一份近期的工作计划并报领导批准，最后根据计划开展工作。"

11. 与上级意见不一致，你将怎么办？

思路：（1）一般可以这样回答"我会给上级以必要的解释和提醒，在这种情况下，我会服从上级的意见"；（2）如果面试你的是总经理，而你所应聘的职位另有一位经理，且这位经理当时不在场，可以这样回答"对于非原则性问题，我会服从上级的意见，对于涉及公司利益的重大问题，我希望可以向更高级领导反映"。

12. 我们为什么要录用你？

思路：（1）应聘者最好站在招聘单位的角度来回答；（2）招聘单位一定会录用这样的应聘者，即基本符合条件、对这份工作感兴趣、有足够的信心；（3）如"我符合贵公司的招聘条件，凭我目前掌握的技能、高度的责任感和良好的适应能力及学习能力，完全能胜任这份工作。我十分希望能为贵公司服务，如果贵公司给我这个机会，我一定能成为贵公司的栋梁！"

13. 你能为我们做什么？

思路：（1）基本原则是"投其所好"；（2）回答这个问题前应聘者最好能"先发制人"，了解招聘单位期待这个职位所能发挥的作用；（3）应聘者可以根据自己的了解，结合自己在专业领域的优势来回答这个问题。

14. 你是应届毕业生，缺乏经验，如何能胜任这项工作？

思路：（1）如果招聘单位对应届毕业生的招聘提出这个问题，说明招聘单位并不真正在乎"经验"，关键看应聘者怎样回答；（2）对这个问题的回答最好要体现出应聘者的诚恳、机智、果敢及敬业；（3）如"作为应届毕业生，在工作经验方面的确会有所欠缺，因此在读书期间我一直利用各种机会在这个行业做兼职。我也发现，实际工作远比书本知识丰富、复杂。但我有较强的责任心、适应能力和学习能力，而且比较勤奋，所以在兼职中均能圆满完成这项工作，从中获取的经验也令我受益匪浅。请贵公司放心，学校所学及兼职的工作经验使我一定能胜任这份职位。"

15. 你希望与什么样的上级共事？

思路：（1）通过应聘者对上级的"希望"可以判断出应聘者对自我要求的意识，这既是一个陷阱，又是一个机会；（2）最好回避对上级的具体希望，多谈对自己的要求；（3）如"作为刚步入社会的新人，我应该多要求自己尽快熟悉环境、适应环境，而不应该对环境提什么要求，只要能发挥我的专长就可以了。"

16. 你在前一家公司的离职原因是什么？

思路：（1）最重要的是应聘者使招聘单位相信，应聘者在过往的单位的"离职原因"在此家招聘单位里不存在；（2）避免把"离职原因"说得太详细、太具体；（3）不能掺杂主观的负面感受，如"太辛苦"、"人际关系复杂"、"管理太混乱"、"公司不重视人才"、"公司排斥我们某某员工"等；（4）但也不能躲闪、回避，如"想换换环境"、"个人原因"等；（5）不能涉及自己负面的人格特征，如不诚实、懒惰、缺乏责任感、不随和等；（6）尽量使解释的理由为应聘者个人形象添彩；（7）如"我离职是因为这家公司倒闭。我在公司工做了三年多，有较深的感情。从去年开始，由于市场形势突变，公司的局面急转直下。到眼下这一步我觉得很遗憾，但还要面对现实。重新寻找能发挥我能力的舞台。"

同一个面试问题并非只有一个答案，而同一个答案并不是在任何面试场合都有效，关键在于应聘者掌握了规律后，对面试的具体情况进行把握，有意识地揣摩面试官提出问题的心理背景，然后投其所好。

礼仪小贴士 7-6

谈薪酬典型问题及其辅导

1. 典型问题：在我们公司工作，你希望得到什么样的薪金待遇？

辅导：面试前要早做准备，在心里确定好自己希望的薪金范围。先了解该公司的所在地区、所属行业、公司规模，然后尽量了解本行业现在的工资水平。在告之对方自己希望的薪金待遇时，尽可能给出一个你希望的薪水范围，避免说出具体的数字，除非对方有这样的要求。

参考答案：工资并不是我决定是否加盟的唯一因素，如果您一定要我回答，那我当然希望自己的薪水符合我的学历水平和实践经验，我希望自己的工资不低于年薪××万元。

2. 典型问题：你觉得自己每年加薪的幅度是多少？

辅导：通常情况下，面试官可以接受的答案是"收入的增长和生活水平提高保持一致"。除此之外，你还应该提到，自己工作业绩的提高是加薪的决定性因素。

参考答案：我想，自己薪水的提高取决于所在公司的经营业绩和赢利状况，但我也希望自己收入的增长至少和我生活水平的提高保持一致。

3. 典型问题：你愿意降低自己的薪水标准吗？

辅导：如果确实非常想得到眼前的这份工作，那开始工作时降低自己的薪金标准是可以考虑的。面对面试官，你要首先强调自己可以把工作做好，并且设法了解公司什么时候能够给你调整工资待遇。此外，对自己能够承受的工资底限要心中有数，但是不要把这个底限告诉你的面试官。

参考答案：我对这个职位非常感兴趣，所以我可以考虑降低自己的薪金标准，但我也希望公司能给我时间让我证明自己的能力。我相信自己可以让公司满意我的工作，如果我出色地完成了自己的任务，您是否会考虑对我的薪水做一些调整呢？

4. 典型问题：从现在开始的三年内，你的薪金目标是什么？

辅导：在面试前最好能了解一下同行业从业人员工资的增长情况，如果你能通过朋友打听到这家公司的薪金增长幅度更好。可以对面试官说出一个大概的数字范围或者百分比。

参考答案：我相信通过一段时间的实践，自己将成为这个行业中的佼佼者，我也希望自己以后的收入能和我的能力相符合。我希望自己的年收入在××元到××元之间。

（7）得体的服饰打扮

求职面谈是一种正式场合，求职者的服饰穿戴关系到招聘人员对其的第一印象，因而应当认真对待。一般来说，求职者的服饰要同自己的身材、身份、年龄等相符合，做到大方得体、整洁明快。在着装时，一要关注细节，比如衣服不必太贵，但要烫得平整，色彩要协调，扣子要扣对，皮鞋要擦亮，不要佩戴款式夸张的首饰。二要注意求职者的装扮须与希望的职业身份相协调，比如你面试的职业是教师、会计、工程师等，打扮就不能过分时髦，而应该选择庄重、素雅的着装，以显示出稳重文雅的职业特性。另外，所选的服装不一定要最漂亮的，而是要选能衬托你内在气质的、穿着舒服的，这样就不会因为服饰而产生潜意识的拘束和不自然。头发要梳理整齐、干净，头饰不宜过多。男士的胡须一般都要求刮净，女士可着淡妆。总之，在求职交际中，求职者要力求把内心的美和外表修饰的美都展现出来。

（8）拥有职业化的举止

一家医疗机构为了选拔护士长进行了一次面试。一位应试者在笔试中是佼佼者，但在面试过程中，她不但拍桌子，脚不断地敲打地板，身体还时不时地扭动。她认为自己很有希望，但结果却落选了。她为什么会落选呢？原因就是她缺乏职业化的举止。许多面试者往往只注重衣着和话语，而忽略了胜过有声语言的形体语言。职业化的举止，包括站姿、坐姿、走姿、手势和眼神等方面。

① 站姿。站姿给人的印象非常重要，可人们往往认为其简单而忽略它的重要性。站立时应当身体挺直、舒展、收腹，眼睛平视前方，手臂自然下垂，这样的站姿给人一种端正、庄重、稳定、朝气蓬勃的感觉。如果站立时歪头、扭腰、斜伸着腿，会给人留下轻浮、没有教养的印象。

② 坐姿。进入面试房间之后应等主考官示意坐下才可就座。如果有指定座位，则坐在指定的位子，但如觉得座位不舒适或光线正好直射，可以对主考官说："有较强光线直接照射我的眼睛，令我感觉不舒服，如果主考官不介意，我是否可换个位置？"若无指定座位，可以选择主考官对面的位子坐定，这样方便与主考官面对面交谈。

面试时的坐，不要贪图舒服。许多人养成了瘫坐的习惯，在面试中一下子就表现出来了。正确的坐姿从入座开始，入座的动作要轻而缓，不要随意拖拉椅子，身体不要前后左右晃动，背部要与椅背平行，沉着安静地坐下。落座后，上身要保持直立状态，既不前倾，也不后仰，双手自然下垂，肩部放松，五指并拢。男女的坐姿还有一定的区别：男士可以微分双脚，这样给人以自信、豁达的感觉，双手可以随意放置；女士一般要并拢双膝，或者小腿交叉端坐，这样给人端庄、矜持的感觉，双手一般要放在膝盖上。

应该避免以下这些"坐"法：拖拉椅子，发出很大的声音；一屁股坐在椅子上；坐在椅子上，耷拉着肩膀，含胸驼背，给人萎靡不振的感觉；半躺半坐，男生跷着二郎腿，女生的双膝分开、叉开腿等，给人放肆和缺乏教养的感觉；坐在椅子上，脚或者腿自觉不自觉地颤动或晃动。

③ 走姿。走姿是在站姿的基础上展示人的动态美的极好方式。对于求职面谈而言，展现走姿主要是指从进入面谈室到入座或站定和面谈结束后离开房间的两个过程。求职者要注意，步入面谈室前先轻轻敲门，听见"请进"后，再轻轻推开门，并主动向屋内的人打招呼，然后神态自然、步履稳健、面带微笑地走进房间。面谈结束后，不管自己对于面谈的预感是怎样的，步履仍然应该自信从容，到门口时再轻轻把门带一下。切记不可失去常态，慌慌张张地快步走出，也不能漫不经心、一步三晃地下去，这样可能会使招聘人员对你的整个面谈失去好感。

面试时重要的是自信，这种自信也是通过面试者的走姿表现出来的。自信的走姿应该是，身体重心稍微前倾，挺胸收腹，上身保持正直，双手自然前后摆动，脚步要轻而稳，两眼平视前方。步伐要稳健，步履自然，有节奏感。

④ 手势。面试者在运用手势时要注意紧密配合有声语言，做到协调一致"该出手时就出手"，不要"想出不敢出"，反倒给人胆小拘谨之感。手势还要大方自然，幅度适中。手势过大让人觉得性格不稳定，无节制地挥手或无规律地乱摆都会让人觉得说话者轻浮或狂妄；过

小显得呆板，缺少风度。

一些下意识的举动，如揉眼睛、玩手指、双手交叉在胸前、拉耳掰手、扯衣挠发，甚至腿无意识地抖动等，这些都可能反映出求职者内心的不安、慌张、窘迫，会分散人的注意力，给面试考官留下不好的印象。所以，上述情形一定要在面试中加以杜绝。

礼仪故事 7-7

手插裤兜，帅小伙与名校失之交臂

沈阳某师范大学的小军，英俊帅气。小军口才很好，也有比较强的人际沟通能力。

小军的心很高，他准备到南方高薪私立学校去应聘。他主动来到广州一所私立高中毛遂自荐。学校领导很重视这个东北来的求职者，五个校领导亲自参与面试。在面试中无论是知识结构还是语言和表达能力，小军都很出色。唯一让五个校领导都觉得不舒服的是，小军站着时双手喜欢插在裤兜里，或者大拇指插在裤兜里，其余四个手指留在外面。

手插裤兜里，给人以傲慢、自负的感觉，也会让人觉得这样的人难以服从领导。小军远远地赶到了广州，却因为手势不当没有得到想要的工作，实在遗憾。

⑤ 眼神。在求职面谈中，求职者要敢于和善于同招聘人员进行视线接触，这既是一种礼貌，又能帮助维持一种联系，使谈话在频频的视线接触中持续下去。一般情况下，视线接触的范围是双眼与嘴部之间的三角形区域，这样既保持了接触又避免了因直直地盯着而引起对方的不快。正确地运用眼神目视对方，体现了你的礼貌，说明你对话题有兴趣而且不怕挑战。有的求职者总习惯于低着头看地板，几乎不看招聘方，或者左顾右盼，还有的总是窥探招聘人员的桌子、稿纸或笔记本，这些行为会传递出求职者性格不稳定、不诚实、怯懦、缺乏自信心等信息，很不利于面谈。

此外，面试者在面试时还要注意微笑，这显得亲切自然，是充满自信心的又一表现。

礼仪故事 7-8

不看考官，高材生失去"银行"的机会

辽宁某大学的小强面试某大银行的职位，参与面试的有一个行长、两个副行长，还有单位的人事部主任。小强在求职中亮出了多个获奖证书：美文大赛一等奖、三好学生、优秀学生干部。小强又高又帅，口才也比较好。可是，他不看考官说话。在面试现场，他的眼睛时而向下看、时而向上看、时而左右看。

通常来说，面试时喜欢向下看、看地面的人有自卑心理，向上看、看房顶的人有傲慢的特点，而向左右看，给人以焦虑和惶恐的感觉。

银行行长很惋惜地对小强说："你很优秀，可是你一直不看我，我以为你不喜欢我。我希望你以后无论和谁说话，要看着别人的眼睛。"

太可惜了，高材生就这样失去了银行工作的机会。

在面试时，一定要看着考官的眼睛说话。如果有很多考官，初见时要微笑着与每人对视三秒钟，这样会给人以自信和稳定感。

总之，"此时无声胜有声"。面试者要用无声的、职业化的举止，向招聘考官表明"我是最适合的人选"。

礼仪小贴士 7-7

消除过度紧张的小技巧

（1）面试前可翻阅一本轻松活泼、有趣的杂志书籍。这时阅读书刊可以转移注意力，调整情绪，

克服面试时的怯场心理，避免等待时紧张、焦虑情绪的产生。

（2）面试过程中注意控制谈话节奏。进入试场致礼落座后，若感到紧张先不要急于讲话，而应集中精力听完提问，再从容应答。一般来说人们精神紧张的时候讲话速度会不自觉地加快，讲话速度过快，既不利于对方听清讲话内容，又会给人一种慌张的感觉。讲话速度过快，还往往容易出错，甚至张口结舌，进而强化自己的紧张情绪，导致思维混乱。当然，讲话速度过慢，缺乏激情，气氛沉闷，也会使人生厌。为了避免这一点，一般开始谈话时可以有意识地放慢讲话速度，等自己进入状态后再适当增加语气和语速。这样，既可以稳定自己的紧张情绪，又可以扭转面试的沉闷气氛。

（3）回答问题时，目光可以对准提问者的额头。有的人在回答问题时眼睛不知道往哪看。经验证明，魂不守舍、目光不定的人，使人感到不诚实；眼睛下垂的人，给人一种缺乏自信的印象；两眼直盯着提问者，会被误解为向他挑战，给人以桀骜不驯的感觉。如果面试时把目光集中在对方的额头上，既可以给对方以诚恳、自信的印象，也可以鼓起自己的勇气，消除自己的紧张情绪。

3. 面试后的礼仪

如果面谈非常顺利，彼此都感到满意，你一定会非常想知道结果如何。到底什么时候询问进一步的消息比较合适呢？

首先，在面谈结束后，应写信给主考官致谢。这不仅体现出你对主考官的尊敬，而且还可以帮助主考官在决定雇用何人时想到你。在写信致谢后几天，就可以打电话询问了。如果对方还没有决定，可以再询问是否还有面试以及自己是否有希望。

如果你被几家公司同时录取，并决定接受其中一个职位，有必要向被你拒绝的公司写信表示感谢，也许将来会有一天换到那家公司工作。这封致谢信会给对方留下良好的印象。

表示拒绝的感谢信应该直接寄给最后决定录用你的人，在信中只要表达你的谢意和已经接受其他公司的工作就可以了，不必作任何解释，也不要提及那家公司的名字。

第二节 能力提升

一、案例讨论

案例 7-1

甘当绿叶

小洁在一家外企当秘书，她的新上司也是一位女士，第一天上任和小洁握手时，这位气质高雅的总经理微微皱了一下眉头。善于观察的小洁敏锐地发现，原来自己用了和上司同一品牌的香水。

第二天起，小洁身上再也没有用和总经理一样的香水。她立即改用低一个档次的其他品牌的香水，而且在服饰上、发型上、言行举止上绝不同女上司"争奇斗妍"。在交际场合，总是让总经理处于鲜明突出的中心位置。小洁虽然学历高，能力强，但处处谦恭，甘当陪衬，深受总经理的赏识，半年后被提拔为总经理助理。

【思考与讨论】

（1）小洁为什么能被提被拔为总经理助理？

（2）应该怎样与领导相处才能体现出对领导的尊重？

案例 7-2

解围

一位领导在公司会议上表彰有成就的人员，其中有一个叫张靓的，领导在念她的名字的时候说成了张倩，叫了几遍无人应声，有的人已经开始在底下笑了，甚至还带着嘲讽：连这个字都不认识！这时，张靓怯生生地站起来，说了一遍自己的名字。领导当时也有些不自然了。这时，公司打字员小刘站起来说："对不起，我打字的时候疏忽了，下次一定注意。"小刘为领导解了围，一个月后，她得到了提升。

【思考与讨论】

（1）请问张靓的处理有何问题？如果是你，你会如何处理？

（2）打字员小刘的做法有何可取之处？

案例 7-3

"冷玫瑰"的烦恼

某公司公关部的菲菲漂亮、聪明又能干，可是她在男同事中却不是很受欢迎。因为菲菲对男同事都敬而远之，男同事主动与她打招呼，她从来都不正眼看人家一眼，有同事聚会时，她也从不主动与男同事交谈。所以好多男同事都觉得菲菲太清高了，一点也不近人情。

【思考与讨论】

（1）菲菲的这种与异性同事交往的方式对吗？

（2）你能帮她提一下改进的意见吗？

案例 7-4

面试得来的经验

用人单位在招聘人员时，除了对学历、年龄、性别有专门规定外，还对应聘者的工作经验做了相应的要求。我在刚刚毕业时对此很不屑，工作经验不就是工作中获得的实践知识吗？课本上枯燥、烦琐、复杂的理论知识都难不倒我，那些所谓的实践知识又会有多难掌握呢？但一次普通的面试却改变了我的看法。

2000年5月，我前往一家有名的咨询公司应聘，从招聘信息上我得知，该公司的主要业务是为本市和外埠企业联系代理商和经销商，并提供办公场所搜寻、公司注册、办公事务代理和会务组织等服务。这家合资公司面向社会招收业务人员时，对应聘者的实际工作经验没作专门规定。我在大学学的是企业管理，条件与公司的各项要求相符，就顺利通过了初试，对接下来的面试我也很有信心。

按照面试单上的地址，我提前来到了公司所在的富华大厦。大厦门口，两名精干的保安站在那里，立在他们前面的不锈钢牌上写着醒目大字：来客请登记。我问其中的一位保安："1616房间怎么走？"保安抓起了电话，过了一会告诉我："对不起，1616房间没人。""不可能吧，"我赶忙解释，"今天是A咨询公司面试的日子，我这儿有他们的面试通知。"

那位保安看后又拨了几次电话，然后告诉我："对不起，1616没人，我不能让你上去，这是大厦内部的规定。""我真的是来面试的，公司面试单上写的就是今天。"

"那我再帮你试试看。"时间一秒一秒地过去，我心里虽然着急，却也只有耐心等待，同时祈祷那该死的电话能够接通。

9点10分，已经超过约定时间10分钟了，保安又一次礼貌地告诉我电话没通。不可能，难道是我记错了？我再次翻开面试单，用磁卡电话拨通了那个印得不起眼的电话号码……电话那头终于传来了久违的声音，对方请我速上16楼1616房，因为内线电话有误，他们还应我的要求告知了保安。

等我忐忑不安地推开经理室，已远远超过了面试的时间。"年轻人，你迟到了15分钟。"

"但我真的很想加入你的公司，我相信我能够胜任相应的工作。"

"很好，我公司就需要有韧劲的业务人员，为达到目的，百折不回。刚才保安接不通电话，实际上就是我们面试的一部分，以考验你的应变能力，你完成得不错。不过面试还没有结束，我公司准备购置一批电脑，请你到大厦旁边的电脑市场了解一下最新的电脑行情。"

一刻钟后，我将从电脑市场要来的几份价目表交给了经理。"这是零售价，如果批发15台，价格是多少呢？"又过了一刻钟，等我把从销售商那里问到的电脑批发价格告诉经理后，他又问我："电脑的UPS电源怎么卖？另外，打印机、电脑桌有没有优惠？"

"那我再去电脑城了解一下。"看到我疲于应付的样子，经理叫住了我，并让秘书递给我一杯茶。"你在面试的第一阶段做得不错，有闯劲，能够突破常规，遇事多想一步。但从后面完成市场调查的任务来看，还显稚嫩。"

"我们做业务必须有良好的观察和思考能力，想法要多、要深，能够快人一步。业务人员不仅要善于动手，还要善于动脑，如果不能做到这点，就不可能为客户提供有效的信息与咨询服务，为采购商提供质优、价廉、物美的产品，反而会造成人力、物力、财力的浪费。"求职以失败告终，但我将那次宝贵的经验记在日记本上：工作中要注意锻炼自己的领悟力和洞察力，独立思考、多谋善断，凡事比别人多想几步，才能真正取得成功。

在以后的工作中，我及时调整了自己的思维方式，努力提高自己的应变能力和处理问题的水平。我告诫自己：不要一味地苦干蛮干，只埋头拉车而不抬头看路，否则就是原地踏步，明天重复昨天和今天的错误。最近一次同学聚会上，我把同样的话告诉了大家。这时的我，已是一个国际知名品牌的地区代理商了。

【思考与讨论】

（1）请仔细阅读这一案例，然后谈谈感受。

（2）你认为企业招聘时最看中求职者的什么素质？

案例 7-5

诚实赢得好职位

某大公司招聘总经理助理，由总经理亲自面试。应聘者小张来到总经理办公室，总经理一见到小张就说："咱们好像在一次研讨会上见过，我还读过你发表的文章，很赞赏你所提出的关于拓展市场的观点。"小张一愣，知道总经理认错人了。但转念一想，既然总经理对那人那么有好感，不如将错就错，对我肯定有好处。于是就接着总经理的话说："对，对。我对那次研讨会也记忆犹新，我提出的观点能对贵公司有帮助，我感到很高兴。"

第二个来应聘的是小高，总经理对他说了同样的话。小高想：真是天助我也，他认错人了。于是说："我对您也非常敬佩，您在那次研讨会上是最受关注的对象。"

第三个来应聘的是小孙，总经理再次说了同样的话。但小孙一听就站起来说："总经理先生，对不起，您认错人了。我从来没有参加过那样的研讨会，也没提出过拓展市场的观点。"总经理一听就笑了，说："小伙子，请坐下。我要招聘的就是你这样的人。你被录用了。"

【思考与讨论】

（1）小孙为什么会应聘成功？

（2）求职为什么还要遵循做人诚实的基本道理？

二、实训项目

项目1：撰写求职简历

实训目标：能够针对岗位，结合自身实际撰写打动用人单位的简历。

实训学时：2学时。

实训地点：教室。

实训准备：两个不同单位的招聘广告。

实训方法：每位学生根据两个不同单位的招聘广告，给自己编写两份侧重点不同的简历。

训练手记：通过训练，我的收获是：_____。

项目2：举行模拟招聘会

实训目标：锻炼学生自我推销能力，积累应聘经验，掌握应聘礼仪，增强自信心，全面认识自我。

实训学时：4学时。

实训地点：实训室。

实训准备：模拟招聘企业情况、需求岗位、面试问题、面试桌椅等。

实训方法：

（1）选3~4名学生担任某企业面试考官，其他同学担任求职者。

（2）面试考官先介绍单位及岗位需求情况，然后求职者依次进行1分钟自我介绍，面试考官提问，求职者回答问题。

（3）最后教师总结、点评。

训练手记：通过训练，我的收获是：_____。

三、阅读思考

顺利通过试用期

各行各业对试用期的时间定义长短不一，有一个月到三个月的试用期，也有三个月到六个月甚至更长一点的试用期。试用期是考核新人是否可以真正进入正式工作的过程。如果你面试成功进入试用期，说明这个职位对你来说已唾手可得，但并不表明你已牢牢在握了。因为"试用期"并不等于正式聘用，如果表现欠佳，用人单位照样不与你签订劳动合同，到手的鸭子照样能飞走。只有通过了试用期，求职才算完成。如果说你求职面试成功是你承受了一项挑战的话，那么试用期将是你必须面对的另一项挑战。如何顺利通过试用期，踢好职场"第一球"呢？这里给大家几点忠告。

1. 调整心态

作为职场新人，每个年轻人都应当细心观察、多多学习、虚心求教，让自己努力融入新的环境中，要合乎礼节又不过于逢迎，尽快得到公司上下的认可，不要急于表现自我，而应以不卑不亢的态度融入新的集体当中。不管自己多么优秀，都不能自认为出类拔萃、高人一等。职场中没有谁能独立完成所有事务。在工作中，尤其是刚入职的年轻人，用礼仪专家茱莉亚的说法叫作"需要拿掉一些个人色彩"，以适应公司的文化，融入公司风格，调整自己的应对。有些新入职的年轻人，刚刚离开大学校门，心高气傲，个性张扬，追求与众不同以彰显自己的个性。这种强烈的"希望从人堆儿里跳出来"的气势，或许会令人瞩目，却不一定能得到主管和同事们的赏识。毕竟工作岗位不是上演"个人秀"的舞台，而是一个需要协同配合的舞台。年轻人需要去掉自己的锐气和浮躁，虚心地开始一段新的学习历程。

2. 尽快适应

主动了解和遵守单位的各种制度——管理制度、工作制度、作息制度，熟知工作程序和工作环境。职场新人应严格遵守公司所有的规章制度，完美融入公司的体系中。在出勤方面，更要早 15 分钟来，晚 15 分钟走，体现出年轻人积极诚恳的工作态度。与你工作相对应的人和事必须在最短的时间内熟悉。熟知自己的工作性质和工作任务。你的岗位有些什么要求，责任有多大，奖惩力度是如何规定的，必须牢记在心。熟悉单位的业务范围和与你的岗位有关的客户情况，这些方面的内容越清楚、越仔细越好。了解前任在此岗位时的工作状况，这样就有一个比较，知道做到什么程度会受赏识，出什么差错会被炒鱿鱼。

3. 协调关系

如果说单位领导是决定你能否被录用的关键的话，那么，周围的同事则是决定你试用成绩的关键所在。与周围同事处理好关系，对试用期的益处很大。一方面他们可以无私地帮助你、指点你，传授经验，在一些企业的销售机构，甚至会主动为你联系客户；另一方面在试用期结束时，他们可以帮你"说好话"，如果你周围的同事一致反映说"这人不错，挺能干的，很有潜力，"你的试用期肯定会通过，因为他们的评价直接影响着领导作最后的决定。反之，如果与周围同事的关系很僵，后果将是非常严重的。想象一下，当大家都向领导反映说"这人能力差，不爱学习，又听不进别人的意见"，那么，你肯定得卷铺盖走人。

平时不要疏远领导和同事。有些职场新人面对主管巴不得"零接触"，唯恐避之不及，开会、吃饭，甚至在电梯间遇到也总是躲得远远的。其实，如此这般的表现，不仅"帮"你躲开了主管的关注，也拉远了你与升职、加薪机会的距离。还有的职场新人过度专注自己的工作而完全不参与同事们的谈论，这不是敬业，礼仪专家茱莉亚戏称之为"隐形人""空气人"：不听也不说，好像不存在。如果一到休息时间就不见踪影、下班时没打招呼就闪人，那你就是一个同事眼中的"蒸发人"。正确的做法是主动和老板、主管及同事打招呼，打招呼时要接触对方视线，保持微笑或点头示意。在电梯口、电梯间、走廊上、会议中、员工庆生聚会、公司年会等场合，新职员会有难得的遇到老板的机会，应好好抓住机会向老板打招呼、自我介绍，争取给领导留下好印象。和上级打招呼似乎是一件人人都会的小事，但却有新人需要躲开的雷区——千万不要跟着老职员乱冠称谓。比如，公司老职员都称呼一位年长的同事为"王姐"，为了和大家打成一片，你也这样跟着叫就错了！要知道，多年共同的经历、合作或并肩拼搏，使老职员间拥有很多默契和感情，这些过往，作为新入职的你当然是缺少的，因此和大家一起称呼"王姐"会显得过于随便，显得不够尊重对方。作为新员工，请规规矩矩、正式地称呼对方，尊称职衔，比如"张经理""李会计"，除非对方明确向你表示"和大家一样叫我'王姐'吧。"

处理好职场人际关系的要点在于：谦虚、热情、诚恳，以交朋友的方式处理与周围同事的关系。学会给他人留足面子。作为新职员，切勿在公开场合批评公司或主管。即使主管能力不强、资历不深，仍是上司，公开场合不可令对方下不了台，要学会维护老板、主管的风度和面子。即使老板、主管判断或指示有错，也不宜当场指出，可以表示"等我确认后再向您汇报"。平时一定要多虚心向同事请教，礼貌待人。下班时，主动与直属主管告辞，并请示是否还有事需要做。为能融入已有的圈子，对别人的事情主动热心地帮忙，不要怕吃点小亏，受点委屈。如果你与同事成了朋友，他们会在你需要时给你尽可能的帮助。

多与同事接触，如和同事一起吃午饭，你只需要微笑着问一句"你们中午都在这边吃饭吗"，你通常都会被邀请加入。在与同事交往上，付出时间是值得的。乐于接受同事间私人聚会的邀请。下班后与同事聚餐、一起 K 歌、在打折季一起购物，适当地主动参与会收获良多。掌握与老员工沟通的谈话技巧，使用敬语和谦辞，并养成习惯。学会微笑着与人交谈，真诚而得体地称赞对方。不打探他人隐私，诸如婚姻、薪水等隐私性话题是交谈的禁区。

要处处体现对上司的尊重。不管有多忙，都不能坐在座位上仰着头和主管讲话。主管来到你的办公空间时请从座位上站起，停下手边正在做的事务，专注地与主管讲话。如果正在接打电话请用眼神给主管一个示意，并告诉通话对方"对不起，我有些工作事务需要处理，稍后再与您联系"，尽快结束通话。当主管远距离喊话时，要起身应对。在电梯间内遇到上级主管，即使只有你和主管两个人，这里也不是私人空间，而是隐秘的公共空间。公事、私事都不适合在电梯里讲。在电梯间只需要简单问候，点到为止就好。有主管同行，应把尊位让给主管，我们前面介绍过了，前者为尊，右手为尊。三人同行时，中者为尊。上班时间与主管、同事因公外出，要处处礼让他人，处处主动为之，如主动按住电梯门，主动开门；乘车时让主管先上车，自己坐下座；点菜时最后点，一定要谦让主管、同事。

4. 尽展能力

试用期的主要目的就是考察实际工作能力。如果不能完成岗位的要求，干得一塌糊涂，可能未到试用期满就会被"请"走。因此，试用期不但要勤勤恳恳、努力工作，还必须千方百计地表现出自己的能力来。要勇于面对挑战，面对困难，对新人而言，做有前例可依循的工作，不容易出错。然而却局限了自己。因此碰到艰巨的任务要勇敢承担，这等于把握了自己快速成长的契机。如果在这个时候将工作往外推，等于告诉主管"我没有能力"。承担挑战绝对不是靠埋头苦干，面对困难要懂得如何适当求援。找有经验的人提供协助，可以请教前任（如果可能的话）如何把这个工作做得更好，可以到外面一些单位的相关岗位取经求教，也可以发动朋友、老师、同学帮助出些主意，想点办法，当然，最主要的还是自己动脑筋想办法。最理想的局面是，不但按质按量完成了任务，还做了一两项有创意的开创性工作，那么，你也能够从解决困难中获取更多的经验，你的试用期肯定能更加圆满。

新人新气象。为了给自己打气，一定要进行积极的自我暗示，抛弃那些旧有的带有负能量的口头禅——"我的妈呀，实在太挑战了！""不会吧，太恐怖了！""拜托，千万不要是我！""天哪，我怎么那么倒霉！"换成——"是的，我需要再进一步学习！""没错，我没有彻底了解！""好的，我回来想办法""太棒了！这就是我需要学习的地方！"这样一来，就会给人以正面积极的感觉与印象了，体现出你的积极态度和朝气。

5. 绝不出错

新人在职场的第一步一定要摆脱在学校做学生的心态。在学校考试或者做论文你可以随心所欲，只要自己喜欢没有什么不可以，就算不及格也有机会重考和补考。也就是说读书时是允许你出错的。但是一旦进入职场，你就没有喜欢不喜欢的选择，只有"怎样做好"或者"做得更好"的选择，并且还绝对不能出错。

出错是试用期的克星，特别是一些影响较大的差错，等于宣判试用期的"死刑"。因此，要千方百计避免出错，做事一定要仔细认真，反复检查；提前做些准备，以免猝不及防。对一些拿不准的事情，一定要请示领导或请教同事，不要做没把握的事。这就要求克服马马虎虎的习惯，要谨小慎微，遇事多问几个为什么。宁可不突出显著成绩，也要保证任何事都万无一失。退一步说，平平安安就是胜利。

6. 注意小节

待人有礼但是注意保持适当距离；不要在茶水间过多逗留，这里往往成为公司是非的发源滋长地，很容易使自己卷入公司的是非中；大公司往往没有午休时间，一般吃饭时间都是一个小时，所以请注意调节个人习惯，不要趴在桌上睡过头。虽然没有人会叫醒你，但是大家会觉得你这个人很懒散，影响不好。

少说话多做事，行动至上。用人单位最怕大学生太把自己当回事，大事做不来，小事又不屑于做。办公室的卫生、复印机里面的纸张、饮水机上的水桶……这些需要动手的小事，悄悄做了积累起来会给人踏实肯干的好印象。

要公私分明。作为职场新人，绝不要在办公时间处理任何私人事务。诸如发微信聊天、打私人电话、上微博、浏览网页，甚至网上购物等都是不允许的。在闲暇的碎片时间里应尽量多看业务资料，翻阅公司资料，查阅与自己职位相关的资料……多多学习，有助于你了解公司、轻松融入，也可以在老员工心中树立好学勤奋的好印象。在自己的个人生活中，也要学会划清私人与公事之间的距离，在私人博客、微博中对公司事务的谈论要斟酌，不要贬低公司，任性地发议论。

积极、准时、有准备地出席公司内部业务会议。会议室中的上座是靠内面门的座位，下座是靠外近门的座位，入场时不可坐错位子。在会议室，不仅会有同一办公室的同事，还会有跨部门同事、各级部门的主管等，职场新人的举手投足会被一双双从不同角度审视的眼睛捕捉到。因此，参加会议时，职场新人不要像老职员那样松散地坐在座位上，应保持端正的坐姿，认真聆听会议内容，以肢体语言传递出端庄和认真。不打断别人的发言。新人对团队还没有太多贡献就不要有太多主张和意见。要以静制动，尽量让老职员发言，你多多学习。轮到自己发言时，要做有准备的发言，但要掌握度，不要弄成夸夸其谈，引起老员工侧目。在会议中，若有与其他同事不同的意见时，不要争论，应和直属主管沟通讨论后，再视情况提出。当遇到自己不确定答案的问题，或不知道该如何回答的问题，一定不要支吾、搪塞，要坦诚面对，可以向对方表示："我现在无法回答这个问题，请给我时间，（可以说半天时间或一天或更多时间，但一定有具体的时长）向主管请示、沟通之后再给你回答，您看可以吗？"把握参加公司会议这一给更多同事留下好印象的最佳时机，你会塑造出良好的职业形象。

7. 角色到位

不可炫耀和主管的交情，或乱开主管玩笑。不管私人关系如何好，职场上扮演的角色只能是上司和下属。要谨遵职场"尊卑伦理"，角色到位。礼仪专家茱莉亚有如下建议：会议上，注意座次礼仪，切勿抢坐在老板边上，或抢上座而不自知。应按职位等级顺序就座，请老板、主管先入座。若遇开门、搭电梯、上车等情况，作为职场新人，应主动快速上前开门，帮领导挡门。与老板、主管对话时一定要起身站立。尤其当主管走到你的座位旁和你说话的时候，必须放下手边的工作，起身响应，绝不可以一边看电脑屏幕，一边回答问题。面对主管的提问，积极响应；态度不卑不亢、诚恳有礼。响应时目光要注视主管，不唯唯诺诺；要以"了解""知道""是的"等肯定性回答代替"嗯""哦"等语气词，让主管感觉到你自信、专注的态度。

不要越级、越权报告，这都是职场大忌，一般不是邀功就是申诉，往往会破坏职场秩序。在很多外企，越级汇报本身就可以成为辞退员工的理由。业务范围内如果遇到必须知会更高级主管的事务，也不可以主动越级汇报，应先汇报给自己的直接主管建议其向上反映。

作为下属，要随时向主管汇报工作进展情况，让其了解你的工作进度。这不仅是严谨的、有效率的工作方法，也是对上司掌控权的尊重。这一点也适用于平级间的工作交代，有利于沟通和达成共识。谁交代你的工作就向谁报告，这样也可以避免邀功之嫌。

8. 完善自我

现代职场上，一些自身不经意的坏习惯常常在不知不觉当中让自己变成团队中被排挤的对象。这些或许自己毫不在意的"小毛病"，不仅让你在同事心中留下坏印象，甚至有可能得罪老板，丢了工作。这实在是不容小视！美国《福布斯》杂志归纳出 2013 年票选"办公室中同事嫌、老板不爱的 10 种坏习惯"包括：眼睛总是不离开手机；面对老板只会点头；爱管闲事，打听八卦流言；E-mail 沟通上不使用敬语，没有礼貌；不愿意承认错误，用借口来搪塞；一心多用，出现漏洞和错误；耍大牌，一味地回绝额外的工作；借别人的东西忘记归还；衣着打扮不符合工作性质和公司文化；爱发脾气，让自己的坏情绪破坏工作气氛。如果你有上述任何坏习惯，你都要尽快克服。对于职场新人而言，只要讲究礼仪，不断完善自我，就一定会在职场中无往不胜！

思考题

1. 在试用期，聘用单位对入职者着重考察哪些方面？
2. 假如你成功通过面试被一家企业录用，你准备怎样顺利通过试用期？

课后练习

1. 如果用人单位通知你明天去面试，你需要做哪些准备？

2. 针对两个不同单位的招聘广告，给自己写两份侧重点不同的简历。

3. 关于面试的基本程序你都清楚了吗？找个机会，将面试过程中的这些礼仪悉数演习一遍吧。

4. 办公室的天地虽小，可这天地之间方寸皆讲礼仪，你知道办公室礼仪都包括哪些方面吗？假如你要去一个办公室实习，你该做哪些准备？

5. 在职场你认为哪些礼仪是我们需要特别关注的？

6. 为什么在求职应聘中要诚实有信？

7. 怎样理解"与同事相处，要多琢磨事，少琢磨人"？

8. 据报道，现在有一些大学毕业生为提高求职的成功率而去整容。你如何看待这种现象？

课后评价考核

评价考核表

内容		评价	
学习目标	评价内容	小组评价（5、4、3、2、1）	教师评价（5、4、3、2、1）
知识（应知应会）	求职面试的准备		
	办公室的礼仪规范		
专业能力	求职面试简历的制作		
	面试的礼仪规范		
	与上司相处的礼仪		
	与同事相处的礼仪		
	与下级相处的礼仪		
	与异性相处的礼仪		
通用能力	交际能力		
	沟通能力		
	自控能力		
	展示自我能力		
态度	敬业、遵守规范、注重形象、严于律己		
努力方向：		建议：	

第八章 活动礼仪

商务礼仪是企业及管理者在商务场合中的脸面，如果不注重礼仪，就会失去脸面。

——松下幸之助

有什么样的目的，就有什么样的礼仪。

——西赛罗

学习目标

- 能够组织发布会、展览会、赞助会等专题会议，在会议进程中注重讲究礼仪规范。
- 能够组织联欢会、茶话会、座谈会等会务活动并有得体的表现。
- 参加签字仪式、开业仪式、剪彩仪式符合礼仪规范。

案例导入

新产品发布会

国内某饮料企业开发了一种新型的果汁饮料，准备举行一场新产品发布会。为了大力宣传新品，该企业邀请了国内著名的专家和电视、广播、报纸、杂志等多家新闻媒体参加，并将发布会时间定为周五上午九点开始。考虑到来宾众多，还选定了一个离城市较远的环境优雅的有较大会议厅的宾馆。结果来宾因堵车未能准时到达，来的客人也不多，发布会因此延后一小时，会后的宣传报道也较杂乱，影响较小。

问题

1. 本案例中该企业的新产品发布会存在什么问题？

2. 如何才能成功地举办一次职场活动？

活动礼仪所说的"活动"是指职场活动，它包括会议活动、仪式活动和宴请活动等。会议是指三人以上参加，聚集在一起讨论和解决问题的一种社会活动形式。人们通过会议活动交流信息、集思广益、研究问题、决定对策、协调关系、传达知识、布置工作、表彰先进、鼓舞士气等。仪式是指在人际交往中，特别是在一些比较重大、比较庄严、比较隆重、比较热烈的正式场合里，为了激发起出席者的某种情感，或者为了引起其重视，而郑重其事地参照合乎规范与管理的程序，按部就班地举行的某种活动的具体形式。宴请是在社交活动中，尤其是在商务场合中表示欢迎、庆贺、饯行、答谢，以增进友谊和融洽气氛的重要手段。对组织而言这三类活动有着重要的作用，它有利于提高组织的知名度和美誉度，塑造组织形象；有利于鼓舞员工的士气，激发员工对本组织的热爱，培育组织员工的价值观念，增强组织的凝聚力；有利于传递组织的信息，使组织赢得史多的成功机会和合作伙伴；有利于沟通情感，传达意愿，增进友情。因此，当今社会，讲究职场活动礼仪是现代交际的一项重要内容，也是组织成功的关键。

上述案例说明组织好一次职场活动绝非易事，如何有条不紊地做好各项相关工作是现代人必须面对而又必须做好的问题。

第一节　应知应会

一、专题会议礼仪

1. 发布会礼仪

发布会一般指新闻发布会，又称记者招待会。政府、企业、社会团体或个人都可公开举行，邀请各新闻媒介的记者参加。举行发布会主要是为了把组织较为重要的成就以及信息报告给所有新闻机构，所以，在发布会上发布的消息对于产品和产品形象、组织和组织形象、先进人物和重要人物当选有较重要的价值。

（1）发布会的准备

筹备发布会，要做的准备工作很多，其中最重要的是做好时机的选择、人员的安排、记者的邀请、会场的布置和材料准备等。

① 时机的选择。在确定发布会的时机之前，应明确两点：一是确定新闻的价值，即对某一消息，要论证其是否具有专门召集记者前来予以报道的新闻价值，要选择恰当的新闻"由头"。二是应确认新闻发表紧迫性的最佳时机。以企业为例，新产品的开发、经营方针的改变或新举措、企业首脑或高级管理人员的更换、企业的合并、逢重大纪念日、发生重大伤亡事故等事件时，都可以举行发布会。如果基于以上两点，确认要召开新闻发布会的话，要选择恰当的召开时机：要避开节日与假日，避开本地的重大活动，避开其他单位的发布会，还要避开与新闻界的宣传报道重点相左或撞车。恰当的时机选择是发布会取得成功的保障。

② 人员的安排。发布会的人员安排关键是要选好主持人和发言人。发布会的主持人应由主办单位的公关部长、办公室主任或秘书长担任。其基本条件是仪表堂堂，年富力强，见多识广，反应灵活，语言流畅，幽默风趣，善于把握大局、引导提问和控制会场，具有丰富的主持会议的经验。

新闻发言人由本单位主要负责人担任，除了在社会上口碑较好、与新闻界关系较为融洽之外，对其基本要求是修养良好、学识渊博、思维敏捷、能言善辩、彬彬有礼。

发布会还要精选一批负责会议现场工作的礼仪接待人员，一般由相貌端正、工作认真负责、善于交际应酬的年轻女性担任。

值得注意的是，所有出席发布会的人员均需在会上佩戴事先统一制作的胸卡，胸卡上面要写清姓名、单位、部门与职务。

③ 记者的邀请。对出席发布会的记者要事先确定其范围，具体应视问题设计范围或事件发生的地点而定，一般情况下，与会者应是与特定事件相关的新闻界人士和相关公众代表。组织为了提高单位的知名度，扩大组织的影响而宣布某一消息时，邀请的新闻单位通常多多益善；而在说明某一活动、解释某一事件，特别是本单位处于劣势而这样做时，邀请新闻单位的面则不宜过于宽泛。邀请时要尽可能地先邀请影响大、报道公正、口碑良好的新闻单位。如事件和消息只涉及某一城市，一般就只请当地的新闻记者参加即可。

另外，确定邀请的记者后，请柬最好要提前一周发出，会前还应用电话提醒。

④ 会场的布置。发布会的地点除了可考虑在本单位或事件所在地举行外，还可考虑租用大宾馆、大饭店举行，如果希望造成全国性影响的，则可在首都或某一大城市举行。发布会现场应交通便利、条件舒适、大小合适。会议地点确定后，应实地考察，在会议召开前应认真进行会场布置，会议的桌子最好不用长方形的，要用圆形的，大家围成一个圆圈，显得气氛和谐主宾平等，当然这只适用于小型会议。大型会议应设主席台席位、记者席位、来宾朋友席位等。

⑤ 材料的准备。在举行发布会之前，主办单位要事先准备好如下材料：一是发言提纲。它是发言人在发布会上进行正式发言时的发言提要，它要紧扣主题，体现全面、准确、生动、真实的原则。二是问答提纲。为了使发言人在现场正式回答提问时表现自如，可在对被提问的主要问题进行预测的基础上，形成问答提纲及相应答案，供发言人参考。三是报道提纲。事先必须精心准备一份以有关数据、图片、资料为主的报道提纲，并认真打印出来，在发布会上提供给新闻记者。在报道提纲上应列出本单位的名称、联系方式等，便于日后联系。四是形象化视听材料。这些材料供与会者利用，可增强发布会的效果。它包括：图表、照片、实物、模型、录音、录像、影片、幻灯片、光碟等。

礼仪故事 8-1

有备才能无患

海达公司的新产品发布会即将开始，总经理秘书小叶正站在会议大厅的入口处，她一边做着最后的检查，一边等着嘉宾的到来。她检查主席台上放置的名签时，发现有问题，一位嘉宾因故不能前来，名签却没有撤掉，而另一位嘉宾刚才来电话说要来参加新产品发布会，名签却没有准备。这时她的手机又响了，原来是接电视台记者的汽车在路上抛锚了，重新派车已经来不及了。同时，会议秘书组的人员来报，宣传材料不够。此时嘉宾已经陆续到来。

（2）发布会进行过程中的礼仪

① 搞好会议签到。要搞好发布会的签到工作，让记者和来宾在事先准备好的签到簿上签下自己的姓名、单位、联系方式等内容。记者及来宾签到后按事先的安排把与会者引到会场就坐。

② 严格遵守程序。要严格遵守会议程序，主持人要充分发挥主持者和组织者的作用，宣布会议的主要内容、提问范围以及会议进行的时间，一般不要超过两小时。主持人、发言人讲话时间不宜过长，过长了则影响记者提问，对记者所提的问题应逐一予以回答，不可与记者发生冲突。会议主持人要始终把握会议主题，维护好会场秩序，主持人和发言人会前不要单独会见记者或提供任何信息。

③ 注意相互配合。在发布会上，主持人和发言人要相互配合。为此首先要明确分工，各司其职，不允许越俎代庖。在发布会进行期间，主持人和发言人通常要保持一致的口径，不允许公开顶牛、相互拆台。当新闻记者提出的某些问题过于尖锐而难以回答时，主持人要想方设法转移话题，不使发言者难堪。而当主持人邀请某位记者提问之后，发言人一般要给予对方适当的回答，不然，对那位新闻记者和主持人都是不礼貌的。

④ 态度真诚主动。发布会自始至终都要注意对待记者的态度，因为接待记者的质量如何直接关系到新闻媒介发布消息的成败。作为人，记者希望接待人员对其尊重热情，并了解其所在的新闻媒介及其作品等；作为专业人，希望提供工作之便，如一条有发表价值的消息、一个有利于拍到照片的角度等，记者的合理要求要尽量满足。对待记者千万不能趾高气扬、

态度傲慢，一定要温文尔雅、彬彬有礼。

发布会现场如图 8-1 所示（选自：http：//www.bjd.com.cn；http：//webcast.china.com.cn）。

（3）发布会的善后事宜

发布会举行完毕后，主办单位需在一定的时间内，对其进行一次认真的评估善后工作，主要包括以下几个方面。

图 8-1　发布会现场

① 整理会议资料。整理会议资料有助于全面评估发布会会议效果，为今后举行类似会议提供借鉴。发布会后要尽快整理出会议记录材料，对发布会的组织、布置、主持和回答问题等方面的工作进行回顾和总结，从中吸取经验，找出不足。

② 收集各方反映。首先要收集与会者对会议的总体反映，检查在接待、安排、服务等方面的工作是否有欠妥之处，以便今后改进。其次要收集新闻界的反映，了解一下与会的新闻界人士有多少人为此次新闻发布会发表了稿件，并对其进行归类分析，找出舆论倾向；同时，对各种报道进行检查，若出现不利于本组织的报道，应做出良好的应对策略。若发现不正确或歪曲事实的报道，应立即采取行动，说明真相；如果是由于自己失误所造成的问题，应通过新闻机构表示谦虚接受并致歉意，以挽回声誉。

2. 展览会礼仪

组织通过举办展览会，运用真实可见的产品和热情周到的服务，全面透彻的资料、图片介绍和技术人员的现场操作，吸引大量的参观者，使其留下深刻的印象。它是组织重要的公共关系活动之一。图 8-2 所示为日本爱知世界博览会中国馆（张岩松 2005 年 4 月 6 日摄）。

图 8-2　日本爱知世界博览会中国馆

（1）展览会的特点

① 形象的传播方式。展览会是一种非常直观、形象、生动的传播方式。展览会通常以展出实物为主，并进行现场示范表演，如在产品展览会上，有专人讲解和示范产品的使用方法。这种直观、形象的活动，容易给参观者留下深刻的印象。

② 极好的沟通机会。展览活动给组织提供了与公众直接沟通的极好机会，通常展览会上都有专人解答参观者的问题，并就他们感兴趣的问题进行深入讨论。这样参展单位在让公众了解本组织的同时，还能及时了解公众对本组织传播内容的反映，参展单位可以根据公众反馈的信息进一步做好工作。

③ 多种传媒的运用。展览会是一种复合的传播方式，是同时使用多种媒介进行交叉混合传播的过程，它集多种传播媒介于一体，有声音媒介，如讲解、交谈和现场广播，有文字媒介，如印刷的宣传手册、资料，同时还有图像媒介，如各种照片、录像、幻灯等。这种复合性的沟通效果是其他传播媒介无法比拟的。

（2）展览会的组织

举办展览会要精心组织，做好以下细致全面的工作。

① 明确展览会的主题。每一次、每种类型的展览会都应有明确的主题和目的。只有主题明确，才能提纲挈领，对所有展品进行有机的排列组合，充分展示展品的风采。否则主题不明，眉毛胡子一把抓，很难把展品、各类资料有机地结合起来，杂乱无章，势必影响展览效果。

② 搞好展览整体设计。任何一项展览都是一项系统工程，要求必须有一个详细的整体设计，包括展览场地、标语口号、展览徽志、参展单位及项目、辅助设备、相关服务部门的设置和人员安排、信息的发布与新闻界的联络、对工作人员的培训等，都需要全面设计，周密安排。否则在某一个环节上安排不当都会影响整个展览的效果。

③ 成立对外新闻发布机构。成立对外新闻发布的专门机构，负责与新闻界进行密切的联系。展览过程中往往会发生许多有新闻价值的东西，这就需要有关人员以敏锐的观察力去挖掘、去分析并写成各种新闻稿件发表，以扩大影响。同时，要组成专门的机构，专门负责新闻发布的计划，如确定发布内容、发布时机、发布形式等，这样，效果会更好些。

④ 进行展览的效果测定。展览的效果一般体现在观众对展品的反映、对组织形象的认识以及对整个展览会从内容到形式的总体看法等方面。为了检验展览会效果，检验举办各类展览活动的目的是否达到，必须对展览效果进行检测。测定的方法很多，如设立观众留言簿、召开座谈会听取反映，检验公众对展品的留意程度等。

（3）展览会的礼仪

展览会的工作人员应当具备良好的素质，明确办展览的目的和主题，了解展览的知识和技能，具备与展览产品有关的专业素质，还要懂得礼仪，从各自不同的角度影响公众，使公众满意。

① 主持人礼仪。主持人是一个展览会的操纵者，应该表现出决定性人物的权威性。在着装上，要穿西服套装、系领带，拿一个真皮公文包，显示出气派的样子，由此使公众也对其主持的展览会和产品产生信赖感。主持人的形象就是组织实力的一种体现。与宾客握手时，主持人应先伸出手去，等宾客先放手后再放手。

② 讲解员礼仪。讲解员着装要整洁大方，打扮自然得体，不要怪异和过于新奇而喧宾夺主。讲解员要举止庄重，动作大方。讲解员应热情礼貌地称呼公众，讲解流畅，不用冷僻字，让公众听懂。介绍的内容要实事求是，不弄虚作假，不愚弄听众。语调清晰流畅，声音响亮悦耳，语速适中。解说完毕，应对听众表示谢意。

③ 接待员礼仪。接待员站着迎接参观者时，双脚略开，与肩同宽，双手自然下垂或在身后交叉，这种站姿不仅大方而且有力。站立时切勿双脚不停地移动，表现出内心的不安稳、不耐烦，也不要一脚交叉于另一只脚前，因为这是个不友善的表示。接待人员不可随心所欲地趴在展台上或跷着"二郎腿"，嚼着口香糖，充当守摊者。随时与参观者保持目光距离，目光要坚定，不可游移不定，也不可眼看别处，这也表示你的坦然和自信。

3. 赞助会礼仪

赞助是指组织对某一社会事业、事件无偿地给予捐赠和资助，从而扩大组织的知名度与美誉度，树立美好形象的活动。赞助会是某项赞助举行时采用的具体形式。

（1）赞助的意义

① 提高组织知名度。赞助可以使组织的名字伴随所赞助的事件一起传播。如奥运会是举世瞩目的体坛盛会，收看的公众覆盖面非常广，遍布全世界，这样的赞助活动对组织知名度的提高是可想而知的。

② 提高组织的美誉度。由于赞助活动所赞助的往往是社会大众所关注的、想支持的事业，因此赞助可以树立一个组织关心公益事业的良好形象，改变营利性组织"唯利是图"的商人形象。

③ 履行组织的社会责任。救灾扶贫，支持公益事业，对每个社会成员来说，人人有份，赞助活动正体现了组织在建设精神文明、履行社会责任和义务方面的积极态度。

（2）赞助的类型

① 赞助体育事业。赞助体育事业主要包括为体育馆捐资和赞助大型体育比赛，其中以后者居多。因为体育比赛是当今的社会热点之一，对其进行赞助，往往可使本单位名利双收，一举两得。

② 赞助文化活动。主要指赞助电影、电视节目的制作，赞助广播节目、报刊开辟专栏，赞助文艺表演，赞助知识竞赛、艺术节、文化节等大型文化活动。这种赞助活动，不仅有助于社会主义文化事业的发展，有助于全民族文化素质的提高，也有助于培养组织和公众的良好情感，提高知名度。

③ 赞助教育事业。教育的发展是关系到国家千秋大业的大事。赞助教育事业，既有利于教育事业的发展，也会使组织从中受益。赞助教育的方式主要有赞助设立奖学金，赞助学校教学、科研经费、仪器设备、基本建设经费，赞助社会办学等。

④ 赞助社会福利事业。这主要指为贫困地区、残疾人、孤寡老人和荣誉军人等提供帮助活动。这类赞助体现了组织高尚的道德品质，也是组织向社会表明其承担社会义务和责任的手段。

不管赞助对象是谁，赞助单位向单位和个人提供的赞助物品主要有四类：一是金钱，赞助单位以现金或支票的形式，向受赞助者提供赞助；二是实物，赞助单位或个人以一种或数种具有实用性的物资的形式，向受赞助者提供赞助；三是义卖，赞助单位或个人将自己所拥有的某件物品进行拍卖，或是划定某段时间将本单位或个人的商品向社会出售，然后将全部所得，以现金的形式，再向受赞助者提供赞助；四是义工，赞助单位或个人派出一定数量的员工，前往受赞助者所在单位或其他场所，进行义务劳动和有偿劳动，然后以劳务的形式或以劳动所得来提供赞助。

（3）赞助会的礼仪

赞助活动实施之际，往往需要举行一次聚会，将有关的事宜公告于社会。这种以赞助为主题的赞助会，在赞助活动中，尤其是大型赞助中，大都必不可少。赞助会一般由受赞助者操办，也可由赞助者操办。

① 场地的布置。赞助会的举行地点，一般可选择受赞助者所在单位的会议厅，也可租用社会上的会议厅。会议厅要大小适宜，干净整洁。会议厅内，灯光亮度适宜。在主席台的正上方，需悬挂一条大红横幅，在其上面应以金色或黑色的楷书书写着"某某单位赞助

某某项目大会"或者"某某赞助仪式"的字样。赞助会会场的布置不可过度豪华张扬，略加装饰即可。

② 人员的选择。参加赞助会的人员既要有充分的代表性，又不必在数量上过多。除了赞助单位、受赞助者双方的主要负责人及员工代表之外，赞助会应当重点邀请政府代表、社区代表、群众代表以及新闻界人士参加。所有参加赞助会的人士，与会时都要身着正装，注意仪表，个人动作举止规范，以与赞助会庄严神圣的整体风格相协调。

③ 会议的议程。赞助会的具体会议议程应该周密、紧凑，其全部时间不应超过一小时。其议程如下。

第一，宣布会议开始。赞助会的主持人，一般应由受赞助单位的负责人或公关人员担任。在宣布正式开会之前，主持人应恭请全体与会者各就各位，保持肃静，并且邀请贵宾到主席台上就坐。

第二，奏国歌。此前，全体与会者须一致起立。在奏国歌之后，还可奏本单位标志性歌曲。

第三，赞助单位正式实施赞助。赞助单位代表首先出场，口头上宣布其赞助的具体方式或具体数额。随后，受赞助单位的代表上场。双方热情握手。接下来，由赞助单位代表正式将标有一定金额的巨型支票或实物清单双手捧交给受赞助单位代表。必要时礼仪小姐要为双方提供帮助。在以上过程中，全体与会者应热烈鼓掌。

第四，双方代表分别发言。首先由赞助单位代表发言，其发言内容，重在阐述赞助的目的与动机。与此同时，还可将本单位的简况略做介绍。然后由受赞助单位代表发言，集中表达对赞助单位的感谢。

第五，来宾代表发言。根据惯例可以邀请政府有关部门的负责人讲话。其讲话主要是肯定赞助单位的义举，呼吁全社会积极倡导这种互助友爱的美德。该项议程，有时也可略去。至此赞助会结束。

会后，双方主要代表及会议的主要来宾应合影留念。此后，宾主双方稍事晤谈，来宾即应告辞。

4. 联欢会礼仪

联欢会是一个宽泛的概念，它包括各种组织举办的节日联欢会（如新年联欢会、春节联欢会）、各种文艺晚会（如歌舞晚会、电影晚会、戏曲晚会、相声小品晚会）、游艺晚会等。联欢会对于提高组织凝聚力、向心力，活跃员工的文化生活，加强与外部公众的文化沟通，提高组织形象都有着积极的作用。联欢会重在娱乐，但也不可忽视其礼仪，否则会事倍功半。

（1）联欢会的准备

① 确定主题。为了使联欢会起到"教人"和"娱人"的双重作用，要精心确定联欢会的主题，使其有明确的指导思想和预期的目标。在此基础上选择联欢会的形式，适宜的形式对联欢会的成功意义重大，联欢会的形式可以不拘一格，可以不断创新。

② 确定时间、场地。联欢会的时间一般应选在晚上，有时也可根据情况选择在白天。其会议长度一般在两小时左右为宜。联合会的场地选择非常重要，最好选择宽敞、明亮、有舞台、灯光、音响的场地。场地应加以布置，给人以温馨、和谐、喜庆、热烈之感。联欢会的座次要事先安排好，一般应将领导安置在醒目位置，其他公众最好穿插安排，以便于交流沟通。

③ 选定节目。要从主题出发来选定节目，尤其是开场和结尾的节目一定要精彩、有吸引力。节目应多种多样，健康而生动，各种形式穿插安排，不可头重尾轻，更不可千篇一律。正式的联欢会上，要把选定的节目整理编印成节目单，开会时发给观众，为观众提供方便。

④ 确定主持人。主持人是联欢会的关键人物，应选择仪表端庄，表达能力强，有一定的组织能力、应变能力，熟悉各项事物的人担当主持人。一场联欢会的主持人最好不少于两人（通常为一男一女）。主持人也不可过多，以免给人以凌乱无序之感。

⑤ 彩排。正式的联欢会一定要事先进行彩排，这样有助于控制时间、堵塞漏洞，增强演职人员的信心。非正式的联欢会也要对具体事宜逐项落实，做到万无一失。

（2）观众的礼仪规范

观众在参加联欢会，观看演出时应严守礼仪规范，这主要包括以下方面。

① 提前入场。在一般情况下，在演出正式开始之前一刻钟左右，观众即应进入演出现场，注意不要迟到。入场后要对号入座，在自己的座位上就坐时，要悄无声息，坐姿优雅。切勿将坐椅弄得直响，或坐姿不端。

② 专心观看。参加联合会观看节目时要专心致志，全神贯注，不能交头接耳，窃窃私语；不能进行通信联络，要自觉关闭手机等移动通信设备，或使其处于"静音"状态；不要吃东西，不要吸烟，更不能随意走动或大声讲话、起哄等。总之要自觉维护全场的秩序，保持安静，使联欢会顺利进行。

③ 适时鼓掌。当主要领导、嘉宾入场或退场时，全场应有礼貌地鼓掌。演出至精彩处时也应即兴鼓掌，但时间不宜太长，演出结束时可鼓掌以示感谢。对可能表演不佳的演员要予以谅解，不要鼓倒掌，更不能吹口哨、扔东西等，因为这些做法是非常没有修养的表现。演出结束，全体演员登台谢幕时，观众应起立并鼓掌，再次感谢演员的表演，不能熟视无睹，扬长而去。

5. 茶话会礼仪

茶话会是我国传统的聚会方式。非正式的茶话会，一般是民间自发组织或形成的，如一伙熟人聚在一起聊天，这家主人自然会给每位客人敬上一杯茶，大家边喝边说，热热闹闹，十分惬意。谈话一般也没有固定的议题。现在很多的组织也经常利用这一形式进行日常的沟通，所以熟悉茶话会的礼仪是必要的。

（1）茶话会的准备

正式的茶话会一般有主办单位或主办人，事先要发通知或请柬给被邀请人，其举办地是会议厅、客厅或花园里。正式茶话会除了备有足够茶水之外，一般还备有水果、糕点、瓜子、糖果等。召开茶话会多在节日，如五一劳动节、五四青年节、中秋节、国庆节、元旦等，借节日之题而发挥，一般也是采用漫谈形式，无中心议题。在正式茶话会上的中心议题可以是祝贺、发感慨、谈感想、作总结、提建议、谈远景，也可以吟诗作唱，畅叙友谊，无固定格式，气氛也比较活跃、轻松、自由。

举办茶话会时，除了准备上好的茶叶之外，还应注意擦净茶具。茶具一般以泥制茶具和瓷制茶具为最佳，其次是玻璃茶具和搪瓷茶具。在我国，泡茶一般不加其他东西，但某些民族以及国外的一些国家喜欢在泡茶时加上牛奶、白糖、柠檬片等。有的茶话会还准备咖啡等饮料。

正式茶话会有主办人和有关领导。主办人要负责对来宾的迎送和招呼，主持会议；有关领导也常常以一个普通与会者的身份发言。茶话会不排座次，宾主可以随意交谈。正式茶话会简便易行，在服饰上也没有什么严格规定或特殊要求。

（2）茶话会的举行

茶话会开始时，一般由主办人致辞，讲话应开宗明义地说明茶话会的宗旨，还要介绍与会单位代表或个人，为交流和谈话创造适宜的气氛。

茶话会主持人要随时注意来宾在茶话会上的反应，随时把话题引导到大家都感兴趣的问题上来，或轻松愉快的话题上。参加茶话会的每一个人都有义务维护茶话会的气氛，不使茶话会冷场，也不可使秩序太乱。

有人讲话时，要专心致志地倾听，不要随意打断他人的话，也不可显露烦躁、心不在焉，更不要妄加评论他人的话。自己发言的时候，用词、语气、态度要表现出文明礼貌修养，神态要自然有神，仪态要端庄大方。样子过分拘谨或做作会使人不快。发言时口里应停止咀嚼食物，更要防止嘴角上留有残渣来发言。

自由交谈时不要独坐一隅，纹丝不动，而应与左右交谈，尽快找到共同的话题，打破僵局，融洽气氛。

幽默风趣的语言在茶话会上是受欢迎的，但要避免开玩笑，伤害他人自尊；行为举止也不能无所约束，随便走动，推推搡搡，秩序就被搅乱了。

茶话会结束时，来宾应向主人道别，也要和新朋友、老相识辞行。不要中途退场或不辞而别。

茶话会应讲究实效，时间不宜过长，以1～2小时为宜。

茶话会不带任务，但追求气氛与聚会的效果。通过与会者的交谈、畅叙和坐在一起喝茶时共同创造的氛围，来感受他人的思想感情，增进相互间的了解和友谊。

6. 座谈会礼仪

邀请有关人员就某一个或某些问题召开会议，收集对某一个问题的反映，就某些方面的问题发表看法，是座谈的形式。座谈会要注意以下礼仪。

（1）发送通知

会议通知要发送及时，至少在开会的前一天发到与会者手中，因为座谈会大都要求与会者发言，早一天接到通知可以稍作准备。会议通知上要写明召开座谈会的时间、详细地点、座谈内容、举办单位名称。如果用电话通知，最好找到参加者本人接电话，表示郑重；如果托人转告，则不要忘了告知座谈会的主题，以免与会者懵懂而去，打无准备的仗，发生尴尬，这对与会者将是失礼的。

（2）会前礼仪

座谈会座位的安排，一般是与会者围圈而坐，主持人也不例外，以便创造一种平等的气氛。如果参加座谈会的互相多有不认识的，主持人应该一一进行介绍，或引导他们作自我介绍，以融洽会议气氛。

（3）会中礼仪

座谈会开始时，主持者应首先讲明会议的主题以及被邀请者的类别，为什么邀请在座的来参加座谈会，以便使座谈者了解自己与这个座谈内容的联系，明确自己对座谈会的重要性，更积极主动地进入角色。如果开始有冷场现象，主持者可以引导大家先从比较容易作为话题的稍远处或外围谈起，然后逐步逼近座谈会主题。采取点名的方法请某人先发言，是不得已而为之的。

座谈会请一定的对象来参加，就是希望大家来了后能畅所欲言，知无不言，言无不尽。话不在长短，而在于能包容较大的信息量。讲话的时候也不要求非得一个个轮着来，讲完一个算一个，像完成任务似的，允许你一言，我一语，鼓励大家插话和讨论。但插话时，切忌不着边际地打"横炮"，也不要用反唇相讥、唯我独尊的方法和态度发言。要多用探讨、商榷的口气，即使有争论，也是冷静的，而不是冲动和粗暴的语言。

（4）结束礼仪

座谈会结束时，主持者应总结归纳大家的发言，并对大家发言提供的信息、参与座谈的态度给予肯定，表示座谈对于某项工作有积极的作用。最后，要向大家表示感谢。

二、仪式活动礼仪

1. 签字仪式

签字仪式是组织与对方经过会谈、协商，形成了某项协议或协定，再互换正式文本的仪式。它是一种比较隆重的活动，礼仪规范也比较严格。

（1）签字仪式的准备

签字仪式是组织具有"里程碑"意义的大事，应予以充分准备，做到万无一失。

① 准备待签文本。洽谈或谈判结束后，双方应指定专人按谈判达成的协议做好待签文本的定稿、翻译、校对、印刷、装订、盖印等工作。文本一旦签字就具有法律效力，因此，对待文本的准备应当郑重严肃。

在准备文本的过程中，除了要核对谈判协议条件与文本的一致性以外，还要核对各种批件，主要是项目批件、许可证、设备分交文件、用汇证明、订货卡等是否完备，合同内容与批件内容是否相符等。审核文本必须对照原稿件，做到每字不漏，对审核中发现的问题，要及时互相通报，通过再谈判，达到谅解一致，并相应调整签约时间。在协议或合同上签字的有几个单位，就要为签字仪式提供几份样本。如有必要，还应为各方提供一份副本。与外商签定有关的协议、合同时，按照国际惯例，待签文本应同时使用宾主双方的母语。

待签文本通常应装订成册，并以仿皮或其他高档质料作为封面，以示郑重。其规格一般为大八开，所用的纸张务必高档，印刷务必精美。作为主方应为文本的准备提供准确、周到、快速、精美的条件和服务。

② 布置签字场地。签字场地有常设专用的签字厅，也有临时以会议厅、会客室来代替的。布置它的总原则是要庄重、整洁、清净。签字厅布置如表 8-1 所示。

表 8-1　　　　　　　　　　　　　签字厅布置

项目	操作说明
挂屏风式挂画	厅室正面挂屏风式挂画
布置签字桌	1. 将长条桌摆放在离墙2.5米处，并居中； 2. 在长条桌上均匀地铺上深绿色台呢：外侧长，距地面10厘米；内侧短，距地面40厘米
布置签字椅	将两张高背扶手椅摆放在签字桌后面，两椅相距1.5米
布置照相设备	1. 在椅子背后1.2米处，根据人数多少摆上梯式照相脚架； 2. 照相脚架两侧陈设常青树
摆放待签文本	在两个座位前的台面上摆放待签文本，右上方放置文具
摆放旗架	签署双方性涉外商务合同时，需摆放旗架，将旗架摆放在两个文本中间的前方位置上，注意"客右主左"
摆放沙发	两侧可布置少量沙发，供休息用

③ 安排签字人员。在举行签字仪式之前，有关各方应预先确定好参加签字仪式的人员，并向其有关方面通报。客方尤其要将自己一方出席签字仪式的人数提前给主方，以便主方安排。签字人要视文件的性质来确定，可由最高负责人签，但双方签字人的身份应该对等。参加签字的有关各方事先还要安排一名熟悉签字仪式详细程序的助签人，并商定好签字的有关细节。其他出席签字仪式的陪同人员，基本上是双方参加谈判的全体人员，按一般礼貌做法，人数最好大体相等。为了表示重视，双方也可对等邀请更高一层的领导人出席签字仪式。

由于签字仪式的礼仪性极强，签字人员的穿着也有具体要求。按照规定，签字人、助签人以及随员，在出席签字仪式时，应当穿着具有礼服性质的深色西装套装或西装套裙，并且配以白色衬衫与黑色皮鞋。

参加签字仪式的服务人员（礼仪人员），可以穿自己的工作制服，或是旗袍一类的礼仪性服装。签字服务人员应注意仪态、举止，要落落大方，得体自然，既不要严肃有余，也不要过分喜形于色。服务人员的具体礼仪见表8-2。

表 8-2　　　　　　　　　　　　　　服务人员的礼仪

项目	操作说明
门口候客	1. 服务人员站立在门口，迎候签字人员； 2. 签字人到达时，敬语相迎，引领至签字桌旁，并拉椅让座； 3. 照应其他人员按顺序就位
双方仪式开始	服务人员手托摆有香槟杯的托盘（杯中酒约七分满），站立两旁，在距签字桌两侧约2米远处
双方签字完毕	1. 服务人员看到签字人员握手并交换文本时，迅速将签字椅撤除； 2. 立即将酒杯送到双方签字人员面前，并讲"请"； 3. 从桌后站立者的中间处开始，向两边依次分让； 4. 等干杯后，立即上前用托盘接收酒杯
送客	1. 签字仪式结束，为签字人员开门； 2. 引领签字人员到电梯口按电梯，用敬语送别

（2）签字仪式的程序。虽然签字仪式的时间不长，但它是合同、协议签署的高潮，其程序规范、庄重而热烈。主要有以下几项。

① 签字仪式开始。有关各方人员进入签字厅，在既定的位次上坐好。签字者按照主居左，客居右的位置入座，双方其他陪同人员分主客两方以各自职位、身份高低为序，自左向右（客方）或自右向左（主方）排列站于各签字人之后，或坐在己方签字者的对面。双方助签人分别站在己方签字者的外侧，协助翻揭文本，指明签字处，并为业已签署的文件吸墨防涸。

图 8-3　签字仪式

② 签字人签署文本。签字人签署文本通常的做法是先签署己方保存的合同文本，再接着签署他方保存的合同文本，这一做法在礼仪上称为"轮换制"。它的含义是在位次排列上，轮流使有关各方有机会居于首位一次，以显示机会均等，各方平等。签字仪式如图 8-3 所示（选自：http：//www.fujian.gov.cn）。

③ 交换合同文本。双方签字人正式交换已经有关各方正式签署的文本，交换后，各方签字人应热烈握手，互致祝贺，并相互交换各自才使用过的签字笔，以志纪念。这时全场人员应该鼓掌，表示祝贺。

④ 共同举杯庆贺。交换已签订的合同文本后，礼仪小姐会用托盘端上香槟酒，有关人员，尤其是双方签字人当场干上一杯香槟酒，这是国际上通用的增添喜庆色彩的做法。

礼仪小贴士 8-1

香槟酒

香槟酒，是法文champagne的音译，一种富含二氧化碳的起泡白葡萄酒，原产于法国香槟省，故而得名。香槟酒与快乐、欢笑和高兴同义，是一种庆祝佳节用的酒，具有奢侈、诱惑、浪漫的色彩。

大约1688年，在法国的香槟省有位叫派里朗的修道士，他对酿酒有极浓厚的兴趣，可是由于香槟省地区偏北，阳光不足，天气较为寒冷，缺乏良好的气候条件，很难酿出好酒。有一次修道士发现他酿出的酒不够甜，于是往里加了些白糖。白糖不能完全溶解，他又将酒加热，不料加热后放出二氧化碳冒起小汽泡，变成高级佐餐酒，为了纪念这位修道士对酒的贡献就以Don Perigoon作为高级香槟酒的名字了。

在历史上没有任何酒可比美香槟的神秘性，它给人一种纵酒高歌的豪放气氛。香槟酒的味道醇美，适合任何时刻饮用，配任何食物都好。如举行大的宴会，用香槟比其他混合酒还恰当。在婚礼和受洗仪式上，也适合用来干杯，它也是第一流的调酒配料，而且价格也不太贵。

⑤ 有秩序退场。首先请双方最高领导者及客方先退场，然后东道主再退场。整个签字仪式以半小时为宜。

2. 开业仪式

开业仪式，是指在单位创建、开业，项目完工、落成，某一建筑物正式启用，或是某工程正式开始之际，为了表示庆贺和纪念，而按照一定的程序所隆重举行的专门的仪式。筹备和举行开业仪式始终应按着"热烈、隆重、节约、缜密"的原则进行。

（1）开业庆典

① 开业庆典的筹备。具体包括：一是做好开业庆典的舆论宣传工作。此类工作包括两个方面。一是选择有效的大众传播媒介进行集中性的广告宣传。企业可在报纸、电台、电视台广泛发布广告或在告示栏中张贴开业告示，其内容多为开业庆典举行的日期及地点、开业之际对顾客的优惠、开业单位的经营范围及特色等，以引起公众的注意。开业广告或告示发布时间以开业前的 3 天内为宜。二是邀请有关的大众传播界人士在开业庆典举行之时到场进行采访、报道，以期对本单位作进一步的正面宣传。

二是做好来宾邀请工作。开业庆典影响的大小，往往取决于来宾的身份高低与数量多少。在力所能及的条件下，要力争多邀请一些来宾参加开业庆典。地方领导、上级主管部门与地方职能管理部门的领导、合作单位与同行单位的领导、社会团体的负责人、社会名流、新闻界人士，都是邀请时应予优先考虑的对象。其中新闻界人士是邀请的首要对象。

三是发放请柬。提前一周发出请柬，便于被邀请者早安排和准备。请柬的印制要精美，内容要完整，文字要简洁，措辞要热情。被邀请者的姓名要书写整齐，不能潦草马虎。一般的请柬可派人送达，也可通过邮局邮寄。给有名望的人士或主要领导的请柬应派专人送达，以表示诚恳和尊重。

四是布置现场。应突出喜庆、热闹的气氛，营造出一种隆重而令人振奋的氛围。开业庆典多在开业现场举行，需要较为宽敞的活动空间，所以正门之外的广场、正门之内的大厅、展厅门前等处处可作为开幕仪式的举行地点。按照惯例，举行开业典礼时宾主一律站立，故一般不布置主席台及座椅。为显示隆重与敬客，可在来宾尤其是贵宾讲话之处铺设红色地毯，

图 8-4　开业庆典场地布置

并在场地四周悬挂横幅、标语、气球、彩带、宫灯。此外，还应当在醒目之处摆放来宾赠送的花篮、牌匾等。

开业庆典场地布置如图 8-4 所示。

五是准备开幕词、致辞。仪式开始，组织的负责人致辞，向来宾表示感谢，并介绍本组织的经营特色和服务宗旨等。上级领导和来宾可在会上致辞祝贺，在祝贺中应多讲一些祝愿的话，但要注意限制发言时间。开幕词、致辞要言简意赅、热情庄重，起到密切感情、增加友谊的作用。

六是做好接待服务工作。接待人员在会场门口接待来宾，待来宾签到后，引导来宾就位。重要来宾须由本单位主要负责人亲自出面接待，其他来宾可由本单位的礼仪小姐负责接待。若来宾较多，应准备好专用的停车场、休息室，并应为其安排饮食。

七是要做好礼品馈赠工作。开业庆典赠予来宾的礼品应具有以下三大特征。第一，宣传性。可在礼品及其外包装上印上本单位的企业标志、广告用语、产品图案、开业日期等。第二，荣誉性。要使之具有一定的纪念意义，让拥有者对其珍惜、重视，并为之感到光荣和自豪。第三，独特性。它应当与众不同，具有本单位的鲜明特色，使人爱不释手。

八是拟定典礼程序。从总体上来看，开业庆典大都由开场、过程和结局三个阶段构成。

开场：奏乐，邀请来宾就位，宣布仪式正式开始，介绍主要来宾。

过程：这是开业庆典的核心内容，它通常包括本单位负责人讲话、来宾代表致辞、启动某项开业标志等。

结局：包括开业庆典结束后宾主一道进行现场参观、联欢、座谈等。它是开业庆典必不可少的内容。

九是做好各种物质准备。这包括：A．用品准备。如来宾的签到簿、本单位的宣传材料、待客的饮料等。B．设备准备。对于音响、录音录像、照明等设备以及开业典礼所需的各种用具、设备，必须事先认真检查、调试以防在使用时出现差错。一般在开会前一小时应再验收一下。

② 参加开业庆典的礼仪。这包括如下两个方面。

一是主办方礼仪，包括：仪容整洁。出席典礼的人员事前要做适当修饰。女士要适当化妆，男士应梳理好头发，刮净胡须。服饰规范。最好着统一式样的服式。如果着装不统一，至少也要保证男士穿深色西装或中山装，女士穿深色西装套裙或套装。准备充分。请束的发放应及时，无遗漏；安排好座位、座次；安排好来宾的迎送车辆等。遵守时间。不得迟到、无故缺席或中途退场。仪式应准时开始，准时结束。态度友好。见到来宾要主动热情地问好，对来宾提出的问题应予以友善地答复。当来宾发表贺词后，应主动鼓掌表示感谢。不能随意打断来宾的讲话，提出挑衅性质疑，或是对来宾进行人身攻击。来宾致辞中如有不能接受的内容，当场一般不加理睬，如果敌意过于明显，应以委婉而简短的语言引开话题。行为自律。主办方人员不得嬉笑打闹，不要东张西望，表现出心不在焉的样子。

二是宾客礼仪，包括：准时参加。如有特殊情况不能到场，应尽早通知主办方，说明理由并表达歉意。最好送贺礼。贺礼可以选择花篮、镜匾、楹联等，以表示对开业方的祝贺，并在贺礼上写明庆贺对象、庆贺缘由、贺词及祝贺单位。恭致祝贺。致贺词要简短精练，以贺顺利、发财、兴旺的吉利话为主，不能随意发挥。广交朋友。到场后应礼貌地与周围的人打招呼，可通过自我介绍互换名片等方式结识更多的朋友。礼节性支持。如鼓掌、合影、跟随参观、写留言等。礼貌告辞。仪式结束后应和主办人握手告别，并致谢意。

（2）开幕仪式礼仪

开幕仪式是开业仪式常见的形式之一，通常它是指公司、企业、宾馆、商店、银行等正式起用前，或各类商品的展示会、博览会、定货会正式开始之前，所正式举行的相关仪式。每当开幕仪式举行之后，公司、企业、宾馆、商店、银行等将正式营业，有关商品的展示会、博览会、定货会将正式接待顾客与观众。一般举行开幕仪式时要在比较宽敞的活动空间中进行，如门前广场、展厅门前、室内大厅等处，都是较为合适的地点。

开幕式的主要程序为：①宣布仪式开始，全体肃立，介绍来宾。②邀请专人揭幕或剪彩。揭幕时揭幕人行至彩幕前恭敬地站立，礼仪小姐双手将开启彩幕的彩索递交给对方。揭幕人随之目视彩幕，双手拉起彩索，展开彩幕。全场目视彩幕，鼓掌并奏乐。③在主人的亲自引导下，全体到场者依次进入幕门。④主人致辞答谢。⑤来宾代表发言祝贺。⑥主人陪同来宾参观，开始正式接待顾客或观众，对外营业或对外展览宣告开始。

（3）奠基仪式礼仪

奠基仪式，是指一些重要的建筑物，如大厦、场馆、亭台、纪念碑等，在动工修建前，正式举行的庆贺性活动。其举行地点应选择在动工修建建筑物的施工现场，一般在建筑物的正门右侧。在奠基仪式的举行现场设有彩棚，安放该建筑物的模型、设计图、效果图，并使各种建筑机械就位待命。

用来奠基的奠基石应是一块完整无损、外观精美的长方形石料。奠基石上的文字应当竖写，在其右上款写上建筑物的名称，正中央应有"奠基"两个大字，左下款刻有奠基单位的全称以及举行奠基仪式的具体年月日。奠基石上的字体，大都用楷体刻写，并且最好是白底金字或黑字。在奠基石的下方或一侧，还应安放一只密闭完好的铁盒，内装与该建筑物相关的各有关资料以及奠基人的姓名。届时，它将同奠基石一道被奠基人等培土掩埋于地下，以志纪念。

奠基仪式的程序为：①仪式正式开始，介绍来宾，全体起立；②奏国歌；③主人对建筑物的功能、规划设计等进行介绍；④来宾致辞道贺；⑤正式进行奠基，奠基人双手持握系有红绸的新锹为奠基石培土，再由主人与其他嘉宾依次为之培土，直至将其埋没为止。奠基时应演奏喜庆乐曲或敲锣打鼓，营造良好的气氛。

奠基仪式如图8-5所示（选自www.yesky.com）。

（4）落成仪式礼仪

落成仪式也称竣工仪式，它是指本单位所属的某一建筑物或某项设施建设、安装工作完成之后，或是某一纪念性、标志性建筑物——诸如纪念碑、纪念塔、纪念堂等建成之后，以及某种意义特别大的产品生产成功之后，所专门举行的庆贺性活动。落成仪式一般应在现场举行，如新落成的建筑物之外，纪念碑、纪念塔的旁边等。参加落成仪式要注意情绪，在庆贺工厂大厦落成、重要产品生产等时应表现出欢乐和喜悦，在庆祝纪念碑、纪念塔落等成时应表现出庄严而肃穆。

落成仪式的程序是：①宣布仪式开始，全体起立，介绍各位来宾；②奏国歌，并演奏本单位标志性乐曲；③本单位负责人发言，以介绍、回顾、感谢为主要内容；④进行揭幕或剪彩；⑤全体人员向刚刚落成的建筑物行注目礼；⑥来宾致辞；⑦全体人员进行参观。

落成仪式如图8-6所示。

图 8-5 奠基仪式

图 8-6 落成仪式

3. 剪彩仪式

剪彩仪式的由来

剪彩仪式起源于开张。据说美国人做生意保留着一种习俗，即一清早必须把店门打开，为了使人们知道这是一个新开张的店铺，还要特地在门前横系上一条布带。因为这样做既可以防止店铺未开张前闯入闲人，又起引人注目、标新立异的作用。等店铺正式开张时才将布带取走。

1912年，美国的圣安东尼州的华狄密镇上有一家大百货公司将要开张，老板威尔斯（Wells）严格地按照当地的风俗办事，在早早开着的店门前横系着一条布带，万事俱备，只等开张。这时，老板威尔斯十岁的女儿牵着一只哈巴狗从店里匆匆跑出来，无意中碰断了这条布带。这时在门外等候的顾客及行人以为正式开张营业了，蜂拥而入，争先恐后地购买货物，真是生意兴隆。不久，当老板的一个分公司又要开张时，想起第一次开张时的盛况，又如法炮制。这次是有意让女儿把布带碰断，果然财运又不错。于是，人们认为让女孩碰断布带的做法是一个极好的兆头，因而争相效法，广为推行。此后，凡是新开张的商店都要邀请年轻的姑娘来撕断布带。

后来，人们又用彩带取代色彩单调的布带，并用剪刀剪代替用手撕，有的讲究用金剪子。这样一来，人们就给这种正式做法取了个名——"剪彩"。剪彩的人也逐步被一些德高望重的社会名流甚至是国家元首代替。

剪彩仪式是有关的组织为了庆贺其成立开业，大型建筑物落成，新造的车船和飞机出厂，道路桥梁落成首次通车，大型展销会、展览会的开幕而举行的一种庆祝活动。

剪彩作为一种庆典仪式，可以在开业典礼中举行，也可举行专门的剪彩仪式，以期引起社会各界的重视。举行剪彩仪式要遵循以下礼仪规则。

（1）邀请参加者

参加剪彩仪式的人员主要分为：主办单位负责人和组织仪式的人员，上级领导、主管单位负责人、知名人士、记者等来宾；主办单位企业的员工；有关管理人员和技术人员。通过参加仪式，参加者身临其境，感受项目或展览的重要，从而形成深刻难忘的印象。对仪式的参加者应做好接待工作。当宾客到达时，接待人员要请宾客签到，然后引领他们到指定的位置上。

（2）准备工作

剪彩仪式的主席台要事先布置好，主席台要蒙好台布，摆放茶水和就职人员的名牌。为了增添热烈而隆重的喜庆气氛，可以邀请礼仪小姐参加仪式。礼仪小姐可从本组织中挑选，也可到礼仪公司聘请。对礼仪小姐要求仪容、仪表、仪态文雅、大方、端庄，着装宜选择西式套装或红色旗袍，穿高跟鞋，配长筒丝袜，化淡妆，并以盘起发髻的发型为佳。人员确定后，要进行必要的分工和演练。剪彩仪式的用品如剪刀、白纱手套、托盘应按剪彩者人数配齐，系有花结的大红缎带约 2 米，馈赠的纪念性小礼品也应准备好。

（3）剪彩者形象

剪彩者是剪彩仪式的主角，其仪表举止直接关系到剪裁仪式的效果和组织形象。因此作为剪彩者，要有荣誉感和责任感，衣着大方、整洁、挺括，容貌要适当修饰，剪彩过程中要保持稳重的姿态、洒脱的风度和优雅的举止。

（4）仪式开始

仪式主持人在宣布仪式开始时，声音要高亢响亮。然后，向到会者介绍参加剪彩仪式的领导人、负责人与知名人士，并对他们表示谢意，同时，也对在场的其他与会者表示感谢。感谢还要用掌声表示，主持人把两手高举起一些，以作为对在场各位鼓掌引导的暗示。仪式上可以安排简短发言，言简意赅，充满热情，两三分钟即可，发言者一般为东道主的代表，向东道主表示祝贺的上级主管部门、地方政府及其他协作单位的代表。

礼仪故事 8-2

"请张市长下台剪彩"

某公司举行新项目开工剪彩仪式，请来了张市长和当地各界名流嘉宾参加，请他们坐在主席台上。仪式开始时，主持人宣布："请张市长下台剪彩！"却见张市长端坐没动。主持人很奇怪，重复了一遍："请张市长下台剪彩！"张市长还是端坐没动，脸上还露出一丝恼怒。主持人又宣布了一遍："请张市长剪彩！"张市长才很不情愿地勉强起来去剪彩。

点评：剪彩仪式的主持人口无遮拦，请张市长剪彩，他是得走下台去剪彩，但是作为主持人如此宣布，怎不叫张市长懊恼呢？身为市长，他是十分忌讳"下台"二字的。

（5）进行剪彩

主持人宣布正式剪彩之后，剪彩者应在礼仪小姐的引导下，步履稳健地走向剪彩位置，如有几位剪彩者时应让中间主剪者走在前面，其他剪彩者紧随其后走向自己的剪彩位置。主席台上的人员一般要尾随至剪彩者之后 1～2 米处站立。当礼仪小姐用托盘呈上白手套、新剪刀时，剪彩者可用微笑表示谢意并随即接过手套和剪刀。剪彩前要向手拉缎带的礼仪小姐点头示意，然后，全神贯注、表情庄重地将缎带一刀两断。如果几位剪彩者共同剪彩，要注意协调行动，处在外段的剪彩者应用眼睛余光注视处于中间位置的剪彩者的动作，力争同时剪断彩带。剪彩者还应与礼仪小姐配合，让彩球落于托盘中。剪彩者放下剪刀后，应转身向周围的人鼓掌致意，并与主人进行礼节性的谈话，然后在礼仪小姐引导下退场。剪彩仪式现场如图 8-7 所示。

图 8-7　剪彩仪式现场

（6）参观庆贺

剪彩后，一般要组织来宾参观工程、展览等，有时候还要宴请宾客，共同举杯庆祝。

三、宴请活动礼仪

1．宴请的种类

根据不同的交际目的、邀请对象以及经费开支，交际场合常见的宴请形式见表 8-3。

表 8-3　　　　　　　　　　　　　　　　　　宴会的种类

宴会类型	宴会特点
国宴	以国家名义举行仪式的最高规格的礼宴，有两种类型：一是国家元首或政府首脑为国家庆典、新贺喜招待各国使节或各界知名人士的宴会；二是国家元首或政府首脑为来访的外国领导人或世界名人举行仪式的正式欢迎宴会
正式宴会	通常是政府有关部门、人民团体为欢迎邀请来访的宾客，或来访宾客为答谢主人而举行的宴会，其安排与服务程序大体与国宴相同，但规格和标准都稍低于国宴，并不挂国旗，不演奏国歌
便宴	用于非正式的宴请，多用于招待熟悉的宾朋好友。一般规模较小，菜式有多有少，质量可高可低，不拘严格的礼义、程序，随便、亲切
家宴	在家中以私人名义举行的宴请形式，通常是在节假日或其他喜庆日子与亲朋好友欢聚，在兴箸端杯之间，共享快乐，庆祝喜悦，并借此交流感情，增进友谊，加强团结
茶话会	一种意在联络老朋友、结交新朋友的具有对外联络和进行招待性质的社交性集会。席间一般只摆放茶点、水果和一些风味小吃。宾主共聚一堂，饮茶尝点，漫话细叙，形式比较随便自由。有时席间还安排一些短小的文艺节目助兴，使气氛更加喜庆、热烈
冷餐会	目前国际上所通行的一种非正式的西式宴会，在大型的商务活动中尤为多见。其特点是菜点和餐具分别摆在菜台上，宾、主根据个人需要，自己取餐具后选取食物，并可多次收食，可以自由走动，任意选择座位，也可站着与别人边谈边用餐
鸡尾酒	以招待酒水为主，略备小吃。酒会不一定都备鸡尾酒，但酒水和饮料的品种应多一些，一般不用烈性酒。食物多为各色面包、三明治、小泥肠、炸春卷等，以牙签取食。酒水和小吃由招待员用盘端送，也可置于小桌上供客人自取。酒会不设坐椅，宾主皆可随意走动，自由交往。这种形式比较灵活，便于广泛接触交谈。举行的时间亦较灵活，中午、下午、晚上均可，持续时间在两小时左右

2. 宴请的组织

宴请宾客是一种较高规格的礼遇，所以主办单位、主人和被宴请宾客都要认真、周到地做好各项准备工作。包括制订宴请计划、拟定宴会日程、落实宴会事宜等。

（1）制订宴请计划

① 确定宴请的目的。宴请的目的多种多样，可以是表示欢迎、欢送、答谢，也可以是庆贺、纪念等。目的清楚了，就可以根据需要安排宴请的对象、范围和形式了。

② 确定宴请的对象和范围。请什么人，请多少人参加；要根据主宾的身份、国籍、习俗、爱好等确定宴会的规格、主陪人、餐式等。

③ 敲定宴会的形式。根据规格、对象、目的来确定是举办中式宴会、西式宴会，还是冷餐会、酒会等。一般正规的、规格高的、人数少的，以宴会形式为宜，人数较多则以冷餐会或酒会的形式更为合适。

（2）拟定宴会日程

① 时间。确定正式宴请的具体时间，要讲究主随客便；主人不仅要从自己的客观能力出发，更要优先考虑被邀请者，特别是主宾的实际情况。如果可能，应该先和主宾协商一下，力求两相方便。最好尽可能地提供几种时间上的选择，以显示自己的诚意。

② 地点。用餐地点的选择非常重要。选择地点的三大要素，第一是环境：首先环境幽雅，宴请不仅仅是为了"吃东西"，也要"吃文化"，一定要争取选择清静、优雅的地点用餐。第二是卫生：选择卫生条件良好的，否则会破坏用餐者的食欲。第三就是交通：要考虑到用餐者的交通情况是否方便，有没有公交线路通过，有没有停车场，是不是要为聚餐者预备交通工具等一系列的具体问题。

③ 宴请活动的主题：欢迎、庆贺、纪念、答谢等。这样做主要是让来宾了解宴请的大概内容，便于安排赴宴。

（3）发出邀请函或请柬

宴会一般都要用请柬正式发出邀请，这样做一方面出于礼节，另一方面也是供客人备忘。宴请内容应包括：活动的主题、形式、时间、地点、主人姓名等。请柬应书写清晰、设计精美；通常提前一周左右将请柬发出，太晚则不够礼貌，也不便于被宴请着提早安排。

（4）确定菜单

根据宾客的饮食习惯，在宴请前，主人需要事先对菜单进行再三斟酌。一般情况下，优先考虑的菜肴有"三特一拿手"。①有中餐特色的菜肴。在宴请外宾的时候，这一条更为重要。像日常生活中的家常菜炸春卷、煮元宵、蒸饺子、狮子头等，虽不是佳肴美味，但因为具有鲜明的中国特色，所以受到很多外国人的推崇。②有本地特色的菜肴。如山东名菜：曲阜孔府三大宴（家宴、喜宴、寿宴）；广东名吃：脆皮乳猪、荔浦扣肉；江南名菜：西湖醋鱼、南京板鸭、无锡脆鳝；浙江名菜：龙井虾仁、绍式小扣、西湖莼菜；安徽名吃：黄山炖鸡、芙蓉蹄筋、符离烧鸡；还有北京烤鸭、天津包子、西安饺子等，在这些地方宴请外地客人时，上这些特色菜，恐怕要比千篇一律的生猛海鲜更受到好评。③本餐馆的特色菜肴。很多餐馆都有自己的特色菜。上一份本餐馆的特色菜，能说明主人的细心和对被邀请者的诚意和尊重。④主人最拿手的菜肴。举办家宴时，主人一定要当众露一手，多做几个自己的拿手菜。其实，所谓的拿手菜不一定十全十美，只要主人亲自动手，单凭这一条足以让对方感觉到你对他的尊重和友好。

礼仪小贴士 8-3

G20杭州峰会晚宴菜单

2016年9月万众瞩目的G20峰会在杭州成功举办。G20峰会晚宴共14道菜，开胃菜1道，点心1道，蔬菜2道，果盘1道，甜汤1道，此外还有鸡、鱼、牛、虾、羊、鸭。以杭帮菜为主，菜名体现了团结合作与包容的力量。从晚宴菜单来看，可谓用心良苦。

1. 八方迎客（富贵八小碟）Appetizers combination
2. 大展宏图（鲜莲子炖老鸭）Double-boiled duck with lotus seed
3. 紧密合作（杏仁大明虾）Deep-fried prawn with almond
4. 共谋发展（黑椒澳洲牛柳）Pan-fried Australian Beef with black pepper
5. 千秋盛世（孜然烤羊排）Roasted lamb chop with cumin
6. 众志成城（杭州笋干卷）Dried bamboo shoot roll，HangZhou style
7. 四海欢庆（西湖菊花鱼）West Lake fiesh Water fish
8. 名扬天下（新派叫花鸡）Beggars chicken
9. 包罗万象（鲜鲍菇扒时蔬）Braised vegetable with mushroom
10. 风景如画（京扒扇形蔬）Braised seasonal vegetable，Beijing style
11. 携手共赢（生炒牛松阪）Fried rice with minced beef
12. 共建和平（美点映双辉）Chinese petit fours
13. 潮涌钱塘（黑米露汤圆）Sweetened cream of black nce with dumplings
14. 承载梦想（环球鲜果盆）Seasonal fresh fruit platter

在安排菜单时，还必须考虑到来宾的禁忌。要注意不要勉强吃自己不喜欢吃的东西。虽然有人主张"舍命吃名品"，但要记住英国谚语："你的佳肴，他人的毒药"。

我国著名的八大菜系

川菜：素以味多、味广、味厚著称，并有一菜一格，百菜百味的美誉；

鲁菜：色彩浓重，滑而不腻；

苏菜：浓中带淡，鲜香酥烂，原汁原汤，浓而不腻，口味平和，咸中带甜；

粤菜：以爽、脆、鲜、嫩为特色；

湘菜：口味偏重于咸、辣、酸；

闽菜：色调美观，滋味清鲜；

徽菜：选料朴实，讲究火候，重油重色，味道醇厚，保持原汁原味。

浙菜：具有清、香、脆、嫩、爽、鲜的特点。

（5）席位安排

宴请往往采用圆桌布置菜肴、酒水。采用一张以上的圆桌安排宴请时，排列圆桌的尊卑位次有两种情况：一种是由两桌组成的小型宴会，当两桌横排时，其桌次以右为尊，以左为卑。这里所讲的右与左，是由面对正门的位置来确定的。这种做法又叫"面门定位"，参见图8-8。

当两桌竖排时，其桌次则讲究以远为上，以近为下。这里所谓的远近，是以距正门的远近而言的，参见图8-9。此法亦称"以远为上"。

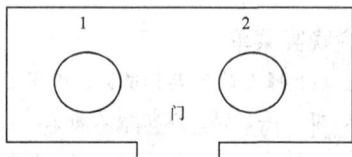

图8-8 两桌横排的桌次排列方法

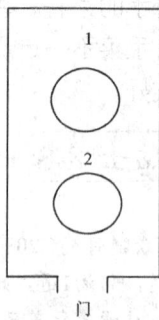

图8-9 两桌竖排的桌次排列方法

另一种是由三桌或三桌以上所组成的宴会。通常它又叫多桌宴会。在桌次的安排时除了要遵循"面门定位""以右为尊""以远为上"这三条规则外，还应兼顾其他各桌距离主桌，即第一桌的远近。通常距主桌越近，桌次越高；距离主桌越远，桌次越低，参见图8-10和图8-11。

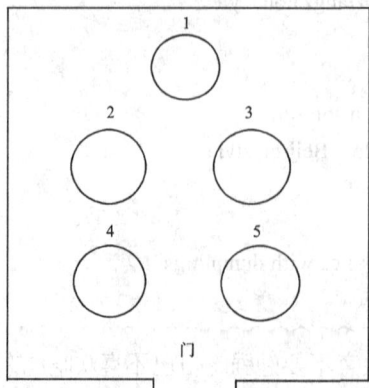

图8-10 多桌桌次排列方法（1）

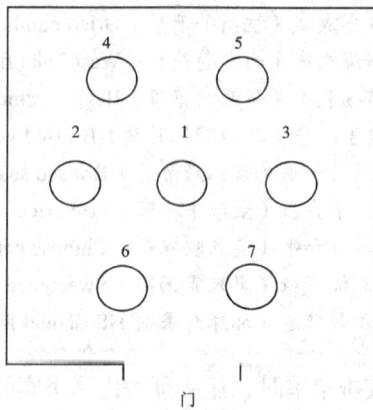

图8-11 多桌桌次排列方法（2）

其次需引起注意的是席位安排。在进行宴请时，每张餐桌上的具体位次也有主次尊卑之别。排列位次的方法是主人大都应当面对正门而坐，并在主桌就坐；举行多桌宴请时，各桌上均应有一位主桌主人的代表就坐，其位置一般与主人同向，有时也可面对主桌主人；各桌上的位次尊卑，应根据其距离该桌主人的远近而定，以近为上，以远为下；各桌上距离该桌主人相同的位次，讲究以右为尊，即以该桌主人面向为准，其右为尊，其左为卑。

另外，每张桌上所安排的用餐人数应限于 10 人之内，并宜为双数。

圆桌上位次的具体排列可分为两种情况：一是每桌一个主位的排列方法，主宾在其右首就坐，参见图 8-12。

第二种情况是每桌两个主位的位次排列方法，其特点是主人夫妇就座于同一桌，以男主人为第一主人，以女主人为第二主人，主宾和主宾夫人分别在男女主人右侧就坐，这样每桌就形成了两个谈话中心，参见图 8-13。

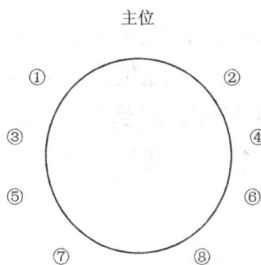

图 8-12　每桌一个主位的位次排列方法　　图 8-13　每桌两个主位的位次排列方法

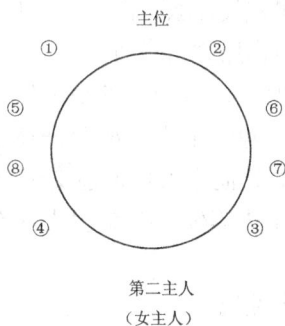

倘若主宾身份高于主人，为了表示尊重，可安排其在主人位次上就座，而请主人坐在主宾的位次。

（6）宴请程序

迎客时，主人一般在门口迎接。官方活动除男女主人外，还有少数其他主要官员陪同主人排列成行迎宾，通常称为迎宾线，其位置一般在宾客进门存衣以后进入休息厅之前。与宾客握手后，由工作人员引入休息厅或直接进入宴会厅。主宾抵达后，由主人陪同进入休息厅与其他宾客见面。在休息厅内由相应身份的人员陪同宾客，服务员送饮料。

主人陪同主宾进入宴会厅，全体宾客入席，宴会开始。若宴会规模较大，则可请主桌以外的客人先就座，贵宾后入座。若有正式讲话，一般安排在热菜之后甜食之前由主人讲话，接着由主宾讲话，也可以一入席双方即讲话。冷餐会及酒会讲话时间则更灵活。吃完水果，主人和主宾起立，宴请即告结束。

外国人的日常宴请以女主人作为第一主人时，往往以她的行动为准。入席时，女主人先坐下，并由女主人招呼开始进餐。餐毕，女主人起立，邀请女宾与其一起离席。然后男宾起立，随后进入休息厅或留下吸烟。男女宾客在休息厅会齐，即上茶或咖啡。主宾告辞时，主人把主宾送至门口。主宾离去后，迎宾人员按顺序排列，与其他宾客握手告别。

3. 赴宴的礼仪

宴会是社交应酬的一种重要场合，形式多种多样，参加宴会，无论是作为组织的代表，还是以个人的身份出席，都应该注意礼仪。出席宴会前，要做简单的梳洗打扮，女士要淡淡地修饰一下，显出秀丽高雅的气质。男士也要把头发和胡须整理和刮洗干净，穿上一套整洁大方、适合身份的衣服，容光焕发地赴宴。这既能体现一个人的道德素养与修养，也是对主人的一种尊敬。一般要做到以下方面。

（1）接到邀请及时回复

当我们接到邀请后，能否出席要尽早答复。不能出席的，要婉言谢绝并对对方表示遗憾和谢意；接受邀请后，不能随意改变，要按时出席。如果临时有事发生，不能前往赴约，要尽早给主人解释，并深表歉意。如果我们自己是主宾，又不能如约参加宴请活动，更应该郑重其事地道歉。

（2）适当地装扮自己

参加宴会活动前，根据宴会活动的规格和要求适当地修饰自己，以表示对主人及参加宴会者的尊重。正式的宴会，主人在请柬上会注明服装要求，赴宴前要特别注意，按要求着装。普通宴请，虽然没什么严格规定，但也不能过于随便，要与宴请活动相吻合。

（3）按时出席宴请活动

按时出席宴请活动是最基本的礼貌，赴宴迟到非常失礼，当然也不能去得太早，如果去得太早，也许主人还没做好充分的准备，同样不妥。社会地位高或者身份高者一定要按时到达，其他客人可提前 2～3 分钟到达，如不能赴宴或延迟到达时间，应及时通知主人，以免主人等候。若是主人的至亲挚友，可提前更多时间到达，帮助准备工作和接待客人。

（4）席上礼规

礼仪故事 8-3

如此吃相

在与自己的同事一道外出参加一次宴会时，财政局干事李君因为举止有失检点，从而招致了大家的非议。

李君当时在宴会上为了吃得畅快，在开始用餐之后便一而再、再而三地减轻自己身上的"负担"。他先是松开自己的领带，接下来又解开领扣、松开腰带、卷起袖管，到了最后，竟然又悄悄地脱去自己的鞋子。尤其令人感到不快的是，李君在吃东西时，总爱有意无意地咂巴其滋味，吃得訇然作响，并且其响声"一波未平，一波又起"，"一浪高过一浪"。

李君在宴会上的此番作为，不仅令他身边的人瞠目结舌，也叫他的同事们无地自容。

入席后，不要立即动手取食，而应待主人打招呼，由主人举杯示意开始时，客人才能开始；客人不能抢在主人前面。夹菜要文明，应等菜肴转到自己面前时再动筷子，不要抢在邻座前面，一次夹菜也不宜过多。要细嚼慢咽，这不仅有利于消化，也是餐桌上的礼仪要求。决不能大块往嘴里塞，狼吞虎咽，这样会给人留下贪婪的印象。不要挑食，不要只盯住自己喜欢的菜吃，或者急忙把喜欢的菜堆在自己的盘子里。用餐的动作要文雅，夹菜时不要碰到邻座，不要把盘里的菜拨到桌上，不要把汤泼翻。不要发出不必要的声音，如喝汤时"咕噜咕噜"，吃菜时嘴里"叭叭"作响，这都是粗俗的表现。不要一边吃东西，一边和人聊天。嘴里的骨头和鱼刺不要吐在桌子上，可用餐巾掩口，用筷子取出来放在碟子里。掉在桌子上的菜，不要再吃。进餐过程中不要玩弄碗筷，或用筷子指向别人。不要用手去嘴里乱抠。用牙签剔牙时，应用手或餐巾掩住嘴。不要让餐具发出任何声响。

用筷十忌

（1）忌半途筷，就是把夹住的菜肴又放下，再夹另一种。

（2）忌游动筷，就是举筷不定，东挑西拣。

（3）忌窥筷，即手持筷子，东张西望。

（4）忌碎筷，用嘴或手撕筷头上的菜肴。

（5）忌刺筷，以筷代叉，插菜进食。

（6）忌签筷，用筷子当牙签，挑剔牙缝。

（7）忌泪筷，夹菜途中，筷头上的汤汁像泪水一样滴个不停。

（8）忌吮筷，用嘴吮舔筷头上的汤汁。

（9）忌敲筷，用筷子敲打碗盆或桌面。

（10）忌点筷，就是用筷子指点主人、客人或厨师。

（5）席间祝酒

祝酒也就是敬酒，是指在正式宴会上，由男主人向来宾提议，提出某个事由而饮酒。在饮酒时，通常要讲一些祝愿、祝福类的话甚至主人和主宾还要发表专门的祝酒词，祝酒词内容越短越好。敬酒可以随时在饮酒的过程中进行。要是致正式祝酒词，就应在特定的时间进行，并不能因此影响来宾的用餐。祝酒词适合在宾主入座后、用餐前开始，也可以在吃过主菜后、甜品上桌前进行。在饮酒特别是祝酒、敬酒时进行干杯，需要有人率先提议，可以是主人、主宾，也可以是在场的人。提议干杯时，应起身站立，右手端起酒杯，或者用右手拿起酒杯后，再以左手托扶杯底，面带微笑，目视其他人特别是自己的祝酒对象，同时说着祝福的话。在中餐里，干杯前，可以象征性地和对方碰一下酒杯；碰杯的时候，应该让自己的酒杯低于对方的酒杯，表示对对方的尊敬。当离对方比较远时，用酒杯杯底轻碰桌面，也可以表示和对方碰杯。

喝酒为什么要碰杯

喝酒为什么要碰杯？目前有两种说法。

一种说法是古希腊人创造的。传说古希腊人注意到这样一个事实，在举杯饮酒之时，人的五官都可以分享到酒的乐趣：鼻子能嗅到酒的香味，眼睛能看到酒的颜色，舌头能够辨别酒味，而只有耳朵被排除在这一享受之外。怎么办呢？希腊人想出一个办法，在喝酒之前，互相碰一下杯子，杯子发出的清脆的响声传到耳朵中。这样，耳朵就和其他器官一样，也能享受到喝酒的乐趣了。

另一种说法是，喝酒碰杯起源于古罗马。古代的罗马崇尚武功，常常开展"角力"竞技。竞技前选手们习惯于饮酒，以示相互勉励之意。由于酒是事先准备的，为了防止心术不正的人在给对方喝的酒中放毒药，人们想出一种防范的方法，即在角力前，双方各将自己的酒向对方的酒杯中倾注一些。以后，这样碰杯便逐渐发展成为一种礼仪。

一般情况下，敬酒应以年龄大小、职位高低、宾主身份为先后顺序，一定要充分考虑好敬酒的顺序，分清主次。即使和不熟悉的人在一起喝酒，也要先打听一下身份或是留意别人对他的称号，避免出现尴尬或伤感情。但如果在场有更高身份或年长的人，要先给尊长者敬酒，不然会使大家很难为情。如果因为生活习惯或健康等原因不适合饮酒，也可以委托亲友、部下、晚辈代喝或者以饮料、茶水代替。作为敬酒人，应充分体谅对方，在对方请人代酒或用饮料代替时，不要非让对方喝酒不可，也不应该好奇地"打破砂锅问到底"。在西餐里，祝酒干杯只用香槟酒，并且不能越过身边的人而和其他人祝酒干杯。

（6）席间交流

席间要主动与同桌人员进行交流，不可一句话都不说，让人觉得我们是为吃而来。不要只与个别人交谈，或只和自己熟悉的人交流；说话的声音不能太大或窃窃私语；也不能一边说话一边进食。在谈话的时候，要选择轻松、愉快的话题，而不要谈严肃、沉重，甚至难过、悲伤的话题，以免影响大家的情绪。

（7）离席

天下没有不散的筵席，宴会总有结束的时候。用餐完毕告辞也要讲究礼仪，这不仅能加深别人对我们的好印象，还能提升对方的好感程度。用餐完毕，等主人示意宴会结束时，客人才能离席。如果客人有事要提前离席，则应向主人及同席的客人致谢。客人向主人道谢、告别时，该说的事交代完后即可离开，不要说个不停，否则对方无法招呼别人。如果是很多人要一起离席，某些客套话尽可省略，不可能耽误别人太多的时间。

礼仪小贴士 8-7

就餐举止十忌

一忌在用餐时口中发出过大的声响，在国外用餐时不得发出声音，这是最为基本的一条餐桌礼仪。

二忌用餐时整理自己的服饰，或是化妆、补妆。

三忌用餐时吸烟。

四忌再三劝说，甚至强迫别人饮酒。

五忌乱挑、翻拣菜肴或其他食物。

六忌用自己的餐具为别人夹菜、舀汤或选取其他食物。

七忌用餐具对着别人指指点点，或者把餐具相互敲打出声。

八忌直接以手取用不宜用手取用的菜肴或其他食物。

九忌毫无遮拦地当众剔牙。

十忌随口乱吐嘴里不宜下咽的食物。

4. 吃西餐的礼仪

礼仪故事 8-4

如何用西餐

老张的儿子留学归国，还带了位洋媳妇回来。为了讨好未来的公公，这位洋媳妇一回国就诚惶诚恐地张罗着请老张一家到当地最好的四星级饭店吃西餐。

用餐开始了，老张为在洋媳妇面前显示出自己也很讲究，就用桌上一块"很精致的布"仔细地擦了自己的刀、叉。吃的时候，学着他们的样子使用刀叉，既费劲又辛苦，但他觉得自己挺得体的，总算没丢脸。用餐快结束了，吃饭时喝惯了汤的老张盛了几勺精致小盆里的"汤"放到自己碗里，然后喝下。洋媳妇先是一愣，紧跟着也盛着喝了，而他的儿子早已是满脸通红。

老张闹了两个笑话，一是他不应该用"很精致的布"（餐巾）擦餐具，那只是用来擦嘴或手的；二是"精致小盆里的汤"是洗手的，而不是喝的。

随着我们对外交往的越来越频繁，西餐也离我们越来越近，只有掌握一些西餐礼仪，在必要的场合才不至于"出意外"。

西餐是西方国家的一种宴请形式。由于受民族习俗的影响，西餐的餐具、摆台、酒水菜点、用餐方式、礼仪等都与中餐有较大差别。目前由于我国对外交往活动的不断增多，西餐也已成为我国招待宴请活动的一种方式。因此，了解西餐的一般常识和礼仪是十分重要的。

西餐的餐具多种多样。常见的西餐餐具有叉、刀、匙、杯、盘等。

摆台是西餐宴请活动中的一项专门的技艺，也是必不可少的一个礼仪程序，它直接关系到用餐过程、民族习俗和礼仪规范等。西餐的摆台因国家的不同也有所不同，常见的有英美法国式和国际式西餐摆台。这里我们介绍一下国际式西餐摆台。

国际上常见的西餐摆台方法是：座位前正中是垫盘，垫盘上放餐巾（口布）。盘左放叉，盘右放刀、匙，刀尖向上、刀口朝盘，主食靠左，饮具靠右上方，参见图8-14。正餐的刀叉数目应与上菜的道数相等，并按上菜顺序由外至里排列，用餐时也从外向里依序取用。饮具的数目、类型应根据上酒的品种而定，通常的摆放顺序是从右起依次为葡萄酒杯、香槟酒杯、啤酒杯（水杯）。吃西餐时，应注意掌握以下几个方面的礼仪。

（1）上菜顺序。西餐上菜的一般顺序是：①开胃前食；②汤；③鱼；④肉；⑤色拉；⑥甜点；⑦水果；⑧咖啡或茶等。菜肴从左边上，饮料从右边上。

（2）餐巾的使用。入座后先取下餐巾，打开，铺在双腿上。如果餐巾较大，可折叠一下，放在双腿上，切不可将餐巾别在衣领上或裙腰处。用餐时可用餐巾的一角擦嘴，但不可用餐巾擦脸或擦刀叉等。用餐过程中若想暂时离开座位，可将餐巾放在椅背上，表示还要回来；若将餐巾放在餐桌上表示已用餐完毕，服务员则不再为你上菜。

（3）刀叉的使用。吃西餐时，通常用左手持叉、右手持刀，用叉按住食物，用刀子切割，然后用叉子叉起食物送入口中，切不可用刀送食物入口（如图8-15所示）。如果只使用叉子，也可用右手使用叉子。使用刀叉时应避免发出碰撞声。用餐过程中，若想放下刀叉，应将刀叉呈"八"字形放在盘子上，刀刃朝向自己，表示还要继续吃，如图8-16所示。用餐完毕，则应将叉子的背面向上，刀的刀刃一侧应向内与叉子并拢，平行放置于餐盘上，如图8-17所示。尽量将柄放入餐盘内，这样可以避免由于碰触而掉落，服务生也容易收拾。

图8-14　西餐餐具的摆放

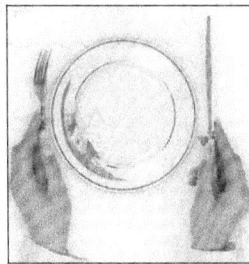

图8-15　西餐刀叉的使用方法

图8-16　刀叉呈"八"字形

图8-17　用餐完毕

（4）用餐礼节。当全体客人面前都上了菜，主人示意后开始用餐，切不可自行用餐；喝汤时不要发出声响；面包要用手去取，不可用叉子去取，也不可用刀子去切，面包应用手掰着吃；吃沙拉时只能使用叉子；用餐过程中，若需用手取食物，要在西餐桌上事先备好的水盂里洗手（沾湿双手拇指、食指和中指），然后用餐巾擦干，切不可将水盂中的水当成饮用水喝掉；最好避免在用餐时剔牙，若非剔不可，必须用手挡住嘴；当服务员依次为客人上菜时，一定要服务员走到我们的左边时，才轮到我们取菜，如果在我们的右边，不可急着去取；吃水果不可整个咬着吃，应先切成小瓣，用叉取食；若不慎将餐具掉在地上，可由服务员更换；若将油水或汤菜溅到邻座身上，应表示歉意，并由服务员协助擦干。

礼仪小贴士 8-8

喝咖啡的礼仪

餐后喝咖啡是西方人的传统饮食习惯。饮咖啡可以安排在用过甜点、水果之后，也可以离开餐桌改在咖啡厅进行。

拿咖啡杯——咖啡一般都是用袖珍型的杯子盛出，但即使用较大的杯子，也不要用手指穿过杯耳再端杯子。正确的拿法，应是拇指和食指捏住杯把儿再将杯子端起。

给咖啡加糖——给咖啡加糖时，砂糖可用咖啡匙舀取，直接加入杯内；也可先用糖夹子把方糖夹在咖啡碟的近身一侧，再用咖啡匙把方糖加在杯子里。如果直接用糖夹子或手把方糖放入杯内，有时可能会使咖啡溅出，从而弄脏衣服或台布。

用咖啡匙——咖啡匙是专门用来搅咖啡的，饮用咖啡时应当把它取出来。不要用咖啡匙舀着咖啡一匙一匙地慢慢喝，也不要用咖啡匙来捣碎杯中的方糖。

咖啡太热——刚刚煮好的咖啡太热，可以用咖啡匙在杯中轻轻搅拌使之冷却，或者等待其自然冷却，然后再饮用。用嘴试图去把咖啡吹凉，是很不文雅的动作。

喝咖啡——正确地做法是用右手拿着咖啡杯的杯耳，左手轻轻托着咖啡碟，慢慢地移向嘴边轻啜。不宜满把握杯、大口吞咽，也不宜俯首去就咖啡杯。喝咖啡时，不要发出轻响。添加咖啡时，不要把咖啡杯从咖啡碟中拿起来。

喝咖啡与用点心——有时饮咖啡可以吃一些点心，但不要一手端着咖啡杯，一手拿着点心，吃一口喝一口地交替进行。饮咖啡时应当放下点心，吃点心时则放下咖啡杯。

第二节　能力提升

一、案例讨论

案例 8-1

就座

某分公司要举办一次重要会议，请来了总公司总经理和董事会的部分董事，并邀请当地政府要员和同行业知名人士出席。由于出席的重要人物多，领导决定用U字形的桌子来布置会议桌。分公司领导坐在位于长U字横头处的下首，其他参加会议者坐在U字的两侧。在会议的当天开会时，贵宾们都进入了会场，按安排好的座签找了自己的座位就座。当会议正式开始时，坐在横头桌子上的分公司领导宣布会议开始，这时发现会议气氛有些不对劲，有贵宾相互低语后借口有事站起来要走，分公司的领导人不知道发生了什么事或出了什么差错，非常尴尬。

【思考与讨论】

（1）请指出此案例中的失礼之处。

（2）本案例对你有哪些启示？

案例 8-2

会场的"明星"

小刘的公司应邀参加一个研讨会，该研讨会邀请了很多商界知名人士以及新闻界人士参加。老总特别安排小刘和他一道去参加，同时也让小刘见识一下大场面。

开会这天小刘早上睡过了头，等他赶到，会议已经进行了20分钟。他急急忙忙推开了会议室的门，"吱"的一声脆响，他一下子成了会场上的焦点。刚坐下不到5分钟，肃静的会场上响起了摇篮曲，是谁放的音乐？原来是小刘的手机响了！这下子，小刘可成了全会场的"明星"……

没多久，听说小刘已经离开了该公司。

【思考与讨论】

（1）小刘失礼的地方表现在哪里？

（2）参加各种会议应该注意哪些礼仪？

案例 8-3

焦小姐的"行为不慎"

焦雪梅是一名白领丽人，她机敏漂亮，待人热情，工做出色，因而颇受重用。有一回，焦小姐所在的公司派她和几名同事一道，前往东南亚某国洽谈业务。可是，平时向来处事稳重、举止大方的焦小姐，在访问那个国家期间，竟然由于行为不慎而招惹了一场不大不小的麻烦。

事情的大致经过是这样的：焦小姐和她的同事一抵达目的地，就受到了东道主的热烈欢迎。在为他们的欢迎宴会上，主人亲自为每一位来自中国的嘉宾递上一杯当地特产的饮料，以示敬意。轮到主人向焦小姐递送饮料时，一直是"左撇子"的焦小姐不假思索，自然而然地抬起自己的左手去接饮料。见此情景，主人骤然变色，对方没有把那杯饮料递到焦小姐伸过去的左手里，而是非常不高兴地将它重重地放在餐桌上，随即理都不理焦小姐就扬长而去了，大家觉得非常的纳闷和不解。

【思考与讨论】

（1）焦小姐的"行为不慎"指的是什么？

（2）为什么会由此而招惹了一场不大不小的麻烦呢？

案例 8-4

用餐礼仪

网上曾有篇帖子，记述了唐山一所学校的老师带队去日本上田市立武石小学进行交流访问时的经历，用大量图片真实展示了日本小学生如何帮厨、分餐具、文明用餐、分类收拾垃圾、打扫餐厅的全过程。

该校每天都抽一个班，不管哪个年级的学生，都要参加帮厨，主要负责帮助厨房做饭、准备餐具等工作。就餐的时候，帮厨的学生会穿着白大褂，戴着白口罩白帽子，把餐具、饭菜等抬到餐厅。在中国学生进餐厅前，日本学生已经安静地坐好等待，没有人先开始吃饭，直到中国学生都坐下来，他们才动筷子。开启牛奶瓶的时候，会有日本小学生主动帮助，并把纸质瓶盖和塑料绳分类放入垃圾桶。不论味道如何，几乎所有的武石小学的学生都会把牛奶喝完，饭菜吃光。而中国学生，剩菜剩饭随处可见。就餐完毕，很多日本小学生开始自觉地收拾碗筷、擦桌子，没有老师指挥，大家各自找能干的活。整个用餐过程秩序井然，有条不紊。

【思考与讨论】

（1）用餐礼仪包括哪些内容？

（2）本案例对我国礼仪教育有何启示？

案例 8-5

喝酒有礼仪

小杨是个性格豪爽的北方人，酒量很大，最近被委任为公司副总，应酬自然就多了，喝酒更是常事。在和国内客商的合作中，他的这个特长被发挥得淋漓尽致，而且常常是"酒醉事成"。今年八月份，有几位外商来考察合作事宜，在欢迎晚宴上他就充分利用自己的"特长"，不停地劝酒，一会儿来一句"感情深一口闷（干）"，一会儿又一句"饮酒不醉非君子"，几位老外很快就"歇菜"了。第二天一早，小杨美美地准备好了合同书，就等外商大笔一挥了。但就在第二天上午，外商们竟然直接回国了。

【思考与讨论】

（1）在宴请外商时，小杨存在什么礼仪问题？

（2）本案例对你有何启示？

二、实训项目

项目 1：模拟新闻发布会

实训目标：掌握新闻发布会的组织，锻炼提问能力和回答问题能力。

实训学时：2 学时。

实训地点：实训室。

实训准备：采访用话筒、桌牌、发言提纲、录像机等。

实训方法：某班刚刚组建班委会，准备一次"新闻发布会"活动，会上班委会将要发布"施政纲领"，还将接受班级同学的提问，请进行现场演练。要求如下。

（1）进行会场布置。

（2）挑选主持人、发言人，其余同学扮演各"媒体"记者。

（3）每位发言人都以相应身份、角色发言，每位记者都应提问。

（4）新闻媒体的名称由学生自拟，采访用的话筒、身份牌由学生自行准备。

（5）发言材料及提问自行设计。

（6）将新闻发布会录像，待实训结束后在班里播放，进行评价。

训练手记：通过训练，我的收获是：_____。

项目 2：举办企业标识展览会

实训目标：通过模拟训练让学生掌握展览会的组织和相关礼仪。

实训学时：1 学时。

实训地点：实训室。

实训准备：企业标识、展版、实物、文字说明等。

实训方法：5～6人为一组，分组进行准备。经过一周的准备后进行展示，每组一块展版，安排一名学生进行讲解。要求如下。

（1）尽可能收集一些企业的标识。

（2）设计布置展台。

（3）设置签到席。

训练手记：通过训练，我的收获是：＿＿＿＿＿＿＿＿＿＿＿＿＿＿＿＿＿＿＿＿＿＿＿。

项目3：模拟开业庆典

实训目标：掌握开业庆典的组织和相关礼仪规范。

实训学时：2学时。

实训地点：实训室。

实训准备：布置会场、挂横幅、准备致辞等。

实训方法：模拟某企业开业庆典仪式，使仪式落实在某个商业组织上。要求如下。

（1）编制一份庆典仪式程序，仪式按照程序进行。

（2）重要领导和来宾名单的单位、职务可由学生自己拟订，分别扮演相关角色。

（3）庆典结束后，学生评析，教师总结。

（4）实训可分组进行，让学生轮流模拟演示各个角色。

训练手记：通过训练，我的收获是：＿＿＿＿＿＿＿＿＿＿＿＿＿＿＿＿＿＿＿＿＿＿＿。

项目4：模拟签字仪式

实训目标：掌握签字仪式的程序以及相关礼仪。

实训学时：2学时。

实训地点：实训室。

实训准备：准备有关签字仪式的道具如文本、文件夹、旗帜、签字笔、签字单、吸水纸、酒杯、香槟酒、横幅、照相机、摄像机、会议桌等。

实训背景：中国清泉饮品公司将迎来一批来自美国的摩尔集团商务考察团，清泉饮品公司准备向摩尔集团订购两条先进的罐装流水线设备。在这次考察活动中要进行谈判，将签订合同，举行签字仪式。

实训方法：草拟一份签字仪式的准备方案，布置签字厅并模拟演示签字仪式。要求如下。

（1）实训分组进行，学生分别扮演相关角色。

（2）参加实训的双方须简单演示见面礼仪，在着装上适当修饰。

训练手记：通过训练，我的收获是：＿＿＿＿＿＿＿＿＿＿＿＿＿＿＿＿＿＿＿＿＿＿＿。

项目5：参加中餐宴会活动

实训目标：掌握中餐宴会的桌位和座次要求。

实训学时：2学时。

实训地点：多功能餐厅。

实训准备：会场背景资料、材料（包括气球、彩带、花束）、餐桌、餐具、数码摄像机或照相机等。

实训方法：以寝室6个人为单位，团体分工合作，分别展示餐会会场布置、餐桌摆放、座次牌摆放，说明这些设计摆放的理由。然后用数码摄像机（或数码照相机）记录整个过程，再大屏幕回放，学生自我评价，授课教师总结点评学生存在的个性和共性问题。最后评选"最佳设计团队"。

训练手记：通过训练，我的收获是_____。

项目6：参加西餐宴会活动

实训目标：掌握西餐宴会的礼仪要求。

实训学时：2学时。

实训地点：多功能餐厅。

实训准备：西餐餐具、宴会桌、椅子、桌布、酒杯等。

（背景资料：2015年新年前夕，海外旅游服务有限公司要举办答谢客户宴会。企划部门负责人召开部门会议，会上将宴会的时间初步定在12月下旬，地点初步定在某五星级酒店，确定宴请的对象为20多家单位的负责人和重要客户。如果你是被邀请的一个成员，参加宴会活动时应注意什么？）

实训方法：将学生分成不同小组，12～15人为一个团体，分别扮演男女主人、宾客等不同角色参加宴会，并坐在一张餐桌上，使用不同的餐具。说明这些餐具摆放、使用的程序和理由。然后用数码摄像机（或数码照相机）记录整个过程，再大屏幕回放，学生自我评价，授课教师总结点评学生存在的个性和共性问题。最后评选"最佳服务先生"和"最佳服务小姐"。

训练手记：通过训练，我的收获是_____。

三、阅读思考

方位次序礼仪

方位次序是指对参加社交活动的个人、团体或国家按照一定的惯例进行排列的先后次序。它是日常接待工作中应遵守的规则，体现了接待方对宾客尊重的心理。方位次序礼仪是日常工作中经常遇到的问题。它看起来简单，但稍不注意出现了差错，就会使参与者处于尴尬的境地，甚至影响工作的顺利开展。因此，在交际活动中千万不可小视方位次序礼仪。

1. 方位次序原则

凡两个人以上在一起行走、站立、坐……都有一个方位次序的问题，谁在左边，谁在右边，谁在前面，谁在后面都有一定的规则。在商务活动中，我们通常遵循"以右为尊""前排为尊""中间为尊"的原则。"以右为尊"即是当两个人就座、行走时，右边的位置比左边的更尊贵。应当让职位高者、长者、客人、女性处于右侧，以表示对他们的尊重。当几个条件同时存在时，应当视场合而定。在商务场合，应以职位高者为尊者，让其在右侧。若是社交场合，应先按年龄，再按性别的顺序进行安排。"前排为尊"即是在会议、合影、行走时，应以前排的位置为尊。"中间为尊"即在会议、合影、行走时，应以中间的位置为尊。

2. 不同场合的位次礼节

（1）主席台的座次

主席台上的座次顺序略有不同，它是按"中间为尊""以左为尊"的原则来确定位次的。"中间为尊"就是让职务最高者居中，然后再按"以左为尊"的顺序先左边后右边依次向两边递延，这是我国传统的"以左为尊"观念的体现。主席台上的人数若是双数，只要把最后一个位次暂时先去掉，使人数变成单数，再按照"中间为尊"原则确定第一号人物，再按"以左为尊"原则依次向两边排序，再把最后一个位次依照刚才的排序方法加在最后即可。

（2）会见的位次

会见、会谈、接待、拜访等许多场合都涉及座次问题，我们应按国际惯例"以右为尊"的原则来安排。但由于会客室桌椅摆放各不相同，所以其体现方式也不尽相同。因为会客室大小不一，门所在的位置、方向也不相同，这些都影响了桌椅的摆放方位，上座、下座的确定也不尽相同。一般来说，主要有以下几种摆放方式。

① 并列式。并列式是指主、客双方并排面对门而坐，门通常在主、宾的正前方。会见时，第一主人应该请主宾坐在他的右侧（上座），主宾双方的其他人员则各自一方按其身份高低依次排列就座，翻译或记录人员可在其两边或后侧就座。

② 相对式。相对式是指主人与客人相对而坐。这要依据门的位置来布置会客室。确定位次的总原则是：离门远、面对门的一侧是上座；离门近、背对门的一侧是下座。应该让客人坐在离门远、面对门的上座。具体还要根据门的方位与桌子的摆放来确定上座和下座：进门后，桌子横摆，那么离门远、面对门的是上座，应该让客人坐。进门后，桌子竖摆，即桌子的窄端面对门的时候，以进门后面对桌子窄端的右手一边为上座。如果在办公室接待来访者，那么离办公桌远、靠窗户近、比较安静的座位是上座。

③ 自由式。自由式即宾主自由选择座位，不事先安排座次。这种位次方式通常用于宾客比较多，不便于排座次时；或宾主双方关系比较密切，不需排座时。这种座次方式也能营造出一种轻松的谈话氛围。

（3）会谈的座次

会谈是由主客双方或多方就共同关心的问题交换意见和看法，寻求解决办法的一种沟通形式。会谈的氛围一般比较严肃，座次安排要求更加规范。

① 相对式。相对式一般使用长形或椭圆形谈判桌，宾、主各自列于桌子两侧，主谈人员居中，其他人员按"以右为尊"的原则，依职位高低由近而远分坐于主谈人员两侧。根据谈判桌的摆放和门的方位，通常有两种座次安排方法：一是谈判桌的窄端面向门，进门后右侧为上，是客方所坐；左侧为下，是主方所坐。二是谈判桌横放，面对正门的一方是上座，为客方所坐；背对门的一侧是下座，为主方所坐。

② 主席式。这种形式适合三方或三方以上的多边会谈。在会场里面设一个主席台，发言人轮流到主席台上发表意见、陈述观点。

③ 自由式。这种形式适合多方（三方或三方以上）会谈，可以不排列顺序，随意而坐。会场通常是圆桌式的会场布置，表明各方平等的关系。一般东道主坐于背靠门的下座，表明对客方的尊重。

④ 商务宴请的座次。商务宴请的座次，人们讲究以右为尊，即离主人近为尊，离门远为尊。中餐座次，习惯让男性和女性各坐一边。男主宾坐在男主人右边，女主宾坐在女主人右边，其他来宾按职务高低依次排列。如有翻译，翻译可坐在主宾的右侧。

另外，也可按"之"形排列法或对角线排列法排列座次。人数较多的正规宴请，应该事先在桌上摆放名牌，主人就可示意大家按名牌入席。如果未放置名牌，主人就要邀请客人坐上座。假设主宾身份甚高或主人十分敬重他，就可以请主宾坐在正中，自己向左移一位（按中国传统礼节，主宾此时应该推辞、谦让一番，在主人坚决请求下再入座。不过现代人已经不需要过多的客套，略略谦让一下即可，如果老是推辞，大家都不能入座）。这样的移动会影响到整个座次的安排，但是不论怎样坐，背靠门口的座位一定要让主人一方的人来坐，因为这是个下座。

（4）乘车的座次

在接待工作中，我们常常为来宾安排乘坐轿车等事宜，乘车座次如何安排也是一项体现工作人员工作是否周密、对来宾的尊重程度如何的一个重要方面。由于各国交通规则不同，在不同的国家，轿车座次礼仪也不相同。英、美等国是靠左行驶，我国是靠右行驶。以我国为例，乘坐轿车的位次原则如下：右高左低，后高前低。另外，情况不同，也有不同的安排。我们既要按原则办事，又要尊重他人选择。

① 驾驶者是专业司机时。双排五座轿车，除司机外其他人员的尊卑位次是：后排右座、后排左座，后排中座，前排副驾驶座。若非常讲究座次的话，则后排只安排两人。

② 驾驶者是主人时。当主人开车时，位次尊卑顺序不同。双排五座轿车，其他人员的尊卑位次是：副驾驶座、后排右座、后排左座、后排中座。主宾应该坐在前排副驾驶的座位，与身份相当的主人并排而坐，也表示了对主人的尊重。若非常讲究座次的话，则后排只坐两人即可。

3. 不同场合的次序礼节

（1）行走的次序礼节

行走次序是指人们在步行中的位次排列顺序。商务人员经常陪同领导、宾客时，要特别注意这个问题，不可违反，否则有不礼貌之嫌。行走原则一般有如下几条。

① 二人行。前后行：前为尊，后为次；左右行：右为上，左为下；沿路行：内侧为上，外侧为下。

② 三人并行：中为尊，右为次，左为下。

③ 男女同行：女在右，男在左；或女在内侧，男在外侧。

④ 主客同行：主人应让客人走在内侧，主人走在外侧；若路况不好或路灯不明时，主人应走在客人前面，照顾、提醒客人。

（2）乘坐电梯的次序礼节

有电梯工值守时，应让尊者、客人先进或先下。没有电梯工值守时，接待人员应先进电梯，按住电钮，请尊者、客人后进或先下，防止被门夹住。

（3）上下楼梯的次序礼节

上楼梯时，应让上司、客人、年长者、女士走在前面，秘书、随员走在后面。下楼梯时，男性、年轻人、主人应走在前面，上司、年长者、客人、女士走在后面。这种次序礼节是使尊者、需要照顾者总处在上方，万一他们不小心踏空摔倒，走在下面的人能很快将他们扶住。如果接待的是女士，而她又穿着短裙，上楼梯时接待人员就要走在前面。这是为防止女士所穿短裙高高在上，有"走光"的危险。

（4）进出门的次序礼节

在接待工作中，商务接待人员经常要引导客人进出房间。如果房间门朝内推，接待人员应走到前面，进门后把房门推开，扶持好，等尊者进门后，再把门关好；如果房间门朝外拉，接待人员也应走上前去把门拉开，扶持好，等尊者进门后，自己再跟来，并把门关好。

思考题

1. 当今的方位次序礼仪与中国传统的方位次序礼仪有何不同？

2. 怎样在交际中遵守方位次序礼仪？

课后练习

1. 作为会议或仪式的组织者,在会议或仪式之前应做好哪些准备?

2. 作为会议或仪式的参加者应当遵循哪些礼仪原则?

3. 晓丹是五湖四海股份公司的办公室主任,公司董事会决定在北京举行年度股东大会,晓丹受聘负责会议筹备与接待服务工作。请问晓丹应该从哪些方面着手组织这次会议呢?

4. 某职业技术学院为推荐毕业生就业,专门邀请了 10 家企业的领导进行会谈。请模拟演示这次会谈程序,最后安排企业领导与师生合影。

5. 五湖四海公司为了答谢新老顾客对公司的厚爱,决定在公司会议室举办一次座谈会。如果让你来组织,你将怎样做?

6. 在全班模拟组织一次新闻发布会,以新近学校或系发生的较大的新闻事件为主题,同学们分别扮演发言人、记者、会议服务行业从业人员。

7. 中国北京的兴盛公司与美国的伟达公司经过近一年的谈判,终于达成了正式合作的协议,双方将在北京某大饭店举行签字仪式。如果此次签字仪式由你准备,请列出准备的具体内容和签字仪式的现场布置工作。

8. 如果你是一位宴请者,根据当地的风俗习惯,你会在宴会的前前后后注意哪些礼仪规范?请详细列表。

9. 如果有条件,可用 DV 在食堂拍摄同学们吃饭的情境,并与正确的餐饮礼仪对比。

10. 在用餐上我国存在哪些陋习?请与同学展开讨论。

课后评价考核

评价考核表

内容		评价	
学习目标	评价内容	小组评价(5、4、3、2、1)	教师评价(5、4、3、2、1)
知识(应知应会)	会议、仪式的特点		
	会议、仪式的筹备和总体安排		
专业能力	发布会礼仪		
	展览会礼仪		
	赞助会礼仪		
	联欢会礼仪		
	座谈礼仪		
	茶话会礼仪		
	签字仪式		
	开业仪式		
	剪彩仪式		
通用能力	人际沟通能力		
	组织能力		
态度	礼貌待人、认真、细致、热情、一丝不苟		
努力方向:		建议:	

第九章 涉外礼仪

海内存知己，天涯若比邻。

——【唐】王勃

外事无小事，事事是大事

——佚名

- 具备涉外的礼仪修养，并能够在涉外交往中贯彻实施。
- 涉外迎送、会见会谈、参观游览、国旗悬挂等符合礼仪规范要求。
- 出国旅行讲究礼仪规范。

案例导入

迟到的代价

　　中国一家拥有职工约6 000人的大型国有企业，为了避免濒临破产的局面，想寻找一家资金雄厚的企业做合作伙伴。经过多方努力，这家企业终于找到了一家具有国际声望的日本大公司。经过双方长时间艰苦地讨价还价，终于可以草签合约了，全厂职工为之欢欣鼓舞。本以为大功告成的中方人员，没想到在第二天的签字仪式中，公司领导因官僚作风，到达签字地点的时间比双方正式的约定晚了10分钟。待他们走进签字大厅时，日方人员早已排成一行，正恭候他们的到来。中方领导请日方人员坐上签字台，日方的全体人员却整整齐齐、规规矩矩地向他们鞠了一个大躬，随后便集体退出了签字厅，中方领导莫名其妙，因为迟到10分钟对他们来讲实在不算什么。事后，日方递交中方一份正式的信函，其中写道："我们绝不会为自己寻找一个没有任何时间观念的生意伙伴。不遵守约定的人，永远都不值得信赖。"无疑，双方的合作搁浅了，中方为了自己迟到的10分钟付出了沉重的代价——破产倒闭，近6 000人下岗。

　　问题

　　（1）案例中中方错在哪里？为什么？

　　（2）涉外交往应注意哪些交际原则？

　　涉外礼仪是指在对外交往活动中或不同文化背景的人们交往中向交往对象表示尊重、友好的各种惯用交际礼宾形式及各种礼节、仪式和习惯的礼仪规范。

　　现代社会，科学技术的高度发达使地球变成一个大村落，国际交往早已不限于国家政府间，而是扩大到民间。常有国际友人聚首一堂，或举行活动，或洽谈生意，或旅游观光，无不要遵循一定的礼仪规范。来自不同文化背景的人们走到一起，交际容易出现障碍，及时有效地克服这些交际障碍是跨文化交际取得成功的关键，这对促进国际间的文化、政治、经济交流有着极其重要的意义。

在交往活动中，到位的礼宾，会给外交活动增色不少；而欠妥的礼仪，也会给双方带来尴尬。俗话说"外事无小事"。涉外交往若不讲规则，不讲礼仪，不尊重对方的风俗，是不可能取得良好的涉外交际效果的，"案例导入"中的案例所反映的情况便是一个很好的例证。

因此，每一位现代人都应对涉外礼仪常识有一定了解，以便在对外交流中更好地树立良好的个人形象和国家形象。

第一节　应　知　应　会

一、涉外礼仪修养

与外国人交往，必须了解和掌握涉外交往的基本原则，它既是对国际交往管理的基本概括，又对参与涉外交际的中国人具有普遍的指导意义。了解这些基础礼仪是涉外交往礼仪修养的集中体现。

1. 尊重对方

尊重对方就是不论对方的国家、民族大小，企业实力强弱，或者风俗习惯、宗教、法律等是否和我们相同，都不能歧视对方，要做到在人格上平等相待。尊重对方往往是通过举止言谈、服饰仪表表现出来的，因此，一些生活小节也是很重要的。小节上的疏忽会带来不良后果，因为他让人觉得不受尊重。

礼仪故事 9-1

外事无小事

我国有一家企业的厂长，天天忙于工作。有一次，一位外商应邀前来洽谈合作事宜，这位厂长正在车间检查工作而没有做好充分准备。当秘书跑来告诉他外宾已经到了的时候，他连工作服都没来得及更换，就去迎接外宾了。外宾一看他的衣服很随便，认为对方的合作态度不诚恳，就决定不再与这个厂合做了，而与另外一家签订了企业合作议定书。

2. 信守约定

在交际中，必须认真严格地遵守自己的所有承诺，说话务必要算数，许诺一定要兑现，约会必须要如约而至，尤其要恪守时间方面的约定。信守约定，讲求信用，从一点一滴做起，它事关信誉与形象。失时与失约的失礼行为，往往是使自己所做的工作走向失败的开端。为此要做到以下三点。

（1）必须谨慎许诺

一切从自己的实践能力以及客观可能性出发，切勿草率从事，轻易承诺，凡承诺和约定必须慎之又慎，一定要字斟句酌，考虑周全。

（2）必须如约而行

承诺一旦做出，就必须要兑现，要如约而行，应尽可能地避免对已有的约定任意进行修正变动，随心所欲地乱作解释。做到"言必信，行必果"，只有这样才能赢得交往对象的好感与信任。

（3）必须失约致歉

如果由于遭受不可抗力，致使自己单方面失约，或是有约难行，需要尽早向有关各方通报，如实地解释，并且还要郑重其事地向对方致以歉意，并主动负担给对方造成的损失。

3．入乡随俗

海外各国的文化传统与我国有很大不同，在礼仪习俗上与我国相比很自然地存在着差别，即使就欧美国家而言，不同的国度间、民族间，甚至同一个国家的不同区域间，礼仪习俗也有区别。这就要求我们在与外国客商交往时，首先了解和掌握对方的一些礼仪习惯，做到入乡随俗，因人施礼，才不至于造成误会甚至闹出笑话。

礼仪故事 9-2

费力不讨好

日本的饭店和旅馆，有一个招待客人的惯例，即待客人办完住宿手续走进房间时，服务员立刻拿来热毛巾、茶和日本点心，以表示旅馆对客人服务的周到热情。这一项特殊的服务长期以来受到了日本顾客的赞赏，但却在美国人处遭了白眼。一次，一对美国夫妇入室后也同样享受到了上述服务，他们对此很不喜欢，所上的茶水与点心并非是他们亲自点的，而且茶也不热，点心又是"太甜了"。这对美国夫妇认为在他们进晚餐之前上不对口味的点心是"破坏了美味的晚餐"，"这样做好像是在损害自己的生意"。结果使得旅馆老板的一片好心，不但未被接受，反而还落得个"不可思议"、"费力不讨好"。

可见，只有了解外国礼仪礼节、风俗习惯，才能更好地进行国际交往和沟通。

4．不卑不亢

不卑不亢，就是对对方表现出一种节制和礼节，热情时不殷勤，冷淡时不失礼，愤怒时不失控，这在涉外交往中是尤其需要重视的一个原则。例如，20 世纪 50 年代，美国对中国实行禁运、封锁，两国关系紧张，双方惟一保持对话和接触的渠道就是在华沙举行的中美大使级会谈。会谈开始时气氛很紧张，每次双方一见面，便问："今天谁先发言？"于是双方便先后依据各自的讲稿阐述一番自己的立场，讲后便问："下次会谈什么时间？"然后各自走路。后来，王炳南大使回国，与陈毅外长谈到会谈的气氛和场面，陈毅说道："不一定老那么紧张嘛！""我们不乞求谈判，也不排斥谈判。不卑不亢，有理有节，此乃泱泱大国之风也。"陈毅是这样说的，也是这样做的。

礼仪故事 9-3

不卑不亢的陈毅

1963年12月，陈毅应邀参加肯尼亚的独立大典。在一次肯尼亚举行的国家舞会上，中国代表团和美国代表团的位置刚好安排在一起。在中美关系长期僵持的时期，这无疑是个极其微妙的场面。陈毅既没有主动凑过去套近乎，也没生气掉头而去，而是坐下，喝起咖啡来。

美国代表团有三个人：部长夫妇和美国劳联副主席。那位部长夫人首先向旁边搭话：

"你们是中国代表团吗？"

"是的。"

"我是否可以与你谈谈天呢？"

"可以谈，怎么不能谈？"

于是，双方就开始聊了起来。那位部长一看夫人已开了头，便也过来，要与陈毅干杯，但又故作姿态地说："过去米高扬访问美国，到我家作客，与我夫人谈了天。我为此受到了鲁斯克（Rusk）的责备，希望我们这次干杯不要引起麻烦。"

听了这话，陈毅不是破口大骂，猛烈抨击，而是不软不硬地回了一句："你怕麻烦，可以不要跟我干杯，我就不会有什么麻烦。"

那位部长又匆匆说："我提议，为中美两国有一天能够改善关系干杯！"

听了此话，陈毅也不是赌气不干，说什么"先前你说的话呢"，而是端起酒杯说："我希望，我相信，中美两国的关系总有一天能够前进一步的，但条件是美国的国务院要取消对中国的敌视侵略政策，只有这样才可能。"

在这场交往中，陈毅以"不卑不亢、有理有节"的言行举止，树立了中国外长的良好形象，为我们树立了对外交流的光荣典范。

5. 客随主便

客随主便是指处于客位的礼仪当事人必须遵循处于主位的礼仪当事人所在地域的礼仪规范。所谓处于客位的礼仪当事人和处于主位的礼仪当事人，是根据礼仪行为或礼仪活动所处地域来划分的。礼仪当事人如果是从其他地方来到该地域，就是处于客位的当事人；礼仪当事人如果是以该地域主人的身份出现，就是处于主位的当事人。在一般情况下，处于客位的礼仪当事人可以简称为"客人"或"来宾"，处于主位的礼仪当事人则可以简称为"主人"或"东道主"。因此，客随主便也就是说，客人必须遵循主人所在地域的礼仪规范。在这个问题上，世界上不同民族、不同国家的回答惊人的一致。《礼记·曲礼上》讲"礼从宜，使从俗"。意思是：依礼行事要适宜，出使的人要遵从当地的风俗。像"入乡随俗"、"入境问禁"的提示就更多了。俄罗斯有一则谚语："不要把自己的规矩带到别人家中。"西欧则流行这样一则古谚："在罗马行如罗马人。"非洲人则夸张地说："到了独脚人居住的村子就应该用一条腿走路。"

了解当时当地的差异是遵循客随主便的前提。在交际的各个方面都存在一个客随主便的问题，就连人们的穿着打扮也要符合其要求。

礼仪故事 9-4

里根的着装

1983年6月，美国总统里根出访欧洲四国时，就曾因穿了一套格子西装出席晚宴而引起一场轩然大波，招致在场的部分人向他身上扔鸡蛋。因为按照惯例，在正式的晚宴上应穿黑色或白色晚礼服，以示庄重、热烈、友好。

同时，主应客求也是应当注意的。也就是说，作为主方，应替客方着想，考虑对方的要求和习惯，这样既是对对方的尊重，也可防止尴尬场面的出现。

在这一点上，邓小平生前就为我们做出了榜样：邓小平会见客人时主动不吸烟了，正是出于对客人的尊重。这种"主随客便"的精神，就是现代礼仪中相互尊重的精神，是对客随主便规则的真正理解和最准确的把握，既坚持了客随主便规则，又不失主随客便的精神，这就是现代礼仪的体现。

其实，在许多礼仪活动中，都是需要主随客便精神的。比如，外事活动中经常要举行宴会，作为东道国，在筹办宴会时，就必须有主随客便的思想。如宴会中摆放的鲜花，就必须考虑有关国家的风俗习惯和禁忌。如果客人来自意大利、法国和卢森堡，就千万不要摆放菊花，因为在这些国家菊花意味着死亡。所以了解相关国家的民俗是十分必要的。

6. 不必过谦

中国人在待人接物时，讲究的是含蓄和委婉，奉行"满招损，谦受益"的古训。在对自己的所作所为进行评价时，中国人大都主张自谦、自贬，不提倡多作自我肯定，尤其是反对自我张扬。在这方面若不好自为之，就会被视为妄自尊大，嚣张放肆，不够谦逊，不会做人。实际上，在对外交往时，过于自谦并非益事，它常常会引起他人的疑惑和不满，不利于涉外交际的顺利进行。

遵守不必过谦的原则，会使人感到自己为人诚实，充满自信，因为过分的自谦、客套，只能给人以虚伪、做作的感觉。在涉外交往中，特别是在面临如下情况时，更要敢于、善于充分地从正面肯定自己。

（1）当面对赞美时

当外国友人赞美自己的相貌、衣着、手艺、工作、技术等时，一定要落落大方高兴地道一声"谢谢"，而不应加以否认和自我贬低，说什么"哪里，哪里！"接受外国人的赞美是对其本人的接纳和承认，是自己自信和见过世面的表现。

礼仪故事 9-5

"哪里，哪里"

曾有这样一个笑话，一个法国朋友在称赞一位中国姑娘漂亮时，那位中国姑娘表现得十分谦虚，连忙说："哪里，哪里！"没想到这一说却出了洋相。因为那位法国朋友误以为对方是在问他自己哪里漂亮，便立即答道："你的眼睛很漂亮。"可对方依然谦虚如故："哪里，哪里！"法国朋友又答道"你的鼻子也漂亮"……结果南辕北辙了。

（2）当赴宴、馈赠时

宴请外国人出席宴会时，不必说"今天没什么好菜，随便吃一点"，当送礼给外国人时，也不要说"礼品很不像样子，真不好意思拿出手来"之类的话，而应得体大方地说"这是本地最有特色的菜"，"这是这家饭店烧的最拿手的菜"，"这是我特意为您挑选的礼物"等；反过来，在接受外国人的赴宴邀请或接受外国人送的礼物时，也不应过于谦虚地没完没了地说"真不敢当""受之有愧"之类的话，它会使人产生不愉快的感觉，使宴请者和送礼者感到难堪，及时表示谢意是这时得体的做法。

（3）当做客、拜访时

到外国人家里做客、拜访时，对主人准备的小饮不要推辞不用。如果主人问"喝点什么，茶还是咖啡"，你可以任选一种；若桌上备有小吃，可随意取用，但不可失态。若主人问是否加糖或加牛奶，则可按自己的喜好谢绝和选择其中一种。

（4）当交往应酬时

当自己同外国友人交往应酬时，一旦涉及自己正在忙什么、干什么的问题，无论如何都不要脱口而出，说什么自己是"瞎忙""混日子""什么正经事都没有干"，否则会被对方认为自己是不务正业之人。

7. 尊重隐私

所谓隐私，就是指一个人出于个人尊严和其他某些方面的考虑，而不愿意公开，不希望外人了解或是打听的个人秘密、私人事宜。在涉外交际中，人们普遍讲究尊重个人隐私，并且将尊重个人隐私与否视作一个人在待人接物方面有没有教养，能不能尊重和体谅交际对象的重要标志之一。

在涉外交际中，首先要避免与对方交谈时涉及个人隐私，要做到"八不问"。

（1）年龄不问

在国外，人们普遍将自己的实际年龄当作"核心机密"，不会轻易告之与人。这主要是因为外国人，尤其是英美人对年龄都十分敏感，希望自己永远年轻，对"老"字则讳莫如深，对年龄守口如瓶。因而与外国人交往，打听对方的年龄，说对方老貌，都属于不礼貌的行为。我国的传统向来对年龄比较随意，不仅如此，社会交往中还习惯于拔高对方的辈分，以示尊重。比如年轻男子相聚，彼此之间总喜欢以"老李""老张""老赵"相称，为了表示对对方的尊敬，人们会使用"老人家""老先生""老夫人"等一类尊称，实际上，这一类尊称在外国人听起来却似诅咒谩骂一般。在交往中，照套我国的传统，会使对方十分难堪。

礼仪故事 9-6

美国老太太不服老

有位从事外事工作的小姐曾经接待过一位82岁高龄的美国加州老太太，她是来华旅游并参加短期汉语学习班的，见面时这位小姐对老太太说："您这么大年纪了，还到外国旅游、学习，可真不容易呀！"这话要换了同样高龄的中国老太太听了，准会眉开眼笑，高兴一番。可是那位美国老太太一听，脸色即刻晴转多云，冷冷地应了一句："噢，是吗？你认为老人出国旅游是奇怪的事情吗？"弄得中国姑娘十分尴尬。姑娘的本意是表示礼貌尊重，效果却事与愿违，原因在于西方人对年龄、对"老"的忌讳。

在外国，人们最不希望他人了解自己的年龄，所以有这样一种说法：一位真正的绅士，应当永远"记住女士的生日，忘却女士的年龄"。

（2）收入不问

在国际社会里，人们普遍认为：任何一个人的实际收入，均与其个人能力和实际地位有直接的因果关系。所以，个人收入的多寡，一向被外国人看作自己的脸面，十分忌讳他人进行直接、间接的打听。如果一位中国人问一位外国人"您一个月挣多少钱"，那位外国人会觉得："这个中国人真没有教养，干吗问我的工资呀！"

除去工资收入以外，那些可以反映个人经济状况的问题，如纳税数额、银行存款、股票收益、私宅面积、汽车型号、服饰品牌、娱乐方式、度假地点等，因与个人收入相关，所以在与外国人交谈时也不宜提及。

（3）婚姻不问

中国人的习惯，是对亲友、晚辈的恋爱、婚姻、家庭生活时时牵挂在心，但是绝大多数外国人却对此不以为然。西方人将此视为纯粹的个人隐私，向他人询问是不礼貌的。

在一些国家，跟异性谈论此类问题，会被对方视为无聊之举，甚至还会因此被对方控告为"性骚扰"，从而吃官司。

（4）工作不问

在我国人们相见，会询问对方"您正在忙些什么""上那里去""怎么好久不见你了"等问题，其实这只是些问题，回答不回答并不重要。但你若拿这些问题问外国人，他们会觉得不是好奇心过盛，不懂得尊重别人，就是别有用心，因为这些问题在外国人看来都属个人隐私，"不足为外人道哉"。

（5）住址不问

对于家庭住址、私宅电话，中国人在人际交往中，都是愿意告之于人的，是不保密的。

但在外国，却恰恰相反，外国人大都视自己的私人居所为私生活领地，非常忌讳别人无端干扰其宁静。西方人认为，留给他人自己的住址，就该邀请其上门作客，在一般情况下，他们一般不大可能邀请外人前往其居所作客。为此他们都不喜欢轻易地将个人住址、住宅电话号码等纯私人信息"泄密"。在他们常用的名片上，也没有此项内容。

（6）学历不问

初次见面，中国人之间往往喜欢打听一下交往对象"是哪里人""哪一所学校毕业的""以前干过什么"，总之是想了解一下对方的"出处"，打探一下对方的"背景"。然而外国人大都将此项内容视为自己的"底牌"，不愿意轻易让人摸去。外国人甚至认为一个人动辄对初次交往的对象"忆往昔峥嵘岁月稠"，并不见得坦诚相见，相反却大有可能是别有用心。

（7）信仰不问

在国际交往中，由于人们所处的社会制度、政治体系和意识形态多有不同，所以要真正实现交往的顺利、合作的成功，就必须不以社会制度划线，而以友谊为重，以信仰为重。不要动辄对交往对象的宗教信仰、政治见解评头品足，更不要将自己的政治观点、见解强加于人，这样做对交往对象来说都是不友好、不礼貌、不尊重的表现。所以对宗教信仰、政治见解，这些在外国人看来非常严肃的话题，还是避而不谈为好。

（8）健康不问

中国人彼此相见，人们会问候："身体好吗？"如果已知对方身体曾经一度欠安，还会问："病好了没有？"如果彼此双方关系密切的话，还会询问"吃了些什么药"，"怎么治疗的"，还会向对方推荐名医或偏方。

可是在外国，人们在闲聊时一般都是"讳病忌医"，非常反感其他人对自己的健康状况关注过多，对他人的这种过分关心，外国人会觉得不自在。

此外，与个人隐私相联系，私人住宅有的国家受到法律保护，擅自闯入要受到制裁。到外国人住宅作客，不经主人允许和邀请，不能参观主人的住房。即使双方很熟悉，也不能去触动书籍、花草以外的个人物品以及室内陈设的其他物品。

与外国人交往时，不仅不要涉及在场人的个人隐私，对不在场人的个人隐私也应尊重。在背后议论同事的好坏、上级的能力、女人的胖瘦、路人的服饰等，都会被外国人视为喜好窥探隐私，纯属无聊之举。

8. 女士优先

"女士优先"主要是指成年异性间进行社交活动时的一个礼仪规范和礼仪原则。其含义是：在一切社交场合，每一位成年男子，都有义务主动自觉地去尊重、照顾、体谅、关心、保护女性，并且想方设法为女士排忧解难，只有这样才能体现出绅士风度。外国人强调"女士优先"并非因为妇女被视为弱者，值得同情、怜悯，最重要的原因是，他们将妇女视为"人类的母亲"，处处对妇女给予礼遇，是对"人类母亲"的感恩之意。

在交往中，讲究"女士优先"时，作为男士要注意对所有的女士要一视同仁，不仅对待同一种族的妇女要如此，对待其他种族的妇女也要如此；不仅对待熟悉的妇女要如此，对待陌生的妇女也要如此；不仅对待年轻貌美的妇女要如此，对待年老色衰的妇女也要如此；不仅对待有权势的妇女要如此，对待一般的妇女也要如此……具体地要从以下方面做起。

（1）行走

在室外行走时，如果是男女并排走，则男士应当自觉地"把墙让给女士"，即请女士走在人行道的内侧，而自己主动行走在外侧。这样做既可以防止女士因疾驶的车辆而感到不安全，担惊受怕，还可避免汽车飞驶而溅起的污泥浊水弄脏女士的衣裙。

当具体条件不允许男女并行时，男士通常应该请女士先行，而自己随行其后，并与之保持大约一步左右的距离。当男士与女士"狭路相逢"时，前者不论与后者相识与否，均应礼让，闪到路边，请女士率先通过。男士在路上遇到认识的女士时，应点头致意，并把手抽出衣袋，也不要嘴里叼着烟。

当男士与女士走到门边时，男士应赶紧上前几步，打开屋门，让女士先进，自己随后。

（2）乘车

陪伴女士或同乘火车、电车时，男士应设法给女士找一个较为舒适、安全的座位，然后再给自己找一个尽可能靠近她的座位；如果找不到的话，应站在她面前，尽可能离其近一些。

乘出租车时，男士应首先走近汽车，把右侧的车门打开，让女士先坐进去，男士再绕到车左边，坐到左边的座位上。有时，为了在马路上上下车安全起见，出租车左侧车门用安全装置封闭了，那么男士只好随女士其后从右侧上车，坐在本应由女士坐的尊贵的右边座位上，这种情况不算失礼。

当男士自己驾驶汽车时，他应先协助女士坐到汽车驾驶座旁的前排座位上，尔后绕到另一侧坐到驾驶座上。抵达目的地后，男士要先下车，然后绕到汽车的另一侧，打开车门，协助女士下车。

（3）见面

参加社交聚会时，男宾在见到男、女主人后，应当先行向女主人问好，然后方可问候男主人。男宾进入室内后，须主动向先行抵达的女士问候。女士们如果已经就座，则此时不必起身回礼。

而在女宾进入室内时，先到的男士均应率先起身向其致以问候，已入座的男士也应起身相迎。不允许男士坐着同站立的女士交谈，而女士坐着同站立的男士交谈则是允许的。

当女士在场时，男士不得吸烟，在女士吸烟时，则不准男士对其加以阻止，必要的话，男士还要给女士点烟。

主人为不相识的来宾进行介绍时，通常应当首先把男士介绍给女士，以示对女士的尊重。当男女双方进行握手时，只有当女士伸过手来之后，男士才能与之相握，如果男士抢先出手，是违背"女士优先"原则的。为了表示对女士的尊重，男士与女士握手时还必须摘下帽子，脱下手套，而女士在一般情况下则没有必要这样做。

（4）上下楼

在上下楼梯时，男士要跟随在女士的后面，相隔一两级台阶的距离；下楼梯时，男士应该先下。如果是乘电梯上下楼，进电梯时，男士应请女士先进去，然后自己再进入电梯。在电梯里，男士负责按电钮，礼貌地询问女士所上的楼层。

（5）进餐馆

如果男士预先预定了餐桌，则应走在前面为女士引路，如果不是这样，行进的顺序应该是：侍者——女士——男士。在餐桌旁，男士应协助女士就座，把椅子从桌边拉开，等女士即将坐下时再把椅子移近桌子。坐定后，男士应把菜单递给女士，把选择菜单的权利先交给女性。一般餐毕也总是由男士付账。

若出席宴会，女主人是宴会上"法定"的第一顺序。也就是说，其他人在用餐时的一切举动，均应跟随女主人而行，不得冒然先行。按惯例女主人打开餐巾，意味着宣布宴会开始，女主人将餐巾放在桌上，则表示宴会到此结束。

（6）看影剧

进影剧院或是听音乐会时，应由男士拿着入场券给检票员检票。在存衣室，男士应先协助女士脱下大衣、披风，然后再自己脱去外套。如果没有专人引导入座，男士就应走前几步为女士引路。从两排之间穿行，走向自己的座位时，应面向就坐的观众，并且女士走在男士的前面。如果是几个男士和几个女士一起去观看影剧或听音乐会，那么最先和最后穿过就坐观众的应是男士，女士夹在中间进去，这样，可以使女士不与陌生人坐在一起。散场人挤时，男士应走在女士前面；不挤时，女士稍前或并排与男士同行。

（7）助臂

男士应该帮助他所陪伴的女士携带属于她的较重的或拿着不方便的物品，如购物袋、旅行包、伞等。

女士携带的东西掉在了地上，男士不论相识与否，都应帮他拾起。

在女士可能失足、滑倒的时候，男士应该以臂相助。

值得说明的是，以上"女士优先"的具体做法，主要使用于社交场合，在商务场合，人们强调的是"男女平等"，或是"忽略性别"，因而是不太讲究"女士优先"的。

二、涉外基本礼仪

涉外交往中必须重视交际对象的特殊性，努力掌握如下涉外基本礼仪。

1. 涉外迎送

迎送是国际公共关系中常见的社交礼节。迎送不仅是整个社交活动的开始，也是对不同身份外宾表示相应尊重的重要仪式。周到热情的迎送可以给外宾留下良好的印象，为加深双方的友谊与合作，都发挥着重要作用。

（1）迎送的安排

迎送活动的安排主要有两个不同档次：一是举行隆重的欢迎仪式，这主要使用于对外国国家元首、政府首脑、军方高级领导人的访问，以示对他们访问的欢迎与重视。二是一般迎送，使用于一般来访者。无论是官方人士、专业代表团的来访，还是长期在我国工作的外交使节，常驻我国的外国人士、记者和专家等，当他们到任或离任时，都可安排相应的人员前往迎送，以示尊重和友谊。

（2）迎送规格的确定

关于迎送规格，各国的规定不尽相同。在确定迎送规格时，主要是依据来访者的身份、访问的性质和目的，并且适当考虑两国之间的关系，同时还要注意国际惯例，综合平衡。一般按照国际惯例的"对等原则"，主要迎送人员应与来宾的身份相当。如果由于各种原因而不能完全对等时，可灵活变通，由职位相当的人士或副职出面，并向对方做出解释。

（3）成立接待班子

为了接待重要的贵宾和代表团、队，东道主一般组成一个接待班子来履行接待任务。接待班子的工作人员由外事、翻译、安全警卫、后勤、医疗、交通、通信等方面的工作人员组成。

（4）收集信息、资料

接待班子要注意收集来访者的有关信息和资料，了解其本次访问的目的，对会谈、参观访问、签订合同等事项的具体要求，前来的路线、交通工具，抵离时间，来访者的宗教信仰、生活习惯、饮食爱好与禁忌等。据报载：一位英国商人应邀前来我国与某地区洽谈投资项目。该地领导为了图个吉利，准备了一辆车号为"666"（六六大顺）的轿车前去机场迎接。谁知这位英国商人下了飞机，一看轿车后，直皱眉头，随即又乘机离去。后来我方人员才知道这位英国商人信教，在《圣经》中"666"表示"魔鬼"。在英国司机、乘客对带有这种号码的车辆退避三舍，英国警察部门已做出决定，逐步取消这个号码。由此可见多了解来访者的情况是十分重要的。

（5）拟订接待方案

接待方案包括各项活动的项目、日程及详细时间表，项目负责人和接待规格、安全保卫措施等。日程确定后，应翻译成客方使用的文字，并打印好，发给客方，以便及时与客方进行沟通。

拟订接待方案重点要落实好食、宿、行，并制定合理的费用预算，保证接待隆重得体又不铺张浪费。

（6）掌握抵离时间

必须准确掌握外宾乘坐的飞机（火车、船舶）抵达及离开的时间，迎送人员应在来宾抵达之前到机场（车站、码头）。送行人员应在外宾离行前抵达送行地点，切勿迟到、早退。

（7）献花

献花是常见的迎送外宾时用来表达敬意的礼仪之一。一般在参加迎送的主要领导人与客人握手之后，由青年女子或儿童将花献上，也有的由女主人向女宾献花，献花者献花后要向来宾行礼。献花须用鲜花，并注意保持花束整洁、鲜艳，一般忌用菊花、杜鹃花、石竹花以及黄色花卉（黄色具有断交之意）等。有的国家习惯送花环，或者送一两枝名贵兰花、玫瑰花等。在接待信仰伊斯兰教人士时，不宜由女子献花。

（8）介绍

主宾见面应互相介绍其随从人员。主要的迎送人员在与来宾见面致意（如握手等）后，还可以担负起介绍其他迎送人员的任务。一般是在客人的内侧引领客人与各位迎送人员见面，并把他们介绍给来宾。然后再由主宾将客人按一定身份一一介绍给主人。若主宾早已相识，则不必介绍，双方直接行见面礼即可。

（9）陪车

来宾抵达后在前往住地或临行时由住地前往机场、码头、车站，一般都安排迎送人员陪同乘车。陪车时应请宾客坐在主人右侧。两排座轿车，译员坐在司机旁；三排座轿车，译员坐在主人前面的加座上。当代表团9人以上乘大轿车时，原则上低位者先上车，下车顺序相反。但前座者可先下车开门，大轿车以前排为最尊位置，自右向左，按序排列。上车时应当请客人首先上车，客人从右侧门上；如果外宾先上车坐到了左侧座位上，则不要再请外宾移动位置。陪同人员在替客人关门时，应先看车内人是否坐好，既要注意不要夹伤客人的手，又要确保将门关好，注意安全。

（10）具体事项

迎送中一些具体事项需要引起我们的注意，它主要包括以下内容。

在客人到达之前最好将客房号、乘车号码等通知客人，如果做不到，可印好住房、乘车表，在客人刚到达时，及时发到客人手里。

指派专人协助客人办理入出境手续及机票（车、船票）和行李提取或托运手续等事宜。客人到达后，应尽快进行清点并将行李取出并运送到住处，以便客人更衣。

客人到达后，一般不要立刻安排活动，应让客人稍事休息，倒换时差。可在房间中适当放些新鲜水果或鲜花等。

迎送的整个活动安排要热情、周到、无微不至、有条不紊，使宾客有宾至如归的感觉。接待人员要始终面带微笑，彬彬有礼，不能表现得冷漠、粗心、怠慢或使客人感到紧张、不便。

陪同人员应尽力安排好客人的食、住、行，对客人的要求做出反应，给予答复。翻译应如实翻译，不能掺进自己的意见和看法，不能打断双方的谈话或在一方一句话还没说完就翻译，就餐时不可因餐饮影响翻译工作。

司机在行车时，应集中精力驾驶，不能边驾驶边说话，如果司机主动与客人甚至陪同人员或翻译人员说话聊天，只会使客人感到不安全和被冷落。

在为外宾送行时，送行人员应在外宾临上飞机（火车、轮船）之前，按一定顺序同外宾一一握手话别。飞机起飞（火车、轮船开动）之后，送行人员应向外宾挥手致意，直至各交通工具在视野中消失方可离去；否则，外宾一登上飞机（火车、轮船），送行人员就立即离去，是很失礼的。尽管只是几分钟的小事情，却可能因小失大。

2. 涉外会见会谈

会见和会谈都是涉外交往活动的重要方式。会见，国际上通称接见或拜会。凡身份高的人士会见身份低的人士、主人会见客人，人们通常称其为接见或召见；凡身份低的人士会见身份高的人士、客人会见主人，人们通常称其为拜会或拜见。接见和拜会后回访，通常称为回拜。我国通常对此不作细分，统称会见。

会谈是指双方或多方就某些重大的政治、经济、科技、文化、军事、宗教以及其他共同关心的问题交换意见，洽谈协商。会谈一般专业性、政策性较强，形式比较正规。会见多是礼节性的，而会谈多为解决实质性问题。有时会见、会谈也难以区分，因为会见时双方也常谈专业性或政治性问题，以上区分只是相对而言。

（1）会见的礼仪

会见就其内容来说，多为礼节性的，也有政治性、事务性的会见，或兼而有之。礼节性会见一般时间短，话题较为广泛。政治性会见一般涉及国与国之间的双边关系、国际局势及对一些重大国际问题的看法或意见等。事务性会见一般涉及贸易争端、业务交流与合作等。会见的礼仪主要包括以下内容。

① 确定参加会见的人员。会见来访者，一般情况下应遵循"对等"的原则，但有时由于某些政治或业务的需要，上级领导或下级人士也可会见来访者。参加会见的人员不宜过多。

② 确定会见的时间、地点。会见的时间一般安排在来访者抵达的第二天或举行欢迎宴会之前。会见的具体时间不宜过长，一般以半小时左右为宜。会见的地点多安排在客人住地的会客室、会议室或办公室，也可在国宾馆等正式的会客场所。

③ 做好会见的座位安排。会见时座位的安排必须依据参加会见人数的多少，房间的大小、形状，房门的位置等情况来确定。会见的座位安排有多种形式，宾主可以穿插坐，也可分开坐，通常是将主宾席、主人席安排在面对正门位置，客人坐在主人的右边。其他客人按照礼宾顺序在主人、主宾两侧就座。译员、记录员通常安排在主宾和主人的后面。座位不够时可在后面派加座。整个会见场所的座位形状有弧形、方形（长椅和单椅两种），如图 9-1 所示。

（双方身份对等时）

| 客方译员 | 记录员 | 主方译员 |

| 主要客人 | | 第一主人 |

| 第二客人 | | 第二主人 |

| 第三客人 | | 第三主人 |

（依次类推）

（对方身份较高时）　客方译员　记录员　主方译员

主要客人

| 第二客人 | | 第一主人 |

| 第三客人 | | 第二主人 |

（依次类推）

（长椅时或双方身份对等）

客方译员　主方译员

主要客人　主要主人

| 第二客人 | | 第二主人 |

| 第三客人 | | 第三主人 |

（依次类推）

（单椅时或主人身份较高）

主　人

（办公桌）

| 客人 | | 客人 |

| 客人 | | 客人 |

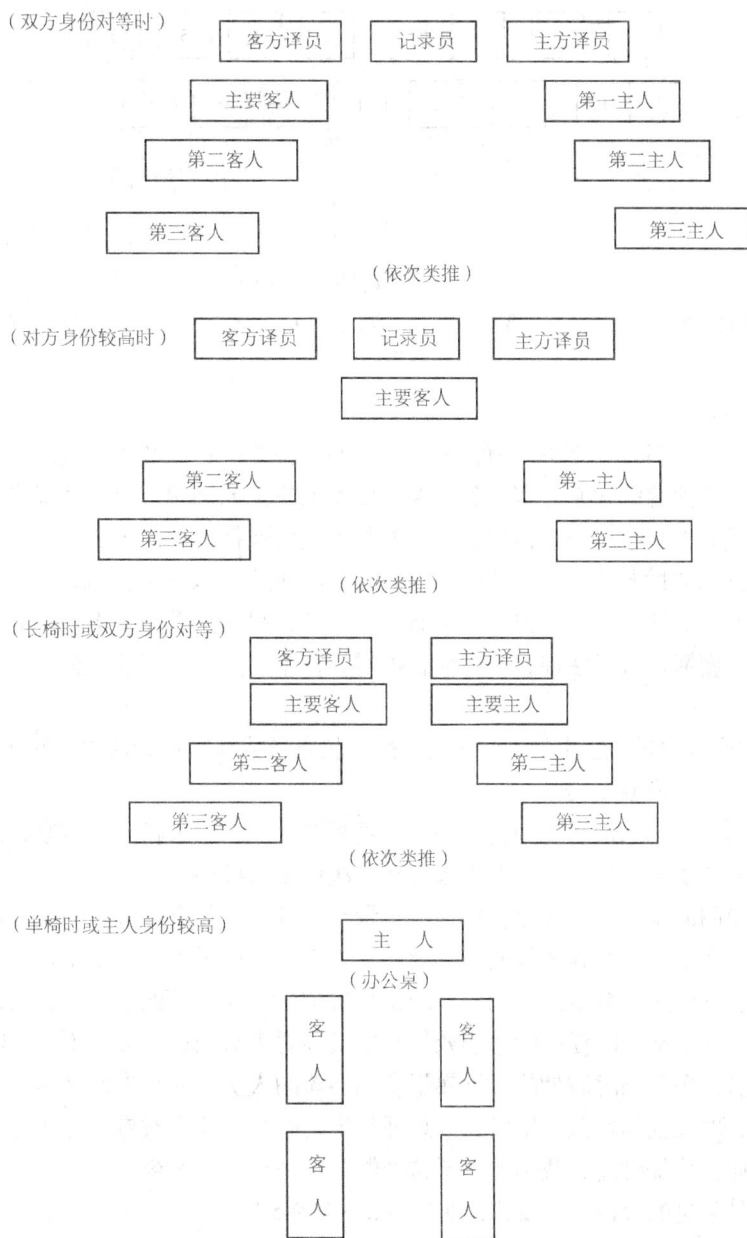

图 9-1　会见的座位安排

④ 掌握会见的一般礼节。会客时间到来之时，主人应在门口迎候客人，问候并同客人一一握手，宾主互相介绍双方参加会见的人员，然后引宾入座。主人应主动发言，创造一种良好的气氛。双方可自由交谈，就共同感兴趣的话题发表自己的看法。交谈时应注意坐姿，不要跷二郎腿，不可左顾右盼、漫不经心。主人与主宾交谈时，旁人不可随意插话，外人也不可随意进出。会见时可备饮料招待客人。主人应控制会见时间，最好以合影留念为理由结束会见。合影后，主人将客人送至门口，目送客人离去。

⑤ 注意合影的礼宾次序。合影时，一般主人居中，男主宾在主人右边，主宾夫人在主人左边，主人夫人在男主宾右边，其他人员穿插排列，但应注意，最好不要把客人安排在靠边位置，应让主人陪同人员在边上，如图 9-2 所示。

6　5　5　6　5　6　5　6

6　4　2　1　3　5　6

7

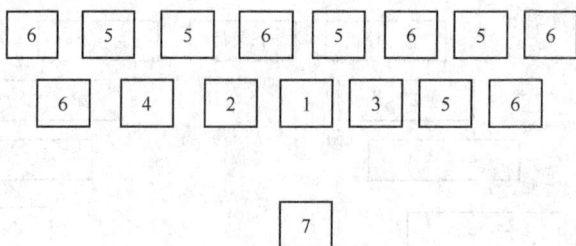

图 9-2　合影时的礼宾次序

注：图中的主宾次序是1为主人，2为男主宾，3为主宾夫人，4为主人夫人，5为主宾陪同人员，6为主人陪同人员，7为摄影师。

（2）会谈的礼仪

会谈的形式多种多样，常见的有：领导人之间单独会谈；少数领导人及其助手与来访者进行的不公开发表内容的秘密会谈；就有关重要而又复杂的问题，有关官员进行预备性问题等而举行的正式会谈，也可称为谈判。会谈的礼仪主要包括以下内容。

① 确定会谈的时间、地点、人员。会谈的时间、地点由双方协商确定。会谈的人员应慎重选择，会谈的专业性较强，一方面要求有专业特长，另一方面还要考虑专业互补和群体智慧。会谈人员既要懂得政策法律，又要能言善辩，善于交际，应变能力强，并确定主谈人和首席代表。

② 会谈的座位安排。涉外双边会谈通常采用长方形或椭圆形会谈桌。多边会谈或小型会谈可采用圆形或正方形会谈桌。

不管什么形式，均以面对正门为上座，宾主相对而座，主人背向门落座，而让客人面向大门。其中主要会谈人员居中，其他人按着礼宾次序左右排列。

这里需要说明的是，许多国家把译员和记录员安排在主要会谈人员的后面就座。我国习惯上把译员安排在主要谈判人座位的右侧就座，这主要取决于主人的安排。说到这个习惯上的小差别，还有一段历史背景。当初，我国也是按国际上通用的做法把译员安排在后面就座的，但新中国成立不久，时任中国总理兼外交部长周恩来认为这个惯例不符合中国的情况，因为西方的译员大多是临时雇佣的，不属于参加会谈的人员，而我国的译员却是参加会谈的重要人员之一，理应受到尊重。所以，周总理在出访时坚决要求对方允许我方译员坐在主要会谈人员的右侧。从那时起，我国就有了这个做法并一直沿用至今。

以下是几种常见的会谈座位安排（见图9-3～图9-5）。

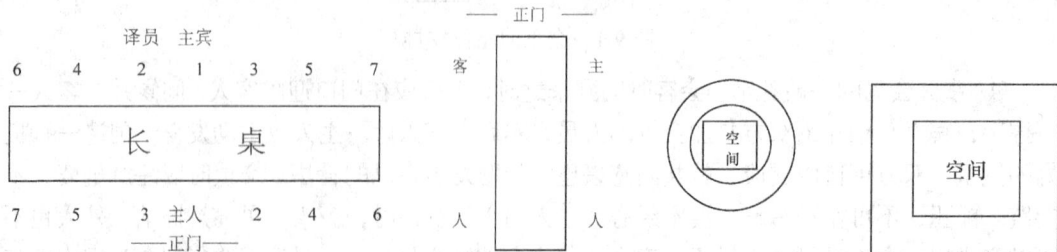

译员　主宾

6　4　2　1　3　5　7

长　桌

7　5　3　主人　2　4　6

——正门——

正门

客　　　　主

人　　　　人

空间

空间

图 9-3　会谈座位安排（1）　　图 9-4　会谈座位安排（2）　　图 9-5　会谈座位安排（3）

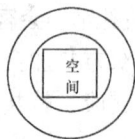

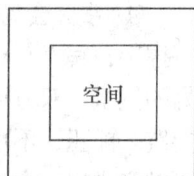

如果长方桌的一端向着正门，则以入门的方向为准，右为客，左为主。

如果是多边会谈，可将座位摆成圆形或正方形。

此外，小范围的会谈，也可像会见一样，只设沙发，不摆长桌，按礼宾顺序安排。

3. 涉外参观游览

涉外参观游览，是指外国客人在访问或旅游期间对一些风景名胜、单位设施等进行实地游览、观看和欣赏。来访的外国人以及我国出访人员，为了了解去访国家情况，达到出访目的，都应组织一些参观游览活动。参观游览应注意以下礼仪。

（1）选定项目

选择参观游览项目，应根据访问目的、性质和客人的意愿、兴趣、特点以及我方当地实际条件来确定。对于外国政府官员、大财团、大企业家一般应安排参观反映我国经济发展情况的部门单位和经济开发区，以及重点招商项目。对于一般企业家、商人和有关专业人员可安排参观与其有关的部门、单位，同时安排一些有地方特色的游览项目。年老体弱者不宜安排长时间步行的项目，心脏病患者不宜登高。一般来说，对身份高的代表团，事前可了解其要求；对一般代表团，可在其到达后提出方案，如果确有困难，可如实告知，并作适当解释。

（2）安排日程

当参观游览项目确定后，应制订详细的活动计划和日程，包括参观线路、座谈内容、交通工具等，并及时通知有关接待单位和人员，以便各方密切配合。

（3）陪同参观

按国际惯例，外宾前往参观时，一般都安排相应身份的人员陪同。如有身份高的主人陪同，宜提前通知对方。接待单位要配备精干人员出面接待，并安排解说介绍人员，切忌前呼后拥。参观现场的在岗人员，不要围观客人，遇客人问话，可有礼貌地回答。

（4）解说介绍

参观游览的重头戏是解说介绍。有条件的可先播放一段有关情况纪录片，这样既可节省时间，又可实现让客人对情况有所知，经过实地参观，效果会更好。我方陪同人员应对有关情况有所准备，介绍情况要实事求是，运用材料、数据要确切，不可一问三不知，也不可含糊其辞。确实回答不了的，可表示自己不清楚，待咨询有关人员后再答复。遇较大团组，宜用扩音话筒。另外，遇有保密部位的，则不能介绍，如客人提出要求，应予婉拒。

（5）乘车、用餐和摄影

在出发之前，要及时检查车况，分析行车路线，预先安排好用餐。路远的还要预先安排好中途休息室，要把出发、集合和用餐的时间地点及时通知客人和全体工作人员。一般地方均允许客人摄影。如有不能摄影处，应事先说明，现场要树中英文"禁止摄影"标志牌。

（6）在国外参观游览的礼节

出访人员、团组要求参观，可通过书面、电话或面谈方式向接待单位提出，经允许后方能成行。参观内容要符合访问目的和实际，要注意客随主便，不要强人所难。在商定之后，要核实时间、地点和路线。参观过程中应专心听取介绍，不可因介绍枯燥或不对口味而显露出不耐烦和漫不经心状，这是极不礼貌的。同时应广泛接触、交谈，以增进了解，加深友谊。注意尊重对方的风俗和宗教习俗。如要摄影，事先要向接待人员了解有无禁止摄影的规定。参观游览，对服装要求不严格，不必穿礼服，穿西装可以不打领带，但应注意整洁整齐，仪容亦宜修整。参观完毕，应向主人表示感谢，上车离开时应在车上向主人挥手道别。

4. 国旗的悬挂

国旗是国家的一种标志，是国家的象征。悬挂国旗是一种外交礼遇与外交特权。人们往往通过悬挂国旗，表示对本国的热爱或对他国的尊重。在国际交往中，悬挂国旗要遵循以下惯例。

（1）悬挂国旗的场合

按国际关系准则，国家元首、政府首脑在他国领土上访问，在其住所和交通工具上悬挂国旗（有的是元首旗）是一种外交特权。

东道国接待来访的外国元首、政府首脑的隆重场合，在贵宾下榻的宾馆、乘坐的汽车上悬挂对方（或双方）的国旗（或元首旗），是一种礼遇。

在国际会议上，除会场悬挂与会国国旗外，各国政府代表团团长亦按会议组织者的有关规定，在一些场所或在车辆上悬挂本国国旗（也有不挂国旗的）。

有些展览会、体育比赛等国际活动，也往往会悬挂有关国家的国旗。在大型国际比赛中，还往往为获前三名的运动员升起其代表国家的国旗。

伴随着我国加入 WTO，双边、多边的经贸往来必将日趋频繁，在谈判、签字仪式上亦应悬挂代表国的国旗。

（2）悬挂国旗的要求

在建筑物上或室外悬挂国旗，一般应在日出升旗、日落降旗。升降国旗时，服装要整齐，要立正脱帽行注目礼。不能使用污损的国旗。升国旗一定要升至杆顶。

悬挂双方国旗，按照国际惯例，以右为上，左为下。但这是以旗面本身为准的，搞不好会弄错。所以还应记住以挂旗人为准，"面对墙壁左为上，右为下"。挂旗时，挂旗人必然面对墙壁，这时左为上，悬挂客方国旗，右为下，挂主方国旗。乘车时应记住"面对车头左为上"，左边挂客方国旗，右边挂主方国旗（有时以汽车行进方向为准，驾驶员右手为上）。所谓主客标准，不以在哪国举行活动为依据，而以举办活动的主方为依据。如外国代表团来访，东道国举办欢迎宴会，东道国是主人；外国代表团答谢宴会，来访国是主人。由于国旗是一个国家的标志与象征，代表一个国家的尊严，所以挂国旗时，一定不能将国旗挂倒。

这里值得一提的是"下半旗"。"下半旗"也称"降半旗"，是一个国家行为，一般是在某些重要人士逝世或重大不幸事件、严重自然灾害发生时来表达全国人民的哀思和悼念的重要礼节，是当今世界上通行的一种致哀方式，全国各公开场合的国旗，驻国外的使、领馆的国旗均应下半旗致哀。它并不是将国旗下降至旗杆的一半处，也不是直接把国旗升至旗杆的一半处，而是先将国旗升至杆顶，然后下降到离杆顶约占全杆三分之一处。降旗时，也应先将旗升至杆顶，然后再下降。这种做法最早见于 1612 年。一天，英国船"哈兹·伊斯"号在探索北美北部通向太平洋的水道时，船长不幸逝世。船员们为了表示对已故船长的敬意，将桅杆旗帜下降到离旗杆的顶端有一段距离的地方。当船只驶进泰晤士河时，人们见它的桅杆上下着半旗，不知何意，一打听，原来是以此悼念死去的船长。到 17 世纪下半叶，这种致哀方式流传到大陆上，遂为各国所采用。从中不难看出，下半旗这一致哀方式自古有之，至今已有近四百年的历史。

5. 出国旅行礼仪

（1）乘国际航班应注意的问题

乘坐国际航班，乘客应在飞机预定时间前 1～1.5 个小时到达飞机场，因为在这段时间里，需要核查机票及订座，办理海关申报、行李过磅和装运等手续。

①　办理海关申报及登机手续。抵达机场，首先是向海关申请办理有关物品的出关手续，如携带外币、金银制品、照相机、录音机、摄像机、文物、动植物等应如实填报，并办理相关手续，之后再办理乘机手续。

②　登机时的礼仪。上、下飞机时，旅客应向站在机舱门口迎送乘客的航空小姐点头致意。机舱内分头等舱和二等舱（或称为商务舱和普通舱），头等舱（商务舱）较为宽敞，饮食较丰富，服务周到。购头等舱机票的乘客，不论是否对号入座，都不要抢占座位。其他乘客，不能坐到头等舱的座位上去。

③　乘机时的礼仪。国际航班上免费供应饮料、茶点、食品、早餐和正餐。用餐后，所有餐具和残留物要收拾好，由服务员收回，不要随意将餐具收起来带走；不能带走供乘客阅读的报纸杂志；乘客在飞机上不要大声说话和喧哗，以免影响他人；要注意飞机上的坐卧姿势，既不要影响他人坐卧，也不要有失雅观。

④　下机后的礼仪。旅客到达目的地后，办理完入境手续即可凭行李卡认领托运的行李，不要将自己的行李放在过道或路口影响他人行走。旅客可以用机场为乘客准备的手推车靠右（或靠左）行走，将行李推出机场。如请行李搬运员协助搬运行李，必须付小费。万一发现行李丢失，也不要慌张，可通过机场行李管理人员或有关航空公司寻找。如一时找不到，可填写申请报告单交航空公司。如行李确实遗失，航空公司会照章赔偿，千万不要在机场吵闹。

（2）国外住店礼仪

①　饮用房间内饮料的礼节。国外旅店一般都不供应开水，往往会提供一瓶免费的矿泉水。有的旅店，酒或饮料一拿出冰箱即自动记账；也有的旅店，房间内设有自动出售各种饮料或小食品的装置，只要按动开关，食品、饮料便自动出来，同时自动记账，结算时统一付款；旅客如要喝热饮料，可向服务员索取，但要付现金及小费。找服务员可在室内按电铃或打电话呼叫，服务员一旦上门服务，一定要致谢，并付小费。

②　正确使用房间内的设备。房间和卫生间里的某些设备，如自己不会使用，应先请教他人，特别是外国旅店房间内的电气设备和洗澡用的开关，形式多种多样，应注意其不同的使用方法。使用旅店卫生间内的用品只要打开封条即可。旅店房间内提供的用品仅供在旅店内使用，除交费物品外，都不能带出旅店。

（3）拜访单位或会见亲友时的礼仪

①　遵守时间。参加各种活动要按约定的时间到达。过早抵达会使主人因准备未毕而感到难堪，迟迟不到又会让主人和其他客人因等待过久而不安。因故迟到，要向主人和其他客人表示歉意；因故不能赴约，要尽早礼貌地通知主人，并以适当的方式表示歉意。

②　尊重老人和妇女。在社交场合，如上下楼梯、坐车或进出电梯，应让老人和妇女先行，主动对他们予以照顾。进出大门时，要主动帮助老人和妇女开门、关门。国外有按主人指定的座位入座的习惯，因此，当进入主人家里时，如没有刻意指定，可以选一个自己认为合适的座位，但在女客人还站着的时候，男客人不要先坐下。在后来的客人到达时，男客人应该起立致意，并等候主人介绍，而女客人可不必起立。如果后来的客人是年龄较大的妇女，或是特殊重要人物，女客人也应起立致意。

③　在外国朋友家作客时的礼仪。在外国朋友家里作客时，若由于自己不慎而发生了异常情况，例如，因用力过猛使刀叉撞击盘子发出响声，不小心打翻了酒水等，不要大呼小叫，

应保持沉着，轻轻地向主人说一声"对不起"。如将酒水打翻泼到邻座身上，可表示歉意后协助擦干；如对方是妇女，只要把干净的餐巾或手帕递上，由她自己擦干即可。用餐完毕，至少应该待半小时后再告辞。告辞时，千万别忘了向女主人表示谢意，可以说"谢谢您的招待""很高兴在您家里度过周末，我非常愉快"等感谢的话。回到自己家中，应立即给主人写信或打电话，以表感谢等。

（4）付小费的礼仪

客人付小费，表达的含义颇为丰富。它既能代表客人对服务人员付出劳动的尊重，也可以表达客人对服务工作的一种肯定和感谢之情。从另一层面来说，也体现了客人的文化修养。相传，"付小费"之风源于18世纪的伦敦。当时，在有些饭店的餐桌上，摆着写有"保证服务迅速"的小碗。顾客一旦将零钱投入其中，便会得到服务员迅速而周到的服务。久而久之，就形成"小费"之风。这种做法渐渐扩展到其他服务行业，并逐渐演变成一种固定的用来感谢服务人员的报酬形式，成为今天世界上许多国家约定俗成的一种常规礼仪形式。

① 小费要付给谁。按照惯例，入住饭店，要给为你打扫房间的服务生小费，也要给为你送早点的服务员小费。饭店的行李员如果帮你将行李提到了房间，那么，你理所应当付小费给他。出租车的司机把你送到目的地，你要在计价器显示数字的基础上增加一点车费当作小费。在国外参加团队旅游，你要付给导游员和在旅途中掌握方向的驾驶员小费，这一直是惯例。

② 怎样付小费。付小费有一些技巧和惯例。付小费通常用美金支付，不应张扬，在私下进行即可。所付小费有时放在菜盘、餐盘下；有时放在杯底下；有时放在房间床头，忌放在枕头底下，那样的话会被服务生误认为是客人自己的东西；有时放在写字台上，若能同时留一张"Thank you"的字条，会倍受服务生的欢迎和尊重；有时以不收找零的钱作为小费付给服务员；付小费给行李员，最好是在与他握手表示感谢的同时将小费悄悄给他；给导游、司机的小费，则要由团员一起交齐后放到信封里，由一位代表当众给他们。付小费时最忌讳给硬币，曾有过客人将一把硬币当面给行李员作为小费，使行李员十分恼怒而拒收的例子。因此随身携带一些小额现钞，非常必要。

③ 小费付多少合适。向服务人员给付小费的具体金额颇有讲究，既不能不给、少给，也不必多给。国际上通用的计算小费的方法之一就是：小费通常由消费者按照本人的消费总额的一定比例来支付。在餐馆就餐、在酒吧娱乐时，消费者需要付给服务员的小费为消费总额的10%左右；在搭乘出租车时，一般应当按照车费的15%付给司机作为小费。

在国外住宿酒店时，通常会将你需要支付的小费明码实价地列在正式的账单中，收取总消费额的10%～15%作为小费，不用额外支付。此外，还有一些约定俗成的规矩，付给门童的小费约为1美元；付给客房服务员的小费为1～2美元；给行李员的小费，一般要按照自己行李的具体件数来计算，通常一件行李应付0.5～1美元；而付给保洁员的小费，一般为0.5美元左右。

到不同的国家去旅行，除了天气、景观、风俗等事情外，小费也是必须事先弄明白的一件事情。因为每个国家的具体情况略有不同，所以各项服务要付多少小费，还是在到达这个国家时向当地的导游咨询较为妥当。

中国公民出境旅游文明行为指南

中国公民，出境旅游，注重礼仪，保持尊严。

讲究卫生，爱护环境；衣着得体，请勿喧哗。

尊老爱幼，助人为乐；女士优先，礼貌谦让。

出行办事，遵守时间；排队有序，不越黄线。

文明住宿，不损物品；安静用餐，请勿浪费。

健康娱乐，有益身心；赌博色情，坚决拒绝。

参观游览，遵守规定；习俗禁忌，切勿冒犯。

遇有疑难，咨询领馆；文明出行，一路平安。

第二节 能力提升

一、案例讨论

案例 9-1

接待

泰国某机构为泰国一项庞大的建筑工程向美国公司招标。经过筛选，最后剩下4家候选公司。泰国人派遣代表团到美国亲自去各家公司商谈。代表团到达芝加哥时，那家工程公司由于忙乱中出了差错，又没仔细复核飞机到达时间，未去机场迎接泰国客人。但是泰国代表尽管初来乍到不熟悉芝加哥，还是自己找到了芝加哥商业中心的一家旅馆。他们打电话给那位急促不安的美国经理，在听了他们的道歉后，泰国人同意在第二天11时在经理办公室会面。第二天美国经理按时到达办公室等候，直到下午三四点钟才接到客人的电话，说："我们一直在旅馆等候，始终没有人前来接我们。我们对这样的接待实在不习惯。我们已订了下午的飞机赴下一个目的地。再见吧！"

【思考与讨论】

（1）请结合本章所学内容对此案例进行分析。

（2）本案例对你有何启示？

案例 9-2

表扬

一位英国老妇到中国旅游观光，对接待她的导游小姐评价颇好，认为她服务态度好，语言水平也很高，便夸奖该导游小姐说："你的英语讲得好极了！"导游小姐按照中国人的习惯，谦虚地回应说："我的英语说得不好。"英国老妇一听生气了，心想："英语是我的母语，难道我都不知道英语该怎么讲？"她越想越气，第二天坚决要求旅行社给她换导游。这件事在旅游行业乃至所有的窗口行业引起极大反应。

【思考与讨论】

（1）造成案例中的现象的原因是什么？

（2）面对外宾的表扬，应怎样得体地回答？

周总理送客

1957年国庆节后，周总理去机场送一位外国元首离京。当那位元首的专机腾空起飞后，外国使节、武官的队列依然整齐，并对元首座机行注目礼。而我国政府的几位部长和一位军队的将军却疾步离开了队列，他们有的想往车里钻，有的想去吸烟。周总理目睹这一情况后，当即派人把他们叫回来，一起昂首向在机场上空盘旋的飞机行告别礼。随后，待送走外国的使节和武官，总理特地把中国的送行官员全体留下来，严肃地给大家上了一课："外国元首的座机起飞后绕机场上空盘旋，是表示对东道国的感谢，东道国的主人必须等飞机从视线里消失后才能离开，否则，就是礼貌不周。我们是政府的工作人员和军队的干部，我们的举动代表着人民和军队的仪表，虽然这只是几分钟的事，如果我们不加以注意，就很可能因小失大，让国家的形象受损。"

【思考与讨论】

（1）此案例对你有哪些启示？

（2）与外宾道别应注意什么？

尊严

20世纪90年代中期，国内的一名中学生应邀前往一个拉美国家，参加民间外交活动。有一天，当他前去出席在那个国家所举行的一次国际性会议时，发现在会场周围所悬挂的各与会国国旗之中竟然缺少中华人民共和国国旗，便当即向会议的组织者指出了这一问题，并且严正地表示："不悬挂我国国旗，就是缺乏对我国的尊重，假如不马上改正，我将拒绝出席这次会议，并且立即回国。"

经过据理力争，中国国旗终于飘扬在会场的上空。在会议的组织者再三地表示了歉意之后，那位中学生才终于步入会场，出席会议。在他入场时，有不少与会者主动起立，向他热烈地鼓掌表示欢迎。当地的报纸事后为此发表评论说："连一名中学生都具有那么强烈的民族自尊心，中国人的确是值得尊重的。"那位中学生之所以受到人们的尊重，主要是因为他能够在涉外交往中表现得不卑不亢。

【思考与讨论】

（1）对本案例的中学生你有何评价？

（2）悬挂国旗有哪些礼仪要求？

"委屈"

下岗女工肖兰通过中介公司找到一份在外国专家家里做保姆的工作。肖兰热情活泼，精明能干，第一天就给对方留下了不错的印象。她的主要工作之一是打扫房间，包括布朗夫人的卧室。细心的布朗夫人特意给肖兰定制了一份时间表，上面规定每天上午8点清理卧室，让肖兰按照上面的计划严格执行。

开始几天，肖兰都干得相当好，很令布朗夫人满意。直到有一天，肖兰照例去清理布朗夫人的卧室，却发现布朗夫人没有像往常一样不在家，而在休息。肖兰心想，我还得按照计划办事，而且我打扫并不会影响她休息。热情的肖兰认真地干起了活。这时，布朗夫人突然醒了，发现肖兰在她的房间里，很惊讶，马上用不很流利的汉语叫起来了："你来干什么？请出去！"肖兰仍是一片好心，"您接着休息吧，我一会就打扫完了。"布朗夫人提高了嗓门，一字一顿地说："请—你—出—去！"并且用手指着门。肖兰不明白自己哪里惹了布朗夫人，她怎么这种态度。她心想：不是叫我按时打扫的吗？满肚子委屈地走了。

【思考与讨论】

（1）肖兰为什么会感到委屈？

（2）本案例对你有何启示？

二、实训项目

项目 1：模拟涉外迎送活动

实训目标：使学生了解涉外事务中迎送宾客的礼仪，熟知迎送工作中的具体事务及主要注意事项，能够灵活、得体地迎送宾客。

实训学时：2 学时。

实训地点：实训室。

实训背景：×××是广州某公司的营销经理，他将负责接待参加达沃斯大连会议的本公司重要客户——美国某大公司总经理一行 5 人，他将如何安排好接待事务？

实训要求：

（1）教师把全班同学分成 8 人/组。

（2）根据模拟活动情景分组。

（3）确定模拟活动情景角色。

A. ×××——某公司营销经理

B. ×××——某公司总经理

C. ×××——某公司翻译

D. ×××——美国某公司总经理

E. ×××——美国某公司采购经理

F. ×××——美国某公司技术经理

G. ×××——美国某公司财务人员

H. ×××——美国某公司采购人员

（4）全组讨论本组迎送宾客的具体安排及主要注意事项。

（5）模拟迎送训练。

① 抽签排序，一组一组地进行。

② 一组模拟时，其他组观摩并指出问题。

（6）师生点评。

训练手记：通过训练，我的收获是：_____。

项目 2：到外国朋友家作客

实训目标：掌握涉外拜访的礼仪。

实训学时：2 学时。

实训地点：实训室。

实训准备：道具、小礼物。

实训方法：学生分组扮演角色，可以表演到日本、法国、美国等不同国家外国朋友家作客的情况，中方代表1～2人，外国友人为一对夫妇（他们对中国的了解程度各小组自定）。教师可以和推选出的4名学生担当裁判，根据各组表演情况，从语言表达、个人仪容仪表和举止、台词设计、表演技巧和风格、小组配合等方面综合评价，决出最佳礼仪先生、礼仪小姐和最佳礼仪团队。

训练手记：通过训练，我的收获是：_____。

三、阅读思考

主要国家和地区的风俗习惯

2013年8月2日中青旅遨游网经过为期一个多月的网络征集，编制出品了《文明旅游实用攻略66条》，它包括基本礼仪篇、环境保护篇和目的地风俗篇三个部分共计66条，旨在帮助中国游客了解世界旅行者通用的规则及主要目的地的风俗禁忌。以下是《文明旅游实用攻略66条》中涉及的主要国家和地区的风俗习惯，它对涉外交往帮助是很大的。

1. 东南亚和南亚

印度人大约83%是印度教徒，不吃牛肉，一般人不用牛皮制品。印度教寺庙不允许牛皮制品入内，需赤脚入内。请勿触摸寺庙内的任何供品和前往神龛的信徒，并按顺时针方向参观寺庙。妇女要穿着适宜，上衣不能过短，下身需穿长裤或长裙。在印度"头"被认为是非常高贵而神圣的，所以不要去摸小孩的头；印度人用左手处理不洁之物，右手是用来抓饭，应尽量避免以左手和他人接触。不要随便给陌生人拍照，需事先征得其同意。

在泰国尽量避免对王室成员做出不利的评价，禁止以泰国王室成员作为玩笑谈资；泰国是佛教国家，所以避免在公众场合打牌等活动。不可以摸和尚的头、不可以摸小孩的头，放国歌时不管在干什么都要停下来，不许踩门槛，进佛堂要从左到右走过去。在泰国凌晨两点后不允许买酒。

进入尼泊尔寺庙、住宅之前要脱掉鞋子；不要用自己使用过的刀、叉、勺子或用手去接触别人的食品或餐具；不要用脚去碰尼泊尔人的物品，这被认为是一种不严肃的冒犯行为；注重着装，尤其是女性旅行者不要穿着暴露；皮毛物品严禁带入寺庙范围内；围绕寺庙或佛塔行走应依顺时针方向；为陌生人或物品照相之前应经得当事人许可；男女之间的公开亲昵行为是不被喜欢的。

柬埔寨人注重礼节，讲话很有礼貌，见面时要行双手合十礼。拜访柬埔寨朋友，要事先约定时间，并按时赴约。作为客人要注意衣着清洁、整齐。宾主见面，主人双手合十行礼，客人应双手合十还礼。佛教徒不吃荤、天主教忌讳"13"，尤其是"十三日星期五"这个日子，这些都注意，忌讳跷着二郎腿说话。

在新加坡不能吃口香糖，坐巴士要主动买票，坐地铁不能吃东西，不能带榴莲上公共交通，乱扔烟头、吐痰、横穿马路会罚款，入境行李中不可以有超过两条整条香烟。

进入马尔代夫的酒店房间之前，要先洗净脚上的沙子，否则会给房间服务生带来"大"麻烦。

2. 日本、韩国

日本人忌讳用餐过程中整理自己的衣服或用手抚摸、整理头发。还有用筷子的一些忌讳。去日本人家做客要穿袜子脱鞋。

在日本的自动扶梯上，要靠一边站立，留出另一边让着急的人先行。在东京，请靠左站立；在大阪请靠右站立。

韩国人都以握手为原则，当然也有以"点头为礼"的，可是只限一次。

在韩国，与长辈吃饭，不可比长辈先拿筷子。

在韩国，喝酒要背过头去。

3. 欧洲

去英国旅游，千万不能问人家"您去哪儿""吃饭了吗"，会被视为粗鲁。

到西班牙去旅游，女同胞上街需要戴耳环，如果没有戴耳环，就会像正常人没穿衣服一样，会被人笑话。

在法国不可以对棺材不敬。

意大利：忌随便坐地，会罚款。

德国：禁止用打响指的方式招呼任何人，德国人认为响指是用来招呼狗的。

丹麦：禁止不开车灯上路。

希腊：不要随便摆手，摆晃手指本来就有藐视的成分。

匈牙利：不管住店还是用餐，千万别弄碎玻璃器皿，会被认为要交厄运。

苏格兰：苏格兰先人有过毒咒，千万不要拿苏格兰的石头，或者小石头做的纪念品。

荷兰：爬楼梯或升降扶梯，女性在男性后面。

丹麦：饮酒干杯，用餐时若说 Skal，喝酒要饮尽整杯酒。

4. 中东非洲

在伊斯兰国家，不主动和女性握手，不可对当地女士拍照。要求与当地人合影须谨慎。

在伊斯兰地区的超市没有酒卖，也不要谈论猪肉。

在伊斯兰地区，女士穿着不宜暴露，男士在公众场合不要佩戴首饰，在公众场合不能拥抱、亲吻、跳舞，甚至牵手等。

到伊朗别议论婴儿的眼睛，伊朗人对婴儿眼睛最敏感，来客若出言不慎，双亲会出钱让人挖掉婴儿的"邪眼"。

在非洲，忌用左手。非洲流行的方式——举起右手、手掌向着对方，目的是表示"我的手并没有握石头"。

在阿尔及利亚，与人握手要用力，若握手有气无力被视为不礼貌。

在几内亚，女性游客穿白衣或斗篷，会受到当地人的尊重而畅通无阻，不遭遇危险。

思考题

1. 在与外国朋友交往过程中应如何正确对待其习俗？

2. 近年来我国出现"过洋节"的现象，其原因是什么？对此你有何看法？

课后练习

1. 对"女士优先"的交际原则你是怎样理解的？

2. 中西方文化差异对礼仪有哪些影响？

3. 与同学模拟跟外宾聊天的情景，评议其中有没有不礼貌之处。

4. 接待外宾为什么要热情有度？

5. 留意观察电视上接待外宾的一系列情景，并对照教材有关内容加深理解。

6. 模拟涉外交往中交换礼物的情景。

7. 在涉外旅游活动中，展示中国人的文明礼仪素养有何重要意义？

8. 请谈谈你对中央文明办、国家旅游局颁布《中国公民出境旅游文明行为指南》的看法。

课后评价考核

评价考核表

内容		评价	
学习目标	评价内容	小组评价（5、4、3、2、1）	教师评价（5、4、3、2、1）
知识（应知应会）	涉外礼仪修养		
	出国的礼仪		
	国旗的悬挂		
专业能力	国外办公室、私人住所拜访礼仪		
	涉外接待礼仪		
	涉外会见、会谈礼仪		
	涉外参观游览礼仪		
通用能力	交际能力		
	组织能力		
	跨文化沟通能力		
态度	礼貌待人、不卑不亢、一丝不苟		
努力方向：		建议：	

参考文献

[1] 张岩松. 知书达礼：现代交际礼仪畅讲【M】. 北京：清华大学出版社，2016.

[2] 杨再春，陈方丽. 商务礼仪实训教程【M】. 北京：清华大学出版社，2016.

[3] 李慧茹，王瑞春. 商务礼仪【M】. 北京：清华大学出版社，2016.

[4] 徐汉文，张云河. 商务礼仪【M】. 北京：高等教育出版社，2015.

[5] 崔晓文. 人际沟通与社交礼仪【M】. 北京：清华大学出版社，2014.

[6] 王华. 金融服务礼仪【M】. 北京：高等教育出版社，2014.

[7] 魏丽平. 学生现代文明礼仪实用教程【M】. 成都：西南财经大学出版社，2014.

[8] 高慕婵. 礼仪教程【M】. 西安：西安电子科技大学出版社，2014.

[9] 王炎，杨晶. 商务礼仪——情境·项目·训练【M】. 北京：电子工业出版社，2014.

[10] 于丽新. 礼仪文化教程【M】. 南京：南京大学出版社，2013.

[11] 王莲华. "礼"所应当——大学生文明礼仪读本【M】. 上海：上海学林出版社，2012.

[12] 崔玉环，祝永志. 商务礼仪【M】. 北京：高等教育出版社，2012.

[13] 毕文杰. 你的职场礼仪价值百万【M】. 北京：中国画报出版社，2012.

[14] 孔洁，张葵葵. 大学生职业礼仪与社交礼仪【M】. 北京：中国电力出版社，2012.

[15] 李国辉. 生客卖礼貌，熟客卖热情：一本书学会销售礼仪【M】. 北京：机械工业出版社，2012.

[16] 何爱华，张学娟. 实用商务礼仪【M】. 北京：人民邮电出版社，2011.

[17] 张建宏. 现代商务礼仪教程【M】. 北京：国防工业出版社，2011.

[18] 孙玲. 商务礼仪实务与操作【M】. 北京：对外经济贸易大学出版社，2010.

[19] 吴新红. 实用礼仪教程【M】. 北京：化学工业出版社，2010.

[20] 王芬. 秘书礼仪实务【M】. 北京：电子工业出版社，2009.

[21] 金正昆. 实用商务礼仪【M】. 北京：中国人民大学出版社，2009.

[22] 张国斌. 外交官说礼仪【M】. 北京：华文出版社，2009.

[23] 张文. 礼仪修养与实训教程【M】. 广州：华南理工大学出版社，2009.

[24] 舒泊阳. 现代旅游礼仪与沟通艺术【M】. 天津：南开大学出版社，2009.

[25] 关晓燕. 礼仪：规范行为的学问【M】. 北京：清华大学出版社，2008.

[26] 樊丽丽. 实用生活礼仪常识【M】. 北京：中国经济出版社，2008.

[27] 吴运慧，徐静. 现代礼仪实务【M】. 上海：上海交通大学出版社，2008.

[28] 张晓梅. 晓梅说礼仪【M】. 北京：中国青年出版社，2008.

[29] 崔志锋. 礼仪【M】. 北京：科学出版社，2008.

[30] 佩吉·波斯特. 礼仪圣经【M】. 李明媚译. 北京：群言出版社，2008.

[31] 彭澎，杨中碧. 礼仪与文化【M】. 北京：清华大学出版社，2007.

[32] 林成益，帅学华. 现代礼仪修养教程【M】. 杭州：浙江大学出版社，2007.

[33] 李荣健. 社交礼仪【M】. 北京：清华大学出版社，2007.

[34] 谢迅. 商务礼仪【M】. 北京：对外经济贸易大学出版社，2007.

[35] 刘长凤. 实用服务礼仪培训教程【M】. 北京：化学工业出版社，2007.

[36] 吕维霞，刘彦波. 商务礼仪【M】. 北京：清华大学出版社，2007.

[37] 徐克茹. 商务礼仪标准培训【M】. 北京：中国纺织出版社，2007.

[38] 牟红，杨梅. 旅游礼仪实务【M】. 北京：清华大学出版社，2007.

[39] 彭红. 交际口才与礼仪【M】. 上海：华东师范大学出版社，2007.

[40] 李嘉珊. 国际商务礼仪【M】. 北京：电子工业出版社，2007.

[41] 周庆. 商务礼仪实训教程【M】. 武汉：华中科技大学出版社，2007.

[42] 杜明汉. 营销礼仪【M】. 北京：电子工业出版社，2007.

[43] 金正昆. 大学生礼仪【M】. 北京：中国人民大学出版社，2007.

[44] 向多佳. 职业礼仪【M】. 成都：四川大学出版社，2006.

[45] 韦克俭. 现代礼仪教程【M】. 北京：清华大学出版社，2006.

[46] 李莉. 实用礼仪教程【M】. 北京：中国人民大学出版社，2006.

[47] 唐树伶，等. 服务礼仪【M】. 北京：北京交通大学出版社，2006.

[48] 杨海清. 现代商务礼仪【M】. 北京·科学出版社，2006.

[49] 冯玉珠. 商务宴请攻略【M】. 北京：中国轻工业出版社，2006.

[50] 沈杰，方四平. 公共关系与礼仪【M】. 北京：清华大学出版社，2006.

[51] 黄琳. 商务礼仪【M】. 北京：机械工业出版社，2005.

[52] 辽宁省教育厅. 高职生就业与创业指导【M】. 沈阳：辽宁大学出版社，2005.

[53] 国英. 现代礼仪【M】. 北京：机械工业出版社，2005.

[54] 王伟伟. 礼仪形象学【M】. 北京：人民出版社，2005.

[55] 祝艳萍，张洁梅. 公关礼仪【M】. 北京：光明日报出版社，2005.

[56] 鲍日新. 社交礼仪让你的形象更美好【M】. 上海：上海教育出版社，2005.

[57] 国英. 公共关系与现代交际礼仪案例【M】. 北京：机械工业出版社，2004.

[58] 关彤. 社交礼仪【M】. 海口：南海出版公司，2003.

[59] 何浩然. 中外礼仪【M】. 大连：东北财经大学出版社，2002.

[60] 北京康世经济发展研究所. 白领礼仪【M】. 北京：中华工商联合出版社，2001.

[61] 邱伟光. 公共关系礼仪文化【M】. 北京：高等教育出版社，2000.

[62] 杨眉. 现代商务礼仪【M】. 大连：东北财经大学出版社，2000.

配套资料索取示意图

说明：学生和普通读者注册后可下载**学习资源**；**教学用资源**仅供教师下载，**教师身份**、**用书教师身份**需网站后台审批，审批后可下载相应资源；教师加"关注"后新增资源有邮件提醒（咨询邮箱13051901888@163.com）。

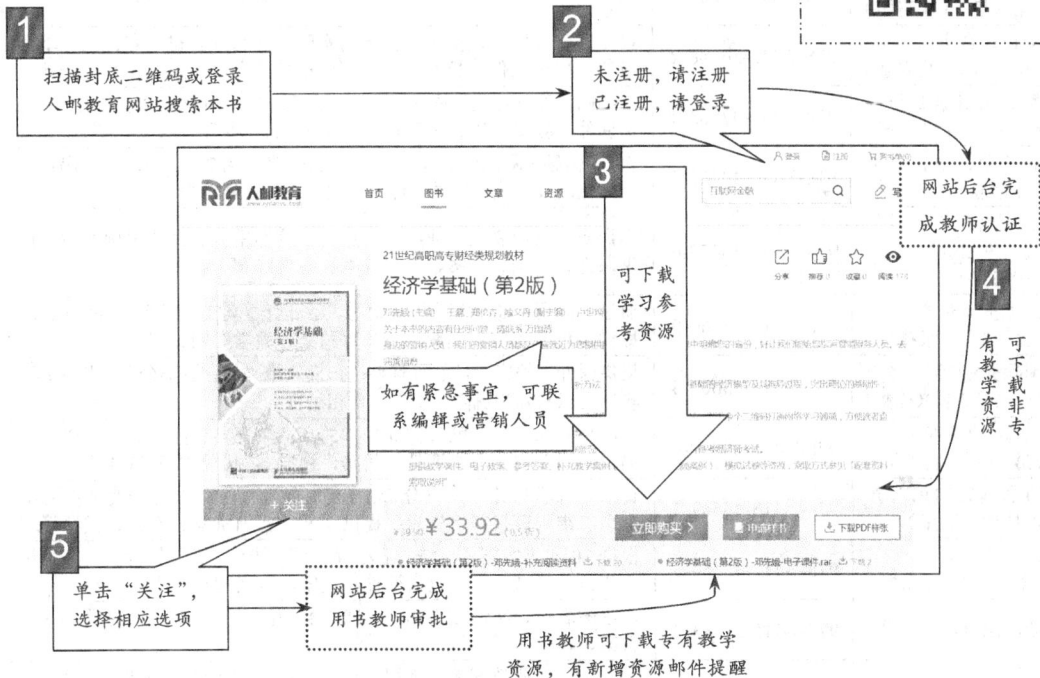

扫一扫，登录人邮教育网站
www.ryjiaoyu.com

1 扫描封底二维码或登录人邮教育网站搜索本书

2 未注册，请注册；已注册，请登录

网站后台完成教师认证

3 可下载学习参考资源

如有紧急事宜，可联系编辑或营销人员

4 可下载非专有教学资源

5 单击"关注"，选择相应选项

网站后台完成用书教师审批

用书教师可下载专有教学资源，有新增资源邮件提醒

部分 21 世纪高职高专财经类规划教材推荐

书名（作者）	书号	特点简介
管理学基础（第2版）（季辉）	978-7-115-38656-4	正内有丰富的课堂互动栏目；二维码链接网络学习资源；提供课件、视频教学案例、习题答案、试卷、阅读资料等
管理学基础（李海峰）	978-7-115-39378-4	提供课件、教案、教学体会、实训说明、文字与视频案例、参考答案、习题集、试卷、阅读资料等，作者开通有教学博客
人力资源管理（第2版）（吴少华）	978-7-115-44162-1	40余二维码链接新闻、案例等；案例阅读与分析、实战演练等形式促进边学边练；提供课件、教案、实训指导、答案、案例和试卷等
电子商务基础（白东蕊）	978-7-115-40043-7	涉及物联网、互联网+等新内容；二维码链接网络学习资源；提供课件、实训指导、文字与视频案例、试卷等
公共关系理论与实务（吴少华）	978-7-115-38147-7	大量采用2013、2014年案例；二维码链接案例、视频等网络资源；提供课件、教案、答案、案例和试卷等
采购管理（张晓芹）	978-7-115-38155-2	提供实训软件、实训指导、实训资料；二维码链接网络学习资源；提供课件、大纲、参考答案、试卷等
经济学基础（第2版）（邓先娥）	978-7-115-42219-4	数百实例讨论连接理论与生活；百余二维码打通网络学习通道；提供课件、答案、阅读资料、教案、文字与视频案例、试卷等
经济学基础（第2版）（杨洁）	978-7-115-39770-6	二维码链接丰富网络资源；提供课件、教案、习题答案、文字与视频案例、试卷等

书名（作者）	书号	特点简介
会计基础与实务（第3版）（杨桂洁）	978-7-115-42694-9	山东省潍坊市第二十次社会科学优秀成果二等奖；满足会计从业资格考试要求；原始凭证单独成册，方便裁剪；二维码展示在线视频等学习资源；提供课件、教案、答案、试卷等
财务会计（第2版）（贾永海）	978-7-115-39292-3	提供课件、教案、教学做一体化训练参考答案；学练结合，重点突出课堂练习及课后实训环节，配有"教学做一体化训练"
财务会计——含会计准则与小企业会计准则（贾永海）	978-7-115-34493-9	同步介绍《企业会计准则》与《小企业会计准则》核算规范；集教、学、做于一体，突出仿真和互动；提供课件、教案、答案、试卷等
成本会计（上、下册）（第2版）（徐晓敏）	978-7-115-39201-5	提供课件、教案、习题及实训答案、试卷；实训部分单独成册，方便使用
会计综合实训（第2版）（甄立敏）	978-7-115-30148-2	校企合作开发，根据企业会计的实际情况布置教材内容；凭证单独成册；提供课件、教案、答案、电子备份文件等
财务报告编制与分析（第2版）（赵威）	978-7-115-37583-4	二维码打造立体化阅读环境，校企合作开发，部分资料来自企业；提供课件、教案、教学案例集、习题答案、试卷等
财务会计报告分析（韩德静）	978-7-115-42465-5	知识+例题+课堂练习+分析实例+案例+课后习题+实训；二维码打造立体化阅读环境；提供课件、大纲、答案、试卷等
会计电算化（财务链·供应链）（沈清文）	978-7-115-36450-0	实训操作选用制造企业案例，拓展训练选用流通企业案例案例；提供课件、大纲、教案、习题答案、备份账套、试卷
国际贸易实务（第3版）（张燕芳）	978-7-115-44060-0	通过二维码可查询运费、税费等，还可查看真实业务单据高清照片。提供课件、教案、答案、补充习题集、教学案例、试卷
国际贸易单证实务与操作(第2版)（徐薇）	978-7-115-25009-4	提供课件、答案、试卷等资料；扫描二维码可查看部分单证原图；实例展示与知识巩固、实训操作相结合
报检与报关实务（第2版）（熊正平）	978-7-115-30917-4	随时更新的法规、贴近实际操作的高清单证实物照片、均可通过扫描二维码获得；提供课件、教案、视频案例、答案和试卷等
商品基础知识与养护技能（于威）	978-7-115-44647-3	百余组课堂讨论、案例分析；八个自学实训+两个综合实训；九十余个二维码链接网络资源；提供课件、实训资料、答案、试卷等
经济法实务（第2版）（王琳雯）	978-7-115-35654-3	根据2014年实施公司法、消法等修订；结合会计、银行、证券等从业资格的考试要求；提供课件、教案、答案和试卷等
经济法概论（刘磊）	978-7-115-31183-2	内容图表化、案例故事化，实践与实训源于工作实际；提供课件、教案、答案和试卷等
金融法理论与实务（第2版）（罗艾筠）	978-7-115-35124-1	"十二五"职业教育国家规划教材；省级精品资源共享课程配套教材；提供课件、教案、答案、文字与视频案例、实训指导、试卷等
人际关系与沟通技巧（龙璇）	978-7-115-41966-8	数十组实训寓教于乐；近百实例开启思考讨论大门；五十余二维码拓展网络空间；提供课件、大纲、实训指导手册、答案、补充教学案例集等
金融基础知识（第2版）（韩宗英）	978-7-115-35666-6	"十二五"职业教育国家规划教材；以故事提升学习兴趣，以通俗降低学习难度；提供课件、教案、答案、试卷、视频案例等
证券投资实务（孟敬）	978-7-115-43069-4	二维码拓展学习通道；学练结合提高学习效果；涵盖证券从业资格考试知识点；提供课件、文字与视频案例、试卷等
保险基础与实务（第2版）（徐昆）	978-7-115-35125-8	"十二五"职业教育国家规划教材；校企合作开发，与职业资格证书考核内容和专业岗位要求相衔接；提供课件、文字与视频案例、答案、试卷和实训资料等